발로 쓴
잉글랜드·스코틀랜드 종교개혁

발로 쓴 잉글랜드·스코틀랜드 종교개혁

켈트교회, 청교도, 언약도, 메도디스트 운동까지

글·사진 | 조재석

Edia

| 추천의 글 |

홀로 영국으로 떠나고 싶게 만드는 글의 힘

류승동 목사
기독교대한성결교회 총회장
전주 인후동교회

역사(歷史)를 기록한다는 것은 사관(史官)의 일생을 기록하는 것과 같다 할 것입니다. 세상을 바라보는 눈(世界觀)과 사실과 거짓을 판단하는 힘(知識), 그리고 그 수많은 사실을 꿰어 일관된 이야기로 만드는 능력(智慧)이 필요합니다. 사실상 이것은 그가 살아온 인생 전체를 통해 얻어내는 능력이라 할 수 있습니다.

오랫동안 한국성결신문의 기자와 편집국장을 맡아 수고하다 어느 날 홀연히 모든 것을 던지고 독일로 떠나버린 조재석 목사가 10년 동안 유럽의 중심 독일에서 동서남북을 발로 뛰어다니며 눈으로 확인한 '사실'들을 모으고 꿰어 쓴, '발로 쓴 종교개혁' 세 번째 책을 발간하게 되었습니다. 보내온 편집본을 찬찬히 읽다 보니 '조재석답다'라는 탄성이 저절로 나옵니다.

기자답게 직접 확인하고 취재한 것을 꼼꼼히 기록하고 정리하는 그 부지런함에 놀랐습니다. 잉글랜드, 스코틀랜드에 어떻게 기독교가 전래되었는가에 그치지 않고 보다 정확한 이해를 위해 잉글랜드, 스코틀랜드의 초기 역사까지 자세하고 친절하게 안내하여 인과관계를 명확하게 밝혀낸 치밀

함이 놀라웠습니다.

핼러윈이나 초록 옷을 입은 요정, 그리고 전 세계를 강타한 소설 해리포터 시리즈의 배경이 된, 브리타니아 섬의 선주민이라 할 수 있는 켈트족의 문화와 '왔노라, 싸웠노라 그리고 이겼노라'라고 외치며 이들을 정복한 시저의 로마제국, 그리고 게르만족의 한 분파로 프랑스를 거쳐 건너온 앵글로색슨족과 노르망디를 거쳐 넘어와 지배층을 이룬 노르만족의 문화까지, 그들의 역사만큼 복잡다단한 이 지역에서 어떻게 기독교가 승리할 수 있었는가에 대한 자세한 이야기를 확인할 수 있습니다. 그리고 위클리프와 헨리 8세, 존 낙스, 존 웨슬리까지 이어지는 종교개혁의 물결들이 어떻게 영국을 변화케 했는지에 대한 깊은 지식을 얻을 수 있습니다.

'발로 쓴 잉글랜드 스코틀랜드 종교개혁'은 영국 종교개혁에 관한 훌륭한 안내서입니다. 그런 면에서 이 책에 해당 내용에 관한 지도와 지리서가 조금 포함되었다면 더 좋은 종교개혁 유적지 여행안내서가 될 수 있을 텐데 하는 아쉬움이 남습니다. 이 책을 들고 언젠가 조재석 목사가 비행기를 타고, 배를 타고, 버스를 타고, 그리고 걸어서 방문한 그곳을 나도 혼자 찾아보고 싶은 호기를 갖게 됩니다.

이 '발로 쓴 종교개혁 시리즈'가 어디까지 이어질지 모르겠지만, 그 마지막은 우리 성결교회가 되었으면 하는 작은 바람도 함께 실어 독자들에게 행복한 시간이 되길 기도해 봅니다.

| 추천의 글 |

잉글랜드 스코틀랜드 영성의 최고 가이드

한기채 목사
서울신학대학교 이사장, 중앙성결교회
기독교대한성결교회 전총회장

추천의 글을 쓰겠다고 흔쾌히 답한 것은 조재석 목사에게 진 빚이 있기 때문이다. 2024년 안식월을 얻어서 위그노의 자취를 따라 프랑스와 스위스를 다닐 때, 그가 쓴 '발로 쓴 프랑스, 칼뱅 개혁주의 종교개혁'을 길잡이 삼아 많은 에너지를 절약했기 때문이다. 아내와 단둘이서 자동차를 렌트하고, 책에서 자세히 설명해 준 것을 참고하여 더 많이 보고, 더 깊게 느끼고, 더 풍부하게 누릴 수 있었다. 제목에 "발로 쓴"이라는 수식어를 붙였는데, 실상은 조재석 목사의 온 몸과 마음과 영혼으로 체득하여 쓴 글이다.

2021년 안식월에는 잉글랜드, 스코틀랜드, 웨일스 지역을 다니면 영성가들의 삶의 현장을 답사하고 '오래되고도 새로운 지혜'(두란노, 2024)라는 책을 낸 적이 있다. 그런데 이번에 조 목사가 쓴 '발로 쓴 잉글랜드, 스코틀랜드 종교개혁'을 읽어보니, 내가 가지 못했던 곳, 내가 알지 못했던 것, 내가 마땅히 보았어야 할 것들이 많이 수록되어 있었다. 여러 차례 답사를 해야 알 수 있고, 배경 지식이 있어야 볼 수 있고, 고생을 해야 깨달을 수 있는 것들이 숱하게 있었다. 내가 다시 영국을 가게 될 때는 이 책을 가지고 가서 현장 독서를 해야 되겠다고 결심을 했다.

어디든지 무엇이든 아는 만큼 보고 느끼는 것이다. 이 책은 우리의 안목과 지식과 영성을 크게 고양시킬 수 있는 도구다. 영국에 가서 느낀 것이지만 우리가 알고 있는 것들의 오리지널이 그곳에 있다. 종교개혁의 선구자들뿐 아니라 장로교, 감리교, 성결교, 침례회, 성공회, 구세군 등 개혁교회들의 전통이 고스란히 그들로부터 기원하고 있다.

신앙사건에 있어서 현장답사와 증빙, 그리고 정확한 기록은 매우 중요하다. 목사이며 기자이며 역사가인 조재석 목사가 우리가 반드시 보고 체험해야 할 것들을 고화질의 사진들과 중요한 자료들을 들어가며 친절하고 쉽게 설명을 해 주고 있다. 이 책은 종교개혁 유적지를 답사하려는 분들에게 시간과 물질을 절약시켜 주는 것은 물론이고 그곳에서 반드시 봐야 할 것들을 보게 해 준다. 아마 열 번은 방문해야 볼 수 있는 것을 이 책과 함께 한 번에 가능하게 해 준다.

나는 기독교인이라면 언젠가는 시간을 내어 잉글랜드와 스코틀랜드를 꼭 다녀 올 것을 권하고 싶다. 그런데 이 책과 함께라면 그 모든 여정을 풍요롭게 만들어 줄 것이라고 믿는다. 답사 이전에 한 번 읽으면서 준비하고, 현장에 가서는 몸에 지니고 다니면서 읽고, 다녀와서는 다시 정리하면서 읽으면 저자의 수고에 진심으로 감사하게 될 것이다. 이 책은 읽는 것만으로도 그곳에 다녀온 것처럼 생생한 지식과 정보를 준다.

| 추천의 글 |

자유로움을 꿈꾸는 발걸음

김석천 목사
런던행복한교회
전 유럽직할지방회장

조재석! 그에 대한 첫인상은 평범하지 않았다.
약간 기이한 느낌을 받았다고 할까? 그럼에도 불구하고 비호감은 아니었다. 보통 목사들에게서 찾아볼 수 없는 인간미가 물씬 느껴졌기 때문이었다. 우리의 만남은 그가 한국에서 가족이 먼저 와 있었던 독일로 오면서부터였다. 유럽의 한 지붕 아래 살게 되면서 가까이 보고 자주 만나면서 십년을 넘기며 사귐을 이어가고 있다. 지금의 시점에서 예전 보다는 그를 더 잘 알게 되었지만 지금도 완벽하게 그를 잘 안다고 말하기 어려울 것 같다. 그는 어떤 기준이나 규범에 얽매어 살아가는 이가 아니기 때문이다.

그의 연락처에는 '자유로운 영혼을 꿈꾼다'고 적혀 있다. 그가 자유로운 영혼을 꿈꾸는 사람임을 부인할 사람은 없을 것이다. 그렇지만 자신을 낳고 길러준 교회와 교단을 누구보다 사랑하는 마음에 있어서 변하지 않는 한결같음이 있다. 몸이 유럽에 와 있기에 소속을 변경하라고 권해도 굳이 자기가 속한 교회를 고집하는 것이 그 한 예다.

발로 썼다는 말이 맞다.

그의 특별한 점은 그가 쓴 글에서도 나타난다. 현장을 방문하여 보고 듣고 느낀 점을 바탕으로 글이 시작되고 초고가 완성되면 그 원고를 들고 다시 현장을 찾아가 그곳에서 다시 읽고 고치며 현장성이 살아 있는 글을 쓴다. 발로 썼다는 제목이 그야말로 적절하다. 그렇다고 머리를 쓰지 않았다는 뜻이 아니다. 우연히 목격한 그의 원고엔 빽빽하게 각주가 달려 있었다. 그렇지만 출판된 책에는 그 각주들이 모두 사라지고 없다. 발을 제대로 쓰기 위해 머리를 내려놓을 줄 아는 놀라운 용기가 없으면 어려울 결단이다.

그는 신문 기자 출신답게 사진도 잘 찍고 글도 명쾌하게 잘 쓴다. 영락없는 글쟁이 사진쟁이다. 식사하는 자리에서 이야기한 몇 마디와 자리를 여러 차례 옮기며 부산한 환경에서 행한 인터뷰 같지 않았던 만남을 통해서도 녹음도 하지 않았는데 정확하게 육하원칙을 따라 기사로 옮겨내는 것을 보고 감탄을 금하지 않을 수 없었다. 그리스도의 몸으로서의 교회와 역사에 대한 그의 남다른 열정이 이 책을 탄생시켰고 시리즈를 이어가고 있다.

조재석 목사와의 최근 몇 차례의 만남을 통해 그가 바라보는 앞으로의 전망을 들을 수 있었다. 바라기는 이 책이 그가 바라보는 방향으로 한걸음 더 나아가는 기회를 제공해 주기를 바란다. 저자가 사랑하는 것들을 향해 행복한 발걸음을 계속 이어 나가기를 선배의 마음으로 축복하고 기도한다.

| 추천의 글 |

종교개혁의 역사 현장을 현재로 불러오는 글

지형은 목사
성락성결교회, 기독교윤리실천운동 이사장
기독교대한성결교회 전총회장

조재석은 목사지만 '기자'라고 불리는 게 더 어울리는 사람이다. 대학 시절 학보사 기자였고, 졸업 후 기독교대한성결교회의 교단신문 '한국성결신문'의 기자로 살면서 글쟁이의 기질과 실력이 튼실해졌고, 바람 많은 교단과 교계를 취재하고 편집장을 지내면서 신문쟁이로 뼈가 굵어졌다.

나는 조재석을 오래전부터 잘 안다. 우리 교단 사람이기도 해서지만 내가 목회하는 교회에 적을 두고 있는 목사이기 때문에 더 그렇다. 심성이 착한 것이나, 순교자 문준경의 신앙이 면면히 흐르는 신안의 신앙이 오롯이 삶에 흐르는 것이나, 교단지 기자로 생활하면서 언젠가부터 대단한 글쟁이가 되어 있던 것이나, 사람에 관한 소박한 친근함과 섬김의 정신이 여일한 것이나 … 나는 이 사람의 일상과 그 사람됨을 꽤 깊이 안다.

조 기자가 나에게 종교개혁 역사에 관해서 글을 쓸 생각이라고 얘기한 적이 있었다. 별 신경을 많이 쓰지 않고 그냥 들었다. 아마 내게는 '기자가 무슨 교회사를 쓰지' 하는 생각이 무의식에라도 있었나 싶다. 내 전공이 교회사다. 독일에서 17~18세기 경건주의를 연구해서 박사학위를 받았다. 그 이전 시기인 16세기 종교개혁에 관해서도 연구했다. 기자가 종교개혁에 관해 책을 쓴다는 얘기를 듣고서 기자와 교회사 집필이 연결되지 않았다.

조재석 기자가 이번에 내는 책이 세 번째 책이다. 그의 집필 구상으로, '발로 쓴' 유럽 종교개혁의 전체 역사를 3부작으로 마무리하는 것이다. 첫 번째 책을 조 기자에게서 받아서 읽으면서 나는 무릎을 쳤다. '아, 기자가 쓰니까 다르구나!'

교회사 학자가 쓴 종교개혁에 관한 책은 흔하다. 학자에 따라서 독특한 관점과 해석이 있기도 하다. 그러나 제아무리 특별해도 이른바 '학문적인 책들'은 거기서 거기다. 그런데 조 기자가 쓴 책을 읽으면서 확연하게 다르다는 것을 알았다. 저자의 3부작이 "발로 쓴"이라는 공통분모를 갖고 있는데, 이것이 그저 수사적인 표현이 아니다. 직설법이다. 저자는 그야말로 끊임없이 걷고 또 걸었다. 유럽 종교개혁의 역사를 발로 썼다.

내가 1년 반 조금 넘게 일간 신문사의 데스크와 논설위원으로 일한 적이 있다. 데스크가 기자들에게 항상 하는 말이 있다. '기사를 발로 써라!' 기자 생활이 조금 오래되면 현장에 가지 않아도 전화 두어 통 걸고 자료 몇 장 받으면 깔끔하게 기사를 쓸 수 있다. 그러나 현장에 직접 가서 쓴 기사는 뭐가 달라도 분명히 다르다. 신문 기사는 스트레이트 기사든 기획 기사든 현장성이 중요하다. 그래서 구문(舊聞)이 아니고 신문(新聞)이다.

글쟁이로서 조재석 기자의 종교개혁사는 현장이 살아있다. 몇 백 년 지난 역사에 관한 것이야 지난 흔적과 사료를 재구성해서 쓰는 것이니 이 책이나 역사학자의 저서나 비슷하다. 그런데 역사학자의 글에서 거의 찾아볼 수 없는 것이 조 기자의 책에 있다. 종교개혁이 일어난 그때 역사 현장의 현재 상황을 그려낸 것이다!

| 머리말 |

배움과 묵상, 성찰의 길을 걸으며

10여 년 전 모든 것을 내려놓고 독일로 떠나오면서 두루뭉술하게나마 10년의 과제를 설정했습니다. 유럽에 있는 교회 역사 속 장소를 직접 방문하자는 생각이었습니다. 치열한 삶을 살던 자로서, 새로운 곳에서 살기 위한, 살아 내려한 방법으로 고민한 것입니다. 아내와 자녀를 뒤따라 독일로 왔기 때문에 맨 먼저 루터의 종교개혁 흔적을 찾기로 했습니다. 마침 루터 종교개혁 500주년(2017년) 행사들이 준비, 추진되기 때문이기도 했죠.

어학을 진행하고 독일어를 조금은 이해하고 말할 수 있게 되면서 밤 버스를 타고 처음 바르트부르트와 비텐베르크를 찾았습니다. 그곳에 하루 종일 머물며 루터의 흔적을 따라 움직였습니다. 길에서 빵과 음료수로 식사를 대신하며 전시된 자료를 읽고 또 읽었습니다. 그렇게 한 글자 씩 공부하며 종교개혁 역사를 알아가는 재미가 있었습니다. 하루의 여정을 마치면 밤늦은 시간 버스에 올라 집에 돌아왔습니다. 돌아 온 후 현장에서 획득한 자료를 토대로 루터의 삶과 생애, 그의 외침을 공부하고 글로 정리했습니다. 한 장소에 대한 이해가 끝나면 다음 방문지를 정했고, 자료를 찾고 공부했으며, 준비가 끝나면 다시 짐을 꾸렸습니다.

한 장소를 방문한 후 글로 정리한 것은 현장에서 느낀 감동과 성찰의 단편을 기록하려는 노력입니다. 오랫동안 글쟁이, 신문쟁이로서 살았기에 정리되지 않은 생각은 잊힌다는 것을 누구보다 잘 압니다. 그래서 현장에선 생각들이 머릿속에서 사라지기 전 수첩을 들고 기록했고, 다녀온 이후엔 그 내용을 컴퓨터에 옮겨 적었습니다. 그러다 다녀온 종교개혁 장소의 좋은 정보와 제가 느낀 감동을 저를 잘 아는 분들과 나누자는 생각이 들었고, 페이스북(Facebook)에 친구만 볼 수 있는 방식으로 공유했습니다. 오랫동안 기자로 활동했기에 많은 사람을 만나고 알았지만 페이스북 친구는 1000여명이 안됩니다. 시대에 민감하지만 관계 맺기는 신중한 성품이기도 했고, 2014년에 독일에 온 이후에는 새 친구를 많이 사귀지 않았기 때문입니다. 그래서 '친구'는 저를 이해하고 계실 뿐 아니라 제가 올린 글, 긴 글을 편견 없이 바라보고 읽어주실 것이기 때문입니다.

처음엔 기록과 나눔에만 관심 있었을 뿐 책으로 낼 생각은 없었습니다. 그것으로 충분하다 생각했기 때문입니다. 그러다 독일의 한 사회복지 시설에 정착해 살며 이 땅에 뿌리를 내밀게 되면서 조그만 욕심을 갖게 됐습니다. 신앙을 갖게 하고 지금까지 성장하도록 도운 성결교회에, 나를 아는 분들께 작은 선물로 제가 쓴 글을 전해드리자고 생각한 것이죠. 어려서 문준경 전도사 순교기념교회(병풍교회)에서 신앙생활을 시작했고, 전총회장이신 이만성 목사님(목포상락교회)의 추천으로 신학을 공부하게 됐으며, 서울신학대학교에서 글쟁이 길(서울신대 학보사)에 들어섰을 뿐 아니라 졸업 후에는 기독교대한성결교회 총회본부(한국성결신문)에서 사역하였습니다. 많은 분들로부터 사랑과 관심, 격려를 받았고 오늘에 이를 수 있었습니다. 한국 방문을 두어 달 앞둔 시점이었기에 서둘러 글과 사진을 정리했고, 그렇게 '발로 쓴 루터의 종교개혁(도서출판 창과 현)'을 출간하였습니다.

  한국 방문을 마치고 독일 땅으로 돌아온 후부터는 첫 책에 아쉬움을 갖고 두 번째 여정을 준비하였습니다. 이미 루터 종교개혁지를 방문하는 중 틈틈이 프랑스와 칼뱅의 종교개혁 장소를 찾았고 전체 흐름은 파악하였습니다. 하지만 사회복지시설에서 일하기 때문에 시간을 마련하는 것이 문제였습니다. 주말과 휴가, 초과근무로 남는 시간을 적절히 활용했고, 프랑스와 이탈리아, 스위스 곳곳을 찾았습니다. 무박 이틀, 2박 5일(심야 버스나 기차 이용)의 여정을 다니기도 했고, 1주일 이상 짐을 꾸려 프랑스 남부와 서부, 이탈리아 북서부의 종교개혁 관련 장소를 찾아 떠나기도 했습니다. 당연히 방문 후 글을 정리해 페이스북에 올렸고, 친구들과 나눴습니다. 2021년에는 이를 정리, 보완하여 '발로 쓴 프랑스, 칼뱅, 개혁주의 종교개혁'(에디아)을 펴냈습니다.

  이번에 세 번째 책, '발로 쓴 잉글랜드, 스코틀랜드 종교개혁'(에디아)를 출간합니다. 영국 땅은 2016년 웨슬리의 흔적을 찾아 옥스퍼드와 런던, 브리스톨을 방문한 것이 처음이었지만 이후 매년 한 두 차례, 프랑스와 칼뱅 관련 책을 낸 후엔 한 해에 네다섯 차례 방문하였습니다. 루터를 찾아 떠날 때는 어설펐고, 칼뱅과 프랑스를 향했을 때는 언어와 정보부족으로 힘들었습니다. 하지만 영국과 스코틀랜드는 자료 조사를 기반으로 보다 깊은 이해와 40~50여 쪽의 자료를 준비할 수 있었습니다.

  낮에는 교회 역사의 현장을 둘러보기 위해 걷고 또 걸었고, 눈으로는 끊임없이 역사의 흔적을 찾아 이곳저곳을 두리번거렸습니다. 밤에는 좁은 숙소 한 곁에 홀로 앉아 현장을 방문한 내용을 기록하고, 얻은 성찰과 감동을 가져간 자료와 함께 종합하기 위해 노력했습니다. 정리하는 과정에 화석화 된 역사(글)는 현장과 만나 '살아있는 역사'로 다가옴을 느끼게 됐습니다. 그렇게 정리한 글은 바로 페이스북에 사진과 함께 올렸고, 살아있는 감동 그대로 친구들과 나눌 수 있었습니다. 그러나 현장에서 쓴 글은 부족함이 컸습니다. 서둘러 쓰기도 했고 피곤함으로 인해 현장에서 획득한 자료를 충분히 담아내지 못했습니다. 때때로 역사적 내용을 일부 잘못 서술하는 경우도 있었습니다. 그렇게 돌아온 후 다시 한 번 수정하고 내용을 보완하는 작업도 진행했습니다.

지난해 12월부터 올해 3월까지 그동안 다녀온 영국 땅, 잉글랜드와 스코틀랜드에 관한 글을 정리하였습니다. 하루 다섯 시간 이상 책상 앞에 앉아 글을 쓰고, 사진을 살펴보면서 하루를 보냈습니다. 그렇게 여행자, 순례자로 서려고 노력했던 지난 여정의 감동이 되살아났습니다. 올해 4월 정리한 원고를 들고 다시 영국과 스코틀랜드를 찾았습니다. 런던과 브리스톨, 글래스고 등을 거닐며 쓴 글을 읽었습니다. 순례 여정에 만나고 경험한 은혜와 감동이 눈앞에 어른거립니다. 그날의 감동으로 가슴이 벅차오름도 느낍니다. 그렇게 또 한 번 영국의 교회 역사를 느끼고 성찰하는 시간을 갖게 됐습니다.

영국 땅 동서남북을 다니며 진행한 순례 여정은 쉽지 않았습니다. 독일 땅에서 비행기로 런던과 에든버러 공항을 수차례 오가야 했습니다. 작은 배낭에 자료와 옷가지, 노트북을 넣고 꺼내기를 반복했고, 짧은 여정 속 한 곳이라도 더 찾기 위해 새벽 버스에 올랐으며, 심야 버스 장거리 이동을 주저하지 않았습니다. 폭우와 거센 바람에 맞서며 길을 걸었고, 추운 날 들판에서 침낭에 의지해 잠들기도 했습니다. 중세 순례자의 여정에 비교할 순 없지만 길을 걸으며 많은 것을 보고 읽고 느꼈고 잉글랜드와 스코틀랜드 교회 역사를 가슴에 담았습니다.

글을 정리하며 아쉬움이 많습니다.

첫 번째는 웨일스와 얼스터 지역(북아일랜드) 종교적 흐름과 역사에 대해 서술하지 못한 점입니다. 오늘날 영국은 잉글랜드와 스코틀랜드와 함께 웨일스와 (북)아일랜드를 포함합니다. 웨일스는 13세기에 잉글랜드에 의해 정복됐다가 헨리 8세 시기에 합병되었고, 아일랜드는 종교개혁 시점에 영국 땅이 됐다가 20세기 초 독립하였습니다. 로마 브리타니아 시대와 앵글로색슨족 시대에 그리스도교 신앙이 전파되었고 종교개혁 시기 잉글랜드와 스코틀랜드 사람들의 이주와 함께 프로테스탄트가 형성된 그곳의 역사를 담고 싶었지만 그렇게 하지 못했습니다. 충분하게 공부하지 못했고 그 곳 그리스도 교회 역사를 종합적으로 성찰하지 못했기 때문입니다.

잉글랜드와 스코틀랜드 종교개혁을 서술하면서 두세 번 중복 서술이 불가피했음도 밝힙니다. 헨리 8세에서 엘리자베스 여왕으로 이어지는 '중도적 입장의 종교개혁' 정립 과정, 찰스 1세와 2세의 국가 운영 및 종교정책에 대한 언급 등이 이에 해당될 것입니다. 종교개혁 시기 잉글랜드와 스코틀랜드 왕국은 한 왕 아래 두 개의 정부와 의회를 가졌습니다. 같으면서도 다른 역사 흐름이 나타나는 이유입니다. 결국 이들 종교개혁을 서술하면서 중복이 나타나게 됐습니다. 다만 중복될 경우 앞서의 내용을 간략히 정리하거나 보다 풍부히 서술하는 형태로 차등을 두어 서술했음을 밝힙니다.

개인적으로 노예제 폐지운동을 이끈 윌리엄 윌버포스(William Wilberforce, 1759~1833)와 구세군을 창립한 윌리엄 부스(William Booth, 1829~1912), 주일학교 운동을 시작한 로버트 레이크스(Robert Raikes, 1736~1811) 등에 대해서 다루지 못한 점도 아쉽습니다. 이들과 관련된 교회와 사역 장소 등을 방문했지만 전체 역사 흐름을 고려해 빼야 했습니다. 더하여 영국국교회(성공회)의 신학과 사역에서 중요한 리처드 후커(Richard Hooker, 1554~1600)와 청교도에 맞서 보수적인 입장을 정착시킨 캐롤라인 신학자들(Caroline Divines), 옥스퍼드 운동(Oxford Movement), 한국교회와도 관련된 웨일스의 복음운동을 서술하지 못한 점입니다. 언제가 전체 흐름에서 벗어나지 않는 방향에서 이 내용도 다룰 수 있길 기대합니다.

홀로 순례 여정을 다니면 입을 열어 말하기보다 눈으로 보고, 귀로 듣고, 머리로 생각하는 시간이 늘어납니다. 발과 다리는 무겁지만 머리와 가슴은 감동과 깨달음으로 뜨거워지고 충만해집니다. 살아온 삶에 비춰 성찰의 시간이 늘어나는 것은 덤입니다. 순례의 길을 걷고 옛 역사의 흔적을 찾는 과정에 하늘의 소리, 그곳에 담긴 신앙 선진과 그들을 기억하려한 사람들의 노력을 만났습니다. 그곳을 찾아 그들의 신앙을 묵상하고 오늘의 삶과 시대를 성찰하는 사람들도 마주했습니다.

자료와 전시된 자료들을 통해 얻는 정보보다 바람과 풀, 돌과 나무, 성화와 성인들의 동상을 통하여 전해오는 이야기, 그리고 내면에서 들려오는 소리에 화들짝 놀랄 때가 많아졌습니다. 이제는 다양한 형태로 말 걸어오는 분의 소리를 들을 수 있는, 아니 오래전부터 나에게 말을 걸어오셨지만 듣지 못했던 귀머거리에서 벗어났음을 느낍니다. 그 분의 소리를 감지할 수 있는 방향 감각을 갖춘 '순례자', 일상 속 '수도자'의 끝자리에 앉게 된 것에 감사할 뿐입니다.

끝으로 순례의 여정을 지켜봐 주시고 격려해주신 모든 분들에게 감사의 말씀을 드립니다. 한국에서 자식의 건강만을 바라시는 부모님과 때때로 짐을 꾸려 집을 나서는 것을 묵묵히 지켜보는 아내와 두 아들, 부족한 이에게 역할을 부여해 독일 땅에서 살도록 한 장애인공동체(Vogthof) 식구들, 신앙을 지켜가며 주일 예배자로, 봉사자로 섬길 수 있는 호이스뷔텔 교회(Ev.-Luth. Kirchengemeinde Hoisbüttel)와 함부르크 순복음교회 교우들께도 감사를 드립니다. 아울러 한국에서 항상 사랑으로 격려해주시는 성락성결교회 모든 분들과 성결가족에게 진심으로 감사드립니다.

2025년 5월 20일
수도자의 삶을 꿈꾸며 살아가는 독일에서

조 재 석

목차

추천의 글 홀로 영국으로 떠나고 싶게 만드는 글의 힘 류승동 5
추천의 글 잉글랜드 스코틀랜드 영성의 최고 가이드 한기채 7
추천의 글 자유로움을 꿈꾸는 발걸음 김석천 9
추천의 글 종교개혁의 역사 현장을 현재로 불러오는 글 지형은 11
머리말 배움과 묵상, 성찰의 길을 걸으며 13

01 영국 땅에 전해진 그리스도의 복음

캔터베리에서, 브리타니아와 앵글로색슨 왕국 25

1. 역사에 등장한 브리타니아 26
2. 로마 브리타니아에 전해진 그리스도교 29
3. 브리타니아 시대 그리스도교의 확산 31
4. 앵글로색슨족의 브리타니아 점령 34
5. 켄트 왕국의 복음화, 베르다 왕비와 에델베르트 왕 36
6. 앵글로색슨족을 위한 첫 교회, 세인트 마틴 39
7. 앵글로색슨족 선교의 기지, 성 어거스틴 수도원 44
8. 영국교회 모교회인 캔터베리 대성당 48
9. 중세 순례자의 삶, 제프리 초서와 이스트브리지 병원 61
10. 캔터베리 수도사의 삶, 그레이프라이어스에서 71

02 켈트교회의 형성과 발전

아이오나와 린디스판 수도원에서 77

1. 켈트교회 이해를 위한 출발점 77
2. 아이오나 수도원을 향하여 81
3. 아이오나 수도원 공동체 예배 84
4. 콜룸바 상륙 해안가를 거닐며 90
5. 아이오나 수도원과 십자가 92
6. 백사장의 눈물과 붉은 피, 순교자 해변 96
7. 성스러운 섬 린디스판을 향하여 98
8. 세인트 에이단 동상과 메리교회 101
9. 린디스판 수도원 유적을 둘러보며 103
10. 커스버트 주교의 은둔지 106
11. 켈트교회와 로마교회의 융합, 휘트비 수도원 109
12. 휘트비 수도원 유적을 둘러보며 115

03 종교개혁의 새벽별 위클리프와 롤라드

옥스퍼드와 라터워스, 런던에서 123

1. 노르만 정복과 잉글랜드 왕국 124
2. 위클리프의 근거지 옥스퍼드 125
3. 위클리프의 고장 라터워스에서 140
4. 레스터에서 만난 리처드 3세, 그리고 헨리 7세 155
5. 롤라드의 흔적을 쫓아, 다시 런던으로 164

04 헨리 8세와 크랜머, 튜터 왕가의 종교개혁

케임브리지와 런던, 옥스퍼드에서 181

1. 종교개혁의 모태 케임브리지 183
2. 헨리 8세와 튜터 왕가 종교개혁, 런던에서 203
3. 토마스 크랜머의 순교 현장, 옥스퍼드 238

05 존 낙스와 스코틀랜드 종교개혁

세인트 앤드류스, 스털링, 퍼스, 에든버러 255

1. 스코틀랜드 역사와 교회, 왕립박물관에서 257
2. 인문주의 확산과 종교개혁, 세인트 앤드류스에서 261
3. 독립과 종교 자유를 품은 스털링 276
4. 종교개혁을 향한 회중의 투쟁, 스콘과 퍼스 287
5. 존 낙스의 종교개혁, 에든버러에서 294

06 개혁된 영국교회를 꿈꾼 청교도 (1)

런던, 중부 잉글랜드, 플리머스 327

1. 중도적 잉글랜드 개혁의 정착, 그리고 반발 328
2. '순응'을 강요한 교회, 비순응을 택한 청교도 331
3. 종교자유를 향한 여정, 필그림 선조들 356
4. 미국을 세운 청교도들의 고향, 보스턴 370
5. 필그림이 머문 땅 끝 항구, 플리머스 384

07 개혁된 영국교회를 꿈꾼 청교도 (2)

일리, 케임브리지, 베드퍼드, 런던 399

1. 청교도 혁명과 올리버 크롬웰, 일리와 케임브리지 **400**
2. 존 번연과 '천로역정', 그의 고장 베드퍼드와 엘스토우 **413**
3. 런던의 청교도 흔적을 찾아 **423**

08 국가언약으로 장로교회를 지킨 언약도

글래스고, 에든버러를 다시 찾아 445

1. 앤드류 멜빌과 장로교회, 글래스고에서 **446**
2. 언약도의 헌신과 고통, 다시 에든버러로 **464**

09 존 웨슬리와 메도디스트 운동

엡워스, 옥스퍼드, 브리스톨, 런던에서 489

1. 웨슬리의 고향 엡워스 **490**
2. 웨슬리와 신성클럽, 옥스퍼드에서 **509**
3. 야외설교자로 선 웨슬리, 브리스톨 **525**
4. 웨슬리 사역의 근거지, 런던 **541**

캔터베리 대성당은 영국교회를 대표하는 대성당이며 영국교회의 뿌리다.

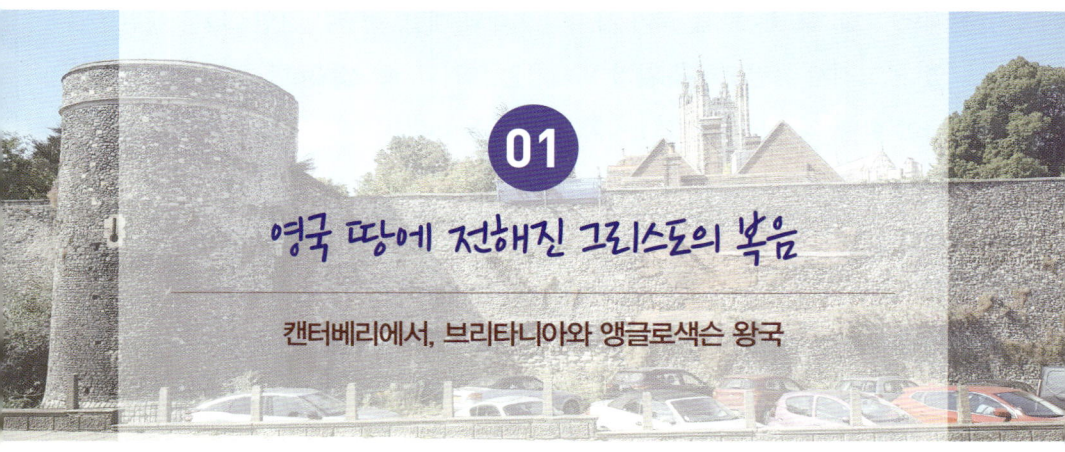

01
영국 땅에 전해진 그리스도의 복음
캔터베리에서, 브리타니아와 앵글로색슨 왕국

영국 종교개혁 역사를 찾는 여정을 어디에서 시작해야 할지 고민하며 영국 교회 역사를 다시 공부했다. 초대교회는 유대교와 로마의 탄압을 겪으며 자신들에 관한 이야기를 숨겼고, 화려한 중세시대엔 과장이 덧씌워졌다. 이를 통해 역사는 큰 포장지 속에 진실의 파편과 정보가 함께 담겨 오늘에 전해졌다. 그래서 진실과 올바른 정보를 찾는 것이 쉽진 않다. 우리는 하늘이 허락한 지성과 분석, 성찰의 능력을 사용한다면 시대의 강을 흐르며 형성된 먼지와 이끼를 잘 걷어내며 동시대 사람들의 삶과 활동을 건져 올릴 수 있다. 그런 마음으로 영국 고대사와 교회 역사를 공부했고, 여정의 첫 걸음을 브리튼 섬 남서부에 위치한 캔터베리(Canterbury)에서 시작했다.

가방을 꾸리면서 제일 먼저 챙긴 것은 영국 역사와 브리튼 섬 중남부를 배경으로 시작된 '잉글랜드 교회 역사'이다. 한국을 비롯해 아시아 국가는 국가를 세운 후 종교를 통치이념으로 채택, 발전시켰다. 하지만 서유럽 국가는 종교가 있었고, 국가는 이를 배경으로 생성되고 발전, 확장되었다. 둘은 유기적 관계 속에 상호 어우러졌고 대립해 싸우기도 했다. 정권(왕조) 교체와 교회 지도부 교체, 국가 사이의 연대와 대립, 전쟁은 자연스러운 행위였다. 그래서 유럽교회를 알기 위해서는 역사와 교회사를 한 책상에 놓고 봐야 한다. 하나님의 말씀(성서)과 세상의 목소리(신문)가 우리 손 안에 있어야 하는 것처럼 그렇다.

런던을 향한 비행기에서 그동안 공부해 온 영국 역사를 떠올린다. '섬나라' 영국(United Kingdom of Great Britain and Northern Ireland)은 크게 2개의 큰 섬(브리튼, 아일랜드)을 배경으로 잉글랜드와 웨일스, 스코틀랜드, 북아일랜드가 연합해 구성한 나라다. 13세기 중후반 잉글랜드에 정복된 웨일스는 1530년대 후반 영국에 합병되었고, 스코틀랜드는 1603년 잉글랜드와 연합왕국이 되었다가 1707년 통합되었다. 아일랜드는 부족들의 자유로운 땅이었으나 종교개혁시기인 1540년에 잉글랜드가 침입해 아일랜드 왕국을 만들어 통치하기 시작했다가 1801년 영국에 병합되었다. 하지만 20세기 초 무장봉기와 전쟁을 거쳐 아일랜드 공화국 독립(1921년)과 북아일랜드의 잔류(1922년)가 이뤄졌다. 이로서 20세기 초 영국은 오늘의 모습으로 완성되었다.

1. 역사에 등장한 브리타니아

그렇다면 언제 영국 땅에 사람들이 살기 시작했고, 그들은 누구일까? 그 역사를 설명하는 좋은 유적이 우리에게 잘 알려진 '스톤헨지'(Stone henge)다. 스톤헨지는 영국 남부 솔즈베리 평원에 위치한 선사시대 석조 유적물이다. 기원전 3000년경부터 1500년경 사이 여러 단계에 걸쳐 지어졌으며 매장유골이나 유물로 볼 때 정치적, 종교적 유적일 가능성이 높다. 이런 거대 건축물을 축조하려면 대규모 군중이 오랜 기간 함께 일해야 한다. 그래서 당시 브리튼 섬에 강한 부족국가 또는 부족연맹체가 있었을 가능성을 생각하게

스톤헨지. 브리튼 섬에는 큰 돌을 세운 형태의 유적이 많다.(자료사진)

한다. 이들은 선사시대에 대륙 프랑스나 스페인을 경유하여 이주했고, 부족 공동체를 이루며 살기 시작했다.

이들에 이어 기원전 8세기경부터 새로운 부족이 브리튼 섬으로 이주해 왔고, 이들은 몇 세기 동안 다양한 형태로 정착한다. 이주와 통합을 거쳐 섬의 주요 구성원이 된 그들은 역사 속에 켈트족이란 이름을 아로새겼다. 부족국가 형태였던 이들은 기원전 2세기에 한 지역을 다스리는 지도부를 꾸리기도 했고, 부족연맹체를 구성, 상호 관계를 형성했다. 그러나 이들은 브리튼 전 지역을 아우르는 통일 국가를 만들지 않았다. 그들에겐 삶과 그 삶을 평화롭게 운영하면 충분했고 부족연맹간의 지배와 통치 관계는 중요치 않았다.

그렇게 살던 켈트족을 역사 속에 등장시킨 것은 유럽의 강자로 떠오른 로마다. 로마는 자신들의 영향력을 확대하여 다른 이들을 지배, 통치하려고 했다. 이들은 이탈리아 반도를 넘어 갈리아(프랑스)와 이베리아 반도(스페인과 포르투갈)로 나아갔다. 기원전 55년 로마군은 브리튼으로 피신한 켈트부족을 따라 해협을 건넜다. 처음 브리튼 땅을 밟은 로마인은 율리우스 카이사르(Julius Caesar)와 그의 군대다. 그들은 브리튼 남부에 상륙했고 켈트족과 전투를 벌였다. 그는 '갈리아 전쟁기'(Bellum Gallicum)를 통해 섬사람들과 문화,

지리적 특성을 담은 기록을 남겼다. 전투에서 승리한 로마군대는 조공무역(로마에 필요한 현지 특산품을 받고, 자신들의 물품을 하사하며, 매년 일정 규모를 바치도록 함)을 통해 브리튼 부족들과 소통했다. 당시 몇몇 부족은 로마에 협력했으나, 다른 부족은 지속적인 긴장관계를 유지했다.

로마는 서기 43년 클라우디우스 황제 때 브리튼 땅을 정복하기 위해 나섰다. 로마는 이 땅을 '브리타니아(Britannia)'로 불렀고 대규모 군대를 파견하여 브리튼 섬의 북부와 서부로 자신들의 영역을 확장했다. 군대 주둔지를 중심으로 도시가 발전했고, 그 주변에는 켈트족 마을이 자리했다. 때때로 일부 켈트족의 반란으로 도시가 파괴됐지만 1세기 후반부터 브리튼 섬은 템즈강 하류에 세운 '론디니움(Londinium, 오늘날 런던)'을 중심으로 안정됐고, 로마는 400여 년 간 브리튼 섬을 통치했다. 켈트족이 독립적인 문자나 기록을 남기지 않았기에 그렇게 영국 역사의 첫 장은 로마에 의한 브리타니아 시대로 기록되었다.

물론 로마가 브리튼 섬 전체를 점령하거나 통치하진 못했다. 켈트족 상당수는 로마의 영향 아래 살았지만, 일부는 서부와 북부 산악지대에 거주하면

하드리아누스 방벽은 로마 브리타니아의 국경역할을 했다.(자료사진)

서 끊임없이 로마와 대립했다. 이들은 때때로 산을 내려와 로마인과 그들의 요새를 공격했다. 결국 로마인은 도시를 지키기 위해 방어 요새를 만들고, 켈트인이 많이 거주하는 북쪽에 긴 방어벽을 쌓아야 했다. 바로 하드리아누스 방벽(Hadrian's Wall)과 안토니우스 방벽(Antonine Wall)이 그것이다. 하드리아누스 방벽은 브리튼 섬 중부인 칼라일-뉴캐슬 지역에 있으며, 안토니우스 방벽은 더 북쪽인 글래스고-에든버러 인근이다. 117킬로미터에 이르는 하드리아누스 방벽은 122년 건설을 시작해 6년 후 완성하였고, 안토니우스 방벽은 142년 세워졌다. 하지만 켈트족의 잦은 공격으로 안토니우스 방벽은 8년 만에 버려졌고, 2세기 중반 로마는 하드리아누스 방벽을 경계선 삼아 켈트 부족인 픽트족의 공격을 방어하며 200여 년간 브리타니아를 발전시켰다.

2. 로마 브리타니아에 전해진 그리스도교

비행기가 착륙한 후 배낭을 둘러메고 공항 밖으로 나섰다. 도착한 공항은 런던 외곽에 위치했고 하루 두세 번 캔터베리로 가는 버스가 있었다. 버스에 올라 영국 날씨와 교외의 한산한 풍경을 둘러보며 캔터베리로 향한다. 버스에 앉아 브리타니아 시대 영국에 전해진 그리스도교 역사를 생각하며 상념에 잠겼다.

예수 그리스도와 제자들에 의해 시작된 그리스도교는 1세기경 소아시아를 거쳐 이탈리아 로마로 전해졌고 로마가 만든 길을 따라 1세기 후반 유럽 전역으로 확산됐다. 사도들과 복음 전도자들은 지팡이를 들고 걸어서, 또 배를 타고 나아갔다. 성서의 기록과 초기 그리스도교 역사에 따르면 그리스도교는 1세기 말까지 유대와 팔레스타인, 소아시아와 그리스 해안 도시, 로마와 아프리카 알렉산드리아 등에 머물렀다. 성서 속 12제자와 70여명 제자들에 대한 교회 전승은 아르메니아와 프랑스 남부, 스페인 해안 도시에도 복음이 전해졌다고 말하지만 그대로 믿기 어렵다.

오히려 2세기 후반, 3세기에 활동한 테르툴리아누스(Tertullianus, 155~222)와 유세비우스(Eusebius, 260~340)의 기록을 보면 기원전 2세기 후반 브리튼 땅에 복음이 전해졌을 것으로 보인다. 177년 프랑스 남부 리옹과 비엔에서 그리스도교 박해가 있었는데 이 때 많은 그리스도인이 북쪽으로 피신했고, 이들 중 일부가 브리튼 섬 해안에 정착했을 것이다. 물론 그 이전 로마 군인이나 상인 중에 그리스도인이 있었고 이들이 브리튼 도시에 들어와 가정교회를 시작했을 수도 있다. 하지만 로마 브리타니아는 2세기 초에야 안정됐고, 2세기 초중반 프랑스에 교회가 세워진 점을 고려하면 영국 교회(그리스도교 신앙공동체)는 빨라도 2세기 후반 시작됐다고 보는 것이 합리적이다.

물론 영국 사람들은 1세기 중후반 작은 그리스도인 공동체가 세워졌다고 믿는다. 2명의 성서 속 인물이 이야기되는데 로마서에 언급된 아리스토불로스(Aristobulus, 롬 16:10)와 복음서에서 언급된 아리마대 사람 요셉(Joseph of Arimathea)이다. 아리스토불로스는 유대 키프로스 출신으로 사도 바나바의 형제이며 사도 바울 여정에 동행한 인물이다. 중세 초기의 한 교회 자료(로마의 저술가인 위 히폴리토스와 가자의 토로테우스)는 이들을 70여명 제자 중 한 명으로, 로마 브리타니아의 첫 번째 주교로 언급한다. 그가 브리튼에서 설교하다가 웨일스에서 사망(또는 순교)했다는 것이다. 또 십자가에 달린 예수를 자신을 위해 준비한 무덤에 장사한 아리마대 요셉은 그리스도의 제자요, 신실한 유대인이다. 고대교회는 그를 성서 속 70여명 제자 중 한 명으로 본다. 그런데 '예루살렘 박해를 피해 나사로와 마르다와 마리아 자매, 막달라 마리아 등이 프랑스 남부 마르세이유에 정착했고, 함께 왔던 아리마대 요셉은 브리튼으로 건너가 복음을 전했다'고 한다. 12세기 이 이야기는 아서 왕의 전설,

성배 전설과 연결되어 최초의 성배 수호자로 등장했다. 영국 사학자인 윌리엄 맘스베리(William of Malmesbury)는 '사도 빌립이 영국에 12제자를 파견하는데 그 중에는 빌립의 가장 가까운 친구인 아리마대 사람 요셉도 포함되어 있다'면서, 이들에 의해 글래스톤베리(Glastonbury)의 수도원이 설립되었다고 언급한다. 그래서 글래스톤베리 수도원은 사도적 전통을 강조하고, 영국 내 최초의 그리스도교회로 자신들의 역사에 긍지를 부여한다. 하지만 이 전설은 중세 중반에 생겨나고 확산됐다. 또 글래스톤베리 수도원(교회)이 7세기 이전에 설립되지 않았다는 점과 손님으로 수도원에 머물렀던 맘스베리가 수도원 자료를 무비판적으로 수용했을 가능성이 높아 신뢰를 얻기 어렵다.

다만 우리는 예수의 제자나 그들을 계승한 복음전도자들이 매우 이른 시기에 영국에 이르렀고, 복음의 씨앗을 뿌렸다는 사실을 영국인과 영국교회가 고백하고 있음을 인정하면 될 것 같다. 앞서 언급한 것처럼 성서 속 제자는 아니지만 그 다음세대에 복음을 들었던 군인이나 상인이 영국 땅에서 작은 공동체를 이루며 신앙생활을 했거나 복음전도 활동을 펼쳤을 가능성을 100% 부인할 수 없기 때문이다.

3. 브리타니아 시대 그리스도교의 확산

신뢰있는 역사 기록에 근거해 브리튼 섬에 그리스도가 전해진 것은 2세기 후반이다. 초대교회 저술가인 테르툴리아누스와 유세비우스, 푸아티에의 성 힐러리(St Hilary)는 '제자 몇몇이 바다를 건너 영국 땅에 도착'했고 '교회를 건설하고 복음을 전파하였다'고 언급한다. 그렇게 시작된 영국교회는 314년 기독교 역사에 처음 등장했다. 콘스탄티누스 대제가 서로마 황제(312년)가 된 후 밀라노 칙령(Milan Edict of Tolerance, 313년)을 통해 그리스도교를 공인한다. 이어 그는 서로마 지역 교회 주교들을 소집하여 아를에서 교회회의, 즉 아를공의회(Synode of Arles)를 소집했다. 이 때 브리튼 섬에서 3명의 주교가 사제 몇몇과 함께 회의에 참석했다.

교회사는 이들을 에보라쿰(Eboracum, 현재의 York)의 에보리우스(Eborius), 론디니움(Londinium, London)의 레스티투스(Restitus), 골체스터(Colchester)의 아델피우스(Adelphius)로 언급한다. 이들 지역은 모두 로마 군대가 주둔하고 있는 도시다. 언뜻 생각하면 '3명의 주교를 파송할 정도로 1세기동안 영국 교회가 빠르게 성장했다'고 볼 수 있다. 하지만 영국 주교의 회의 참석은 콘스탄티누스 황제와의 특별한 인연 때문으로 보아야 한다. 그의 아버지는 로마 황제 중 한 명으로, 갈리아와 브리타니아를 다스렸다. 그런 아버지가 영국 요크에서 갑자기 사망했고, 콘스탄티누스는 아버지의 부하들에 의해 황제로 추대되었다. 그런 그가 나중에 경쟁자를 제압한 후 서로마 황제의 자리에 올랐다. 당연히 황제가 된 후 소집한 교회 회의에 요크와 브리타니아 대표를 부른 것은 당연하다. 이러한 황제의 관심과 지원은 영국 교회 확장에 큰 영향력을 발휘했고 이 분위기는 5세기 초 로마가 브리튼을 떠나기까지 계속된다.

로마 브리타니아 시대 그리스도교를 알 수 있는 유명한 유적이 런던에서 캔터베리를 향하는 방향인 룰링스톤(Lullingstone)에 있다. 몇 년 간 영국을 여행하면서 꼭 들리고 싶었지만 교통편의 문제로, 때론 수리로 인한 폐쇄로 실패했다. 결국 도서관 자료와 인터넷 등을 통해 이 곳을 간접 경험할 수밖에 없었다. 이곳에서 20세기 중반 땅 속에 묻혀 있던 로마시대 주택(Roma Villa)이 발견됐는데, 한 쪽에 4세기 중반 사용한 가정 예배당이 있었다. 주택은 100년경 석조 건물로 처음 세워지는데 2세기에 종교적 목적을 위한 원형 건물이 추가됐고, 어느 시점부터 이 장소가 예배당으로 사용됐다. 벽면에는 별장 주인과 가족으로 추정되는 인물이 경배하는 모습과 치

룰링스톤 유적은 초기 로마 시대 주택으로 예배당을 갖추고 있다.(자료사진)

로(Chi-Rho) 십자가, 욕실에서는 물고기 그림 조각도 발견됐다. 연구자들은 로마 시민인 집 주인이 그리스도교 신앙을 받아들였고, 이곳에서 가족이나 이웃과 예배를 드렸다고 추정한다.

베데(Bede)의 영국인 교회사(Ecclesiastical History of the English People)에는 브리타니아 시대 첫 영국인 순교자로 세인트 알반(Saint Alban)이 언급된다. 알반은 초기 로마 정착지 중 한 곳인 Verulamium(베룰라미움, 런던에서 35킬로미터 떨어진 도시로 현재는 세인트 알반으로 불린다.)에 살았는데, 어느 날 박해를 피해 도망치던 신부를 숨겨주었다. 그는 매일 기도하는 신부의 신앙과 경건함에 깊은 감명을 받았고, 그리스도교를 수용했다. 그런데 신부가 숨어 있다는 정보가 알려졌고, 군인들은 그의 집을 수색하기 위해 몰려왔다. 알반은 신부의 망토와 옷을 입고 군인들 앞에 나서 대신 체포됐고, 재판에서는 "나는 만물을 창조하신 참되고 살아계신 하나님을 경배한다"고 당당히 고백한다. 결국 그는 심한 채찍질과 함께 참수를 당했다. 처형 때 한 처형 집행인(군인)이 그의 모습에 감명 받아 개종했고, 함께 순교를 당했다고 한다. 후대에 그의 처형장소로 추정되는 곳에 세인트 알반 대성당(St Alban's Carthedral)이 세워졌다.

이처럼 브리타니아 시대 교회는 로마 군대의 중심지인 런던과 요크를 중심으로 여러 도시로 확산되었고, 도시 외곽에 거주하는 켈트족에게도 영향을 미쳤다. 동시대 역사 기록이 없는데다 로마 철수 이후 브리튼 도시의 쇠퇴로 브리타니아 시대 교회를 정확히 말하긴 어렵다. 알반의 순교, 아를공의회와 리미니 공의회(359년)에 브리튼 주교가 참석한 점, 그리고 룰링스톤의 예배당을 볼 때 4세기 브리튼 교회가 남부(런던)와 중북부(요크)를 중심으로 확산되었을 것으로 추정될 뿐이다.

4. 앵글로색슨족의 브리타니아 점령

그러나 역사는 로마 브리타니아 시대를 마무리하고 새로운 시대로 전환을 이룬다. 유럽 대륙 중북부에 위치한 게르만족이 남서부로 이동했고 로마제국의 국경을 위협하더니 4세기 후반 로마 영토 깊숙이 들어온 것이다. 결국 로마는 프랑스와 이베리아 반도를 위협하는 게르만족에 맞서기 위해 군대를 브리튼에서 철수(410년)시켰고, 섬에 남겨진 브리튼 사람들(로마시민들과 로마화 된 켈트부족)에게 스스로 지킬 것을 통보한다. 이 때 브리튼 땅에 게르만족의 한 흐름인 앵글로색슨족(Anglo-Saxons)이 들어왔고 그 영향력을 점차 확대했다. 이들은 서로마 제국 멸망(476년) 후에는 잉글랜드 지역 점령에 나서 하나둘 자신들의 왕국을 세웠다.

섬 동부와 남부 해안으로 들어온 이들은 로마 통치 지역에 켄트(Kent), 서섹스(Sussex), 웨섹스(Wessex), 에섹스(Essex), 이스트 앵글리아(East Anglia), 노섬브리아(Northumbria), 머시아(Mercia) 등 일곱 왕국을 세웠다. 처음엔 작은 부족 단위였던 이들은 연합을 통해 규모를 키우고, 나중에는 로마 브리타니아 영토 전반을 통치하였다. 로마화 된 켈트족, 즉 브리튼 족은 이들에게 밀려 서부 웨일즈 땅으로 쫓겨났고, 그곳에 자신들만의 나라를 세워, 방어에 나섰다. 그렇게 로마 브리타니아에 이어 6세기부터 앵글로색슨 시대가 열렸다.

앵글로색슨족은 게르만족이 그렇듯 자연을 신으로 숭배하는 다신교 신앙을 가지고 있었다. 그래서 브리타니아 시대에 번성한 그리스도교는 위축되었다. 또 부족 중심의 마을공동체를 이루던 민족 특성으로 로마의 도시 또한 그 영향력을 상실했다. 그렇다고 그리스도교가 완전히 없어진 것은 아니다. 그리스도교를 받아들인 켈트족 교회들은 로마교회와 교류가 제한됐지만 브리타니아 시대 전통을 지키며 웨일스를 근거지 삼아 아일랜드와 스코틀랜드(브리튼섬 북서부)에 그리스도교를 전했다. 로마교회 전통과는 조금 다른 켈트교회의 첫 걸음이 시작된 것이다.

802년경 브리타니아 지도

예루살렘에서 로마로, 다시 로마를 근간 삼아 지중해를 무대로 유럽과 동방으로 확산된 그리스도교는 브리튼 섬에 이르러 켈트족을 복음화 했다. 그러나 새로운 역사의 주인으로 떠오른 게르만족에 의해 도전에 직면했다. 이 상황을 어떻게 돌파할 것인가, 그들을 어떻게 복음화 할 것인가? 로마교회(가톨릭교회)는 로마를 복음화한 방식, 즉 황제를 비롯해 왕실의 주요 구성원을 개종시켜 나라 전체를 변화시키는 방법을 모색했다.

로마교회가 고민하는 동안 게르만족 또한 깊은 고민에 빠졌다. 대규모 민족 이동으로 서로마 제국을 멸망시키고 새로운 유럽의 강자가 됐지만 넓은 영토와 원주민을 어떻게 통치할 것인지 새 과제를 떠안은 것이다. 당시 게르만 민족은 부족별 생활, 우거진 숲에 마을공동체를 이루며 살았다. 반면 로마화된 지역은 대부분 도시를 중심으로 생활했다. 게르만족은 새로운 문화와 문명을 수용하여 자신의 전통을 바꿔야(파괴해야)하는지 고민했다. 결국 이탈리아와 갈리아, 브리튼에 정착한 게르만족은 시대에 맞춰 옷을 갈아입기로 했다. 로마 방식의 국가와 정치 체제, 그리스도교 등을 수용했다. 그렇게 게르만족은 로마를 이어 유럽의 주인으로 새 역사를 쓰게 되었다. 이탈리아와 프랑스 지역의 게르만 부족, 대표적으로 프랑크족이 왕국을 세우고 그리스도교를 수용한데 이어 브리튼도 캔터베리에 세워진 켄트 왕국을 시작으로 그리스도교를 수용하기 시작했다.

5. 켄트 왕국의 복음화, 베르다 왕비와 에델베르트 왕

캔터베리(Canterbury)는 런던에서 남서쪽으로 110km 떨어진 도시로, 유럽 대륙(프랑스 칼레에서 도버 해협을 건너 영국 땅에 도착할 수 있다. 거리는 27km 정도)에서 매우 가깝다. 당연히 대륙과 소통이 용이했고, 로마군과 앵글로색슨 부족들 상당수는 이곳을 통해 브리튼으로 건너왔다. 이곳에 게르만 부족의 한 세력이 정착해 켄트 왕국(Kent)을 세웠다. 그 왕국의 중심지가 오늘날 캔터베리이며, 이곳에서 브리튼의 새 주인으로 떠오른 앵글로색슨족에게 처음 복음이 전해졌다.

복음 전도의 첫 걸음은 왕실의 결혼을 통해서다. 켄트 왕 에델베르트(Ethelbert)는 580년경 유럽 중부 프랑크 왕국의 공주 베르다(Bertha)와 결혼을 한다. 같은 게르만족의 뿌리에서 흩어진 두 부족은 교류협력을 했고, 결혼 동맹으로 이어진 것이다. 그런데 당시 프랑크 왕국은 그리스도교를 수용해

100여년 가까이 지난 때였다. 왕실 뿐 아니라 백성들 사이에 교회가 세워졌다. 왕가의 일원인 베르다 공주가 독실한 그리스도인 될 수 있는 배경이다.

그녀의 일행 중에는 신부 리우트하르트(Liudhard)가 있었다. 그는 공주와 그 일행을 위한 주임 신부로서 미사를 집전하며 성찬례를 행하는 것이 주임무였다. 중세 시대 성직자들이 왕실에서 외교나 통역 역할을 하는 경우도 많았는데 그런 역할을 했을 수도 있다. 근거는 부족하지만 프랑크 왕국 또는 왕실 성직자들이 켄트 왕국, 영국 선교를 위해 그에게 정탐의 임무를 부여했을 가능성도 있다. 아무튼 공주 일행은 프랑스 툴루즈(Tours)를 떠나 배를 타고 강을 따라 바다로 나왔고 해협을 건너 켄트 왕국에 도착했다. 왕은 공주를 직접 환영하기 위해 나섰고 그녀를 기쁨으로 맞아들인다. 그리고 그녀를 위해 로마 시대에 종교 목적으로 사용된 건물(오늘날의 St. Martin 교회)을 제공했다.

캔터베리에 도착해 처음으로 찾은 곳은 바로 에델베르트와 베르다의 이야기를 형상화한 작은 공원이다. 레이디 워톤즈 그린(Lady Wotton's Green)이라 불리는 공원은 캔터베리 성 밖에 위치했는데 규모가 작아 지나치기 쉬웠다. 그 공원 한 가운데 에델베르트와 베르다 동상이 서로를 마주보는 형태로 놓여있었다. 처음엔 1500여 년 전 두 사람이 처음 만나는 사건을 형상화한 것으로 생각했다. 두 사람은 거리를 두고 서로를 마주보는데, 에델베르트는 위엄을 가진 왕으로서 베르다를 향해 손을 들어 올렸고, 그녀는 당당한 모습으로 남편을 향해 걸었다. 하지만 결혼은 에델베르트가 왕이 되기 전 이뤄졌기에 이는 아닌 것 같다.

동상 앞에 세워진 안내판을 통해 그 장면이 왕이 마틴 교회에서 기도하고 돌아오는 베르다를 반갑게 맞는 모습임을 알 수 있었다. 설명을 읽은 후 베르다의 모습을 보니 그 내용이 이해된다. 베르다는 앵글로색슨족의 문양

에델베르트왕(사진 왼쪽)과 베르다 왕비는 켄트 왕국 복음화의 주역이다.

이 새겨진 장식과 십자가 형상이 담긴 목걸이를 걸고 있었고, 손에는 십자가가 새겨진 기도서를 들고 있었다. 밝은 그녀의 표정은 남편을 향해 다가오는 아내의 모습이다. 안내문에는 남편 에델베르트는 기쁜 소식을 전하기 위해서 그녀를 찾았다고 언급되어 있었다. 바로 로마교회가 보낸 주교와 사제들이 켄트로 오고 있다는 것이다.

평소 수도사 출신인 그레고리우스 교황은 앵글로색슨족 선교에 관심이 많았다. 베데(Bede)의 기록에 따르면 교황은 노예시장에서 만난 금발의 브리튼 소년을 보고 '앵글로가 아니라 천사다'라고 말했다. 그는 캔터베리에 그리스도교 여왕이 있다는 소식을 전해 듣고, 597년 수도사 출신인 어거스틴(Augustinus)를 주교로 축성한 후 베네딕토회 수도사를 포함한 40여 명을 켄트 왕국으로 파송했다.

공원 의자에 앉아 베르다의 동상을 다시 살폈다. 당당한 여성인 베르다는 기쁜 표정과 발걸음으로 왕을 향해 나아가고 있었다. 전설 속 아리마대 사람 요셉이 그러했듯이, 베르다도 자신의 고향 프랑스 땅을 떠나 브리튼 섬에 도착했고, 켄트 왕국에 복음 전파의 기초를 놓았다. 또 로마교회로부터 주교를 파송받아 앵글로색슨족 복음화의 첫 걸음을 가능케 했다. 그런 생각을 통해 그녀의 기쁜 얼굴이 무엇을 의미하는지, 그녀의 당당한 발걸음이 무엇을 품고 있는지 깨닫게 됐다. 바로 그녀는 미래의 켄트왕국, 그리고 앵글로색슨족, 브리튼 섬의 복음화를 꿈꿨고 마틴교회에서 오랫동안 기도했다. 그 첫 기대가 응답됐을 때 기쁨과 감사가 절로 터져 나온 것이다.

6. 앵글로색슨족을 위한 첫 교회, 세인트 마틴

공원을 나서 세인트 마틴교회(St. Martin)로 향했다. 부인 베르다를 위해 에델베르트 왕은 성에서 멀지 않은 곳에 있는 로마 시대 건축물을 제공했다. 건물은 종교적 용도로 사용되었다고 하는데, 교회였을 가능성이 있다. 여왕과 그녀의 일행은 이곳을 세인트 마틴 교회로 불렀고, 여왕은 때때로 이곳을 찾아 기도했다. 아마도 여왕을 보좌했던 리우트하르트가 프랑크 왕국 출신과 켄트 사람을 위해 미사를 집전했을 가능성도 있다.

그의 활동에 대한 정확한 기록은 없는데, 10여년 이상을 켄트 왕국에 머물렀던 것으로 추정된다. 비록 '왕실사제'(?) 역할을 주로 했지만 때때로 일

세인트 마틴 교회는 켄트왕국 복음화의 전진기지가 됐다.

반 백성에게 복음을 전했을 것이다. 누군가 켄트 왕국의 상황을 프랑크 왕실이나 자신이 속했던 교회에 편지로 알렸다고 추정되는데 리우트하르트로 보는 것이 타당해 보인다. 역사는 그의 사망을 595~600년으로 불분명하게 기록한다. 어쩌면 그가 보고한 내용 때문이거나 아니면 그의 사망 후 베르다 여왕이 프랑크 왕국이나 교황청에 새로운 사제 파견을 요청했을 수도 있다. 어떤 형태든 교황은 켄트 왕국의 소식을 전해 들었고, 597년 로마교회 파송을 받은 주교와 수도사가 영국 땅을 밟게 됐다.

기록에 따르면 어거스틴(Austin으로도 불리는 그는 캔터베리 첫 번째 대주교이며 '영국의 사도'로 불린다) 주교와 사제 일행은 브리튼 섬 남서쪽 테이넷(Isle of Thanet) 섬의 엡스플릿(Ebbsfleet)에 도착했고, 그곳에서 마중 나온 왕을 접견했다고 한다. 자신들이 온 목적, 방문 이유를 설명한 어거스틴 주교에게 왕은 자신은 조상의 신들을 버릴 수 없다고 말했지만 예배를 위해 마틴교회를 사용할 것과 자신의 왕국에서 자유롭게 설교하고 세례를 베풀도록 허락했다. 이들은 캔터베리에 도착한 후 왕이 제공한 거주지에 작은 수도원(성 베드로와 바울 수도원)을 세웠고, 그곳에 머물며 왕실예배당인 마틴교회를 근거지 삼아 복음을 전한다. 그렇게 앵글로색슨족을 위한 선교가 시작된 것이다.

세인트 마틴교회에 들어섰다. 마틴교회는 매우 오래된 건물로, 중세 유럽교

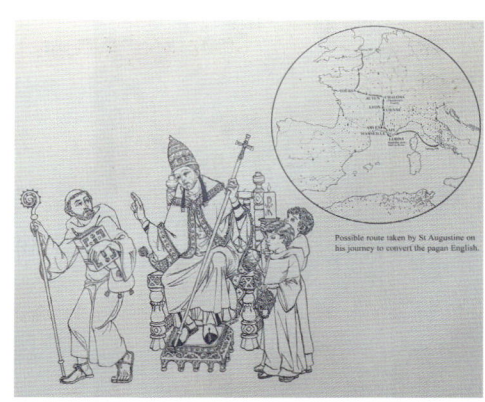

성 어거스틴은 로마의 파송을 받아 켄트왕국으로 향했다.

회처럼 예배당 주변에 많은 옛 무덤이 있었다. 건물 주변을 한 바퀴 돌며 작고 아담한 교회 건물을 살핀 후 본당에 들어섰다. 잠시 기도한 후 의자에 앉아 교회 내부를 소개하는 자료를 읽었다. 2000년 된 교회지만 현재 건물은 500여년 역사를 가지고 있었다. 로마 시대를 품은 부분은 교회의 극히 일부로, 지금의 5분의 1 크기였다. 자료에 있는 로마시대 건물 흔적과

세인트 마틴교회는 베르다 왕비가 앵글로색슨 복음화를 위해 기도한 장소다.

중세와 근대에 증·개축된 부분을 살폈다. 건축은 잘 모르지만 강단 쪽 벽면의 아래쪽에 로마식 벽돌 부분이 보였다. 그곳 한 곁에 베르다를 기념한 나무 부조가 있었다.

베데(Bede)의 기록에는 "도시 동쪽에는 로마 점령 기간 동안 브리타니아에 세워진 세인트 마틴을 기념한 오래된 교회가 있었다. 그곳은 그리스도인 여왕이 기도하는 곳이었다. 여기에서 그들은 왕이 개종하고 그들에게 설교할 자유와 사방에 교회를 세우고 회복시킬 수 있는 기회를

세인트 마틴 교회의 강단

줄 때까지 모였고, 시편을 부르며, 기도하고, 축제의 미사를 드리고, 설교하고, 세례를 주었다."고 한다.

한국 사람들은 매주 주일예배를 드리고 수요예배와 금요기도회, 새벽예배로 교회를 찾지만 여왕은 그렇게 할 수 없다. 하지만 신실한 여왕은 주교와 수도사들이 파송되기 전에도 자신만의 공간인 예배당을 자주 찾았고 라틴 기도서를 내용삼아 기도했다. 또한 프랑크 왕국에서 함께 온 일행이나 자신을 돌보는 켄트 왕실 인사와 함께 리우트하르트의 인도로 미사를 드렸을 것이다. 나중에 어거스틴 주교와 수도사들이 파송된 후에는 정기적인 미사 때 이곳을 방문했을 것으로 추정된다.

그녀는 이곳에서 어떤 기도를 했을까? 자신의 신앙과 고국을 생각하며 기도했고 남편과 켄트 왕국의 번영, 그리스도의 왕국이 되기를 소망하며

기도했을 것이다. 그녀의 모습을 본 왕은 기도 내용을 궁금해 했고, 수차례 대화를 나눴을 것이다. 어쩌면 왕은 여왕이 교회를 방문할 때 따라나섰을 수도 있고, 돌아오는 그녀를 기쁨으로 환영했을 수 있다. 그렇게 여왕의 신앙은 왕을 감동시켰고 왕 또한 그리스도를 받아들일 준비가 되었다. 아무튼 그녀가 있었기에 마틴교회가 시작되었고, 주교와 수도사들이 로마교회로부터 파송될 수 있었다. 또한 그녀의 기도를 이어 주교와 수도사들이 소리 높여 앵글로색슨족, 브리튼의 복음화를 위해 기도할 수 있었다. 그녀를 기념하는 너무도 작은 기념상 앞에서 한 여인의 신앙에 감격한다.

그녀의 기도와 열정, 어거스틴과 수도사 일행의 헌신은 몇 개월 지나지 않아 큰 성과로 나타난다. 켄트 왕국에 속한 사람들이 그리스도를 믿게 됐고, 597년 에델베르트 왕과 신하들을 포함해 천여 명이 함께 세례를 받은 것이다. 이교도였던 켄트 왕국이 그리스도의 왕국으로 재탄생했다. 중세까지 세계는 '왕의 종교가 곧 신민의 종교요, 국가의 종교'였다. 그래서 왕이 개종하면 그를 따라 신하와 백성이 함께 개종하는 경우가 흔했다. 그런 이유로 '1000명 세례'는 보편적인 기록이다. 베데(Bede)는 켄트왕국의 복음화가 예수에 관한 어거스틴의 메시지와 수도사의 거룩한 삶, 그리고 그에 뒤따른 기적의 결과임을 언급한다. "많은 사람들이 이교도 제의를 버리고 신자로서 그리스도

베르다 왕비를 기념하는 나무 부조

의 거룩한 교회의 일치에 들어서서 하나님의 말씀을 듣기 위해 매일 모였다."는 것이다.

이러한 켄트 왕국의 변화는 로마로 보낸 2명의 수사를 통해 알려졌고, 그레고리 교황은 601년 어거스틴에게 팔리움(수석주교의 관할권을 상징하는 견대)과 예식에 사용하는 물건(그릇, 의복, 성유물 등)을 전달했다. 그를 사실상 잉글랜드 교회를 대표하는 대주교로 임명한 것이다. 또한 새로운 신부와 수사를 파송하고 가능한 주교를 빨리 세워 요크에 파송하도록 권고한다. 브리타니아의 중심이던 런던과 요크에 대주교를 두고 그에 속한 주교들이 여러 도시에 교회를 세우는 방향을 제시한 것이다. 다만 교황은 "하나님께서 그를 통해 선택하신 놀라운 일들 때문에 거만한 머리(수장, swollen-headed)가 되어서는 안 된다"고 조언했다. 아쉽게도 일은 교황이 생각했던 대로 진행되지 못한다. 당시 런던은 켄트 왕국이 아니라 에섹스 왕국에 속했고, 어거스틴 대주교가 런던으로 옮기는 것은 쉽지 않았다. 하지만 대주교는 런던과 로체스터 주교를 새로 임명하고, 이들 도시를 중심으로 교회를 발전시켰다. 또 그를 이은 후계자들에 의해 625년 중북부의 중심지인 요크에 주교가 파송되었고, 캔터베리와 요크를 중심으로 영국 땅에 그리스도교회가 확산되었다.

7. 앵글로색슨족 선교의 기지, 성 어거스틴 수도원

새로 수도사들이 오면서 마틴교회와 작은 수도원은 좁았고, 어거스틴은 교회 인근에 로마식 벽돌을 사용해 새로운 수도원과 대성당을 건축했다. 바로 성 베드로와 바울 수도원(St Peter and St Paul, 나중에 이 수도원은 '성 어거스틴 수도원'으로 불린다)이 그곳이다. 수도원이 수도사들의 생활공간이면서 앵

성 어거스틴 수도원. 폐허로 변한 수도원은 흥망성쇠를 통해 사람을 겸손케 한다.

 글로색슨족에게 신앙을 전하는 교육의 장이라면 예배당은 대주교의 위상과 권위를 드러내며 왕실을 위한 안장 장소로도 사용되었다.
 마틴교회를 나서 성 어거스틴 수도원(St. Augustine's Abbey)을 찾았다. 안타깝지만 현재 수도원은 넓은 들판에 황폐화된 건물 흔적으로만 남았다. 물론 그 흔적도 첫 수도원의 것이 아니다. 수도원은 영국교회의 성장으로 여러 번 증축, 확장되었고, 새 건물이 신축되었다. 종교개혁까지 번성하던 수도원은 왕실에 의해 폐지되었고, 시간이 흐르면서 역사 속에 사그라졌다. 그런 때문인지 찾는 사람도 많지 않았다.
 수도원 입구 박물관에서 과거의 유물과 기록, 영상을 통해 수도원의 옛 영광을 확인했다. 짧은 영상에는 1300여년 수도원 역사가 담겼다. 처음 작은 건물이던 수도원은 700년경 새 건물로 확장됐고, 1100년경 대성당 규모의 큰 예배당으로 탈바꿈했다. 몇 개의 예배당과 부속건물을 가진 수도원은 16세기 종교개혁으로 폐쇄되었고 민간에 매각되었다가 버려졌다. 18세기 일부 건물이 선술집과 양조장 등으로 사용됐다는 기록은 안타까움을 크게 한다. 나중에 일부 건물은 병원과 감옥으로 사용됐으며, 지금은 남은 건물이 없을 정도로 폐허가 됐다. 영광은 간데없고 넓은 부지와 폐허로만 남겨진 역사 앞에 마음이 겸손해진다. 역사의 흔적을 접할 때마다 시간의 흐름에 따라 흥망성쇠가 있기에 인간은 겸손해야하며, 하늘의 뜻이 어디에 있는지 생각하고 그 뜻을 찾아 행해야 한다는 생각을 하게 된다.

수도원 완성 시기를 고려하면 에델베르트 왕과 베르다 왕비가 이곳에 묻혔을 가능성이 있다. 왜냐하면 수도원은 어거스틴과 수도사들의 주 거주지였고, 1072년 새로운 대성당(Christ Church) 건립 전까지 수도원 예배당이 대성당(St Peter and St Paul) 역할을 했기 때문이다. 그들의 흔적을 찾으려 했지만 없었다. 다만 과거 주교들의 묻혔던 공간과 후대의 몇몇 왕들의 무덤이 있던 곳을 찾을 수 있었다.

넓고 흔적만 남은 유적지를 둘러보는 것은 고된 일이다. 처음엔 오디오 가이드를 들으며 둘러보다가 유적에 보다 집중하기 위해 이어폰을 껐다. 그리고 각 장소에 있는 안내문을 읽고 해당 장소의 흔적을 천천히 살폈다. 대성당 내부의 본당과 회랑, 강단 예배실, 지하 시체 안치실, 수도원 건물 지역과 별도의 부속예배당 등이 그곳에 있었다. 흔적만으로도 대성당의 규모가 매우 컸음을 느끼게 된다. 지금은 폐허가 됐지만 이곳 수도원은 영국 전역을 복음화하는 결정적인 역할을 한다.

원래 어거스틴은 켄트 왕국에 파송되기 전 영국 사역에 부정적이었다. 앵글로색슨족이 '사납고 믿지 않는 민족이며, 그들의 언어를 이해할 수 없다'고 말했다. 하지만 교황은 그를 위해 통역관을 함께 파송하며 격려했다. 망설였지만 순종해 영국에 온 그는 켄트 왕을 비롯해 많은 사람을 그리스도 앞에 나오게 했다. 7년여의 짧은 사역이었지만 그로 인해 로마교회는 캔터베리에 터 잡고 중세 영국 중부까지 확산될 수 있었다.

어거스틴 수도원의 왕의 무덤 터. 켄트 왕과 주교들이 이곳에 묻혔다.

　그와 함께 이 땅에 왔던 수도사들은 이후 신부로서 잉글랜드 곳곳에 파송되어 활동했다. 주교가 된 파울리누스(Saint Paulinus, 584~644)는 노섬브리아 왕국의 에드윈 왕과 결혼한 에델베르트 왕의 공주 일행으로 파송됐고, 그의 노력으로 에드윈 왕이 그리스도교를 받아들였다. 그는 나중에 요크의 주교로서 브리튼 중북부 복음화에 터를 놓았다. 웨섹스(Wessex) 왕국 복음화에는 비리누스(Birinus, ?~650년) 신부가 중요한 역할을 한다.

　그는 634년에 햄프셔로 나아갔고 웨섹스 왕국에 복음을 전했다. 왕의 후원을 얻어 대성당을 건축했고, 윈체스터(Winchester)에 수도원을 세웠다. 631년 기독교인인 시기베르트(Sigebert)가 이스트 앵글리아(East Anglia)의 왕이 된 후 캔터베리의 펠릭스(Felix)에게 기독교를 전해달라고 요청했다. 펠릭스는 캔터베리에서 주교로 임명된 후 복음을 전했고, 그의 노력으로 이스트 앵글리아 지역이 그리스도를 수용했다. 이처럼 켄트 왕국, 즉 어거스틴 수도원을 거점삼아 그리스도교는 브리튼 섬 서북쪽으로 역사의 행진을 시작했다.

8. 영국교회 모교회인 캔터베리 대성당

　수도원을 나서 캔터베리 성으로 향했고, 시내를 잠시 둘러본 후 캔터베리 대성당 경내에 들어섰다. 대성당은 영국 그리스도교의 총 본산으로 1500년간 영국교회의 중심지였다. 이곳을 중심으로 교회는 영국 땅 곳곳으로 확산됐고 앵글로색슨족의 여러 국가를 통합한 단일왕국, 잉글랜드 왕국 탄생에 기여한다. 나라는 여러 개로 분리됐지만 그리스도교회는 하나였기 때문이다.

　대성당 입구에서 '그리스도 교회의 문(Christ Church Gate)'을 만났다. 세상과 교회를 구분하는 이 문은 대성당이 예수 그리스도의 이름으로 봉헌되었음을 보여주는 상징이다. 문에는 영국 왕실과 가문의 문장, 천사들이 새겨져 있는데 그 중앙에 예수 그리스도가 두 손을 벌리고 있었다. '죄 있는

켄터베리 대성당은 영국교회의 본산이며, 오늘날 캔터베리 대주교의 사역지이다.

대성당 입구에 있는 그리스도교회의 문

자 이리로 오라'고 부르고 있는 것 같다. 문은 매우 오래된 것처럼 보이지만 1931~1937년 사이에 '복원'되었다고 한다.

　대성당은 영국교회의 중심교회지만 처음 기초가 놓인 시기는 알 수 없다. 교회 역사 자료에서도 이는 두루뭉술하게 적혀 있었다. 다만 에델베르트 왕이 597년 그리스도교를 받아들였고 '더 많은 땅과 건물을 교회에 주었다'는 내용으로 볼 때 7세기 초 쯤 대성당의 기초가 놓였을 것으로 보인다. 또한 성 밖 수도원에 있던 큰 교회가 오랫동안 대성당으로 사용되었다는 언급을 생각하면 성 안에는 처음 작은 예배당이 세워졌을 가능성도 있다. 하지만 1000년경 옛 대성당이 노르만족의 공격과 화재로 파괴되고, 1067년 지금의 대성당이 착공되어 11세기 완성되었다.

　종탑을 올려다봤다. 하지만 수리와 복원으로 가려져 있어 웅장한 대성당 모습을 한 눈에 조망하기는 어려웠다. 출입문 쪽을 살피다 여섯 명의 동상이 조각된 것을 보게 됐다. 문 좌우에 있는 동상은 교회를 켄트에 자리 잡게 한 에델베르트 왕과 부인인 베르다였다. 또한 위 쪽 네 명은 어거스틴을

대성당 전면 엘리자베스 2세 부부 동상

비롯해 중세 신학 발전에 영향을 미친 란프랑쿠스(Lanfrancus)와 안셀무스(Anselmus), 종교개혁을 이끈 토마스 크랜머(Thomas Cranmer) 등 영국 교회 역사에 이름을 남긴 대주교들이다. 이 동상은 언제 만들어진 것일까? 자료에는 대성당 남서쪽 출입문은 1400년경 만들어졌지만 조각(Fassade)은 1862년 만들어졌다고 한다. 그렇다면 대성당이 만들어진 시기 동상은 아니다. 처음엔 성서 속 인물들이 새겨졌다가 종교개혁 시기에 일부가 파괴됐고 이후 현재 모습이 된 것이라는 생각이 들었다.

출입문을 통과하기에 앞서 교회 전면을 살폈다. 일반적으로 대성당은 교회 역사나 성서와 관련한 조각들이 많은 것이 일반적이다. 그런데 캔터베리 대성당은 다른 유럽 교회와 달랐다. 그곳에는 빅토리아 여왕과 엘리자베스 여왕 등 영국 통치자들이 조각되어 있었다. 또 최근 설치한 듯 하얀 대리석으로 만든 엘리자베스 2세 여왕 부부 동상도 볼 수 있었다. 종교개혁 시기 로마교회에서 분리한 영국교회는 '영국교회의 수장은 영국 왕(여왕)'이라는 수장령을 선포했고, 영국교회의 모교회인 캔터베리 대성당은 이를 반영한 것이다. 하지만 다른 것은 그렇다하더라도 아직 살아있는 여왕의 순백색 대리석은 성급했던 것은 아니었을까!(처음 캔터베리를 방문한 것은 2016년이며, 엘리자베스 2세 여왕은 2023년 사망했다.)

출입문을 통해 교회 내부에 들어섰다. 방문 전 찾은 자료(홈페이지)에는 캔터베리 '우리의 톱 텐(Our Top Ten)'이라는 이름으로 10개의 중요 관람 장소를 소개하고 있었다. 땅을 가는 아담의 창문, 토마스 베켓의 순교 장소, 큰 회랑과 참사회의 집, 가브리엘 채플(지하예배실), 제단(강단예배실), 기적의 창문, 삼위일체 예배실의 촛불, 세인트 어거스틴의 의자(대주교좌), 흑태자의 무덤, 물 탑(워터 타워) 등이 그것이다. 조사한 자료와 대성당에 들어서면서 구입한 안내 책자를 참고해 대성당을 거닐었다.

대성당에서 처음 마주한 것은 세례반과 설교단이다. 세례반은 1639년에 만들어졌는데 뚜껑에는 복음서 저자와 사도들이 조각되어 있었다. 그런데 아름답게 장식된 첫 덮개는 만들어진 지 몇 년 지나지 않아 1643년 청교도에 의해 파괴되었다. 아마도 화려하게 장식된 덮개를 보며 청교도들은 우상숭배 느낌을 강하게 받은 것 같다. 아름다운 색상으로 채색된 설교단은 동

오늘도 사용되는 대성당 본당

아름다운 설교단은 동양적 느낌이다.

양적 느낌이다. 그곳을 오르는 입구에 2명의 작은 대주교 동상이 성서를 든 모습으로 서 있었다. 설교자들은 강단에 오르기 전까지 말씀에 사로잡혀 있는 그들을 보며 보다 진중한 설교를 다짐했을 것이다.

1) 순교자 토마스 베켓 대주교

토마스 베켓 대주교의 순교 장소

어거스틴 대주교에 이어 대성당에서 가장 유명한 인물은 토마스 베켓(Thomas Becket, 1118~1170)이다. 그는 영국의 헨리 2세(King Henry II)와 가까웠던(고문 겸 장관을 맡기도 했다) 인물로 1162년 캔터베리 대주교가 되었다. 하지만 두 사람은 성직자 처벌 관할권 문제로 갈등했다. 즉 성직자가 잘못한 경우 교회법으로 할 것인지, 국가법에 따라 처벌할 것인지 다툼이 있었던 것이다. 이 문제는 중세 국가와 교황권 갈등의 최대 이슈였던 주교 서임권 문제로 발전되었다. 처음에 베켓은 프랑스로 잠시 피신했다가 갈등이 해결된 후 캔터베리로 돌아왔다. 그러나 대주교가 왕의 후계자 대관식을 집전한 런던과 요크 등 주교를 징계하면서 갈등은 폭발한다.(당시 대관식은 캔터베리 대주교의 역할이었으나 그는 왕자의 대관식을 회피했다.)

병으로 누워있던 왕은 "나는 가련한 무위도식자와 배신자를 내 가정에서 기르고 키웠고 천하게 태어난 성직자에 의해 그의 주인은 부끄러운 경멸로 대우 받는다…누가 나를 이 선동적인 목회자로부터 자유롭게 할 것인가?"라고 한탄했다. 그 말이 답답해서 내뱉은 말일 수 있지만 '충직한' 4명의 기사는 살해 명령으로 이해했고, 12월 29일 저녁 경건회를 준비하던 베켓을 살해한다.

토마스 베켓 대주교가 살해된 장소에는 '날카로운 칼의 제단(Altars der Schwertspitze)'이 만들어져 있다. 벽에는 두 개의 칼에 찔려 죽은 대주교를 상징하는 십자가(칼 십자가)가 있고, 작은 돌판 형태의 제단(강단), 그리고 바닥에 토마스라는 이름이 새겨진 돌이 놓여 있었다. 영국을 방문한 교황 요한 바오로 2세는 이곳에서 무릎을 꿇고 기도했다. 그처럼은 아니지만 뒤편에 놓인 의자에 앉아 잠시 눈을 감았다. 그리고 칼에 목을 내어놓은 그의 마지막 모습을 떠올렸다. 죽기 전 그가 입에 맴돌게 준비한 말씀과 기도는 무엇일까? 왕의 잘못을 지적하는 말이었을까, 아니면 사랑과 평화의 언어였을까? 겸하여 기사들을 행동으로 부른 왕의 말을 떠올린다. 우리 시대 교회의 언어, 그리스도인의 언어는 증오와 분노, 갈등과 긴장의 언어가 아니라 사랑과 평화가 되어야 함을 가슴 속에 새겼다.

대주교의 죽음과 중세 서임권 논쟁을 생각하다 답답한 마음을 달래려 대성당 밖으로 나왔다. 마침 인근의 문이 대성당 옆 옛 수도원 회랑으로 연

대성당 주변의 회랑은 옛 수도원을 품고 있어 묵상으로 우리를 이끈다.

결되고 있었다. 아마도 수도사들이 출입하던 문인 듯했다. 그곳에서 숨을 크게 내쉬며 차가운 공기를 마신다. 무엇 때문인가? 왜 대주교는 죽임 당해야 했을까? 결국은 권력 때문 아니었을까? 통일된 잉글랜드 왕국이 만들어진 후 통치자가 된 노르만 왕조는 국가와 사회 뿐 아니라 교회에 대한 영향력을 강화했다. 하지만 교회는 강력한 교황권을 배경으로 중세 왕권과 대립한다. 특히 교회는 영적 지도력과 함께 강력한 경제력을 확보, 왕권에 대항했다. 중세의 가장 강력한 두 힘이 때론 협력하고 때론 갈등하며 싸웠다. 권력다툼을 한 것이다.

앞서 말했던 것처럼 베켓은 왕과 매우 가까웠다. 그래서 직전 대주교의 추천으로 왕의 조언자 겸 장관으로 활동했고 나중에 대주교에 오를 수 있었다. 하지만 교회의 권리에 대해 왕과 대주교는 다른 생각을 했고 이로 인해 갈등했다. 오늘의 교회도 중세와 비슷하다. 교회와 국가, 사회법과 교회법은 때론 갈등하고 논쟁도 벌인다. 현대를 사는 사람에겐 국가가 우선이다. 다종교사회란 점에서, 강제력을 가진 국가의 권한을 교회가 넘어설 수 없다. 개인적인 입장에서 교회가 국가 위에 있거나 국가가 교회 위에 있다고 생각하지 않는다. 둘 모두는 상호성을 가진 별개의 존재다. 한국교회는 한국에 속해있고, 목회자는 국민으로서 국가의 법을 따르고 준수해야 한다. 또한 하나님의 영역에 속한 교회와 목회자, 성도는 교회법도 준수해야 한다. 문제는 두 법이 상충될 때다. 현명한 지혜가 필요하다.

아무튼 베켓이 죽은 후 왕은 그의 무덤 앞에 무릎을 꿇고 교회와 갈등을 일으킨 것에 대해 용서를 구했다고 한다. 죽음을 앞둔 왕은 교회가 가진 '하늘나라 문을 여닫는 열쇠'의 힘 앞에 용서를 구한 것이다. 대륙의 '카놋사의 굴욕'과 같은 일이 영국 땅에도 있었다는 생각에 씁쓸해진다.

2) 영국교회 대표 캔터베리 대주교좌

다시 대성당 안으로 들어와 멈춘 여정을 시작했다. 독특하게 장식된 주교 무덤을 지나 대성당 강단 예배실(제단)에 들어섰다. 이곳은 교회의 중심으로, 영국교회의 대표(영국성공회의 수장)인 캔터베리 대주교좌가 있는 곳이다. 중앙에는 '어거스틴의 보좌(대주교좌)'로 불리는 돌로 된 의자가 놓여있다. 13세기경 만들어진 의자는 어거스틴으로부터 유래한 것으로 알려졌다. 중세 시대 돌로 된 의자는 매우 중요했다. '스콘의 돌'(Stone of Scone)이 들어 있는 의자는 스코틀랜드와 잉글랜드 왕 취임식 의자로 사용됐고, 현재도 영국 왕 대관식에 사용된다. 어쩌면 이런 영국 전통과 문화는 '스톤 헨지'의 역사를 품은 땅이기 때문에 생겨난 것은 아닐까 추측해본다.

어거스틴 의자는 마치 왕의 보좌처럼 성도들을, 세상을 바라보는 모습으로 대성당 중앙에 자리했다. 종교개혁 시기 믿음의 내용을 바로잡으면서도

대성당 강단은 영국교회의 중요 회의와 행사가 열리는 장소다.

캔터베리 대주교좌

형식은 로마교회 전통을 유지한 영국 문화가 배어있는 것 같다. 중세 때 만들어진 이 의자는 처음에는 로마교황을 대신한 영국교회 수장을 상징하는 물건이었다. 이 의자에 앉은 대주교는 영국교회와 사회를 향해 말씀의 영향력, 교회의 영향력을 보여주었다. 하지만 종교개혁으로 영국교회는 로마에서 분리됐고, 왕을 수장으로, 그를 보좌하는 대주교를 대표로 세웠다. 수장이 로마교황에서 왕으로 바뀐 것이다. 그러나 종교의 자유가 이뤄진 후 왕은 상징적 수장이었고, 대주교는 사실상의 수장으로서 간섭 없이 영국교회를 이끌었다. 그렇기에 이 의자는 상징적인 의미 이상은 없는 돌 의자일 뿐이다. 개인적으로 그 의자가 예수 그리스도에게 돌려져야 하는 것은 아닐까 생각해 본다. 종교개혁 정신이 거기 있기 때문이다. 다만 우리는 현실을 살고, 이 땅 교회는 대표를 필요로 한다. 가끔 대주교가 그 의자에 앉아 교회 공동체 대표로서 권한을 행사할 수 있다. 그러나 지금처럼 대부분의 시간 의자는 비워져야 한다. 우리의 대표인 그분이 주인이기 때문이다.

강단 뒤쪽 소예배실을 찾았다. 맨 안쪽에 위치한 예배실은 '모든 성인과 우리시대 순교자를 위한 예배실'(Chapel of the Saints and Martyrs of our time)로 불렸다. 그곳에서 교회를 위해 헌신적으로 사역한 사람들과 우리 시대 하늘의 가치를 높인 인물을 기억하는 자료를 만났다. 작은 책상이 놓인 예배

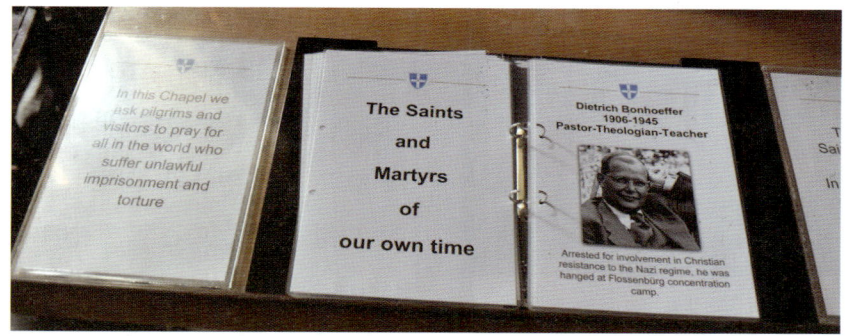

오늘의 순례자를 소개하는 장소에서 디트리히 본회퍼 목사를 만나다.

실 입구에 순교자에 대한 자료가 있었다. 우리시대 순교자의 명단과 내용을 살폈다. 순교자 중 독일 나치정권에 저항해 죽임을 당한 '디트리히 본회퍼(Dietrich Bonhoeffer)'와 인권운동의 상징인 마르틴 루터 킹 목사의 자료에 눈을 멈췄다. 고백교회 운동과 흑인인권운동으로 대변되는 그들의 삶과 죽음은 토마스 베켓 대주교의 순교와 연결된다.

 자료 옆에 쓰인 '순례자와 방문자에게 전 세계에서 불법적인 고문과 투옥을 당한 모두를 위한 기도'(In this chapel we ask pilgrims to pray for all in the world who suffer unlawful prisonment ant torture.)를 요청하는 문구를 보았다. 잠시 고개를 숙이고 기도했다. "하나님. 순례의 길을 따라 온 이곳에서 눈을 감습니다. 순교적 삶을 마다하지 않았던 이를 떠올립니다. 부족하지만 그들의 열정을 본받아 살게 하옵소서. 그리 살지 못할지라도 노력하는 자 되게 하옵소서. 여러 이유로 투옥된 이들, 육체적이나 정신적으로 고통당하는 이들을 위로하옵소서. 화평을 위한 도구로 우리 그리스도인을 사용하여 주옵소서. 우리 그리스도인에게 그런 사명을 맡기셨음을 고백합니다. 그런 삶을 다짐하는 우리 되게 하옵소서. 아멘."

 대성당에서 만난 많은 조각과 동상, 스테인드글라스, 장식들…. 그곳에

흑태자 에드워드의 무덤

지하 베켓 무덤이 있던 장소

서 가장 많이 마주한 것은 성서 이야기와 토마스 베켓, 그리고 잉글랜드 왕들이다. 대성당 내에는 몇몇 왕과 왕가 인물의 무덤이 있는데, 가장 유명한 이는 흑태자(Black Prince) 에드워드(Eduard)이다. 왕위 계승자로 군대를 이끌었던 그는 젊은 나이에 병을 얻어 죽음을 맞았고 황금으로 채색된 동상 아래에 안치됐다. 그는 생전에 검은 갑옷을 즐겨 입어 '흑태자'라는 명칭을 얻었는데, 세월의 영향으로 황금 갑옷이 검은색으로 변색되어 그 이름에 걸맞게 됐다.

조용히 대성당 지하를 둘러본다. 영적 공간, 기도하는 공간으로 개방된 예배실은 중세시대 대주교 무덤이 있던 곳이다. 특히 순교자인 토마스 베켓의 관이 이곳에 놓여 많은 이들을 순교신앙으로 이끌었다. 순례자들은 그를 만나기 위해 캔터베리로 몰려 왔다. 긴 줄이 이곳 대성당을 가득 채웠을 것이다. 순례자들이 무릎을 꿇고 베켓의 유골함을 만지며 기도하는 모습을 떠올린다. 하지만 순례자로 가득 찼던 지하 예배실, 대주교 베켓 유골함은 지금 이곳에 없다.

역사는 베켓의 유골함이 로마교회와 분리를 주도한 헨리 8세의 수도원 폐쇄 명령에 따라 파괴되었다고 기록한다. 대주교에 대한 존경과 예찬은 왕의 권위에 대한 의문을 제기할 수 있었기 때문이다.

3) 대성당 속 종교개혁의 흔적들

그런데 교회는 그 이후에도 몇 차례 파괴의 아픔을 겪었다. 앞서 언급한 것처럼 1643년 '광신적인' 청교도에 의해 세례반 덮개가 파괴되고 왕의 창문 일부가 부서졌다. 생각해보니 그 때는 청교도 혁명 때다. 왕에 대항한 청교도들은 혁명 초기부터 런던과 캔터베리를 포함한 잉글랜드 남부를 장악했다. 이 때 왕을 편드는 교회를 청교도들은 공격했다. 역사는 '일부의 파괴'만을 기록하지만 더 많은 파괴가 이 시기 행해졌을 것이다. 칼뱅의 종교개혁 정신에서 시작한 이 파괴는 '광신'으로 후세대에 기록되고 있었다.

대성당 지하를 나서다가 또 하나의 종교개혁 역사를 만날 수 있었다. 대

위그노 예배당. 프랑스 종교개혁 기간 망명한 위그노는 이곳에도 터를 잡았다.

성당 내에 프랑스인을 위한 예배실(Huguenot Chapel)이 있었던 것이다. 프랑스 개신교인(위그노)들은 종교탄압을 피해 엘리자베스 1세 여왕 시절 영국으로 망명했다. 교회는 대성당 한 쪽 공간을 예배를 위해 제공했다. 이들 공동체는 한 때 2000여명이 넘었다가 낭트 칙령 후 고향으로 귀환하며 줄어들었다. 그러나 또 한 번의 대규모 탄압이 발생했던 1685년 더 많은 인원이 망명, 자신들의 선조가 터 잡은 이곳에 머물게 된다. 이 프랑스인 공동체 신앙은 지금까지 이어지고 있었다. 후예들은 매주일 이곳에 모여 선조의 신앙을 지키며 공동체로 모이고 있었다. 위그노 후예들의 예배에 참석하고 싶어진다.

그런데 프랑스인 공동체가 별도의 교회를 세우지 않고 이곳에 계속 머문 것은 무엇 때문일까? 아마도 처음엔 고향으로 돌아갈 생각을 했을 것이다. 이후 일부 회원들은 청교도로서 교회 시설 파괴에 관여했을 수 있다. 위그노는 칼뱅주의의 영향을 강하게 받았고, 영국교회의 불철저한 개혁에 불만을 가졌다. 또 프랑스는 오랫동안 종교개혁을 탄압했고, 이곳에서 태어나고 자란 후세대는 그런 신앙 영향으로 영국교회와 분리되어 남았을 것이다.

두 남편 사이에 누운 한 여성의 모습은 신선한 느낌으로 다가온다.

대성당을 나서기 전 한 무덤을 만났다. 한 여성 옆에 두 명의 남성이 누워 있는 모습이다. 자료를 보니 '마가레테 홀랜드(Margaret Holland)와 그녀의 '남편들' 무덤이다. 켄트 백작의 딸인 그녀는 서머싯 백작(Earl of Somerset)인 존 뷰포트(John Beaufort)와 결혼했고 그가 죽은 후 다른 이와 다시 결혼했으며, 그가 죽은 후 홀로 살았다. 두 남편 사이에 누운 무덤은 그녀의 죽기 전 소원이 반영된 것 같다. 귀한 가문 출신에다 재혼이 자유롭던 유럽 역사지만 이색적인 것은 분명하다. 조선시대 한국에도 남편과 정부인이 묻힌 곳 가까이 두 번째 부인(통속적 표현은 '첩'이다)이 묻힌 경우는 있다. 그런데 두 남편 사이에 누운 한 여성 무덤은 남성 중심 사회 영향을 받은 사람에게 신선했다.

9. 중세 순례자의 삶, 제프리 초서와 이스트브리지 병원

대성당을 나와 시내를 향해 걸었다. 캔터베리는 작은 도시는 아니다. 하지만 중세 캔터베리의 옛 도시, 성 안은 넓지 않다. 반나절이면 모두 둘러볼 수 있다. 일반적으로 중세 성은 왕실과 귀족이 거주했고, 성 밖에는 일반 주민이 거주했다. 이들은 외부의 침입이 있을 경우 높고 두꺼운 성벽 안으로 들어왔다. 캔터베리는 중세 성벽과 함께 성 안의 도로도 옛 모습을 많이 유지하고 있었다. 성 중앙을 흐르는 작은 운하와 고풍스런 건물, 작은 기념품을 파는 가게를 둘러보며 거닌다.

중세시대 캔터베리는 영국 최고의 순례지였다. 첫 영국교회가 있고 대주교가 머물렀기에 성직자와 수도사들이 이곳을 향했다. 중세시대에 확산된 성인과 성물 신앙에 기초한 성지순례는 많은 신자를 캔터베리로 오게 했다. 사실 교회의 순례는 성스러운 땅(예루살렘)과 성전을 방문하는 신앙에서 출발했다. 성서 속 유대인 남성들은 절기(유월절, 오순절, 초막절) 때 예루살렘 성전을 찾았고 하나님 앞에 제사(예배)를 드렸다. 이런 전통을 이은 그리스도교회는 그리스도가 사역한 예루살렘 땅을 동경하고 순례하기를 소망했다. 로마교회가 유럽사회의 주도적 교회가 되면서 베드로와 바울이 순교한 곳, 정치와 종교 중심지 로마도 순례의 한 장소가 됐다. 이어 사도 야고보가 땅 끝까지 복음을 전하다 묻힌 스페인 산티아고 데 콤포스텔라가 또 하나의 순례지로 떠오른다.(이 순례길을 '야고보의 길'이라고 부른다.)

언제부터인지 불분명하지만 성서의 땅과 사도들의 무덤과 함께 유명 순교자들의 무덤과 사역했던 장소, 그들이 사용한 물건(성유물)이 있는 곳도 또 하나의 순례지가 되었다. 무슬림 제국과의 대립 속에 예루살렘 방문이 어려워지고, 자국민이 찾기 쉬운 순례지를 권하는 각 나라 교회의 권위적 구조와 신앙 형성으로 인해서일 수도 있다. 아무튼 중세시대에는 회개의 행동, 성인과 순교자에 대한 존경, 영적은혜를 받고 감사하는 행동으로서 순례가 받아들여졌고, 교회는 참회를 드러내는 '보속행위'로서 구호, 봉사, 헌금과 함께 순례를 권면했다. 당시 잉글랜드 최고의 순례 장소는 남쪽에는 토마스 베켓의 성유물이 있는 캔터베리, 북쪽(스코틀랜드)에 사도 안드레의 유물이 있다는 세인트 앤드류스가 있었다.

1) 순례자의 출입문, 웨스트게이트 타워

순례자들이 가장 먼저 만나는 서쪽 성문(Westgate Tower)을 보며 순례자의 마음을 헤아려 본다. 고향을 떠나 캔터베리를 향한 순례자는 며칠, 몇 달을 걸었고 캔터베리 성문 앞에 이르렀다. 말과 마차를 타고 도착한 순례자들은 우뚝 솟은 성문에 도착한 후 말과 마차에서 내려 무릎을 꿇고 땅에 입을 맞추었을 것이다. 성문에는 돌로 된 물통이 있는데 순례자 또는 그들이 타

캔터베리 서쪽 성문은 중세시대 순례자들이 들어선 문이다.

고 왔을 말을 위해 사용된 것 같았다. 순례자는 캔터베리를 '하나님의 도성'처럼 여겼고 옷깃을 여미고 마음을 다잡으며 성문을 들어섰다. 자동차 한 대가 간신히 통과하는 성문은 중세시대에는 수많은 순례자로 북적댔을 것이다. 그들 순례자의 마음을 생각하며 후대의 순례자로서 마음을 여민다.

성문 옆에 성 십자가 교회(The Church of the Holy Cross)가 서 있었다. 지금은 길드 홀(Guildhall)로 불리는 이곳은 시민들을 위한 공간으로 사용되는 것 같다. 아마도 도시에 도착한 순례자들은 이곳 교회나 인근에 있는 순례자 숙소에서 잠을 청했다. 다음날 정결례(식)를 거치듯 목욕재계한 후 캔터베리 대성당을 향했을 것이다. 그런데 그곳 마당에 몇 개의 무덤이 있었다. 무덤이 말해주듯 모든 순례자가 도시에 도착할 수 있었던 것은 아니다. 일부 순례자는 순례

서쪽 성문 인근에 있는 옛 무덤

길에서 병을 얻어 죽기도 했고, 강도를 만나 모든 것을 빼앗긴 후 버려졌을 수 있다. 일부는 다른 순례자들에게 구함 받아 도시에 왔지만 대성당을 목전에 두고 이곳에서 숨을 거뒀을 수도 있다. 그곳 어딘가에 순례자의 안타까운 주검이 묻혀 있음을 생각하며 고개를 숙인다.

2) 제프리 초서 동상과 '캔터베리 이야기'

제프리 초서 동상

도심을 향해 걷는 중 중심가 작은 공터에 세워진 한 인물을 만났다. 바로 '캔터베리 이야기'(Canterbury Tales)를 쓴 유명한 작가 제프리 초서(Geoffrey Chaucer)였다.

그는 순례자 이야기를 모티브 삼아 중세시대의 삶과 생활을 풍자하는 이야기를 채록 또는 저술했다. 1380년에 쓰인 그의 책은 캔터베리 순례를 떠난 30여명의 사람들이 런던 서더크(Southwark)의 타바드(Tabard) 여관에 모이면서 시작된다. 이들은 기사, 수도원장, 탁발수도사, 상인과 법률가, 지주와 평민, 의사와 선장, 그리고 면죄부 판매상 등 동시대 영국 사회를 대표하는 인물이다. 여관 주인은 이들에게 '여행길에 적적할 테니 가는 길에 2번, 오는 길에 2번 등 한 사람당 4개의 이야기를 해서 가장 훌륭한 이야기를 한 사람에게 공짜 저녁식사를 제공하자'고 제안한다. 그렇게 120여개를 목표로 한 이야기가 시작된다.

원고뭉치와 지팡이를 든 노년의 초서 동상은 우리에게 자신의 저술을 보라고 권고하는 모습이다. 동상의 아래 원형의 단에는 순례자 행렬이 묘사되어 있다. 동상 속 초서의 모습과 동시대 순례자들의 모습을 꼼꼼히 살폈다. 그리고 그의 저술 속 이야기를 떠올려 본다. 안타깝게도 초서의 사망으로 캔터베리 이야기에는 20개의 이야기와 2개의 미완성 이야기만 담겨 있다. 오래 전 책을 읽은 기억이 있지만 순례자들

중세시대 순례를 기록한 삽화

이 쏟아낸 이야기는 기억나지 않는다. 다만 순례에 참여한 다양한 인물 묘사가 눈길을 끌었던 것이 기억난다. 그래서 초서보다 동상 아래 순례자 모습에 더 집중하게 됐다. 그런데 그림 속 순례자는 옛 사람이 아니라 오늘을 사는 사람을 그린 것 같다. 특히 말을 탄 순례자들의 통통한 모습은 무언가 이질적인 모습으로 느껴진다. 시간이 남는 사람들이 한가하게 여행하듯 순례하는 모습이랄까? 어쩌면 오늘날 성지와 많은 종교적 장소를 찾는 종교적 여행자를 비판적으로 그린 것은 아닐까 하는 생각이 머리를 떠나지 않는다.

캔터베리 이야기에 등장하는 사람들처럼 수많은 사람이 캔터베리를 향했다. 그들이 이곳을 찾은 가장 큰 이유는 한 가지다. 대성당에 있는 토마스 베켓의 순교 장소를 찾고, 그곳에 있는 그의 유골함을 손으로 만지며 무

끊이지 않는 순례행렬. 중세 순례는 하나의 유행이 되었다.

를 꿇고 기도하려는 것이다. 이를 통해 자신이 보속(교회 벌의 면죄)을 얻고 경건과 구원에 이르기를 원했던 것이다. 물론 그것은 나쁜 것이 아니다. 성서에 담긴 예수를 따르고, 제자들의 삶을 배우는 것은 그리스도인에게 당연한 목표다. 또 교회 역사 속 신앙을 지키다 순교한 사람과 헌신적인 신앙을 행한 성인을 본받는 것은 중세시대 미덕이다. 그래서 사람들은 성상을 만들고, 그림으로 표현했으며, 성서의 땅과 성스러운 장소를 향해 순례를 했다. 캔터베리 이야기는 이런 시대 상황을 토대로 유머러스한 이야기를 담아 낸 것이다. 힘들고 긴 순례길에 무료함을 달래기 위해 재미있는 이야기를 나눴음직하다는 생각을 하며 초서의 동상을 지나친다.

3) 순례자를 위한 이스트브리지 병원

동상을 지나쳐 이스트 브리지에 서서 시내를 흐르는 강(Great Stour)을 내려다본다. 관광객 중 일부는 작은 배를 타고 도심을 둘러보고 있다. 그곳 옆에는 1500년경에 건축되었다는 나무로 만든 집(레스토랑)도 있었는데 사람들로 붐볐다. 보통의 관광객은 '유람선이 다니는 강'과 '1500여 년 된 목조로 만든 집'에 관심을 둘 것이다. 하지만 순례자 입장에선 이곳을 스치듯 지나치게 된다. 오히려 그 옆에 자리한 '이스트브리지 병원'(Eastbridge Hospital)에 관심을 두게 됐다. 왜냐하면 그곳은 중세 순례자들을 위한 숙소였고, 병원으로 사용됐기 때문이다.

이스트 브리지 병원

이스트브리지 병원은 1180년 가난한 순례자들을 위해 설립됐다. 베켓이 성인으로 추존된 후 대성당을 찾는 순례자들이 늘었다. 이들 중에는 캔터베리 이야기처럼 귀족이나 부유한 상공인, 종교인들도 있지만 베켓의 신앙을 흠모하는 가난한 순례자들도 적지 않았다. 이들을 돕기 위한 공간으로 이스트브리지 병원(가난한 순례자를 위한 구호소)이 설립된 것이다. 병원 정면에는 'The Canterbury Pilgrimes Hospital of Saint Thomas'(세인트 토마스 캔터베리 순례자 병원)라는 이름이 적혀 있었다.

사람들은 순례를 쉽게 생각하지만 중세 시대 순례는 쉽지 않았다. 부유한 성직자나 상인 등은 말이나 노새가 끄는 마차를 타고 여행했지만 대부분 순례자들은 등에 짐을 메고 걸어서 순례길을 나섰다. 숲속에는 짐승의 공격도 있었고 순례자를 대상으로 한 도둑이나 강도도 있었다. 고난과 고통, 죽음을 각오해야 하는 것이 순례였고 중간에 병이 나서 중도에 순례를 포기한 사람도 많았다. 더욱이 14세기 전염병(페스트)이 등장해 순례는 더욱 힘든 일이 되었다. 병원이나 순례자 구호소는 이들의 생존과 안전을 위

순례자들이 머물렀던 병원 지하 공간

해 매우 중요했다. 가난한 순례자들, 신앙심 깊은 수도사는 오직 그리스도를 향한 마음 하나만 가지고 몇 백 킬로를 걸어 캔터베리를 향해 나아왔다. 먹을 빵 조차 없었던 그들은 부실한 식사와 들판이나 헛간에서 잠자며 잦은 잔병치레를 해야 했다. 이 때문에 이곳 병원은 그들에게 몸을 누일 수 있는 피난처였고 건강회복을 돕는 구호소였으며, 한 끼 식사를 할 수 있는 식당이었다.

처음 시내를 찾았을 때는 개관시간이 되지 않았고 대성당을 관람한 후 다시 이곳을 찾았다. 입구에서 나이든 분이 방문객을 맞고 있었다. 병원에 대한 소개 자료에는 역사와 내부 공간(입구 홀, 지하실, 식당, 예배실)에 대한 내용이 적혀 있었다. 입구 홀은 작은 공간이다. 그곳 중앙에는 예수그리스도의 십자가 형상, 정교회 전통으로 그려진 듯한 마리아 상이 놓인 작은 제단이 있었다. 소예배실이다. 아마 순례자들은 제일 먼저 이곳에 무릎 꿇고 기도했을 것 같다. 실제로 입구 홀은 1190년에 건축된 흔적이 있었고 14세기 수리, 복원되었다고 한다. 병원 내부를 살피기 전 그곳에 잠시 앉아 기도하며 가난한 순례자들의 삶을 가슴에 새긴다.

아래층(Unter Croft)은 1190년 지어져 순례자 숙소로 사용됐고 12개의 침대가 놓여 있었다고 한다. 40대의 여성이 돌봄을 담당했다. 병원이 구빈원으로 사용되던 시절에는 잠시 석탄 창고로 사용됐으며 1933년에 지금과 같은 모습으로 정비되었다고 한다. 벽에 조각된 한 부조(주교상)는 이와 관련된 내용인 것 같다. 비어있는 그곳에는 '순례'에 관한 작은 전시가 진행되고 있다. 몇 개의 입간판에 쓰인 캔터베리 순례 역사와 몇 장의 사진이 전부다. 그러나 그것으로 순례 역사를 이해하기에 충분했다.

오래된 지하 공간에서 순례의 글을 읽으며 묵상에 잠긴다. 가난한 순례자들은 이곳에 머물며 내일 대성당에서 만날 토마스 베켓의 유골함을 떠올렸다. 몇 몇은 병으로 몸져누웠을 것이다. 목숨이 경각에 달린 그들은 가슴에 품은 나무 십자가를 만지며 끊임없이 하늘을 향해 기도했다. 차가운 지하실의 기운과 돌로 된 오래된 벽, 순례자가 누웠을 바닥의 한기를 느끼며 한참을 그곳을 거닌다.

순례자들이 머물렀던 지하를 나서 원형탁자가 있는 방에 들어섰다. 식당

순례자들이 식사한 장소는 지금 만남의 장소로 사용된다.

(Refectory)으로 불리는 이곳은 순례자들이 식사하는 공간이었다. 종교개혁 이후인 1584년부터는 만남의 장소, 도서관, 전시 공간 등으로 이용되고 있다. 아마도 처음에는 나무로 된 탁자와 긴 의자들이 놓여 있었지만 어느 시점부터 중앙에 팔각형의 탁자가 놓인 것 같다. 벽에는 13세기부터 유래한 예수 그리스도의 모습이 그려져 있었는데, 아마도 순례자들에게 주님과 함께하는 식탁교제를 느끼도록 했을 것이다. 하지만 순례자 병원은 순례의 쇠락과 운명을 같이 했다. 순례의 흐름이 단절되면서 가난한 순례자를 위한 병원은 1584년 대주교의 지시로 가난한 도시민을 위한 병원으로 변화됐다. 나중에는 군인과 학생들을 위한 공간으로도 사용됐고, 현대에 이르러 교회공동체 모임과 전시공간으로 활용된다.

예배실에 들어섰다. 과거 순례자들은 이곳에 함께 모여 미사를 드리거나 기도했을 것이다. 그곳에 앉아 중세 시대와 가난한 순례자에 대한 생각의 끈을 이어갔다. 간신히 입에 풀칠하며 살아가던 가난한 서민들에게 순례는

순례자들이 함께 모여 기도했던 예배실

고급스런 신앙행위라 할 것이다. 그럼에도 그들은 자신의 삶과 가족의 영혼을 위해 순례를 떠났고 '고난의 길'을 거쳐 캔터베리에 들어섰다. 그들은 자신이 원했던 목표를 얻었을까? 개인적 생각이지만 가난한 그들의 신앙과 정성은 하늘을 감동시키고도 남았을 것이다.

오늘을 살아가는 우리에게 순례는 무엇일까? 특정한 장소를 찾아 떠나는 순례도 의미가 있지만 그것만이 참된 순례일까? 분명한 것은 신앙의 의무, 죄의 보속의 행위, 그리고 구원을 보증하는 수단으로서 순례는 더 이상 의미가 없다. 그것은 경건을 위한 하나의 도구처럼 신앙적 훈련, 성찰을 위한 방법일 뿐이다. 이곳에서 잠을 청했던 가난한 순례자를 떠올리며, 참된 순례자로 사는 삶을 다시 생각한다. 그리고 가난한 순례자처럼, 마음을 비우고 인생 순례의 길을 걸어갈 것을 다짐해 본다. 그 순례의 길 어디쯤에서 참된 순례가 무엇인지 깨닫게 될 것이다.

10. 캔터베리 수도사의 삶, 그레이프라이어스에서

병원을 나서 인근에 있는 그레이프라이어스(Greyfriars) 수도원을 찾았다. 이 수도원은 영국 땅에 처음 세워진 프란치스코회 수도원이 있던 곳이다. 프란치스코회는 1209년 아시시의 성자 프란치스코에 의해 설립된 수도회로, 1224년 수도사들이 도보해협을 건너 이 땅에 도착, 영국에서 시작됐다. 처음에 아홉 명의 수도사들이 건너왔고, 대성당에 손님으로 머물던 4명은 런던으로, 5명은 이곳에 정착해 별도의 수도원을 세웠다.

캔터베리의 수도원 역사를 확인하다 중세 말 이 도시에 다섯 개의 수도 공동체가 있었음을 알게 됐다. 도시의 중심인 대성당을 품은 어거스틴 수도원(베네딕토회), 프란치스코회(그레이프라이어스), 도미니코회(Black Friars), 아

수도원 입구를 알려주는 건물과 표식

우구스티노회(White Friars), 세인트 세풀크레스(Sepulchres) 수녀원 등이다. 명칭에서 검정, 흰색, 회색 등이 쓰인 이유는 이들 수도사의 복장 때문이다. 이처럼 캔터베리에는 중세시대 교회의 수도회들이 모두 자리를 잡았다. 이들 수도회는 수도원 중심의 영성생활과 함께 도시민들을 위한 다양한 봉사와 섬김을 통해 캔터베리의 종교적 분위기를 이끌었다. 이중 프란치스코회는 수도원 공동생활을 통해 수도사를 양성했으며, 탁발수도회로서 거리에서 설교하고 병원을 통해 구호사역에도 힘썼다.

캔터베리에 도착한 이들은 한 집을 빌려 생활하다가 50여년 후(1267년) 돌로 된 건물을 짓기 시작했고, 나중에는 규모있는 수도원으로 성장한다. 수도원 입구에서 만난 '가난한 수도사의 병원(Poor Priests Hospital)'은 이들 사역의 한 축이다. 지금은 박물관 건물로 바뀐 그곳을 둘러본 후 그레이프라이어스(Greyfriars) 수도원으로 향했다. 우연히 이스트브리지 병원에서 본 수도원 안내 책자에 옛 수도원의 모습이 그려져 있었다. 수도원에는 예배당과 수도사들이 머물렀던 건물, 마당, 손님을 맞는 건물이 있었다.

그런데 수도원 부지에 도착하니 작은 예배당만 그곳에 있었다. 마치 처음부터 하나의 건물만 있었고 다른 곳은 공원인 것 같다. 남은 건물은 방앗간 건물처럼 흐르는 시내 위에 세워져 있어 독특했다. 자료에 따르면 그곳은 수도원을 찾아오는 손님이나 수도사가 되려는 이들이 잠시 머문 '손님을 위한 건물(Geusthouse)'이다. 종교개혁으로 수도원이 폐쇄된 후에는 방앗간으로 사용되었다. 그런데 재밌는 것은 이곳을 프랑스 기독교인 망명자였던 위그노(Huguenot)들이 잠시 사용했다는 것이다. 아마도 많은 망명자로 건물이 부족했고 그래서 이곳에도 그들을 머물게 한 것 같다. 문이 잠겨 있어 내부는 볼 수 없었지만 사진을 통해 그곳 분위기를 느낄 수 있었다. 작은 십자가와 강단이 있는 그곳은 조용히 기도하는 방이다. 처음 가난한 자로서 살기를 다짐한 프란치스코의 정신을 떠올리게 됐다.

수도원 공원을 거닐며 중세시대 수도사의 삶을 떠올려 본다. 중세시대 수도사들은 수도원에서 예배드렸고 기도했으며, 이웃을 섬기는 사역을 펼쳤다. 수도원 인근에 넓은 땅이 있었던 것을 볼 때 노동을 통해 생계를 꾸렸을 것이다. 물론 중세 후반으로 가면서 부유해진 수도원과 수도원에 종속돼 일하는 사람들, 그

그레이프라이어스 수도원 건물

제1장_영국 땅에 전해진 그리스도의 복음

그레이프라이어스 수도원 게스트 하우스에 있는 작은 예배실

리고 페스트 같은 전염병으로 사망하는 수도사가 늘면서 질 낮은 수도사로 인해 문제들이 생겨난다. 실제 영국 종교개혁의 전야에 위클리프가 사역했던 옥스퍼드에서는 거리에서 구걸하고 설교하는 수도사로 인해 시민들의 비판이 거셌다.

이러한 문제도 있었지만 수도원이 문을 닫게 된 계기는 종교개혁 때문이다. 종교개혁이 확대(왕의 재혼과 수장령 선포, 반역법 제정, 교회와 수도원의 몰수와 폐쇄)되는 과정에 수도원들은 강력히 반발했다. 특히 종교개혁 초기 세풀크레스 수녀원 원장 엘리자베트 바톤(Elizabeth Barton)은 왕의 재혼을 강하게 비판했고, 투옥되어 죽임을 당했다. 다가오는 위협 속에 많은 신부와 수도사들은 해외(프랑스 등)로 도피했고, 캔터베리의 어거스틴 수도원과 프란치스코 수도원도 문을 닫았다. 수도원이 운영하던 병원도 문을 닫고 교도소와 학교로 사용되었다. 도미니칸 수도회 건물도 직물공장으로 바뀌었고, 어거스틴 수도회 건물은 개인에게 넘어갔다. 지금 이들 수도원의 흔적은 볼

랙프라이어스 거리, 화이트프라이어스 쇼핑센터 등 거리명과 건물 명칭으로만 남았다.

  하늘은 부유했던 수도원을 시민을 위한 공간(공원)으로 바꾸고, 우리에게 교훈을 주기 위해 작고 초라한 건물 하나를 남겨둔 것 같다. 부유함 보다는 가난함을 지향하는 것이 참된 수도사의 본분이며, 정신이라는 것을 깨닫게 하기 위해서. 그런 생각이 오늘 캔터베리 순례자에게 주신 하늘의 선물인 것 같다. 캔터베리를 떠난다. 마틴교회와 어거스틴 수도원 유적, 대성당과 순례자들이 머물렀던 공간을 둘러보며 중세까지 이어지는 영국교회의 역사를 깊이 성찰했다. 언젠가 순례자로서 이 도시를 다시 찾아 그들처럼 기도와 묵상을 통해 더 많은 성찰의 시간을 갖길 고대하며 런던을 향하는 기차에 몸을 실었다.

아이오나 수도원은 콜룸바의 켈트교회 영성이 오늘까지 살아 숨 쉬는 곳이다.

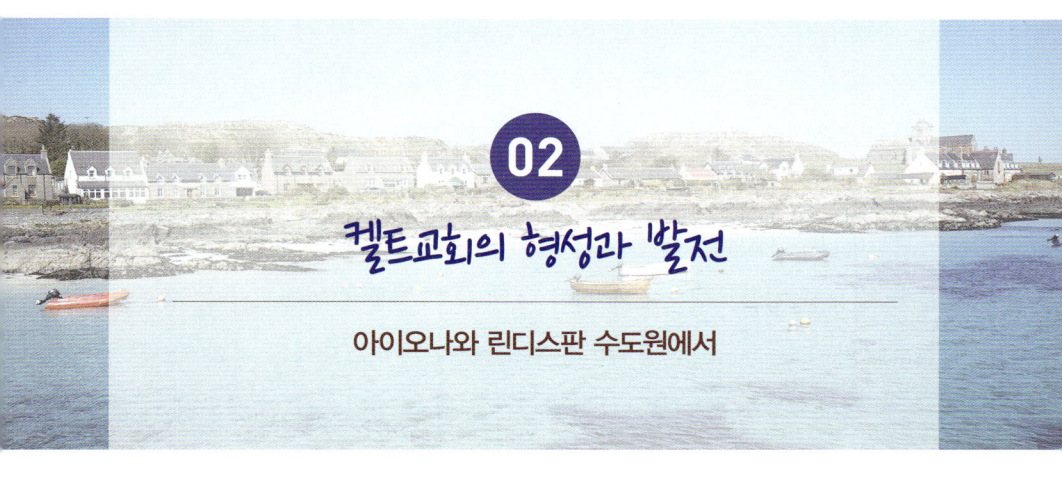

02 켈트교회의 형성과 발전

아이오나와 린디스판 수도원에서

캔터베리를 방문하며 브리타니아와 앵글로색슨 시대 그리스도교회가 전파된 역사를 살폈다. 그 글에서 오늘날 영국이 잉글랜드와 스코틀랜드, 북아일랜드, 그리고 웨일스를 배경으로 한 연합 왕국이란 점도 설명했다. 이 중 로마 브리타니아는 브리튼 섬 동부와 남부, 중부를 배경으로 한 잉글랜드와 서부 웨일스가 해당한다. 당시 브리튼 북부에는 켈트족의 일원인 픽트족이 연맹체를 이뤄 로마에 저항했다. 브리튼 섬 옆 아일랜드에도 켈트 부족이 여러 곳에 흩어져 독립적인 삶을 살고 있었다. 이곳을 배경으로 교회 역사에서 독특한 전통을 만든 켈트교회가 태동했고, 발전했다. 그들을 찾는 여정을 시작했다.

1. 켈트교회 이해를 위한 출발점

로마의 철수 이후 앵글로색슨족이 브리튼 섬 동남부로 들어와 왕국을 세웠고, 로마화 된 켈트족, 브리튼인으로 불리는 이들은 웨일스 지역에 왕국을 세웠다. 이 가운데 대표적인 나라가 웨일스 북부에 터 잡은 귀네트 왕국(Kingdom of Gwynedd)이다. 이들 브리튼 왕국은 중세 중반 네 개의 큰 왕국으로 통합되었으며, 11세기 중후반 잉글랜드에 통합되기 전까지 앵글로색슨 왕국과 경쟁, 협력하며 독립적인 역사를 썼다.

브리타니아 시대에 그리스도를 받아들인 이들은 중세시대 로마교회 제도를 수용한 앵글로색슨족과 결이 다른 교회 전통을 발전시킨다. 오늘날 켈트교회(Celtic Christianity)로 부르는 흐름이 그것이다. 대륙의 교회(켄트를 중심으로 한 앵글로색슨족 교회도 마찬가지다.)가 교황을 정점으로 한 주교제도 등 수직적 구조, 대성당을 중심으로 한 교구제도를 택했다면 켈트교회는 대수도원 중심의 수도원 공동체 구조, 각 수도원의 독립적인 자치운영 시스템을 채택했다. 이 흐름은 나중에 대륙으로 이어져 중세 수도원 운동에 영향을 미쳤고 오늘날 영국교회 독특성에도 한몫했다.

어떤 연구자는 중세 초반의 켈트교회를 정교회처럼 로마교회와 대립되는 교회로 규정하기도 했다. 또 이교도인 앵글로색슨족에 의해 대륙교회와 직접적 교류가 단절되어 변화를 수용하지 못했다는 시각도 있다. 그러나 켈트교회는 로마교황청의 구심력이 강해지기 전 켈트족 세계(아일랜드, 잉글랜드 중북부, 스코틀랜드)에 터 잡고 성장한 교회로 보는 것이 타당하다. 브리타니아 시대 그리스도교를 수용해 시작된 켈트교회는 4~5세기 켈트족이 거주하던 프랑스 남부 수도원 영향을 받았으며, 5~6세기부터 로마교회와는 다른 형태로 발전했다. 다만 웨일스 교회 성직자들이 로마 순례도 했고, 대륙 교회와 교류도 했다는 점에서 앵글로색슨족에 의한 '단절'은 협소한 이해다. 개인적으론 초기 그리스도교회가 현지 켈트족의 문화와 전통의 옷을 입어 자신의 운영구조를 만들었을 가능성이 높아 보인다.

켈트족 교회의 역사와 문화, 전통, 그 영향을 알기 위해 자료를 찾고 방문지를 정했다. 처음 방문하려던 곳은 웨일스다. 브리타니아 시대 그리스도교를 받아들인 켈트족이 앵글로색슨족에 의해 밀려난 후 정착해 나라를 세웠기 때문이다. 로마가 파견한 어거스틴 대주교가 웨일스의 주교(사제)를 만나 대화했다는 내용을 고려할 때 웨일스 교회는 켈트교회의 뿌리라고 볼 수 있다. 그래서 세인트 데이비드(St. David, 웨일스어 Dewi, 500~589)가 수도원을 세웠던 도시 세인트 데이비드(St Davids, 과거에는 Menevia로 불렸다.)와 웨일스의 중심지 카디프(Cardiff)를

켈트 십자가

찾으려 했다. 개인적으로 20세기 초 웨일스 부흥운동의 역사적 장소와 한국성결교회 초기 지도자 존 토마스 선교사(John Thomas, 1868~1940)의 흔적을 찾으려는 생각도 있었기 때문이다. 하지만 웨일스에서 1000여 년 전 역사 흔적을 찾는 것은 쉽지 않았다.

다른 방문지로 고민한 곳은 아일랜드다. 켈트교회 형성에 아일랜드의 수호성인인 세인트 패트릭(St Patrick of Ireland, 387~460)이 있기 때문이다. 로마 관리요, 사제의 아들인 패트릭은 12살 때 해안에 출몰한 해적에 의해 아일랜드로 잡혀갔다. 6년간 노예로 일하던 그는 탈출 후 수도사가 됐고 432년경 아일랜드로 돌아왔다. 이후 30여 년 간 아일랜드 북부, 아마(Armagh)에 수도원과 대성당을 세웠고 사역했다. 특히 그는 대수도원장이 이끄는 수도원 중심의 교회 운영을 택했는데, 그가 세운 수도원 학교를 통해 양성된 수도사들이 아일랜드를 넘어 브리튼 서부와 북부 스코틀랜드에 그리스도교를 확산

시켰다. 나중에 켈트교회로 불리는 흐름은 세인트 패트릭으로부터 시작되었다고 해도 과언이 아니다. 다만 현재 아일랜드는 영국과 분리됐고, 패트릭에서 시작된 아일랜드 교회 역사는 또 다른 영역이 되었다.

켈트 수도사 모습을 담은 그림

브리튼 섬 북부에도 고대 그리스도교 선교와 관련된 인물과 장소가 있다. 그 첫 인물은 세인트 니니안(St Ninian, ?~432)이다. 베데(Bede Venerabilis, 672~735)가 731년 쓴 '영국인의 교회사'(Historia eddlessiastica gentis Anglorum)에는 니니안을 '남부 픽트족에게 복음을 전한 인물'로 소개한다. 그는 베르니시아(Bernicians) 지방에 속한 갤러웨이 휘손(Whithorn)에 작은 수도원 건물을 지었다는 것이다. '칸디다 카사'(Candida Casa, 하얀 집이란 뜻)로 불리는 건물은 돌로 지었는데, 이곳에서 많은 사람이 수도사로 훈련받고 아일랜드, 스코틀랜드에서 사역했다. 그는 세인트 패트릭과 비슷한 시기 인물로, 현재 그가 사역했던 갤러웨이에는 후대에 세워진 수도원 흔적이 있다.

또 한 인물이 팔라디우스(Palladius)다. 그는 프랑스 남부에서 출발해 아일랜드 선교에 나섰고, 스코틀랜드 동부 파이프 해안가에서 20여 년 간 픽트인을 대상으로 사역했다. 6세기 중반에는 세인트 세르바누스(St. Servanus, 센프)가 인근의 쿨로스(Culross)에서 사역하면서 세인트 뭉고(St Mungo)를 가르쳤다고도 전해진다. 이처럼 몇 명의 전도자들이 스코틀랜드 서해안과 웨일스, 아일랜드에서 활동했다. 이들 중 일부는 로마 브리타니아에 세워진 교회나 수도원의 후예들, 즉 웨일스에 자리한 브리튼 교회 출신이거나 아일랜드 수도원 출신들로 추정된다. 몇몇 이야기는 전설적인 내용이지만 4세기 후반과 5세기 초반 잉글랜드 북부와 스코틀랜드 지역에 복음전도 활동이 활발했음을 알 수 있다.

이런 역사의 흐름을 떠올리며 첫 방문지로 택한 장소는 브리튼 섬의 서북쪽 끝자락에 있는 섬, 아이오나(Isle of Iona)이다. 이곳에 패트릭의 '제자의 제자'라 할 수 있는 아일랜드 출신 콜룸바(St Columba, 521~597)가 수도원을 세웠고, 이곳을 통해 아일랜드 북부(북아일랜드)와 브리튼 북부의 켈트족, 즉 스코트족과 픽트족에게 그리스도교가 확산되었다. 무엇보다 수도원장 중심의 자치적 교회, 수도원 학교를 통한 인재양성을 통하여 사회적 영향력을 확대했고 왕실 등 상류층 개종 시도와 함께 서민 복음화에 보다 높은 관심을 보인 역사가 있기 때문이다.

2. 아이오나 수도원을 향하여

켈트교회를 찾아 스코틀랜드로 향했다. 에딘버러 공항에 도착한 후 글래스고를 향했고, 그곳에서 아이오나를 향한 기차에 몸을 실었다. 글래스고에서 아이오나 수도원(Iona Abbey)까지 가는 것을 쉽지 않은 여정이다. 기차와 버스를 갈아타야하기에 연결에 문제가 생길 수도 있고, 두 번 배를 타는데 기상악화로 배편이 취소될 수도 있다. 잘못되면 섬에서 며칠 머무를 수도 있었다. 방문 전후로 며칠간 화창한 날씨가 예보되고 있었다. 글래스고를 떠난 기차는 오반(Oban)이라는 항구를 향해 출발했고 산을 오르기 시작했다. 황량한 산악지대의 모습은 나무가 풍부한 한국의 산과 달랐다. 아마도 암석 지반에 소금기를 품은 바람과 추운 겨울 날씨로 나무가 자라지 못한 것 같다. 브리타니아 시대 켈트족, 픽트부족의 삶이 얼마나 열악했는지 생각해본다.

멀 섬을 오가는 페리. 아이오나 가는 길은 쉽지 않은 여정이다.

    항구 도시 오반에 도착하여 멀(Mull) 섬까지 운항하는 페리에 몸을 실었다. 갑판에 올라 배를 살폈는데 인천과 백령도, 목포와 흑산도를 운행하는 배 보다 더 커 보였다. 1시간 남짓 거리에 이런 큰 배가 다닌다는 것은 육지와 섬 사이에 이동이 많다는 증거일 수도 있고, 정부가 섬 주민 복지에 큰 힘을 쏟고 있음을 보여주는 것일 수 있다. 그렇게 풍광을 살피며 멀 섬에 도착, 노선버스에 몸을 실었다. 45인승 버스엔 10여명의 손님이 전부다. 평일인데다 아이오나를 향한 마지막 배와 연결되는 오후 시간 버스이기 때문일 것이다. 일반적으로 아이오나는 대중교통이 불편, 섬 주민은 대부분 자가용을 이용하고, 관광객은 아침 일찍 배에 타고 섬에 들어왔다가 오후에 섬을 떠난다. 대중교통 이용자가 적은 것이다. 섬에서 하루 밤을 보내기 위해 늦은 오후에 들어갔다가 다음날 점심 쯤 섬을 나서기로 하고 오후 버스에 몸을 실었다.

    버스는 섬 한 쪽 끝 항구에서 반대쪽 항구까지 1시간 넘게 달렸다. 그런데 섬 도로는 1차선이 전부다. 다른 차선에 차가 오면 달리던 차는 도로 옆

대기 공간에 멈춘다. 마주 오는 차가 지나치면 다시 달렸다. 몇몇 현지 주민이 중간에 내렸지만 절반 정도 승객은 버스 종점까지 이동했다. 항구 마을을 제외하곤 섬에는 큰 마을이 없는 듯 했다. 섬은 논밭이 없어 소나 양, 염소를 기르거나 어업으로 삶을 꾸리는 것 같다. 돌이 많은 섬이라 농사가 어렵고 춥고 바람도 심해 산은 대부분 민머리를 자랑하고 있었다.

버스 안에서 배로 아이오나와 멀 섬, 육지 스코틀랜드를 오갔던 콜룸바의 활동을 생각한다. 콜룸바는 아일랜드 북부 출신으로, 피니안이 세운 클로나드 수도원에 들어가 수도사로 살았다. 그는 563년경 12명의 동료들과 함께 아일랜드를 떠나 스코틀랜드 아이오나 섬으로 왔고 이곳에 정착했다. 전해지는 이야기는 왕가 출신인 그는 부족 간 전쟁에서 군대를 이끌고 출전, 많은 사람들이 죽이고 죽는 것을 보며 괴로워했다고 전해진다. 수도사로 살던 그는 고향 아일랜드, 형제와 친지들이 사는 곳을 떠나 스코틀랜드 땅으로 향했다. 아일랜드가 보이지 않는 땅(가깝지만 먼 곳)을 찾은 그는 아이오나에 수도원을 세우고 정착했다. 이후 그곳을 근거지로 스코틀랜드 서부에 살던 스코트족과 북부 산악지대의 픽트족에게 복음을 전했다. 또 자신이 배운 것처럼 수도원을 찾아온 사람들을 가르쳤고, 이들을 여러 곳에 파송했다.

멀 섬 버스 안에서 살핀 섬의 자연환경은 열악해 보였다.

제자인 아돔난(Adomnan)이 쓴 콜룸바 전기에 따르는 '그가 픽트인의 땅(Pictavia 또는 Pitland)로 여러 번 여행했으며 픽트 왕 브라이디(Bridei)의 궁정을 방문했다.'고 한다. 스코틀랜드 남부에 복음이 전파되고 있음을 알게 된 콜룸바는 가능한 복음이 전파되지 못한 북부 픽트족을 찾아 복음을 전했다. 그로부터 시작된 이 사역은 동료와 제자에 의해 계속됐고, 7세기에 픽트 전역에 여러 수도원이 세워졌다. 또 아이오나 수도사들은 7세기 초 잉글랜드 북부 노섬브리아(Northumbria)에 파송되어 린디스판 수도원(Lindisfarne Abbey)을 세웠고 이들 지역 복음화에도 영향을 미쳤다. 이처럼 아이오나 수도원은 잉글랜드 중북부, 스코틀랜드 복음화의 기지가 된 것이다.

생각에 사로잡혀 있던 그 때 버스는 멀 섬의 끝 항구에 도착했고 아이오나 행 마지막 배가 엔진을 가동한 채 기다리고 있었다. 서둘러 작은 차량운반선에 몸을 실었고, 10분 만에 아이오나에 도착했다. 배에 올라 아이오나 섬과 수도원 건물을 바라봤다. 성 콜룸바는 그곳에서 살았고, 일했으며, 죽음을 맞았다. 그의 헌신이 땅에 뿌려져 7세기부터 작은 섬은 브리튼 북부의 종교적 중심이 되었다. 수도원의 영향력은 달리아타와 알바 왕국 등 스코틀랜드 통치자들이 수도원을 마지막 안식처로 삼은 데서도 확인된다. 한마디로 아이오나는 중세 그리스도교를 받아들인 스코트족과 픽트족의 최고 성지였던 것이다.

3. 아이오나 수도원 공동체 예배

섬에 도착한 후 숙소를 찾았다. 방문객이 많은 섬에는 작은 호텔과 민박집 등 다양한 형태의 숙소가 있다. 또 영성 훈련자를 위한 수도원 숙소와 함께 가톨릭교회의 숙소도 있다. 수도원과 가톨릭교회 시설에 묵을 수 있

아이오나는 작지만 섬 주민들과 수도원 방문자로 인해 정적이면서 활기찬 모습이다.

는지 문의했다. 하지만 수도원은 1주일 공동 활동 참여자만 머물 수 있었고, 가톨릭 숙소는 최소 이틀을 머물러야 한다는 운영원칙을 전해왔다. 그러나 짧은 기간 여러 곳을 찾아야 하는 순례자에겐 쉽지 않은 선택이다. 결국 호텔과 민박집의 안락함을 피해 불편한 캠핑장에 머물기도 했다. 샤워시설과 화장실, 작은 부엌 등은 훌륭했지만 숙박용 텐트를 가져올 수 없었기 때문에 밤하늘을 이불삼아 작은 침낭 속에서 잠을 청하기로 했다.

 숙소를 확인한 후 저녁시간 수도원으로 향했다. 수도원에 머무는 사람과 방문자를 위한 예배에 참석하기 위해서다. 예배 전 어둠이 깃드는 수도원과 건물 곳곳을 살폈다. 수도원 가는 길에 큰 돌로 된 십자가를 만났다. 켈트교회는 수도원 영지를 알리는 곳과 수도원 입구에 큰 십자가를 세웠다. 이를 통해 이곳이 수도원임을 알리고, 방문자에게 경건함으로 행할 것을 권고했다. 자료에는 아이오나 수도원 경내에는 총 4개의 돌 십자가가 있었다고 한다. 하지만 세월과 바닷바람으로 부식되고 갈라지면서 1개를 제외하곤 나머지는 박물관으로 옮겨졌다. 수도원 초입의 십자가는 옛 것이었고 한참 살폈다. 보이는 그림이 무엇인지 생각해 보지만 일반인의 눈으로는 알 수 없었다.

이곳 수도원 십자가는 언제쯤 세워진 것일까? 콜룸바가 정착한 초기 아이오나 수도원은 목조로 된 건물(교회)과 주변에 수도사들(콜룸바를 포함한 13명의 수도사들)이 머물던 움막이 있었다. 그러나 수도원의 영향력이 확대되고 수도원 학교가 세워지면서, 또 왕의 무덤이 들어서면서 규모가 커진다. 그래서 섬 한 쪽이 수도원이라도 해도 과언이 아닐 정도가 됐다. 하지만 8세기 시작된 바이킹 침입으로 수도원은 파괴되고 약탈당했고 버려졌다.

아이오나 수도원을 알리는 십자가

그러다 13세기 초 수도원 부흥을 내건 베네딕토회가 들어오면서 수도원이 새로 정비됐고 건물이 건축되어 오늘의 모습을 갖추게 됐다. 물론 종교개혁 이후 수도원은 다시 문을 닫고 방치되면서 폐허에 내몰렸고, 20세기 이 수도원의 중요성을 깨달은 사람들이 '아이오나 공동체'(Iona Community, https://iona.org.uk)를 설립하면서, 수도원 정신 복원을 추진, 오늘의 모습이 됐다. 그런 역사를 생각하면 십자가 또한 13세기 전후에 세운 것으로 생각되었다.

수도원에 도착해 건물을 살피던 중 콜룸바 당시를 언급하는 작은 안내판에 눈길이 갔다. 수도원 앞쪽에 돌 언덕(Tòrr an Aba, '수도원장의 언덕'이라는 의미)이 있는데 이 언덕에 성 콜룸바의 움막이 있었고, 그곳에서 그는 성서를 필사하고 글자를 장식했다는 것이다. 안내판에는 당시를 상상한 콜룸바 모습이 그려져 있었다. 그가 이곳저곳을 다니며 픽트인들에게 복음을 전한

 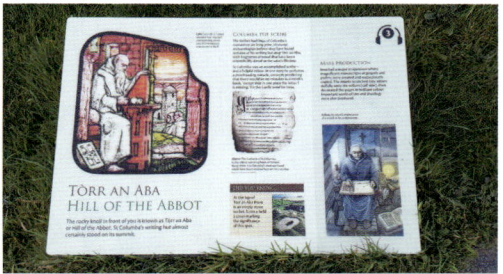

수도원장의 언덕과 그 장소를 소개하는 팻말. 콜룸바는 수도사였다.

'선교사'로만 여겼는데, 생각해보니 그는 수도사였고 수도원에 머무는 동안 성서를 필사하고 수도원 공동노동에 참여했으며, 필요한 때에 수도원장의 역할을 했다. 스코틀랜드 땅은 추운 겨울 사람의 이동이 어렵기에 수도사들은 수도원에 머물렀다. 겨울동안 콜룸바도 다른 수도사와 같았다. 그것이 금욕적인 삶을 강조했던, 자신의 전문 기술을 사역에 활용하며 자급자족한 켈틱 수도원 방식이다.

수도원 건물과 좀 떨어져 있는 세인트 오란 예배당(St Oran's Chapel)에 들렸

해질녘 수도원장 언덕에서 내려다본 수도원 전경

세인트 오란 예배당 내부. '주여, 우리를 불쌍히 여기소서'를 한 목소리로 외쳤다.

다. 예배당과 부지는 왕들의 묘지로, 스코틀랜드, 노르웨이, 아일랜드, 프랑스, 심지어 바이킹 군주들의 마지막 안식처(무덤)였다. 그러나 안타깝게도 어디에 누가 묻혀있는지 확실히 알 수 없다. 1549년에 작성된 목록을 통해 48명의 스코틀랜드 왕, 8명의 노르웨이 왕, 4명의 아일랜드 왕이 묻혔다는 것을 알 수 있지만 오랜 세월 무덤의 비문이 닳아 없어졌고 식별이 불가능했다. 다만 영국의 유명한 극작가 셰익스피어가 써서 유명해진 맥베스 왕(Macbeth)이 이곳에 묻혔다는 것은 분명하다.

예배당 안내판에는 "1100년대에 지어진 이 건물은 아이오나에서 가장 오래된 온전한 건축물"이라는 문구가 쓰여 있었다. 예배당에서 '키리에 엘레이손(Kyrie eleison, 주여 자비를 베푸소서)' 찬양이 들려왔다. 서너 사람이 원을 그리며 둘러서서 찬양하고 있었다. 그곳 한 곁에서 조용히 입을 열어 그들과 함께 찬양했다. 한국교회는 중세시대 찬양을 부르지 않지만 독일이나 유럽교회는 찬송가에 이를 싣고 자주 부른다. 그 중 키리에 엘레이손은 전통적 예배 때는 매번 부르는 찬양이다. 독일교회에 출석하고 있기에 가사와 곡조를 외우고 있었고 그곳에서 그들과 함께 찬양을 통해 작은 그리스도인 공동체를 경험했다.

시간이 되어 수도원 예배당에서 드리는 저녁예배에 참석했다. 오래된 건물에 있는 예배당에는 40~50여명이 자리했는데 수도원 공동체 구성원, 섬 주민, 여행자로 온 사람들이 함께 했다. 예배는 한 자매가 인도했는데 찬양과 기도, 말씀낭독, 공동의 기도, 간단한 말씀묵상 등으로 진행했다. 찬양을 할 때 회중은 일어서서 율동(수화)을 했고 말씀을 읽을 때나 기도할 때는 한 사람의 일방적인 낭독이 아니라 강조하는 문구를 '교독'하듯 함께 외쳤다. 시끄럽지 않은, 그러나 예배 참여자들이 하나로 마음을 모으는 묵상 예배라고 할까, 배울 점이 많았다. 그렇게 1시간여 동안 함께 찬양하고 '나를 따르라'는 예수님의 말씀을 묵상하며 기도했다. 과거 본 프랑스 남부 떼제공동체 예배와 비슷하면서도 좀 더 개신교회 느낌이 강한 시간이었다.

그날 밤, 예배의 여운에 쉬 잠을 이루지 못했다. 바닷바람의 위력과 바다에서 올라오는 차가운 한기도 한 몫 했다. 결국 하늘의 별빛을 느끼는 야외 취임은 포기하고 캠핑장 부엌 건물에 들어와 성찰을 기록하며 하룻밤을 보냈다.

아이오나 수도원 예배에서 그리스도인 공동체의 하나됨을 느꼈다.

4. 콜룸바 상륙 해안가를 거닐며

한 두 시간 선잠을 잔 후 새벽 5시 샤워와 간단한 식사로 하루를 시작했다. 아침 일찍 콜룸바가 도착한 해안(St Columba's bay)을 둘러보는 것을 시작으로 수도원 예배당과 내부, 박물관, 그리고 바이킹 침입 때 수도원장과 15명의 수도사들이 죽임당한 '수도사의 하얀 해변'(White strand of the Monks) 등을 살필 예정이다.

콜룸바는 563년 아일랜드를 떠나 배를 타고 스코틀랜드로 향했다. 그의 동료는 12명으로 알려졌는데, 이는 켈트교회 수도원 설립 최소 인원이다. 그는 아일랜드에 여러 수도원을 세운 경험이 있는데, 이들 중 그와 뜻을 함께 한 동료나 제자들, 수도사를 돕는 사람이 참여했을 것으로 추측된다. 콜룸바는 배를 타고 아일랜드를 떠나 스코틀랜드 한 섬에 도착했다. 하지만 그 곳에선 아일랜드가 보였고, 일행은 고향 해안이 안 보이는 북쪽으로 더 이동, 아이오나 섬 서쪽 해안에 도착했다. 그곳이 현재 콜룸바 해변으로 부르는 곳이다.

섬 관광지도에 그곳까지 가는 길이 표시되어 있어 별 걱정 없이 길을 나섰다. 그런데 중간에 길이 끊겨 있었다. 해안 쪽 길은 골프장으로 막혀 있었다. 결국 지도가 가리키는 서쪽 방향으로 산을 넘어 걸었다. 양들이 넘나들며 만든 길은 풀이 가득했고, 질퍽거렸다. 40여분이면 도착할 곳을 고생하며 1시간 30분을 걸려 도착했다.(나중에 돌아올 때 보니 골프장 안으로 들어가 낮은 철조망을 왼편에 두고 10여분 걸으면 골프장 끝에서 길을 만날 수 있었다.)

콜룸바 해변에 도착했다. 언덕과 언덕 사이 분지는 낮은 해안 풀밭과 연결됐고, 그 끝 바닷가는 굵은 자갈밭이 있었다. 암벽과 암벽 사이 공간은 거센 바람을 막았고 아일랜드에서 오는 배들이 상륙하기에 편리해 보였다.

쿨룸바 해변은 좌우 암벽이 바닷바람을 막아 배의 정박을 쉽게 한다.

나중에 아이오나 수도원을 찾은 순례자들이 이곳에 배를 정박했다고 하는데, 처음 13명의 수도사의 여정이 그들의 발길을 이끈 꼴이다. 그곳 자갈밭에는 이곳을 찾은 순례자들이 만든 돌무더기들이 있었다. 하지만 거친 바람과 파도에 돌무더기는 무너져 내렸다. 그렇게 돌무더기는 쌓였다 무너지기를 반복했고, 앞으로도 계속될 것이다.

  해안 자갈밭을 오가며 당시를 생각해 본다. 고귀한 가문(왕가) 출신인 콜룸바는 수도사가 됐고 고향을 떠나 다른 땅으로 향했다. 그리고 마침내 정착지로 정한 이곳에 도착했고 그는 아일랜드 수도원 전통에 따라 수도원을 세웠으며, 수도사로서 평생을 살았다. 또한 수도원 학교를 통하여 사람들을 교육하고 수도사를 양성했으며 섬과 육지를 오가며 스코트인과 픽트인에게 복음을 전했다. 첫 걸음을 내딛으며 그는 어떤 기도를 했을까? 한국인 선교사들이 그러하듯 "이 산지를 내게 주소서.", "이 민족을 내게 주소서."라고 조용히 읊조리지 않았을까? 그가 했을 기도, 찬양을 떠올리며 아무도 없는 그곳에서 파도소리에 맞춰 조용히 찬양을 불렀다.

5. 아이오나 수도원과 십자가

해변을 떠나 수도원으로 향했다. 축축한 신발과 젖은 양말로 인해 불편했지만 사람이 다니는 길이 이어지니 마음도 편해진다. 서두른 때문인 듯 9시를 조금 넘겨 수도원에 도착했고 맨 먼저 콜룸바의 성유물함이 있던 곳(St Columba's Shrine)을 찾았다. 그가 죽은 후 제자들은 목재로 된 작은 건물에 그의 시신과 유물을 모았다. 건물 주변엔 작은 예배당도 세워졌다. 하지만 바이킹 침입이 시작되면서 수도사들은 그의 유물함과 수도원 보물을 아일랜드와 스코틀랜드 내륙으로 옮긴다. 불타버린 목조 건물 자리엔 11세기에 돌로 된 작은 건물이 세워졌다. 그 건물은 큰 예배당과 수도원 건물의 한 곁에 있었다. 출입문은 예루살렘 탄생교회의 좁고 낮은 문보다 더 작았고, 건물 내부는 네다섯 사람이 자리하면 꽉 찰 정도였다. 십자가와 이콘, 콜룸바 두상이 전부인 그곳에서 잠시 눈을 감고 경건한 마음을 모아본다.

어젯밤 예배드린 수도원 예배당을 찾았다. 사람들로 붐볐던 예배당은 정적인 분위기의 공간으로 순례자를 맞이했다. 그곳 왼편 콜룸바에 대한 작은 전

아침에 다시 찾은 수도원은 조용하고 정적인 모습으로 사람을 맞았다.

옛 모습을 간직한 수도원 예배당은 아이오나 수도원의 경건을 계승해가고 있다.

시 공간이 있었고, 스테인드글라스에는 젊은 콜룸바가 스코틀랜드를 상징하는 푸른 색깔의 옷을 입은 채로 서 있었다. 성인상을 대신한 둥근 철골로 만들어진 현대화된 상은 독특했다. 4개의 입간판에는 그의 삶과 사역, 영향이 간략히 서술되어 있다. 그곳에 처음 콜룸바 일행이 아이오나에 상륙했을 때의 모습을 조각한 작은 청동조각상이 있었다. 작은 배에는 그와 12명의 수도사들이 자리했다. 누구의 작품인지는 모르지만 새 시대와 문화에 어울리는 모습이다.

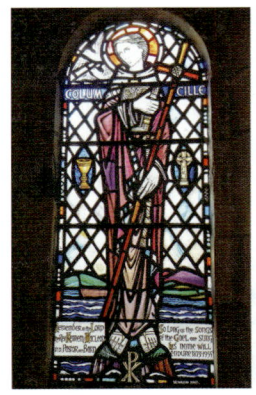  

수도원 작은 전시공간에 있는 콜룸바 상과 청동조각

전시 공간 반대편에는 1938년 만들어진 아이오나 공동체(Iona Community) 의 가치관과 오늘의 방향을 담은 내용이 전시됐다. 이 단체는 에큐메니칼 정신에 바탕을 두고 수도원을 새롭게 복원하고 돌보며, 이곳을 통해 그리스도교 영적 가치관을 전 세계로 확산시키는 일을 추구한다. 아직은 유럽 일부 국가 사람들과 교회가 함께하고 있다. 공동체를 지향하는 이들은 매일 아침과 저녁예배, 그리고 수도원 공동사역을 통해 공동체 정신을 발전시키고 있었다. 그들은 예배당 한 곳에 중보기도공간을 만들어 기도제목을 공유했는데, 그곳에 기도제목 카드가 있었다. 공동체 구성원이 중보기도 하기 위함이다. '한반도의 평화(Peace in Korea, Peace on the Korean peninsula)' 라는 말을 적으려다가 우크라이나와 팔레스타인 등 전쟁 중인 다른 나라들의 평화가 우선이라는 생각에 아무것도 적지 못했다.

현재 우리가 만나는 수도원은 콜룸바 당시보다 후대에 만들어진 형태다. 처음 나무로 된 움막과 건물이 들어섰다가 후대에 돌로 된 수도원이 섰다. 9세기 바이킹 침입 이후 수도원을 문을 닫았고, 스코틀랜드 왕국이 강화되면서 다시 수도원이 재건됐다. 현재의 건물구조는 13세기 중반 형성되는

아이오나 공동체의 기도 공간. 영성과 헌신을 이으려는 공동체의 마음이 느껴졌다.

수도원 회랑에는 초기 스코틀랜드 왕들의 무덤 덮개가 전시되어 있다.

데, 종교개혁 이후 방치됐고, 19세기 중반까지 인적이 드문 상태였다. 하지만 20세기 초 아이오나 공동체가 수도원 재건 운동에 뛰어든 것이다.

아이오나 공동체의 의해 새로 정비된 수도원 십자회랑에 들어섰다. 과거 수도사들이 거닐었던 공간에는 수도원에 묻혔던 알바 왕국의 왕들과 주요 인물의 무덤돌이 전시되어 있었다. 48명의 왕 중에는 우리가 잘 아는 맥베드(Macbeth) 왕도 있다. 그는 셰익스피어의 4개 비극의 한 장을 차지하는 인물이다. 물론 셰익스피어는 잉글랜드를 배경으로 한 인물로, 그가 그린 맥베드의 실제 삶은 극화된 내용처럼 폭군은 아니다. 나름대로 위대한 왕이었고 왕국을 효과적으로 다스렸다. 그의 비석이 있을 수도 있다는 생각에 한참을 찾았지만 찾을 순 없었다. 안내 자료엔 번호가 표시되어 있었지만 구분이 힘들었다. 여기에 있는 왕들은 왕실이나 죽은 장소를 떠나 배를 통해 항구에 도착했고, '죽은 자의 길'(Walk the Street of the Dead)을 지나 안장됐다. 스코틀랜드 땅을 한 때 통치했던 바이킹 왕국의 왕 4명도 이곳에 묻혔다. 그들은 그리스도교의 영향을 받았고, 스코트 왕이 그러했던 이곳에 묻히기를 원했던 것이다.

수도원 박물관에는 큰 십자가와 함께 시기별 유물이 전시되고 있다.

　수도원을 나서기 전 박물관을 찾았다. 박물관에는 수도원 역사가 간략하게 소개되어 있었고 수도원과 관련된 유물이 있었다. 대부분의 유물은 돌과 돌에 그려진 조각들이다. 간단한 십자형태의 비석을 시작으로 좀 더 장식된 비석, 바이킹 점령시대 군사의 무덤 덮개, 인근에 있었던 아우구스티누스 수녀원의 비석 등이다. 6세기부터 1560년대까지 수도원 구역에 있었던 다양한 돌들은 수도원에 있었던 3개의 큰 십자가를 중심으로 전시되고 있었다. 대부분의 전시물이 십자가 문양을 포함했다. 바로 돌로 된 섬, 돌을 노트 삼아 정성스럽게 삶과 죽음, 부활의 십자가를 보여주고 있는 듯하다.

6. 백사장의 눈물과 붉은 피, 순교자 해변

　수도원을 나서 성탄절 시기에 바이킹들이 수도원장과 수도사를 처형한 해변으로 향했다. 바이킹은 노르웨이와 스웨덴, 덴마크 땅 스칸디나비아와 유틀란드 반도에 살던 노르만족의 남성 전사들을 일컫는 말이다. 이들은 7세기 말 또는 8세기부터 배를 타고 다른 유럽나라와 브리튼 섬으로 향했다. 기록에 따르면 그들은 저항하는 사람들을 닥치는 대로 죽이고, 노획물을 그들의 배에 싣고 사라졌다고 한다. 처음엔 브리튼과 아일랜드 동북부 쪽에 주로 침입했고, 9세기부터는 동·서부 해안을 가리지 않고 출몰했다. 처음에 여름에만 활동하던 이들은 추운 겨울 점령지에 머물렀고, 한 두 곳 약탈 수준을 넘어 대규모 군대를 동원해 잉글랜드 왕국들을 하나씩 굴복시키는 정복전쟁을 펼쳤다.

아이오나 수도원도 익히 알려진 유명 수도원으로 수차례 바이킹 약탈에 시달렸다. 바닷가에 있었기에 바이킹 접근이 더욱 용이했다. 바이킹 침입이 빈번해지자 수도원 지도자들은 9세기 초 콜룸바 유물을 아일랜드와 스코틀랜드로 옮겼다. 바이킹은 825년에는 수도원장을 살해했고, 986년 성탄 전날 수도원장과 15명의 수도사들을 죽인다. 바이킹들은 수도원장을 위협하고 보물을 내어놓을 것을 압박했다. 하지만 보물은 옮겨진 뒤였다. 아무것도 얻을 수 없었던 그들은 수도원장과 15명의 수도사를 해안가로 끌고 가 살해한 것이다.

아이오나 항구에는 '순교자의 해변'이라는 이름의 가게들이 있는데 방문자들은 항구 주변을 수도사들이 죽은 곳으로 착각한다. 하지만 바이킹

성탄전야 수도사들이 피 흘려 죽임당한 그곳에서 무릎을 꿇었다.

은 섬의 북쪽 수도원과 가까운 곳에 상륙했고, 그곳 하얀 모래 해변(white Strand of the Monks)에서 수도사를 죽인 후 떠났다. 그곳 모래 해변을 찾았다. 수도사들이 죽인 해변은 하얗고 고운 모래로 덮여 있었다. 인근에 검은 암석들이 있는데 하얀 모래와 묘한 대비를 이뤘다. 색상을 볼 때 오랜 파도로 돌들이 쪼개지고 작아진 것은 아닌 듯 보인다. 아마도 바람과 파도가 모래를 이곳으로 실어 나르는 것 같다. 그 고운 모래가 깔린 해변으로 수도사들은 끌려왔고, 죽임을 당했다.

고운 모래를 손으로 집어 들었다. 손가락 사이로 흘러내린다. 만진 그 모래 위에 수도사들은 무릎을 꿇림 당하고 죽음을 맞았으며, 그들의 피는 하얀 모래를 붉게 물들였다. 그러나 바이킹이 떠난 후 밀물이 몰려와 모래 위의 모든 것을 씻어 내듯 그들의 피도 씻겼고 고운 모래는 다시 하얗게 됐다. 그곳 고운 모래사장에 잠시 무릎 꿇고 그들의 순수했던 신앙을 생각하며 머리를 숙인다.

12시를 넘겨 항구로 나왔고 섬을 벗어나 글래스고로 향했다. 작은 섬 출신이기에 아이오나로 가는 길은 학생 때 고향 가는 길과 다르지 않았다. 아이오나(Iona) 섬의 규모 또한 고향 섬보다 조금 클 뿐 큰 차이는 없는 것 같다. 그러나 섬의 역사도 다르고, 고향을 찾는 것과 순례자로서 역사의 흔적을 찾는 것은 의미 차이가 크다. 그럼에도 아이오나를 떠나며 고향에 다녀온 듯한 느낌을 갖는다. 신앙의 고향, 수도사의 고향, 그리고 수도자로서 사는 삶을 깊이 묵상하게 됨에 감사하다.

7. 성스러운 섬 린디스판을 향하여

글래스고에서 하룻밤을 보낸 후 기차로 에든버러를 경유해 베윅(Berwick

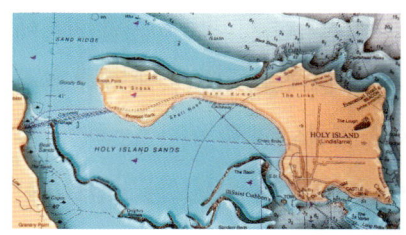 

린디스판 수도원은 브리튼 섬 중부의 작은 섬에 세워졌다.

upon Tweed)으로 향했다. 버스를 타고 성스러운 섬 린디스판(Lindisfarne)으로 가기 위해서다. 새벽부터 먹구름 가득한 하늘은 비를 쏟아냈고 여정에 대한 걱정이 들었다. 계획은 오전에 린디스판에 도착해 수도원과 박물관, 커스버트 주교(Cuthbert, 634~687)가 거주했다는 작은 섬을 둘러보고, 오후에 물때를 고려해 섬과 육지를 잇는 바닷길을 걸어 나올 예정이다.

린디스판은 635년 노섬브리아(Norsumbria)의 오스왈드(Oswald) 왕이 아이오나 수도사였던 에이단(Aidan, ?~651년)을 초청, 수도원을 설립한 섬이다. 브리튼 섬의 중서부 해안 지역에 있었던 노섬브리아는 전성기인 7~8세기에 중부지역 전체를 통치할 정도로 강성해졌다. 이 나라에 처음 그리스도교가 전해진 것은 627년 에드윈 왕 때이다. 켄트의 공주가 노섬브리아 왕과 결혼하면서 캔터베리에 있던 수도사 파울리누스가 파송되어 사역을 시작한 것이다. 627년 부활절 에드윈 왕은 특별히 만든 목재교회에서 세례를 받았고, 파울리누스는 주교가 되어 노섬브리아 복음화에 힘을 쏟았다. 하지만 왕의 사망 후 나라는 혼란스러워졌고 파울리누스는 노섬브리아를 떠난다. 비록 그를 보좌했던 부제 제임스가 캐터릭(Catterick) 부근에서 남은 신자를 돌봤지만 교회 확장은 주춤할 수밖에 없었다.

그런데 635년에 아이오나 수도원에서 공부하던 오스왈드가 왕이 되면서 상황이 바뀐다. 그는 자신을 가르쳤던 수도원장에게 수도사 파송을 요청했다. 자신의 왕국을 그리스도의 신앙 위에 세우려 한 것이다. 하지만 처음에 파송된 수도사는 수도원으로 돌아갔다고 한다. 앵글로색슨족에 대해 부정적인 평가를 한 것으로 보아 사역이 쉽지 않았던 것일 수 있다. 그 때 한 수도사가 그의 태도를 비판했는데, 바로 에이단(Aidan)이다. 그는 노섬브리아에 도착해 사람들에게 그리스도를 전한다. 에이단은 한 마을에서 다른 마을로 걸어 다니며 자신을 만난 사람들과 인내심을 가지고 대화했고, 그들에게 그리스도에 대해 관심 갖도록 했다. 그의 삶과 공동체에 대한 적극적인 관심은 사람들에게 우호적인 평가를 얻게 했다.

사실 켈트족 출신인 아이오나 수도사에게 대륙에서 건너온 앵글로색슨족은 이방인이었고 못마땅한 사람들이었다. 또 다른 언어와 문화를 가진 앵글로색슨 부족민도 이방인 수도사를 생소하게 받아들였을 것이다. 그렇지만 불리한 조건에도 에이단은 헌신적으로 사역했고, 열정을 가진 왕 오스왈드 또한 통역을 자처하며 그의 사역을 후원했다. 왕은 에이단을 위해 왕실(Bamburgh) 근처에 있는 섬을 내주었고, 그곳에 수도원을 세우게 했다. 마치 서쪽 끝 섬 아이오나에 수도원이 선 것처럼, 동쪽의 섬 린디스판에 수도원이 세워진 것이다. 그렇게 잉글랜드 중북부와 스코틀랜드 남부에 그리스도 신앙을 확장할 토대가 마련됐다.

버스가 린디스판 섬에 들어섰다. 과거 수도사들이 살았던 섬은 현재 안산과 대부도의 바닷길처럼 차도로 연결됐고, 썰물 시간을 이용해 차량이 오간다. 매달 버스 운행 시간이 달라지는 이유다. 과거 섬과 육지를 오간 수도사처럼 걷고 싶었고 오후 물때를 이용해 섬에서 나올 생각을 하며 바닷길을 꼼꼼히 살폈다. 한국식 갯벌은 아니지만 물기로 인해 걷기엔 힘이 들겠다는 생각을 했다. 더욱이 바람이 불고 비가 내리는 상황을 고려하면 혼자서 걷는 것은 어려울 것 같다는 마음이 든다. 하지만 마음을 다잡았다.

8. 세인트 에이단 동상과 메리교회

버스에서 내려 수도원으로 향했다. 안내문에는 수도원 입장이 10시부터라고 쓰여 있었다. 그러나 유적으로 남은 수도원 외부와 교구교회로 사용되는 세인트 메리교회(St Mary the Virgin)는 출입이 가능했고 미리 둘러볼 수 있었다.

수도원 경내에서 처음 마주한 것은 에이단(St Aidan) 수도원장의 동상이다. 에이단은 파송 이듬해 노섬브리아의 주교가 됐고, 린디스판을 주거지 삼아 마을과 마을을 오

수도원 입구에 있는 세인트 아이단 동상

가며 복음을 전했다. 그는 수도원 및 학교를 세웠고 고아들에게 숙식과 교육을 제공했다. 특히 그가 교육한 12명의 앵글로색슨 소년들 중 몇 명은 수도사로서 그의 뒤를 이었다. 대표적인 인물이 채드(Cedd)와 차드(Chad) 형제로, 이들은 인근에 있는 머시아(Mercia)와 에섹스(Essex), 이스트 앵글리아(East Anglia) 복음화를 위해 활동했다. 에이단의 헌신적인 활동을 상기시키려는 듯 그의 동상은 매우 야윈 수도사 모습이다. 한 손에는 횃불을, 다른 한 손에는 지팡이를 든 그는 복음의 빛을 들고 전진하는 수행자(은둔자, 수도자)다. 걸어 다니며 활동한 그를 위해 왕이 좋은 말을 선물했지만 에이단은 말을 팔아 노예를 구했다고 한다. 그가 얼마나 아이오나 수도원의 배움에 충실했는지, 스승들의 가르침에 따라 사역한 것인지 알 수 있다.

세인트 메리교회에 들어섰다. 수도원 옆에 세워진 교회는 현재 섬 주민을 위한 교회다. 그곳에서 에이단과 그의 뒤를 이은 수도사들 이야기를 만났다. 성도들은 린디스판 수도원의 신앙정신을 잇는 교회로서 자신을 각인시키고 있는 것 같다. 글을 읽다가 에이단을 이어 린디스판의 이름을 알린 한 수도사를 소개받았다. 바로 커스버트(Cuthbert)다. 그는 에이단이 죽은 후 670년경 수도원에 들어왔다. 스코틀랜드 남동부 던바 출신인 그는 에이단에게 배운 Eata(이타)에게 배웠기 때문에 에이단의 '제자의 제자'다. 그는 로마교회의 예식과 수도원 질서를 도입하며 수도원 변화를 위해 노력했다. 또 젊은 수사들과 함께 교구를 둘러보며 사역했고, 전염병으로 고통 받는 이를 위해 기도했다. 은퇴한 후 그는 수도원 옆 섬에 별도의 숙소를 마련하고 고독한 은둔자로 살았다. 하지만 주교로서 교회를 돌봐야 했던 그는 섬과 육지를 오가며 사역했고, 사역이 없을 때는 자신의 은둔지로 물러나 머물렀다. 자신의 은둔지에 수도사로 머무는 것을 주교의 영광보다 더 낫게 여긴 것이다. 스승들처럼 섬과 육지를 오가고, 많은 곳을 걸었던 때문일까?

지역 주민을 위한 메리교회는 아이단과 커스버트의 헌신을 기억한다.

그는 발에 궤양을 심하게 앓았고 그 때문에 사망했다고 한다. 그의 유골과 유품이 교회에 놓였고 이 때부터 린디스판은 수많은 순례자를 불러왔으며, '성스러운 섬'(Holy land)로 불렸다.

그러나 린디스판의 역사 또한 오래 이어지지 못한다. 바이킹 때문이다. 793년 바이킹의 침략이 시작됐고 동부 해안가는 우선적인 피해지역이 됐다. 목재로 만든 교회는 불에 탔고, 수도원은 문을 닫아야 했다. 당시 신성 로마제국 황제인 샤를마뉴(Charlemange, 독일명 Karl der Große)의 왕실에 있던 브리튼 출신 알퀸(Alcuin)은 이를 통탄하여 "이교도들이 하나님의 성소를 더럽히고 제단 주위에 성도의 피를 흘렸습니다. 왜 하나님은 이를 막아주지 않았습니까?"라며 안타까워했다. 바이킹의 위협을 피해 성인의 유골과 유물은 내륙도시 더럼(Durham)으로 옮겨졌고, 이 때를 시작으로 더럼 교회는 주교좌 성당으로 발전한다. 아마도 거스버트 주교의 성유물을 찾아 순례자들이 더럼으로 향한 때문일 것이다.

그곳 예배당에 앉아 잠시 눈감았다. 강성한 노섬브리아 시대에 린디스판 수도사들은 잉글랜드 전역, 런던이 있는 템즈강 하구까지 선교사를 파송했다. 앵글로색슨족에게 향했던 아이단의 헌신이 제자들에게, 그리고 커스버트와 같은 수도사에게 이어진 것이다. 그렇게 아이오나는 린디스판으로, 린디스판은 다른 잉글랜드의 많은 수도원으로 이어져, 브리튼 섬 중부 복음화에 큰 역할을 했다.

9. 린디스판 수도원 유적을 둘러보며

관광안내소에서 티켓을 구입한 후 수도원 유적에 들어섰다. 현재 수도원 유적이 갖는 큰 의미는 없다. 수도원 흔적은 에이단 시대의 것이 아니기 때문이다. 그의 수도원은 매우 작았고, 나무로 지어졌다. 그가 사망한 후 한참이 지난 뒤 돌로 된 수도원이 세워졌다. '수도원이 린디스판에 있었다'는 내용을 빼곤 그의 수도원이 어느 곳에, 어떤 형태였는지 알려져 있지 않다. 바이킹의 위협이 해소되고 11세기 노르만 왕조가 시작되면서 대륙의 영향을 받은 건축물이 잉글랜드 전역에 세워지는데 이 때 린디스판 수도원도 더럼 주교와 수도회의 지원으로 새로 건축됐다. 13세기에 '10명의 수도사가 생활하는 수도원이 되었다'는 기록을 고려하면 과거의 영광은 줄어든 것 같다.

린디스판 수도원을 보기 전 아이오나처럼 수도원 외형은 회복했을 것이라 기대했다. 하지만 수도원에 들어서자 안타까움이 몰려왔다. 수도원은 유적지, 아니 폐허로 방치되고 있었다. 중세 중후반 수도원 외형을 회복하고 그 명성만큼 수도원 규모는 커졌지만 종교개혁 이후 500여 년 간 방치된 것이다. 기록에는 종교개혁이 시작되면서 1537년 수도원은 폐쇄됐고 일부 건물은 군사시설로 사용되었다고 한다. 스코틀랜드 국경과 가깝기에 전

린디스판 수도원 유적은 폐허의 모습으로 남겨져 있다.

쟁 시기 잉글랜드 방어시설로 탈바꿈한 것이다. 이후 평화는 찾아왔지만 방치된 수도원은 조금씩 허물어졌고 세월의 흐름에 먼지로 흩날렸다. 온전히 남은 건물은 이후에 복원되고 관리된 세인트 메리교회뿐이다.

린디스판 수도원 대성당 유적에 놓인 검은 돌

대성당의 중심, 성 커스버트의 시신과 유물이 놓였던 장소에 작은 기념비가 있었다. 검은 대리석에 원에 둘러싸인 작은 십자가를 새긴 것이다. 심장을 상징하는 하트도 아닌 그렇다고 둥근 모습도 아닌 돌, 옅은 붉은 색 돌판 위 검은 돌은 이색적이다. 조각가의 의도를 찾기 위해 관련 설명을 찾았지만 알 수 없었다. 수도원은 예배당과 수도사들의 회랑, 교구의 동물을 관리하는 장소, 수도사들의 일터 등 다양한 공간들로 구분되어 있었다. 하지만 대부분 건물 주춧돌만 남아 어디가 어디인지 구분하기 어려웠다.

수도원 유적을 나서 수도원 전체를 조망할 수 있는 전망대 언덕에 올랐다. 과거 등대가 있었을 것 같은 언덕(Heugh)에 오르자 수도원과 린디스판 섬 전체가 한 눈에 들어왔다. 그곳에서 본 린디스판 섬은 작지 않았다. 성이 있는 북쪽과 수도원 언덕이 있는 동쪽 일부 지대를 빼곤 평지였으며 풀과 나무보다 돌무더기와 모래언덕이 많아 보였다. 아마도 섬은 바닷바람과 파도에 실려 온 모래로 형성되었고 사람이 살기에 적합한 땅은 아닌 듯 보였다. 그런데 그 섬에 수도원이 들어서고, 수도원을 중심으로 작은 마을이 형성됐다.

언덕 위에 또 하나의 유적을 마주했다. 전망대 아래의 유적은 2015년에

언덕 위 옛 건물의 흔적

들어서 발굴된 작은 예배당 터라고 한다. 발굴 결과 그곳에는 작은 예배당과 십자가, 작은 감시용 탑이 있었다. 그런데 예배당 흔적을 연구했더니 매우 이른 시기 세워진 것으로 추정됐다. 혹시 이곳에 에이단이나 커스버트 시기 수도원이 있었던 것은 아닐까? 언덕에서 노섬브리아 오스왈드 왕이 있었던 뱀버그(Bamburgh)가 멀리 보였기 때문이다. 아니면 동시대에 수도사들이 머물던 움막과 같은 시설이 있었거나, 후대에 수도사들이 기도하는 작은 예배당이 세워졌을 것 같다. 정확한 연구결과는 나오지 않았다. 그래서 섣부르게 판단하기 어렵다. 언젠가 그 연구가 결실을 맺길 기다려본다.

10. 커스버트 주교의 은둔지

언덕을 내려와 커스버트 주교가 머물렀던 작은 섬을 찾았다. 작은 섬이라고 일컫지만 실상은 린디스판에 딸린 작은 돌무더기 언덕이 맞을 것 같다. 바람과 파도를 마주해야 하는 작은 언덕은 물이 들면 린디스판과 단절됐고, 중심부엔 잔디가 조금 자랐다. 그곳 중앙에 작은 돌 집 흔적과 십자가가 있었다. 크기를 볼 때 작은 침대와 책상을 놓을 수 있을 정도의 움막이다. 아마도 이곳이 커스버트 주교가 머물렀던 장소였던 것 같다. 물론 돌로 된 흔적은 후대에 세워진 것이다.

그곳에서 잠시 눈을 감고 묵상했다. 수도사들은 복음을 들고 나아갈 때 당당하게 전진했고 돌아와 수도원에 머물 때 경건과 묵상을 통해 자신을 수양했다. 그들 중 일부는 더 깊은 묵상을 통하여 하나님을 만나고 그분 품에서 살기 위해 노력했다. 어떤 이는 은둔자, 고행자가 되고자 했다. 초대교회 사막교부들과 중세교회의 은둔자들, 정교회의 정주수도사들이 그들이다. 켈트 수도사들 또한 그런 수도사의 정신을 계승했다. 섬이나 외딴 황무지에 수도원을 세웠고, 공동의 일터인 수도원 옆에 별도로 움막을 짓고 생활하기도 했다. 그런데 익히 아는 것처럼 중세 중후반 수도원은 권력의 중심이 됐고, 변두리에 머물렀다가 부자가 되었으며, 걸인처럼 살며 복음전도와 봉사에 힘 쏟다가 대도시의 편안함에 안주했다.

이런 중세교회를 비판하며 종교개혁이 일어났고 수도원 폐쇄가 시작되었다. 그런 역사를 이은 한국교회는 중세교회를 비판하고, 그들의 전통 또한 홀대한다. 통성기도와 새벽기도와 같은 하나님께 간구하는 기도는 옹호하면서 묵상과 관상의 기도, 생활 속 수도자의 조용한 묵상은 선불교의 명상에 빗대 비판한다. 다행히 20세기 끝자락에 말씀묵상과 하나님의 뜻을 조용히 찾고 그분에 온전히 집중하는 관상, 생활 속 수도자의 기도가 되살아

커스버트 주교 은둔지는 작은 돌무더기 섬으로 고독한 장소다.

린디스판은 모래 갯벌로 육지와 분리됐고, 복음을 든 수도사들은 이곳은 걸어 오갔다.

나고 있어 긍정적이라 할 것이다. 바로 켈트의 수도원 전통이 그런 부분에 보탬 될 것이라 생각한다.

  조용히 감은 눈을 뜬 후 작은 섬을 나서, 수도사들이 섬과 육지를 오갔을 바닷길을 걷기 위해 나섰다. 수도원과 옛 마을을 지나 육지로 향하는 위치에 섰다. 섬과 육지를 가르는 바닷길은 모래로 되어 있었고 중간에 물길을 제외하곤 걷기에 큰 어려움이 없어 보였다. 하지만 1킬로미터를 걸어 도착한 섬의 끝자락 출발점에서 주춤할 수밖에 없었다. 비가 오는 날씨와 강하게 불어오는 바람은 길을 나서기 두렵게 했다. 동행자가 있으면 모르지만 홀로 건너는 건 위험부담이 너무 컸다. 아이오나에서 홀로 산길을 넘었던 때 상황도 생각났다.

  계획한 대로 걸으려는 의지 따라 바닷길에 들어서서 한참을 걸었다. 조금씩 쏟아지는 비와 물에 젖은 모래로 신발이 젖어온다. 이미 아이오나 산길에서 한번 젖었던 신발은 마를 틈 없이 다시 짠 빗물에 노출되어 발을 무겁게 했다. 결국 바닷길 순례는 포기하고 돌아서야 했다. 그렇게 돌아와 버스 정류장에서 시간을 보낸다. 섬을 나서는 버스 출발까지 2시간 여유가 생겼기에 수도원 주변 마을을 거닐었다. 작은 커피숍에 앉아 차도 마셨다.

정류장 옆 가톨릭교회에 들려 예배당 내부를 둘러보기도 했다. 교회는 가톨릭교회가 허용된 후 이곳에 설립됐고, 수도원 예배당을 사용하는 성공회와 함께 린디스판 역사를 새로 정립해 가고 있었다. 마침 린디스판을 방문한 한 가톨릭 순례자 그룹이 식사하고 있었다. 자연스럽게 그들과 인사하고 따듯한 차로 추위를 녹일 수 있었다.

11. 켈트교회와 로마교회의 융합, 휘트비 수도원

린디스판 수도원을 나서, 뉴캐슬(Newcastle upon Tyne)을 경유, 휘트비(Whitby)로 향했다. 이곳에서 로마교회와 켈트교회의 전통이 만났고, 중요한 결정을 했기 때문이다. 기차에 앉아 중세 초 영국교회 역사에서 가장 중요한 사건 하나를 떠올린다. 중세 초반 로마교회는 캔터베리를 중심으로 로마교회의 전통을 세웠고, 웨일스에서 아일랜드로, 다시 스코틀랜드로 이어진 켈트교회는 로마 브리타니아와 켈트족으로부터 시작된 자신들의 전통을 내세웠다.

이 두 전통은 로마교회가 브리튼 섬 선교를 다시 시작하면서 처음 만났다. 앵글로색슨족 복음화를 위해 켄트왕국으로 파송받은 어거스틴은 사역 초기 켈트교회 수도사들을 만났다. 기록에 따르면 603년 어거스틴은 서번(Severn)의 남쪽에서 켈트 주교를 초청해 만났다고 한다. 그 만남은 이렇게 묘사된다. '만남의 장소에 켈트 주교가 들어왔을 때 어거스틴은 자리에서 일어나지 않았고 권위적인 태도를 그들을 맞았다. 켈트교회 수도사들은 결국 대주교를 인정하지 않았다.' 아마도 수도원장 중심으로 운영되는 켈트교회는 주교의 권위를 인정하지 않았을 것이다. 더욱이 앵글로색슨족에 의해 켈트교회는 자신의 땅에서 서쪽으로 밀려났기에 앵글로색슨족 교회에 대해 부정적 감정이 있었다. 여기에 더해 권위를 앞세우는 어거스틴의 모습은 수도사들에게 진한 실망감을 갖게 했을 것 같다.

어거스틴은 이 만남 이후 '웨일스 지방에 있는 교회와 서쪽의 둠노니아(Dumnonia)의 켈트족 교회를 로마교회에 속하도록 만들려 했지만 실패했다'고 한다. 만약 어거스틴을 비롯한 캔터베리 주교나 수도사들이 좀 더 겸손하게 켈트교회를 만나고 대화했다면 어땠을까? 결과가 달라졌을까? '공동의 선교활동을 통해 하나의 교회를 세워갔다면' 하는 생각이 머리를 때린다. 권위를 내세운 어거스틴의 태도가 일치를 방해한 것은 분명하지만 역사와 차이가 있던 두 전통이 하나로 되기는 쉽지 않았을 것이다.

그런데 이 두 전통이 직접 만나고 갈등한 곳이 브리튼 중부에 자리한 노섬브리아 왕국이다. 처음 이곳에는 로마교회 파송은 받은 파울리누스 주교가 사역했으나, 이후 린디스판 수도사를 통하여 켈트교회 전통을 수용했다. 그런데 두 교회는 차이점을 가지고 있었다. 외형적인 차이는 수도사의 머리 깎는 모양, 수도원 공동 거주와 별도의 움막이나 소규모(2~3명)로 거주하는 형태, 교회 운영에서 (캔터베리 대주교나) 주교 중심의 교구와 (대수도원장 또는) 수도원장 중심의 구조 등이다. 그러나 이 문제는 같은 교회 내부의 문화 차이로 생각할 수 있다. 현대인에겐 단순한 교파의 입장차이 이기 때문이다. 그런데 부활절 날짜 문제는 매우 심각한 차이였고 일반 성도들이 헷갈려 하는 문제였다. 일반적으로 초대교회는 유대교 월력을 기초로 부활절 날짜를 계산해 왔고, 각 지역별(대표적으로 로마, 알렉산드리아 전통)로 일정한 차이가 있었다. 이후 율리우스력(로마 정치가 율리우스 카이사르가 만들어 기원전 45년부터 시행한 로마의 달력)에 근거한 로마 전통에 따라 제1차 니케아 공의회(325년)는 '봄 보름달 이후 첫 번째 일요일'을 부활절로 확정해 공포했다. 하지만 이 결정에도 불구하고 각 지역교회는 자신들이 믿는 입장을

로마교회와 켈트교회의 대화가 있었던 휘트비는 항구 도시다.

고수했고, 서방교회는 8세기까지 일정한 차이를 드러냈다.

당시 노섬브리아 왕은 오스위(Oswiu)였는데, 망명생활 중 아일랜드 수도사들의 영향 속에 성장했고 켈트교회의 전통에 선 린디스판 수도사의 지원을 받았다. 그런데 그는 그리스도교를 영국 땅에 다시 받아들인 켄트 왕 에델베르트의 손녀, 언플래드(Enfleda)를 부인으로 맞았다. 당연히 그의 아내는 로마교회 전통을 따르고 있었다. 어느 해에 왕은 부인이 사순절 금식을 하는 동안 자신은 부활을 축하하고 있음을 알게 됐고, 이 문제를 해결해야 할 필요성을 느꼈다. 왕으로서 통일된 입장을 세우는 문제는 나라를 제대로 통치하는데 중요하다는 판단도 했음직하다. 결국 왕은 664년 이 문제 해결을 위한 종교회의를 수녀원장 힐다가 사역하는 휘트비에 소집했다.

휘트비에 도착했다. 전형적인 항구도시답게 많은 배들이 항구 곳곳에 있었고, 관광객들은 도시 이곳저곳을 둘러보고 있었다. 그러나 외국인은 거의 없었다. 아마도 외국인이 찾기엔 먼 곳이기도 하고 아직까지 다른 나라 사람에겐 잘 알려지지 않은 것 같다. 이곳에는 왕실 가족인 힐다(Hilda)가 657년 켈트교회 전통에 따른 수도원을 세웠고, 이 수도원을 중심으로 마을이 발전했다. 드라큘라 백작의 전설이 전해지는 항구를 둘러본 후 수도원을 향해

휘트비 언덕을 오르는 계단은 수도사들이 오르던 길에 들어섰다.

걸었다. 옛 도시는 지금은 상업지구가 됐고 관광객을 위한 가게들이 있었다. 1788년에 세워진 시청사는 도심에서 가장 오래된 건물로 보인다. 1901년에 세워진 웨슬리 홀도 있었는데, 오랫동안 감리교회로 사용된 듯 보였다.

휘트비 언덕에 선 십자가

옛 도시를 지나 수도원으로 오르는 계단을 만났다. 199개라는 계단은 중세시대 수도사들이 걸은 길은 아니지만 그들의 발걸음을 품고 있는 곳이다. 계단을 올라 수도원이 자리한 언덕 위에 섰다. 언덕 위에서 돌로 된 큰 십자가를 만났다. 수도원 초입에 큰 십자가를 세우는 켈트교회 방식이다. 그런데 십자가는 켈트교회 보다는 로마교회 형식에 가까웠다. 아마도 후대에 세우면서 로마교회 십자가를 반영한 듯 보였다. '케트몬 기념상'이라는 이름의 십자가 한쪽에는 예수 그리스도와 다윗, 수도원을 설립한 힐다, 그리고 수도사였던 케트몬(Caedmon)이 조각되어 있었다. 그 아래에는 "To the glory of God and in memory of Caedmon the father of English Sacred Song. Fell asleep hard by 680."이라는 내용이 쓰여 있는데, '영국 찬송시의 아버지'라는 문구가 가슴에 와 닿는다. 아마도 다윗 왕을 십자가에 새긴 것은 케트몬의 영감 원천인 시편 저자이기 때문일 것이다.

언덕 위에 서 있는 세인트 메리 교회(St Mary's Church)를 찾았다. 메리교회는 12세기에 세워진 교회인데, 교회당 주변에 많은 무덤이 자리한 것을 볼 때 교회는 시민을 위한 교회인 듯했다. 이 교회는 힐다가 세운 수도원이 바이킹의 침입과 공격으로 인해 9세기 경 문을 닫았기 때문에 그 이후 세워진 것 같다. 1551년부터 성직자 명단이 있는 것으로 보아 이때부터 지역교회로 사용된 듯하다. 교회 내부에는 300년 전 쇠 상자를 비롯해 몇 가지 유물과 힐다가 처음 세웠던 건물의 유물(작은 돌)이 전시되고 있었다. 이 작

휘트비 언덕 위 메리교회는 지역 주민을 위한 교회로 수도원 전통을 잇고 있다.

메리교회에는 옛 교회의 유물과 함께 수도원 건물 흔적도 전시되고 있다.

은 돌이 힐다가 사역한 옛 수도원의 유일한 흔적일 수 있다.

원래 힐다는 잉글랜드 중부를 통치했던 노섬브리아 왕(Edwin)의 조카였다. 당시 노섬브리아는 캔터베리로부터 파송받은 파울리누스 주교에 의해 그리스도교를 받아들였고 힐다는 왕과 함께 요크(York)에서 세례를 받아 그리스도인이 되었다. 하지만 이후 노섬브리아 왕이 바뀌었고 그녀는 프랑스의 한 수도원(Chelles)으로 가서 수녀가 되었다. 몇 년 후 에이단의 요청으로 고향에 온 그녀는 웨어(Wear) 강변의 수녀원에서 수녀생활을 하다가 오스비(Oswy) 왕의 후원을 받아 지금의 휘트비에 수도원을 세우고 원장이 된다. 이러한 신앙 경력을 보면 그녀는 로마교회와 켈트교회 전통을 모두 경험한 인물이다. 로마교회 주교에 의해 세례 받고 몇 년간 신앙훈련을 받았다. 그러다 켈트교

메리교회 내부 조각

회와 연관된 프랑스 수도원에서 수녀가 되었고 영국으로 돌아온 후 켈트교회 전통에 선 휘트비 수도원을 설립한다. 그래서 그녀는 로마 보다는 분명 수도원 전통이 강한 켈트교회 영향을 많이 받았을 것이다. 왕실에 의해 설립된 수도원과 왕가 출신인 수도원장이 있는 휘트비는 왕국 내에서 영향력이 상당했다. 힐다는 남여 수도원 모두를 대표하는 대수녀원장으로 사역할 수 있었다.

12. 휘트비 수도원 유적을 둘러보며

메리교회를 나서 휘트비 수도원을 향해 걸었다. 언덕 위 수도원은 바닷가 바람과 파도소리, 푸른 풀들과 어울려 묘한 감흥을 느끼게 한다. 어부로 살던 주민들은 바다를 벗 삼아 살았고 폭풍우와 큰 파도로 인한 두려움에 교회를 찾아 뜨겁게 기도했다. 언덕 위에 세워진 수도원 예배당은 그들이 하늘을 생각하고 바라보며 기도하는 장소였다. 대수녀원장 힐다를 비롯해 수도사들은 주민들과 자주 접촉하진 않았으나 때때로 하늘의 소망을 가르쳤을 것이다. 그곳에서 그리스도의 부활절 날짜를 명확히 하기 위한 회의가 열린 것이다.

로마 황제가 소집한 니케아 공의회(종교회의)처럼 664년 노섬브리아 왕에 의해 소집된 회의에는 로마교회 전통과 켈트교회 전통을 대변하는 인물들이 모였다. 당시 로마교회 입장을 대변하는 인물로 제임스 부제와 리폰 수도원장 윌프리드(Wilfrid) 등이 참여했고, 켈트교회 입장은 린디스판 수도원장 콜만(Colman)과 체드(Cedd)가 대변했다. 전해지는 이야기에 따르면 팽팽한 양측의 논의가 이뤄졌고, 어느 시점에 노섬브리아 출신으로 로마에서 공부한 윌프리드가 로마교회 입장을 논리적으로 설명했다. 그의 언변에 설득된 것인지는 알 수 없지만 왕은 '미소를 띠며' 로마교회의 입장을 받아들이기로 결정한다.

왕의 결정을 여러 각도로 생각할 수 있다. 먼저 로마교회 전통이 당시 켈트교회 보다 설득력이 있었기 때문일 수 있다. 개인적으로 왕이 자신의 부인을 존중한 때문일 수도 있다. 하지만 학자들은 대륙으로부터 유입된 앵글로색슨족이 켈트족보다는 대륙(프랑크 왕국 등) 전통과 가까웠고 노섬브리아 왕실은 당시 영향력을 확대하던 로마교회 흐름에 참여키로 한 것으로 생각한다. 이 시기 노섬브리아는 고대에서 중세 왕국으로 진입했고, 잉글랜드 전체에 대한 영향력을 행사하는 리더였다. 그래서 왕은 왕국의 영향력을 더욱 강화하기 위해 로마교회를 중심으로 종교적 통일을 모색한 것이다.

이처럼 회의는 노섬브리아 왕국의 종교적 필요성 때문에 열렸다. 또 로마와 켈트교회가 자신의 대표를 파송해 체계적 논쟁은 한 회의(지역공의회)가 아니며, 국가 지도자가 어떤 결정을 하기 전 양측 입장을 들으려 한 자리였다. 이 결정이 또 모든 교회나 왕국에 구속력을 가진 것도 아니다. 그러나 영향력 있는 왕실의 결정은 다른 왕국에 영향을 미쳤고, 잉글랜드 교회가 로마교회 전통과 문화로 통일되는 시작점이 되었다. 휘트비 회의 이후 콜만 등 많은 아일랜드 수도사들은 아이오나로, 나중에는 아일랜드로 돌아간다. 켈트교회의 영향력이 아일랜드와 스코틀랜드 지역에 제한된 것이다.

당시 회의에서 수도원 운영 문제는 논의되지 않았다. 일반적으로 주교관할일지라도 수도원은 수도원장에 의해 독립적으로 운영되는 경우가 많았다. 하지만 수도원도 점차 주교의 영향 아래, 주교구에 속해 운영되었다. 잉글랜드에 속한 린디스판 수도원 또한 로마교회 방식을 수용했고, 수도원장이 된 커스버트는 이에 맞춰 수도원을 운영했다. 다만 커스버트 자신은

휘트비 수도원은 중세 새롭게 건축되어 지역의 신앙 중심지 역할을 했다.

켈트교회에서 배운 것처럼 작은 섬에 움막을 짓고 수도사의 삶을 살려한 것이다.

생각을 이어가다 당시 종교대화를 지켜본 힐다는 어떤 입장이었는지 궁금해졌다. 자료를 확인하던 중 그녀는 개인적으로 켈트교회의 입장을 지지했지만 왕의 결정에 따라 로마교회의 전례를 따르는 방향으로 나아갔다고 한다. 당시 왕이 결정하면 교회는 따르는 것이 사회적 분위기였다. 왕가의 혈통이요, 왕실 수도원을 이끄는 수장으로서 당연한 처신일 것이다. 수도원 중심의 켈트교회는 수도사들의 삶과 신앙에 중점을 두었기에, 부활절 날짜는 융통성을 발휘할 수 있었을 것이란 생각이 든다.

그런데 이후 켈트교회에서 'Culdee'(쿨디)로 불리는 수도원 운동이 시작된다. 일반적으로 수도원은 금욕적 삶을 중심으로 사는 수도사에 의해 운영된다. 하지만 이 운동은 수도원에 머물며 금욕적인 삶을 사는 수도사와 함께 수도 서약(수도사와는 다른)을 한 재속 수도자를 인정했다. 시기별로 다르고 그 형태도 다양한 것으로 알려져 있어 종합적인 연구는 접하지 못했다.

제2장_켈트교회의 형성과 발전 117

휘트비 수도원의 흔적

개인적으로는 '열린 수도원 구조'로 생각되고, 중세 수도회들 일부에서 택한 제3수도회(성직자 이외의 수도운동 형태)와 비슷한 것 같다. 이 운동은 6~7세기 생겨났고, 8~9세기 다양한 형태로 발전했으며 나중에 로마교회의 수도원 운동, 즉 베네딕토회의 확산에 따라 점차 영향력을 상실, 12세기에 대부분 사라졌다고 한다. 어쩌면 이 운동은 켈트교회만의 독특한 전통에서 파생된, 생활 속 수도운동은 아니었을까? 공부가 부족하니 여러 추측만 머리를 스친다.

수도원 입구에서 안내서를 구한 후 입구의 입간판을 둘러봤다. 간략하게 수도원을 소개하는 자료와 몇 개 유물은 수도원에 대해 적은 정보만 제공했다. 수도원 안에 들어섰다. 넓은 부지에 많았던 건물은 흔적으로만 남았고, 드넓은 풀밭이 눈앞에 펼쳐졌다. 그곳을 거닐며 휘트비 회의 이후 잉글랜드 교회 역사를 생각한다. 휘트비 이후 잉글랜드 교회는 로마교회를 정점으로 한 중세 가톨릭교회 모습을 갖춰나간다. 673년 캔터베리대주교 테오도르(Theodor von Tarsus)는 하트포트(Hartford) 총회에서 7개 잉글랜드 왕국으로 나누어진 교회를 하나로 통합했다. 왕국은 여러 개로 나뉘었지만 교회는 로마 중심, 캔터베리 중심으로 묶은 것이다. 이후 교회는 각 왕국을 영적으로 이끌며 점차 앵글로색슨 땅을 하나의 종교로, 하나의 국가로 만드는데 역할했다. 로마 교황이 서방교회의 중심이 된 것처럼 캔터베리대주교는 잉글랜드 교회의 지도자가 됐고, 이 교회는 대주교를 정점으로 각 왕국 교회는 하나의 교구로 발전했다.

잉글랜드 역사는 이후 웨섹스 왕국(Kingdom of Wessex, west saxon)이 영향력을 확대하면서 하나의 통일국가(잉글랜드 왕국)를 형성한다. 890년 알프레드 대왕(Alfred dem Grossen, 849~901)이 '잉글랜드 군주'라는 칭호를 처음 사용하는데, 이를 기점으로 하나의 통일왕국 개념이 확대됐다. 하지만 잉글랜드의 강력한 통일왕국은 프랑스 노르망디 해안가를 근거지로 형성된 노르만족이 11세기(1066년) 잉글랜드를 정복하고 노르만 왕조를 수립하면서 완성됐다. 강력한 왕권을 중심으로 형성된 잉글랜드 왕국으로 인해 교회도 새로운 변화에 직면했다. 왕권을 획득한 노르만족은 대륙 왕가들처럼 교회를 적극 후원했고 12세기 잉글랜드 곳곳에 예배당과 수도원을 새로 건축했다. 특히 바이킹 침입과 대규모 정복으로 파괴된 대성당 건축과 복원이 이뤄졌고 대륙에서 활성화되기 시작한 수도회들이 들어와 잉글랜드 종교적 분위기를 고양시킨다.

바이킹의 침입으로 문을 닫고 방치되었던 휘트비에도 12세기(1109년) 수도원이 새로 건축되었다. 당시 베네딕토회 수도사들이 세운 수도원은 작은 규모였다. 이곳에서 수도사들은 기도하고 말씀을 읽으며, 노동을 통해 자신들의 삶을 꾸렸다. 40여년이 흐른 시점에 이곳에 38명의 수도사들이 살았다고 한다. 은둔 수도회라는 기록을 볼 때 이들은 수도원 밖 사람들과 접촉을 피한 것 같다. 다만 수도원 자료에는 지역사회의 요청이 있었고 수도원 앞에 메리교회를 세웠다는 기록을 확인할 수 있었다. 아마도 가끔 수도사들은 그곳에서 어업으로 생계를 꾸려가는 지역 주민들을 위해 예배를 인도했을 것이다.

수도원 예배당 터를 거닐며 이곳에서 수도사들은 무엇을 했을 것인지 생각했다. 그곳을 장식했던 많은 성화들과 성상, 금이나 은으로 장식되었던 예식 도구는 어디에 있을까? 기록에는 '1539년 12월 마지막 수도원장이던 헨리 데벨(Henry Davell)이 헨리 8세 왕의 대사에게 항복했다'라고 쓰여 있다. 종교개혁으로 수도원이 폐지되면서 수도원장은 정부 관리에게 건물과 물품을 넘기고 수도사들과 함께 떠난 것을 표현한 말일 것이다. 그렇다면 수도원 건물을 제외한 종교적 유물은 왕에게 귀속되어 요크나 런던으로 옮겨졌고, 국고에 귀속됐을 가능성이 높다. 그렇게 건물만 덩그러니 남겨졌고 하나둘씩 허물어져갔다. 허물어진 돌들은 인근 주민들이 자신의 집을 건축하면서 가져가 건축자재로 사용했다.

대성당의 돌을 가져간 서민들은 어떤 마음이었을까? 하늘의 은총을 담은 대성당의 돌을 가져감으로 자신의 집에 하늘의 축복이 임하길 기대했을 것이다. 물론 이는 기복적 신앙이다. 그러나 바다에서 생계로 꾸리는 항구 사람들에게 바다는 두려움의 존재였고, 그들은 높은 종교적 경외심을 가지고 있었다. 대성당의 돌은 그런 그들의 마음을 편안히 하는 종교적 물건이었다. 그들의 마음을 알기에, 하늘은 그들을 이해하고 용서했으며, 지키셨을 것이다. 그래서 오늘의 아랫동네 휘트비는 언덕 위 수도원으로부터 시작됐고, 수도원이 허물어지며 세워졌다고 볼 수도 있다.

수도원 흔적을 살핀 후 드넓은 잔디밭을 거닌다. 수도원 유적은 푸른 하늘과 넓은 초장, 바다와 어울려 아름답게 보였다. 하지만 바람이 거세게 불고 폭풍우가 몰아치면 바닷가 어두운 안개장벽과 맞물려 을씨년스러울 것 같다. 수도원이 무너진 이후 드라큘라의 전설이 바다사람들에게 퍼진 것은 이 때문일 수도 있다. 사실 영국 수도원 대부분은 폐허로 방치된 경우가 많다. 대륙은 수도원 주변 건물에 학교가 세워진 경우가 많고, 예배당은 대부분 교회당으로 사용되었다. 그러나 영국은 대부분 방치됐고, 파괴됐다. 영국교회 수도원이 도심보다는 외딴 곳에 세워졌던 것도 한 이유이다. 또 영국 왕실이 중세교회의 인적 파워의 장소인 수도원을 용납하지 못한 때문일 수도 있다. 아무튼 영국 수도원을 들어서면 늘 비용을 들이면서 폐허 만 보는 것 같아 아쉬움이 몰려온다.

수도원을 나서면서 로마교회와 켈트교회의 만남에 대해 배울 수 있음에 감사했다. 아이오나와 린디스판을 거쳐 오며 들던 생각이 머리에 스친다. 켈트교회의 존재와 신앙이 영국 종교개혁에 미친 영향은 없었을까? 켈트교회 전통이 강한 스코틀랜드가 영국 종교개혁을 견인했고, 청교도를 강하게 했다. 또 중세교회 전통을 지키려 한 영국(國)교회와 달리 스코틀랜드는 중세교회 예전과 문화 전체를 바꾸려한 장로교회가 태동했다. 이런 배경에 켈트전통, 켈트교회의 독립적 전통과 문화가 작용한 것은 아닐까? 단정하긴 어렵지만 분명 그 영향이 적지 않았을 것이라는 추측은 가능해보인다. 언젠가 누군가가 그 의문을 풀어주길 기대한다.

종교개혁의 새벽별 위클리프는 옥스퍼드와 라터워스에서 사역했다. 사진은 라터워스 메리교회.

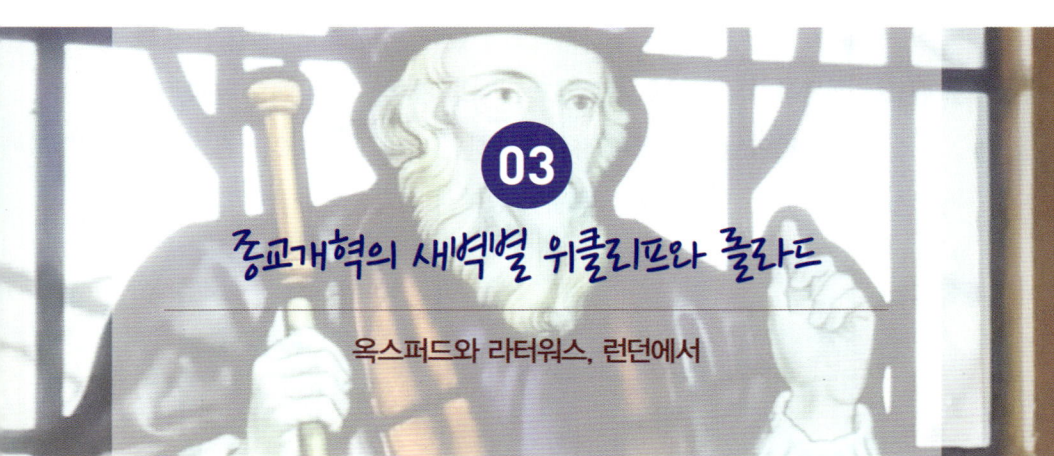

03 종교개혁의 새벽별 위클리프와 롤라드

옥스퍼드와 라터워스, 런던에서

앵글로색슨족이 세운 잉글랜드 왕국은 로마교회와 켈트교회로부터 그리스도교를 받아들였고 그리스도교 국가로 발전했다. 하지만 8세기부터 '바이킹'으로 불리는 덴마크와 노르웨이인의 잦은 침입으로 어려움을 겪는다(793~1066). 처음에는 해안선을 따라 공격이 이뤄졌고 잉글랜드 복음화에 중요 역할을 한 아이오나, 린디스판, 휘트비 수도원 등이 어려움을 겪었다. 수도사와 사제는 살해되고 수도원은 문을 닫아야 했다. 시간이 흐르면서 바이킹은 해안을 넘어 내륙으로 들어와 정복전쟁을 펼쳤고 한 세기가 지나 잉글랜드 섬 중부에 '덴마크 왕국'(Danelaw, 나중에는 덴마크 왕가–House of Denmark)을 세웠다.

이때 바이킹과 대적한 인물이 남부 잉글랜드에 자리한 웨섹스 왕국(Wessex)의 알프레드 왕(King Alfred of Great)이다. 그는 앵글로색슨 왕국의 최후 보루였다. 그를 중심으로 앵글로색슨족은 하나의 통일왕국을 이루었다. 역사는 그를 '최초의 잉글랜드 왕'으로 평가한다. 알프레드는 바이킹과 878년 협약(Theaty of Wedmore)을 맺는데, 잉글랜드 남서쪽은 앵글로색슨 왕국이, 동북쪽은 바이킹 왕국이 다스리도록 했다. 이 합의로 1세기 만에 잉글랜드는 정치사회적 안정을 이루었고 바이킹 왕국은 잉글랜드 문화, 즉 그리스도교를 받아들였다. 역사 자료에 의하면 10세기 후반 잉글랜드에서 온 교사와 사제들이 덴마크와 노르웨이 등에서 선교활동을 펼친다. 이런 배경 속에서 이뤄진 활동이다.

1. 노르만 정복과 잉글랜드 왕국

로마와 앵글로색슨 왕국, 바이킹에 이어 10세기 잉글랜드를 이끈 이들은 프랑스 해안 노르망디에 정착한 바이킹 세력, 즉 노르만족이다. 이들은 잉글랜드 왕국을 정복했고, 중부의 바이킹 세력도 통합, 새로운 잉글랜드, '중세의 번성기'를 이끌었다. 이들은 섬나라 잉글랜드를 대륙과 가깝게 만들었고, 로마 가톨릭교회의 지원 속에 대성당 건축으로 활력을 불러일으켰다.

강화된 왕권은 교황권으로 대변되는 교회 권력과 갈등했고 때때로 충돌을 벌인다. 첫 장에서 언급한 캔터베리 대주교 베켓의 죽음은 이런 갈등의 전초전이었다. 이 시기 영국 왕은 주교와 수도원장을 직접 임명(반지 수여 등)했고 영국교회 회의(공의회)를 소집했다. 물론 왕은 성직 임명권을 교회에 양보했지만 대주교와 주교는 왕의 신하로서 예를 다하도록 했다. 영국교회가 로마교회의 뜻과 입장을 따르도록 하면서도 왕의 통치 아래 자리 잡게 한 것이다. 대륙과 같은 형태면서도 조금은 다른 내용이다. 아마도 로마와 먼 거리, 대륙과 분리된 섬이라는 정서가 작용했을 가능성이 있다.

중세 잉글랜드의 신앙을 이끈 것은 수도회였다. 1066년에 35개에 불과하던 수도원은 1100년에는 50여개 수도원에 29개의 분원, 41개의 작은 수도원으로 늘었다. 베네딕토회 수도원을 비롯해 클뤼니, 아우구스티노, 시토 수도회 등이 자리 잡았고, 이들은 잉글랜드를 신앙왕국으로 변모시켰다. 수도회가 활성화된 것은 중세교회 특징이기도 하지만 당시 잉글랜드 사람들이 수도적 삶을 가치 있는 것으로 여겼음을 반증한다. 부유한 이들은 수도원을 후원했고, 수도사들이 자신과 가족을 위해 기도하길 바랐다. 13세기 초 도미니코회와 프란체스코회로 대표되는 탁발수도회가 잉글랜드에 들어왔고 중세 수도회의 부흥을 이끈다. 이들은 도시 거리에서 말씀을 전했고, 대학에서 학문 활동을 펼쳤다. 소박하고 검소하며 거룩한 삶을 지향한 이들은 중세 잉글랜드를 떠받치는 든든한 버팀목이 됐다. 하지만 중세 말 부유해진 수도회로 인해 수도사들은 재산관리와 그 과정에서 파생된 문제를 처리하며 바쁜 시간을 보내야 했다. '수도의 삶'보다 관리, 행정에 더 많은 시간을 쏟은 것이다. 이러한 중세교회 변화는 종교개혁 필요성을 불러일으켰다.

중세 말 잉글랜드에서 종교개혁을 처음 시작한 이는 위클리프(John Wycliffe, 1320~1384)다. 그를 이어 롤라드(Lollards)가 영국교회를 개혁하기 위해 노력했고 잉글랜드 종교개혁의 서막을 열었다. 위클리프를 찾는 여정을 그가 공부하고 종교개혁 활동을 펼친 옥스퍼드(Oxford)에서 시작하여, 성서를 번역하며 마지막 삶을 보낸 라터워스(Lutterworth)로 나아갔다. 그리고 런던으로 돌아와 위클리프를 계승한 롤라드와 그에 맞선 영국교회의 움직임을 살폈다.

2. 위클리프의 근거지 옥스퍼드

'종교개혁의 새벽별'(The Morning Star of the Reformation) 존 위클리프. 그가

활동한 시기는 에드워드 3세가 통치하던 때다. 잉글랜드는 절대 왕권을 강화했고 프랑스와 전쟁(백년전쟁)하는 등 군사적 활동도 왕성했다. 반면 종교적 힘, 교회의 영적 영향력은 약화된 시기다. 아비뇽 유수(1309~1377년)와 교황권 분열(1378~1417)로 교회의 권위는 약화됐고, 영국과 프랑스의 왕권, 신성로마제국의 황권은 강력했다.

물론 중세 중후반 왕과 교회는 기본적으로 우호적 관계였다. 왕이 직접 군대를 이끌고 십자군 전쟁에도 참전했다. 하지만 주교서임권 문제로 갈등을 빚는다. 헨리 1세 때 왕은 주교 임명권을 자신에게 넘겨줄 것을 수차례 요청했고 대주교(안셀무스)와 갈등했다. 또 1170년에 성직자 재판관할권 문제로 대주교인 토마스 베켓(Thomas Becket)이 기사들에 의해 살해되었다. 중세후기로 가면서 왕권이 강화되어 대주교는 왕의 신하로 자리매김 됐고, 영국 땅에서 왕은 교황의 권위를 넘어섰다. 이러한 분위기 속에 위클리프가 잉글랜드 땅에서 종교개혁의 첫 걸음을 내디뎠다.

그의 정확한 출생연도와 어린 시절 삶은 불분명하다. 이는 교회에 의해 이단으로 규정된 후 피해를 우려한 가족, 친지들이 관련 자료를 폐기한 때문이다. 남은 자료에 따르면 그는 1320년대 중후반 영국 중부 요크셔(Yorkshire)의 스프리웰(Sprewel)에서 태어났고, 16살 전후 옥스퍼드 대학에 진학했으며, 30대 중후반 석사학위, 1372년 박사학위를 받았다. 석사 학위를 받은 후 발리올 대학의 학장으로 활동한 그는 1361년 사제가 되었고, 이후 필링햄(Fillingham) 교구 사제로(1363), 왕실예배 설교자(1366)로, 이후 루저스 홀(Ludgershall, 1368) 설교자도 활동했다. 필링햄은 요크셔, 루저스 홀은 버킹엄셔에 속한 지방으로 두 곳 모두 런던이나 옥스퍼드와 거리가 있다. 하지만 중세 시대 주교나 사제 상당수는 교구에 살지 않았고, 학자였던 위클리프도 옥스퍼드에서 주로 활동했다.

1) 머튼 대학 도서관과 예배당

위클리프의 흔적을 찾아 옥스퍼드(Oxford)를 찾았다. 이 도시는 그가 공부하고 학자로서 활동을 펼친 곳이며 처음 종교개혁 입장을 설파한 곳이다. 근대 이전, 600여 년 전 활동한 인물 흔적은 찾기 어렵다. 그가 종교개혁의 새벽별이라 불리는 유명 인물이라 할지라도 중세교회에 의해 '이단'으로 공격받았고 잊히길 강요받았기 때문이다. 옥스퍼드에 있는 위클리프 관련 장소는 그가 공부했던 머튼 대학(Merton College)과 학장으로서 활동했던 발리올 대학(Balliol College)이 있다. 위클리프는 머튼에서 인문학(철학, 신학 등)을 공부했고 석사학위를 받은 후 1360년부터 발리올 대학 학장으로 활동했다. 1365년에는 새로 설립된 캔터베리 홀(Canterbury-Hall) 학장이 됐지만 2년여 만에 그 자리를 내려놓았다.

머튼 칼리지 방문을 위해 자료를 찾다가 옛 도서관 등을 볼 수 있는 가이드 투어를 알게 됐다. 대학은 누구나 볼 수 있지만 위클리프가 학생이던 당시의 건물 내부를 느끼고 싶었다. 그렇게 가이드 투어를 예약했고, 당일, 네다섯 명의 영국인과 함께 투어에 나섰다. 안내자는 이 대학 학생으로 자신을 소개했다. 존 위클리프는 퀸즈 칼리지와 머튼, 발리올 등에서 언급되는데 아마도 대학 공부를 위한 준비과정(라틴어)을 거쳐 머튼 칼리지에 입학한 것 같다. 당시 라틴어를 기초로 한 중세 교육은 인문학적 소양을 키웠고 윌리엄 오캄(William Occam)과 둔스 스코투스

머튼 대학에서 위클리프는 공부했다.

머튼 대학 옛 도서관. 책장과 독서대는 옛 모습 그대로다.

(Duns Scotus) 등의 철학을 중요하게 다뤘다. 이 시기 옥스퍼드에는 브래드워딘(Brandwardine)이라는 수학자 겸 천문학자가 '값없는 은혜 교리', 복음 교리를 강조하고 있었다고 한다.

 머튼 대학에서 공부를 시작한 위클리프는 처음에 성서를 읽었고, 나중에는 피터 롬바르드(Peter Lombard)의 '명제집'(Sentences)으로 공부했다. 그가 대학 시기 누구로부터, 어떤 주장의 영향을 받았는지 알지 못한다. 전문가들은 그의 저술을 분석, 영향 받은 철학 입장과 신학 견해를 찾겠지만 순례자에겐 위클리프는 '머튼 칼리지에서 열심히 공부했다'고 말하면 충분해 보인다.

 대학 마당에서 만난 가이드는 1264년 설립된 머튼 대학 역사를 설명했다. 발터 드 머튼(Walter de Merton)에 의해 설립된 대학은 13세기 후반까지 본부 건물(The Hall)과 예배당, Mob Quad(수도원 형태의 사각형 안뜰이 있는 건물)가 완성되었다. 현재의 대학 본부는 19세기 재건축되었고, 위클리프 당시 흔적은 옛 도서관이 자리한 몹 안뜰 건물과 예배당 건물이라고 말했다. 가이드를 따라 찾은 장소는 옛 도서관이다. 기록에 따르면 도서관은 1373~8년 설립되었다. 이 시기는 위클리프가 졸업한 이후로, 그가 옥스퍼드를 근거지로 다양한 정치적 활동을 하던 때다. 그런 점에서 그가 이곳에서 책을 보고 연구하지는 않았을 것이다. 그렇지만 드물지라도 연구 자료를 찾기 위해 이곳을 찾았고, 도서관으로 탈바꿈하기 전 강의실과 기숙사가 있던 이 건물 어딘가를 지나 다녔을 것이란 생각이 들었다. 그런 생각을 하면서 도서관 내부를 살폈다.

옛 도서관에는 철학과 신학, 예술분야로 나눠진 옛 서적이 나무로 된 책장에 꽂혀 있었다. 서가 사이에는 나무로 된 의자와 서가를 연결해 책을 볼 수 있는 받침대가 놓여 있었다. 중세 때 학생들은 서가에 꽂힌 책을 꺼내 이곳에 앉아 책을 읽었을 것이다. 지금은 책을 꺼낼 수 없지만 그곳에 앉아 당시 대학생들을 흉내 내 본다. 이곳보다 규모는 작고, 책도 적었겠지만 위클리프는 비슷한 형태의 도서관에서 철학을 공부했고 영국 사회와 교회에 대한 지식과 사유를 넓혔을 것이다.

고개를 숙여 책장의 책을 살폈다. 두꺼운 표지의 신학분야 책은 대부분 성서였고, 얇은 팸플릿(소책자)도 있었다. 가이드는 대부분은 위클리프 당시나 도서관 설립 시점이 아니라 16세기~18세기 책, 즉 인쇄술 도움을 받아 만들어진 책이라고 했다. 옥스퍼드 대학들은 필사되거나 중요한 책들은 효과적인 보관과 연구를 위해 보들리언 도서관(Bodleian Libaries)으로 보냈고, 각 학교는 꼭 필요한 몇 권의 책만 보유하고 있었다. 그럼에도 서가의 책은

머튼대학 소장 옛 도서(오른쪽이 캔터베리이야기 초판본)

머튼대학 예배당. 위클리프 당시에 이곳에서 라틴어로 미사가 드려졌다.

최소 200~300년 이상 된 책으로 그 가치는 보들리언 도서관 책과 맞먹는다. 도서관에서 전시용으로 보관 중인 캔터베리 이야기 초판본, 뱅상 드 보베(Vincent de Beauvais)가 쓴 중세 백과사전 등 오래된 책을 만날 수 있었다.

도서관을 나서 낮은 통로와 돌문을 지나 예배당으로 향했다. 대학 예배당은 현대화됐지만 전체 구조는 중세 그대로다. 가이드로부터 설명을 들은 후 예배당 내부를 둘러볼 수 있었다. 의자에 앉아 잠시 기도한 후 옛 대학생 예배를 떠올린다. 당시 예배는 성서봉독과 성만찬 등이 핵심이다. 라틴어로 진행되는 미사는 영어를 쓰는 학생들에게 어려웠지만 입학 전 라틴어를 습득한 학생들은 그 내용을 대부분 이해했다. 예배에 참석했을 위클리프는 낭독되는 말씀과 성만찬 미사를 드리며 어떤 생각을 했을까?

위클리프는 머튼 대학을 통해 학문적 관심이 샘솟았을 것이다. 그러나 얼마 되지 않아 전염병이 영국을 덮쳤다. 대학도시 옥스퍼드 또한 모든 활동을 중단했다. 위클리프도 학업을 멈추고 고향으로 내려갔다. 그리고 20대 중반 다시 옥스퍼드로 돌아왔고 입학 후 20여년이 흐른 후 졸업했다. 전염병은 옥스퍼드 교육을 상당기간 위축시켰던 것 같다. 당시 전염병을 회상한 한 연대기 작가는 "죽은 자를 제대로 묻을 산 사람이 거의 남아있지 않았다. 런던 시민 중 10만 명 이상이 사망했고, 흑사병의 재앙이 모든 영국에 퍼져 국가 전반이 휩쓸렸다. 부패한 시체가 들판을 덮고 농부의 노동이 중단되었으며 땅 가는 것과 가을 수확도 그쳤다. 병원은 폐쇄되고 의회도 소집되지 않았으며, 도처에 공포와 애통, 죽음이 지배했다."고 기록했다. 다른 저술가는 위클리프의 감정을 추정해 "철학의 빈곤함과 부족함을 느낀 학생으로서 '누가 장차 올 진노에서 나를 구원할 것인가' 외치는 소리를 들을 수 있었다"고 말하기도 했다. 그런 삶의 경험이 나중에 위클리프가 교회 압박에 맞서 싸울 수 있는 힘이라 추측해본다.

2) 발리올 대학과 수도사 비판

머튼 대학을 나서 발리올 대학(Balliol College)을 찾았다. 발리올 대학은 1360년 초 머튼을 졸업한 위클리프가 석사과정을 한 곳이고, 펠로우(Fellow, 교수)로 사역한 곳이다. 시내를 가로질러 도착한 발리올 대학 앞에는 가운을 입은 학생들이 스치듯 지나쳤다. 열려 있는 정문에 들어서서 대학 마당과 옛 건물을 보았다.(첫 방문 때 경비원은 대학 행사로 일반인은 출입할 수 없다고 말했다. 허락을 얻어 대학 마당 쪽 건물만 살필 수 있었다. 방학기간을 이용해 다시 대학을 찾았다.)

대학에 들어선 후 제일 먼저 찾은 것은 옛 건물이다. 그곳 어딘가에서 젊은 위클리프는 공부하고, 먹고, 자며 생활했다. 주변 건물을 꼼꼼히 살폈지만 600여년의 역사를 품은 건물을 찾을 수는 없었다. 건물들은 수리, 복원 과정을 거쳐 새 건물처럼 보였다. 이곳저곳을 거닐며 옛 건물을 찾아 나섰다. 옥스퍼드 대학은 12세기말 영국과 프랑스의 갈등(전쟁)으로 영국 학

발리올 대학은 위클리프가 교수로서 오랫동안 사역한 곳이다.

생의 파리대학 유학이 제한되면서 시작됐다. 학생들과 학자들은 옥스퍼드에 모여 학문연구를 시작했고, 하나 둘씩 학생그룹, 연구 모임(단과대학)이 생겨났고 옥스퍼드 대학이 되었다. 머튼과 발리올 대학은 초기 설립된 학교로서 건물 일부는 중세의 역사적 흔적을 간직하고 있다.

잠시 걸음을 멈추고 대학 안내 자료를 살폈다. '(대학은) 1263년 더럼 주교의 계획과 존 드 발리올(John de Balliol)의 건물 제공으로 16명의 가난한 학생들로 시작되었다', '남편이 죽자 부인이 재산의 상당부분을 기부해 학교가 안정적으로 운영되었으며, 1360년 성서를 처음 영어로 번역한 존 위클리프가 대학 마스터였다(John Wycliffe, first translator of the Bible in to English, is Master of Balliol)'는 내용도 있었다. 기록을 살피다 최초의 건물이 현재의 'Master's Lodgings'로 불린다는 것을 알게 됐다. 안내도를 보며 그 건물을 살폈다. 3층으로 된 건물 1층에는 대학 본관(사무실)이 있었다. 건물 파괴나 복원, 증축에 대한 기록을 확인할 수 없었지만 1860년대 후반 대규모 재건과정이 진행됐다고 한다. 그럼에도 건물의 기본 구조는 중세 그대로인 것 같다. 이곳에서 위클리프는 살았고, 공부했고, 자신의 배움을 깊이 있는 성찰로 가져갔다. 지금 그곳 대학에 400여명의 학부생과 70여명의 교수들이 위클리프 후예로서 활동하고 있다.

건물 내부는 볼 수 없었기에 최대한 외부에서 이곳저곳을 살핀다. 자료를 통해 발리올 대학 식당 벽 한쪽에 위클리프의 얼굴 그림이 있음을 알게 됐다. 그

위클리프 초상화

곳에서 식사를 하는 학생들이 부럽다는 생각이 든다. 사실 학생들은 식당 한 곁에 걸린 초상화에 관심을 두지 않는다. 오늘날 위클리프를 모르는 사람도 많다. 그러나 그 그림이 유명한 그림이거나 역사를 뒤흔든 유명 인물이라면 다를 것이다. 학생들은 학교 자료를 통해, 교수나 선배들을 통해 위클리프의 이야기를 들었을 것이다. 그런 인물이 되는 꿈도 꾸었을 것이다. '그와 함께 눈빛을 교환하고 무언의 대화를 하며 식사를 한다'. 부럽다. 하지만 이방인은 안쪽 세계에 대한 갈망과 부러움을 가슴 속에 간직할 뿐이다.

머튼과 발리올 대학에서 위클리프는 무엇을 생각했으며 어떤 문제에 관심을 기울였을까? 중세시대 옥스퍼드는 탁발수도사들로 인해 적지 않은 문제에 부딪쳤다고 한다. 12~13세기 여러 수도회가 설립됐고, 캔터베리와 런던, 옥스퍼드에 터 잡았다. 초기에 탁발수도회는 청빈과 무소유, 길거리 전도, 이단과의 논쟁을 통하여 사람들의 마음을 휘어잡았고 짧은 시기 곳곳으로 퍼져나간다. 그러나 100여년이 지나지 않아 이들은 부유해졌고, 더 이상 무소유나 가난, 청빈이라는 삶의 태도를 잃어버린다.

일반 수도사는 가난했지만 이름있는 수도원과 수도원장은 귀족과 대재산가처럼 풍족한 삶을 누렸다. 말씀을 전하는 사명은 적은 비용을 지불하며 가난한 '설교 수사'에게 맡겼고 자신은 사람들에게 기부(현금)를 획득하는 기술을 발전시켰다. 이는 학문의 전당인 옥스퍼드에서 영향을 끼쳤다. 젊은이들이 학문을 열심히 닦기보다 게으른 성직자와 세속적 삶을 뒤쫓는 풍조에 빠져들었다. 교수였던 위클리프는 이 문제를 심각하게 보지 않을 수 없었다.

더불어 1348년부터 서유럽에 들어온 전염병 페스트는 빠르게 확산되어, 그해 8월 잉글랜드에 상륙, 사람들을 공포로 몰아넣었다. 한 차례 죽음을 겪은 서유럽을 현세적 삶보다 죽음 이후의 삶과 심판, 내세지향 삶을 추구하게 된다. 중세인의 공포를 먹고 자란 수도회는 더욱 부유해진다. 물론 전염병은 길거리 전도를 통해 서민과 접촉이 많은 탁발수도사에게 큰 피해를 입혔다. 많은 수도사들이 전염되어 죽고, 수도원은 폐쇄 위기에 노출됐다. 죽음의 위기와 공포, 최소한의 생존, 부족한 수도사를 메우려는 수도원의 필요는 하나가 됐다. 그렇게 성서 내용조차 잘 모르는 질 낮은 수도사들이 늘었고, 이들은 선배 수사로부터 배운 기술을 반복했다. 이런 수도사를 마주한 옥스퍼드의 지식인들은 한탄했다.

옥스퍼드의 학자요, 교사인 위클리프는 이런 탁발 수도사의 모습을 신랄하게 비판한다. 그는 '구걸하는 수도사들의 풍조에 대항하여'(Against the Orders Begging of Friars) 또는 '수도사에 대한 반대'(Objections to Friars) 라는 글을 발표했다. 그는 이 글에서 탁발수도사는 삶이 게으른 것이며 일반 사회에도 수치요, 교회와 영국의 위험한 적이라고 비판했다. 사실 위클리프의 글은 40여 쪽 분량이고 매우 간결한 형태로 되어 있다. 또 교회의 입장에서 수도사를 비판하는 건전한 내용이다. 하지만 이 글은 수도회원들과 중세

교회의 감정을 건드렸다. 비슷한 시기에 위클리프가 캔터베리 홀의 책임자로 선임되었다가 그만두게 되는데 아마도 이와 관련된 것이라고 생각된다.

그런데 위클리프는 글을 쓰고 논쟁하면서 '수도사'로 표현되는 중세 교회 한 단면을 성찰했고 이 때 중세교회의 개혁이 필요함을 깨닫게 되었을 가능성이 높다. 대학과 학생 기숙사, 그들이 함께 모여 예배드린 대학교회 주변을 거닐며 '수도사'라는 이름으로 거들먹거린 그들에게 느낀 위클리프의 당혹감을 떠올렸다. 그리고 그것을 비판하고, 개혁의 목소리를 내기 시작한 그의 담대함을 생각한다. 어쩌면 개혁에 대한 열망은 자신이 마주한 문제에 대한 문제제기로부터, 그런 현실에 대한 통렬한 성찰과 반성, 대안 찾기에서 출발하는 것이 아닐까.

3) 캔터베리 홀 흔적

발리올 대학을 나서 옥스퍼드 시내를 거닐었다. 중심가에 있는 카팍스 타워(Carfax Tower, 옛 세인트 머튼 교회의 일부)를 보기도 했고, 영국에서 출판된 모든 책이 보관된다는 보들리언 도서관(Bodleian Library)과 옥스퍼드 학위 수여식이 열리는 셸도니안 극장(The Sheldonian Theatre) 등도 볼 수 있었다. 대학도시답게 대부분 건물이 대학 역사와 연관성이 있었다.

사실 옥스퍼드는 38개 단과대학(college)과 6개 학부(permanent private hall) 건물이 시내 곳곳에 산재해 있는 대학도시다. 시내를 거닐다보면 중세시대 건축된 건물도 볼 수 있고 책과 가방을 손에 든 학생들도 만나게 된다. 그들은 길가나 찻집에 앉아 친구와 이야기하고 학문적 논쟁도 한다. 옥스퍼드는 또 수많은 사람이 찾는 관광도시다. 영화 '해리포터'를 비롯해 많은 영화의 배경이 됐고 이로 인해 전 세계에서 방문객이 온다. 그래서 절반은 학생이고, 절반은 관광객이라는 말이 실감날 정도다.

발리올 대학 교수로 활동하던 위클리프가 학장을 맡게 된 캔터베리 홀(Canterbury Hall)을 찾아 나섰다. 캔터베리 홀은 1365년 캔터베리 대주교 이슬립(Islip)에 의해 설립되었으며, 수도사 4명과 재속사제 8명으로 출발한다. 그러나 두 집단 간 갈등이 심했고 대주교는 수도사를 내보내고 재속사제를 교육하는 방향으로 학교의 위상을 재정립, 위클리프를 학장(Master 또는 Warden)으로 임명한다. 학문적이고 개혁적인 대주교가 캔터베리 이름을 건 대학을 내실있게 운영코자 한 것이다. 하지만 1년 후 대주교가 사망하고 수도사 출신 랑함(Langham)이 대주교가 되면서 상황은 바뀐다. 신임 대주교는 추방된 수도사의 복귀와 함께 위클리프의 지위를 박탈, 새로운 수장을 임명한 것이다. 이는 학자로서 옥스퍼드에서 활동하려는 위클리프의 꿈을 좌절시키는 조치였다. 위클리프는 이에 대해 교황(로마교회)에게 항소했고, 교회는 몇 년 후(1370) 대주교의 권한을 강화하는 것으로 응답한다.

이 경험 때문인 듯 위클리프는 '수도사에 대한 반대'라는 글을 쓰게 되고, '만약 돈을 주고 수도사가 머리에 손을 얹고 당신을 위해 완전하다고 말하도록 하거나 그의 죄로부터 완전하다고 사람들이 믿도록 하는 것은 큰 이단에 다름 아니다', '사제와 수도사의 기도, 많은 미사, 교회와 대학 방문, 대속을 위한 기부로 자신을 천국으로 영원히 데려갈 수 없다'고 말하게 된다. 어쩌면 이 사건이 위클리프가 수도사를 넘어 교회 지도부에 대해 비판적인 목소리를 내기 시작한 이유인지도 모른다.

옛 옥스퍼드 지도를 보면서 학교가 처음 세워진 장소와 대학 확장을 준비한 부지를 찾아 나섰다. 처음 캔터베리 홀은 작은 수도원 건물에서 시작했는데 이곳은 현재 St Peter in-the-East 부근으로 추정된다. 현재의 세인트 에드문트 홀(St Edmund Hall) 대학이 있는 곳이다. 대학을 확장하려던 부지는 종교개혁으로 수도원이 폐지되면서 다른 대학에 넘겨졌다. 두 장소 모두 후대에 새 건물이 들어서 옛 캔터베리 홀은 그곳에 없었다. 아쉬움을 삼키며 에드문트 홀에 들어서 대학 건물과 도서관으로 탈바꿈한 옛 예배당(St Peter in-the-East) 등을 둘러봤다.

에드문트 홀 예배당(현, 도서관)

그런데 우연히 이 대학이 15세기 초 롤라드와 관련된 역사가 있음을 알게 됐다. 대학 자료에는 '옥스퍼드 롤라드 운동의 마지막 거점 중 하나였고, 교장이던 윌리엄 테일러는 롤라드 설교자가 되었으며 1423년 이단으로 정죄되어 화형 당했다. 또 다른 교장인 피터페인은 1413년 프라하로 도피하여 후스파 교회의 주요 인물이 되었다'(In the early fifteenth century it was a stronghold of Lollardy. One Principal, Williams Taylor (c. 1405) became a Lollard preacher and in 1423 was burnt at the stake at Smithfield as a relapsed heretic. Another, Peter Payne (c. 1411), in 1413 fled to Prague where he died in 1455 after an active sojourn with the Hussites; in 1432 he represented the moderate Taborites at the Council of Basle.)는 내용이 있었다. 이 대학 자리에 캔터베리 홀이 있었고, 위클리프는 이곳에서 가톨릭교회, 수도사 출신과 갈등했고 종교개혁 입장을 갈고 닦았다. 그를 통해 옥스퍼드 젊은이들이 영향을 받았고 후대에 롤라드로 활동했음을 알 수 있었다.

하지만 위클리프가 잉글랜드에서 주목받은 것은 1360년대 후반 본격화된 종교세 문제 때문이다. 당시 영국 왕실과 로마교회는 종교세 문제로 갈등했다. 잉글랜드는 프랑스와 백년전쟁을 벌였는데 왕은 전쟁 재원 마련에 어려움을 겪었다. 이 때 왕실은 종교세를 교황(당시 교황은 프랑스 출신이었고, 이탈리아 로마가 아니라 아비뇽 교황청에 살았다)에게 보내지 않는 방법을 모색했다. 당시 영국 왕실은 프랑스의 영향 아래 있던 교황의 권위를 인정하기 싫었다. 반면 잉글랜드 교회는 교황의 영향력을 유지하기 위해 캔터베리 대주교를 중심으로 반대에 나섰다.

이 때 위클리프는 봉토세와 성직세(clerical taxation) 지불에 대하여 이의를 제기하며 왕과 잉글랜드 입장을 옹호한다. 왕실은 그런 위클리프를 주목했고 1371년 그를 의회 위원으로, 1374년에는 로마교회와 성직세 문제를 협의하는 대표단으로 중용했다. 당시 네덜란드(현 벨기에) 브뤼주(Bruges)에 파송된 대표단 책임자는 뱅거의 감독이었는데, 위클리프는 두 번째 언급됐을 정도로 비중있는 인물로 대우받았고, 유일한 신학자였다. 그는 또 왕실 후원으로 라터워스 교구 목사로 임명받아 더욱 안정적인 경제생활을 영위할 수 있었다. 하지만 정치권과 달리 영국 교회는 위클리프를 견제했다. 그는 이듬해 2차 대표단에 포함되지 않았고 협상에 참여했던 3명의 동료가 나중에 주교가 된 반면 위클리프는 그렇지 못했다.

4) 위클리프 홀 방문

옥스퍼드에는 위클리프의 이름을 딴 대학이 있다. 바로 위클리프 홀(Wycliffe Hall)이다. 처음엔 위클리프와 관련된 대학으로 생각했으나 알고 보니 1877년 설립된 대학이다. 영국 성공회의 성직자 양성 기관인 이 대학은 존 위클리프의 이름을 따서 설립되었고, 알리스터 맥그래스(Alister McGrath)가 1995년부터 10여 년 간 교장으로 사역하는 등 성공회 내의 복음주의적 입장을 대변하는 대학이다. 이곳은 학부생 100여명과 대학원과 방문학생

80여명 등 200여명 규모의 소규모 대학이다.

그곳을 방문할 기회를 얻게 됐고 강의실과 식당, 도서관, 예배당 등을 둘러볼 수 있었다. 대학 정문에 들어섰을 때 처음 위클리프를 기념하는 작은 전시물을 만날 수 있었다. 유리 상자에는 위클리프의 사진과 그의 중요저서 등이 놓여 있었다. 위클리프는 옥스퍼드에서 오랫동안 잊혀졌다. 대학 도시로 역사 속 수많은 인물들이 이곳에서

위클리프 홀 입구의 전시 공간

공부했고 이름을 널리 알렸다. 그들 가운데 위클리프를 기억하는 사람들이 있었고, 그의 정신, 말씀 중심의 신앙을 되살리기 위해 이곳에 대학이 설립된 것이다. 그가 사역했던 '캔터베리 홀'의 이름으로부터 '위클리프 홀'을 명명한 것은 아닌가 하는 생각도 해본다.

작은 예배당 앞을 잠시 지나쳤다. 마침 학생 예배가 진행 중이었고, 학생들은 기타 연주와 함께 두 손을 높이 들고 찬양하고 있었다. 그리스도인으로서 바로 서는 것, 기도와 인격, 진중한 설교와 학문적 공동체를 지향하는 위클리프 홀은 정기적인 예배를 드리고 있고, 학생들의 자율적인 참여로 진행된다고

경건한 위클리프 홀 대학예배

한다. 영국 대학에서 만나기 쉽지 않은 모습에 예배 드리는 그들 모습을 한참 쳐다보았다.

* 사실 옥스퍼드는 영국 종교개혁과 밀접한 관계가 있다. 위클리프가 활동한 곳이면서, 루터의 종교개혁 시기 헨리 8세를 도와 국교회의 기초를 만든 토마스 크랜머 대주교가 메리 여왕 때 순교한 곳이다. 또 감리교회 탄생을 이끈 웨슬리가 공부하면서 경건그룹 '신성클럽(Holy Club)'를 통해 갱신운동(감리회)을 시작한 곳이기도 하다. 옥스퍼드 이야기는 토마스 크랜머 순교와 웨슬리를 다룰 때 다시 설명드릴 예정이다.

3. 위클리프의 고장 라터워스에서

위클리프의 종교개혁 활동에서 가장 주목되는 시기는 1374년 성직세 대표 활동을 마치고 영국으로 돌아온 이후다. 이 때 그는 옥스퍼드를 활동무대로, 런던과 라터워스(Lutterworth) 교구를 오갔을 것으로 추정된다. 그가 활동했던 옥스퍼드를 떠나 생의 마지막 한 때를 보낸 곳, 또 육신이 묻혔던 위클리프의 고장, 라터워스로 향했다.

라터워스로 가는 길은 쉽지 않았다. 옥스퍼드에서 런던으로 이동한 후 심야 버스를 타고 2시간 넘게 달려 레스터(Leichester) 외곽에 도착했고 새벽 3~4시간 문을 연 패스트푸드 체인점에 앉아 첫 버스를 기다렸다. 빵과 커피 한 잔으로 피로를 쫓은 후 이른 아침 라터워스행 버스에 몸을 실었다.

이동하며 위클리프가 왜 라터워스에서 사역하게 됐는지 궁금해졌다. 당시 영국은 왕실에 의해 교구신부 임명이 가능했다. 신부의 생활과 사역은 교구에서 거둬진 헌금 등으로 이뤄졌기에 왕실은 왕실 대표로 수고한 그에게 경제적 어려움 없이 생활할 수 있도록 교구를 맡긴 것이다. 그렇다고 위클리프가 그곳에 거주한 것은 아니다. 앞서 언급한 바 있지만 중세교회가 교구 담당 신부를 사역지에 머물도록 한 것은 트리엔트공의회 이후로, 종교개혁에 대항하는 가톨릭 개혁 정책의 하나로 시행됐다. 학자이던 위클리프 또한 중세교회 관행에 따라 옥스퍼드에 머물며 활동했고 그를 대신해 누군가(대리사제)가 교구사역을 담당했다.

위클리프는 1370년대 중반, 라터워스 교구에 속한 때부터 본

이른 아침 라터워스 시내

격적으로 중세교회에 대한 비판 입장을 드러낸다. 그는 '신적 통치(De Dominio Divino, 1375)', '세속적 지배(De Civilii Dominio, 1376)'를 저술했고 교회 권력과 세속 권세라는 오랜 주제에 대한 입장을 밝힌다. 아마도 이 저술은 벨기에에서 교황청 관계자와 논쟁하며 경험한 내용이 반영됐을 것이다. 이들 책에서 위클리프는 하나님의 주권과 청지기인 인간의 상대적 주권을 말했고, 사람의 주권은 하나님에 의해 부여되고 인간의 죄 때문에 거두어 진다고 설명했다. 이 내용을 보면 위클리프는 당시 교황의 권한에 대해 문제인식이 있었고 그의 결정에 오류가 있을 수 있음을 조심스럽게 제기한 것 같다.

교회는 탁발수도사에 대한 비판과 성직세에 대한 입장에 이어 이런 위클리프의 '이단적(?) 견해'를 매우 우려했다. 이미 베네딕토수도회는 교황 그레고리 11세에게 항의편지를 보냈고, 런던주교를 중심으로 주교들도 위클리프를 소환하려고 시도했다. 교황은 1377년 5월 위클리프가 쓴 '세속적 지배'에 있는 교회 비판 18가지를 들어 그를 정죄했다. 위클리프는 이에 대항하여 의회에 18개 항목에 대해 설명하며 33개의 입장을 발표한다. 이 글에서 그는 그리스도가 교회의 머리이며, 오늘날 성직자의 교만과 탐욕으로

인해 하나님의 평화가 상실되었다고 지적한다. 이미 교황을 교회의 머리로 인정하는 중세교회를 다시 한번 맹비난한 것이다.

1) 위클리프 종교개혁 기념비

라터워스 시내 위클리프 룸

라터워스에 도착한 후 버스에서 내려 숨을 크게 들이마셨다. 라터워스는 영국 중부지방의 작은 시골 마을로, 위클리프 당시에도 규모가 큰 도시는 아니었다. 그래도 다른 지역에 비해 재정적으로 넉넉했고, 1370년대 중후반 위클리프를 지원할 수 있었다. 위클리프는 옥스퍼드 활동이 제한된 1370년대 말 이곳에서 삶의 마지막을 보냈다.

이른 아침 도착한 터라 위클리프가 사역한 세인트 메리교회는 문을 열지 않았다. 그래서 새벽 공기를 마시며 작은 도심을 거닐었다. 옛 도시는 크지 않았기에 한 시간여 만에 이곳저곳을 둘러볼 수 있었다. 아침이 밝아오면서 학교를 가는 몇몇 학생들과 일찍 일터로 향하는 사람도 있었지만 시내는 전반적으로 한산했다. 시내에서 위클리프 룸(Wycliffe Rooms)이란 이름의 건물을 만났다. 혹시 그를 기념하는 건물이나 전시 공간은 아닐까하는 생각으로 살폈지만 후대에 만들어진 도시민들의 모임 장소였다. 이곳 출신(Sir Frank Whittle)을 기념하는 작은 공원과 함께 감리교회와 침례교회 등도 볼 수 있었다. 유럽 도시 대부분이 그렇든 작은 도시 라터워스는 과거와 현재 역사가 그렇게 공존하고 있었다.

시내를 거닌 후 위클리프 기념비 (John Wycliffe Memorial)로 향했다. 시내 초입 광장에는 위클리프를 기념하는 탑이 세워져 있다. 이집트 오벨리스크 형태의 작은 기념탑은 크지 않았고 화려한 장식도 없었다. 1897년 세운 기념비는 위클리프의 이름과 간단한 생애, 그가 번역한 성서의 구절, 그의 삶에 대한 총평이 새겨져 있다. '라터워스의 설교자', '종교개혁의 새벽별', '영어로 성서를 번역한 첫 번역자'라는 말이 그것이다. 또한 후대에 주는 교훈적인 말씀으로, '성경을 연구하라'(요 5:39), '말씀을 열면 빛이 주어진다'(시 119:130)는 글귀도 새겨져 있었다. 기념비의 글귀는 불꽃같은 삶을 산 위클리프의 생애를 함축적으로 정리할 뿐 아니라 오늘을 사는 우리가 어떻게 행해야 하는지 알리는 것 같다.

그런데 교회 자료와 기념비의 흔적이 동일하게 1800년대 후반을 언급한다는 것을 알게 됐다. 아마도

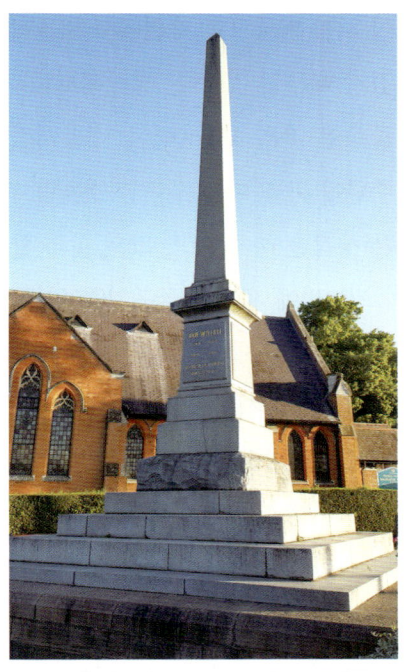

위클리프의 삶과 사역을 기리는 기념비

이 시기 영국교회 차원에서 위클리프에 관한 기념 작업이 적극적으로 이뤄졌기 때문일 것이다. 생각해보니 이 때가 위클리프가 태어나고 활동하고, 죽음을 맞은 지 500년이 지난 시점이라는 생각이 들었다. 그렇다. 루터 500주년에 큰 의미를 부여한 것처럼 위클리프 500주년은 영국 사람들에게 많은 생각을 하게 했고, 그의 삶과 활동을 기념토록 했던 것이다.

기념비에 새겨진 글귀처럼 위클리프는 종교개혁의 '선구자' 중 한 명이며 '종교개혁의 새벽별'로 불리는 인물이다. 수도사(성직자)의 자질문제와 성직 임명문제를 시작으로 '복음적 빈곤'을 강조했고 라틴어가 아니라 쉬운 대중의 언어(영어)로 성서를 번역해야 함을 역설하고 이를 직접 실천했다. 또한 교회의 성찬식 문제를 비판하는 등 우물 안에 갇혀버린 중세교회의 갱신과 변화를 위해 목소리를 높였다.

하지만 옥스퍼드의 박사들과 학생들 중심으로 퍼진 그의 입장과 견해는 교회 지도부의 심기를 건드렸고 교회의 압박 속에 1378년부터는 라터워스 교구에 머물며 사역을 했다. 그는 이 시기 성서 번역을 마무리했고 옥스퍼드 제자들을 '가난한 설교자들(Poor preachers)'로 삼아 신념을 전하는 일에 힘썼다. 위클리프와 가난한 설교자의 가르침을 듣고 따른 귀족과 백성들은 나중에 '롤라드(The Lollards)'로 불리게 된다.

기념비를 읽어가다가 '첫 번역자'라는 문구에 시선을 멈췄다. '과연 그가 영어 성서의 첫 번역자일까?', '60대 노학자가 홀로 성서를 번역했을까?' 학자들은 위클리프의 성서 번역은 그를 따른 제자들과 함께 진행한 작업으로 본다. 현재까지 전해지는 위클리프의 번역본은 두 종류인데, 니콜라스 헤러퍼드(Nicholas Hereford)와 존 퍼비(John Purvey)에 의해 이뤄진 번역이다. 물론 이들은 위클리프 번역본을 기초로 수정작업을 진행, 새로운 판을 만들었을 수도 있다. 어떤 것이 역사적 진실이든 위클리프의 가르침과 그의 영향이 없었다면 영어 성서번역은 시작되지 못했을 것이다. 그래서 개인적으로 '영어성서 첫 번역자'라는 칭호는 당연히 그의 몫이다.

아침의 태양이 동쪽 하늘을 밝히며 떠오른다. 그 빛 한 가닥이 위클리프 기념탑을 비춘다. 강렬한 햇살은 영어 성서를 통해 영국교회 개혁을 열어젖힌 위클리프를 더욱 빛나게 한다. 기념탑에 반사된 빛이 시내를 향하고 있었다. 새벽별 위클리프를 이어 롤라드, 그리고 여러 명의 종교개혁자들이 영국 땅에 종교개혁을 꽃피웠음을 보여주는 것 같다.

2) 세인트 메리교회와 위클리프 성서

위클리프의 마지막 사역지 세인트 메리교회

오전 8시 문을 연 찻집에 앉아 빵과 커피 한 잔으로 아침식사를 했다. 그곳에서 잠시 시간을 보내다가 세인트 메리교회(St. Mary Church)를 향했다. 위클리프는 교구 사제가 된 직후 이곳을 방문해 성도들을 만나고 강단에서 설교를 했을 것이다. 하지만 그에 대한 탄압이 본격화되면서 옥스퍼드를 떠나 이곳에 거주하면서 매주 교회에서 사람들을 만나고 말씀을 가르쳤다. 그렇게 그는 지역 주민이 되었고 그들을 섬기는 설교자로 살게 되었다.

크지 않은 메리교회 내부에 들어섰다. 오래된 나무 천정과 1200년경에 그려진 벽화는 교회의 오랜 역사를 말해준다. 메리교회에서 첫 눈길을 보낸 곳은 예배당 뒤편 위클리프의 초상화다. 지팡이를 잡고 예복을 입은 그

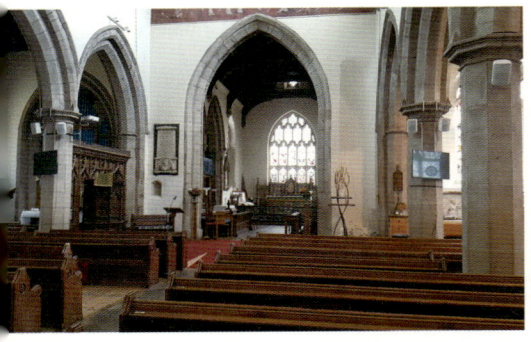

세인트 메리교회 내부

는 야윈 모습으로 학자의 풍모를 드러내고 있었다. 그림처럼 그는 학자로서 많은 제자를 가르쳤고, 중세교회를 비판하는 글과 바른 교회에 대한 기대를 담은 글을 썼다. 그의 이런 생각은 설교를 통해 성도들에게 선포됐을 것이다.

위클리프는 1378년 '성서의 진리'(The Truth of Holy Scripture)라는 글을 통해 "성서는 하나님의 입에서 나온 말씀이기 때문에 교황과 교회보다 더 우위권을 갖는다"고 주장했다. 이어 '교회'(The Church)라는 글에서는 '참 교회란 하나님의 선택받은 자들로 구성'되며 성자와 유물숭배, 성지순례를 비판하면서 '구원이란 보이는 교회나 사제의 중재로 일어나는 것이 아니라 오직 하나님의 선택에 달려있다'고 말했다.

자신에 대한 교회의 소환과 재판이 시작되면서 위클리프는 더욱 강한 입장을 피력한다. 그는 '교황의 권력'(The Power of Pope, 1379)에서 '교황제도는 인간이 만든 것이지 하나님이 만드신 것이 아니다'라고 말하고 그리스도를 따르지 않는 교황은 '도둑, 사기꾼, 교만한 사제'이며 '적그리스도'라고 비판했다. 또한 '성찬론'(The Eucharist)에서는 중세교회의 화체설을 비판하고 예배에서 중요한 것은 '형식이 아니라 신실한 믿음과 지성적 이해'라며 화려하고 복잡한 예배 절차가 참된 예배를 방해한다고 덧붙였다.

그는 어떤 생각이었을까? 그에게 교회는 '하나님에 의해 구원의 길로 예비된 자들'을 말하고, 그들의 유일한 머리는 예수 그리스도이며, 교황은 선봉장 정도였던 것 같다. 그러나 중세교회는 자신의 실제 머리(수장)를 교황으로, 대주교, 성직자(담임목사)로 바꿨다. 그런 참담한 현실 앞에 위클리프

메리교회 옛 세례반

는 종교개혁의 불을 밝히고자 한 것이다.

위클리프 초상화 옆에는 '그의 시대로부터 기원한다'는 문구와 함께 세례반이 건물 벽에 고정되어 있었다. 1856년 쓰인 글은 당시 성도들이 세례반의 역사를 되살리려 했음을 느끼게 한다. 또한 1221년부터 2012년 까지 목회한 역대 목회자 명단에서 위클리프의 이름을 확인했다. 500년 후까지 자신의 교회에서 사역한 목회자를 벽면에 기억하는 전통이 한국 땅에도 재현되길 소망한다.

강단 오른 편에는 위클리프를 기념하는 기념부조가 있다. 1837년 만든 부조는 위클리프가 귀족과 기사, 제자와 여성, 아이에게 무엇인가 말하는 장면이다. 그의 뒤 쪽으로 수도사들이 있는데 그들이 경청하는 것인지, 아니면 불안의 눈초리로 감시하는 것인지 불분명했다. 뒤편에 비스듬히 놓인 책과 두루마기는 성서와 그의 저술인 듯하다. 성직자와 성찬의 문제를 비판적으로 고찰하고 시대에 부응해 성서번역과 제자들을 통한 말씀 확산에 힘쓴 위클리프의 모습은 힘이 느껴졌다. 부조에는 '잉글랜드 교회 개혁의 가장 초창기 챔피언'(the earliest champion of ecelesiastical reformation in england)이라는 말과 함께 그의 삶과 사역이 적혀 있었다.

위클리프 기념 부조

어쩌면 이 그림은 위클리프의 삶 전체를 보여주는 장면이다. 그가 외친 말들은 성서로부터 유래됐고, 설교와 저술로 귀결되었으며, 사람들을 개혁으로 불러 일으켰다.

위클리프의 삶을 가장 극적으로 드러내는 물건은 강단 앞쪽에 있었다. 그곳에 위클리프 설교단과 그가 사용했다는 목회자용 의자가 있었다. 강단 안쪽에 들어서기를 주저하고 있는데 한 분이 강단의 불을 밝혀주었다. 그는 '위클리프가 사역했던 교회를 둘러보고 싶다'는 말에 몇 가지 자료와 유물을 알려주며 차분히 살펴보라고 말했다. 감사했다. 멀리서 온 이방인을 보고 이상히 여기지 않고 강단을 차분히 보도록 불을 밝혔기 때문이다.

강단 앞쪽에서 위클리프가 말씀을 전했던 설교단과 그의 의자, 그리고 그의 번역을 담은 성서 영어번역본(영인본)을 만났다. 나무로 만들어진 설교단과 의자는 단순했다. 나무의 상태나 모양을 볼 때 위클리프 시대의 것은 아닌듯하다. 교회의 옛 설교단과 목회자들이 사용한 의자를 그렇게 부르는 것 같다. 설교단을 보면서 위클리프와 잉글랜드 교회의 논쟁을 떠올린다.

교회를 비판했던 위클리프에 대해 영국교회는 거센 반격을 시작했다. 1370년대 후반부터 그를 정죄하기 시작했고 1380년 초부터는 왕실의 만류에도 실제 행동에 돌입했다. 이러한 영국교회의 공격은 방어적 성격이 있었다. 당시 로마교회는 심각한 위기에 직면했기 때문이다. 아비뇽 교황청 시대를 지나 1378년부터는 교황권이 두 개로 나뉘는 분열의 시대를 맞았다. 이로 인해 위클리프 주장은 지식인들 속에 더 영향력을 발휘했고, 영국교회는 자신들을 지키기 위해 더욱 강하게 탄압의 칼날을 위클리프에게 들이댔다.

영국교회는 12명의 박사와 10명의 수도사로 구성된 치리회를 열고 1380년 출간된 그의 성찬론을 비난한데 이어 1382년에 열린 교회회의에서 그의 주장을 24개 문항으로 정리, 그가 이단적 입장을 가졌다고 판결했다. 교회는

세인트 메리교회 강단에는 위클리프 의자(오른쪽)와 그의 성서 번역본이 놓였다.

국왕에게 위클리프와 그를 따르는 이들을 정죄하도록 건의했다. 하지만 왕실은 위클리프에게 시끄럽지 않도록 해 줄 것을 권고하는 선에서 끝낸다.

이 때 위클리프는 60대에 이르렀고, 생의 마지막을 향해 가고 있었다. 그래서 그는 적극적인 반박이나 대응을 하기보다 자신이 해야 할 마지막 과업에 힘을 기울인 것 같다. 논쟁의 중심이던 옥스퍼드에서 물러난 그는 라터워스 교구에 터 잡고 자신의 철학과 신학적 입장, 교회개혁에 관한 사상을 'The Trialogus(대담)'라는 제목의 책으로 저술했다. 또 라틴어 성서를 영어로 번역, 출판(1382)했다. 그가 죽기 2년 전 이룬 일은 그가 생의 마지막을 붙잡으며 역점을 기울인 사역이다.

그 중 성서번역은 그에게 가장 의미있는 작업이 되었을 것이다. 위클리프는 학자로서 당당히 자신의 입장을 밝혔고 '그 입장의 근거는 성서'라고 이야기 한 바 있다. 또 여러 번 평신도도 성서를 소지하고 읽을 권리가 있으며, 성서는 자기의 언어로 읽혀지고 해석돼야 한다고 강조했다. 그런 그였기에 성서를 영어로 번역하는 것은 반드시 해야 할 일이었다. 물론 그의 시대는 구텐베르크 인쇄술이 발명되기 이전이다. 그래서 라틴어에서 영어로 번역했고, 사람들의 손을 빌려 170여부가 필사, 보급되었다고 한다.

위클리프 성서 영인본

메리교회 강단에 있는 위클리프 성서는 그가 번역한 원본은 아니지만 그의 번역을 기초로 영국성서공회가 1876년 출간한 성서였다. 후대에 그가 번역한 성서 본문을 모아 출간한 것인지, 아니면 위클리프 성서를 기초로 번역된 후대 성서를 제본한 것인지 알 수는 없었다. 그럼에도 작은 전시공간에 놓인 성서는 번역을 통해 많은 사람이 자국어로 성서를 직접 읽게 하고, 그 말씀으로 교회를 바로 세우려는 위클리프의 꿈을 생각하도록 이끈다.

위클리프는 왜 성서를 영어로 번역하려 했을까? 충분히 교육받지 못한 성직자(수도사)를 비판하던 위클리프는 성직자를 위해 성서를 번역한 것일까, 아니면 상당한 교육 수준을 가진 신자들에게 성서를 읽도록 해 성직자들의 각성을 불러오려한 것일까? 성서를 보고 읽은 평신도의 질문은 성직자에게 말씀을 더욱 깊이 묵상하고, 하나님의 뜻을 제대로 알도록 이끈다. 이미 역사는 글을 읽을 수 있는 사람이 극소수던 중세를 지나 대학 발전과 귀족의 교육열, 상공업 발전으로 등장한 자본가, 전문인 집단의 형성(보편적인 시민)으로 글을 아는 것이 기본인 시대로 향했다. 이 때 자국어로 된 성서와 자국어 예배는 당연했다. 하지만 시대에 뒤떨어진 중세교회는 성직자의 무능을 감추기에 급급했고 지적인 대중을 설득하지 못했다. 결국 시대의 흐름을 제대로 읽었던 선각자, 종교개혁자들은 자국어 성서 번역을 현실 속에 구현해 낸 것이다.

위클리프는 언제부터 성서 번역을 시작했을까? 시기는 불분명하지만 옥스퍼드에서 로마교회와 논쟁을 시작한 1370년대 중반이었을 가능성이 높다. 그렇다면 짧게는 5년여, 길게는 10년 성서번역에 온전히 집중했음을 알게 된다. 하지만 안타까운 것은 우리는 위클리프의 성서원본을 눈으로 볼 수 없다는 점이다. 왜냐하면 그의 성서는 중세교회에 의해 모두 불태워졌다. 성서 원어인 히브리어나 헬라어가 아니라 라틴어 번역으로부터 번역한 한계에도 그의 성서 번역은 이후 영국 사회에 지대한 영향을 미쳤다. 그의 번역은 틴들과 커버데일 성서 번역을 가능케 했고, 오늘날 영어의 언어적 형성과 확장에 크게 기여했다. 또한 다른 많은 사람에게 자국어로 성서를 번역하도록 도전을 주었다. 루터의 독일어 성서번역, 올리베탕의 프랑스어 번역도 위클리프 번역의 영향 속에 있다.

교회를 둘러본 후 강단 앞 의자에 앉아 기도한다. "하나님. 학자라면 위클리프처럼 사는 것도 좋을 것 같습니다. 그러나 저는 학자는 아닙니다. 위클리프의 삶과 신앙, 활동을 성찰하고 자그마한 것이라도 본받아야겠지요. 어떻게 하면 가능할까요?"

교회를 나서며 예배당 주변 무덤을 둘러 봤다. 교회 어딘가에 위클리프는 묻혔음이 분명하다. 교황과 영국 교회가 그를 이단으로 규정했음에도 위클리프는 왕실의 보호로 처벌은 면했다. 하지만 그도 세월의 흐름과 건강악화는 막을 수 없었고, 1384년 12월 31일 예배를 드리던 중 뇌출혈을 일으켜 사망했다. 2년 전 한 번의 뇌출혈을 경험한 그는 또 한 번의 뇌출혈을 이기지 못했다. 아마도 그의 무덤은 교회 내에 있었을 것이다. 그런데 무덤은 1428년 영국교회(중세교회)에 의해 파헤쳐졌고 시신은 불태워졌으며, 재는 라터워스 인근을 흐르는 강에 뿌려진다. 중세 교회는 위클리프의 사상이 다른 유럽 땅에 퍼지는 것을 두려워했기 때문이다.

하지만 위클리프 사상은 그의 사후 영국과 보헤미아 지방으로 확산되었고 1415년 콘스탄츠 종교회의는 보헤미아의 종교개혁자인 후스와 함께 위

위클리프 루터 묘비

클리프를 이단으로 규정했다. 잉글랜드 교회는 그 결정에 따라 그의 유골을 파헤쳐 부관참시한 것이다. 그를 영원히 교회 밖, 즉 하나님 나라의 영역 밖으로 추방하려던 것이다. 그의 유골과 뼛가루는 꺼내어 불태워졌고 흩뿌려졌으나 위클리프의 영혼과 정신, 그의 가르침은 후대에 횃불로 되살아나 중세 교회를 개혁하는 밑거름이 된다.

위클리프는 없지만 그가 잠들었던 메리교회 주변에 수많은 무덤들이 있었다. 많은 사람들은 다가오는 하나님 나라를 꿈꾸며 잠든 것이다. 그곳에서 위클리프와 동시대의 무덤을 찾아보았다. 가장 오랜 무덤은 1700년대 초였고 그보다 오래된 묘비는 찾지 못했다. 비석에서 '위클리프 루터'라는 이름을 발견했다. 누군가 두 명의 종교개혁자의 이름을 사용한 것이다. 그의 무덤 앞에서 위클리프와 루터가 결코 다른 인물이 아님을 깨닫게 된다. '(종교)개혁'이라는 하나의 명제 아래 두 사람은 일치했다. 1915년 32세로 죽은 청년의 삶이 궁금해진다.

3) 스위프트 시냇가

위클리프의 시신이 불태워진 후 재가 뿌려졌다는 스위프트 강가(The River Swift)를 향해 걸었다. 길을 걸으며 위클리프 사후 그의 가르침을 가슴에 품고 잉글랜드 곳곳을 다니며 활동한 사람들을 떠올린다. 1세기 전 프랑스 리옹 땅을 무대로 활동했던 '리옹의 빈자들'처럼 위클리프를 계승한 이들은 롤라드(Lollards)로 불렸다. 그 이름은 네덜란드어의 'lollaerd'에서 유래한 것으로 '중얼거리는 자'라는 뜻을 갖고 있다. 자기의 주장을 고집했다는 이유로 붙인 것인지, 아니면 늘 기도했던 모습 때문인지는 불분명하다. 아마도 그들이 성서의 말씀을 끊임없이 읽고 묵상했기에 붙여진 것 같다.

이들은 옥스퍼드에서 형성되는데, 위클리프의 강의를 듣고 그의 견해를 동의, 지지하는 동료나 제자 집단에서 시작된 것으로 추측된다. 하지만 이들은 1381년 위클리프의 '은혜에 기초한 주권(통치권)'이라는 입장에 공감했던 농민반란과 이후 교회의 탄압으로 1382년 옥스퍼드에서 쫓겨났다. 그럼에도 롤라드 활동은 계속된다. 이들을 처벌하기 위해 교회는 1401년 이단 화형법을 만들었고, 롤라드 중 한 사람인 윌리엄 소트리(William Sawtre)와 군인이며 왕의 친구인 존 올드캐슬(John Oldcastle) 등을 화형에 처했다. 연구자들은 롤라드는 1430년경 진압 당했지만 숨어 활동했고, 성서 영어번역 및 유포, 수사들의 문제점과 화체설 교리의 허구성을 알리기 위해 노력했다고 한다. 이들은 영국 종교개혁의 밑거름이 된다.

롤라드와 함께 위클리프의 사상을 계승한 핵심 인물이 보헤미아(현 체코)의 얀 후스(Jan Hus)다. 옥스퍼드와 교류를 하던 보헤미아에 위클리프의 저서가 소개되었다. 대학 교수였던 후스는 유학생들의 소개로 그의 사상을 접했고 성서에 대한 위클리프의 견해와 교회에 대한 입장, 성만찬 등에 공감했다. 이후 학장, 베들레헴 채플의 설교자로서 그는 종교개혁 입장을 담아 설교했다. 이런 그를 사람들은 위클리프파(Wycliffites)라고 비난했다. 콘스탄츠공의회에서 후스가 화형당한 직접적 원인도 '위클리프의 사상을 지지하고 배격하지 않는다'는 이유였다. 이처럼 위클리프는 사상은 후스에게 계승됐고, 나중엔 루터의 종교개혁을 통해 활활 타오르게 된다.

위클리프의 마지막 흔적이 남겨진 스위프트 강가에 섰다. 교회에서 가까

위클리프 재가 뿌려진 스위프트 강의 한 지류

운 그곳에는 작은 다리가 있었다. 다리 위에 서서 위클리프의 재가 뿌려진 강을 내려다 봤다. 사실 스위프트 강은 자그마한 시내, 아니 도랑에 가깝다. 600여년의 세월이 물길을 바꾸고 축소한 것이다. 그곳에서 위클리프의 마지막 모습을 떠올리는 것은 쉽지 않았다. 다리 밑으로 내려갔다. 다리 길이나 물길 흔적을 볼 때 강폭은 5~7미터 정도는 되어 보였다. 과거의 스위프트 강은 지금 보다 넓고 물도 많이 흘렀을 것 같다. 이곳 어느 지점에 불타버린 위클리프의 흔적이 뿌려진 것이다. 아니 '던져졌고 버려졌다'.

한 교회 역사가는 그 사건을 이렇게 말한다. "그 조그마한 강은…더 넓은 대양으로 나아갔다. 그리하여 위클리프의 재는 전 세계로 번졌다." 그의 말처럼 작은 '스위프트 강'은 '에이번 강'(Avon)으로, 그리고 다시 '세번 강'(Severn)을 타고 흘러 대서양으로 나아간다. 그리고 그 강물은 아메리카 대륙을 건너 태평양과 전 세계로 퍼졌다. 그렇게 위클리프는 한 줌의 재로 사그라졌지만 그의 영향은 유럽을 바꾸고, 나중에는 전 세계를 변화시키는 영향력을 발휘한 것이다.

그곳에서 위클리프의 삶을 다시 떠올렸다. 사람들은 위클리프를 '종교개혁의 선구자'나 '새벽별'로 부르며 동터오는 미명에 그가 활동한 것으로 평가한다. '아직' 종교개혁이 시작되지 않았다는 것이다. 하지만 '이미' 종교개혁은 시작됐고, 위클리프는 이전 개혁자들처럼 '종교개혁자'의 삶을 살았다. 다만 루터와 달리 위클리프는 '분리'나 '분할' 보다 '개혁'과 '갱신'에 초점을 맞춰 나아갔고, 시대를 향해 자신을 던진 것이다. 그를 지우려던 중세교회의 의도는 실패했다. 위클리프의 사상은 보헤미아의 얀 후스를 거쳐, 독일의 마르틴 루터 등 많은 종교개혁자들에 의해 꽃피워졌다. 새벽별은 사람들에게 어둠 가운데 말씀을 보도록 했고, 거대한 횃불로 사람들을 깨우는 안내자가 된 것이다. 갑자기 그가 말한 성서에 대한 입장, 중세교회에 대한 비판, 성찬에 대한 견해 등이 머릿속에서 사라졌다. 그 빈 공간에 작은 시냇물이 거대한 강물이 되는 영상이 떠오른다. 작은 촛불이 횃불로, 다시 거대한 군중의 불길로 타오른다. 어쩌면 위클리프는 역사의 도도한 물결을 불러오는 작은 촛불로, 조약돌, 시냇물로 자신을 규정한 것은 아니었을까?

시냇가를 나서며 어떻게 살고, 죽을 것인가, 죽음 이후 어떤 결실을 거두게 될 것인지 생각해 본다. 죽음 후 평가는 우리 몫은 아니다. 하지만 삶의 방향과 죽음의 길, 즉 우리의 삶의 목표와 방향, 행보는 결정할 수 있다. 새벽별처럼 아침을 불러오는, 아침을 깨우는 그런 삶을 소망해본다. 그러면 언젠가 내 나라, 내 민족, 온 세상을 바꾸는 데 작지만 역할을 한 사람이라고 평가받게 될 것이다.

4. 레스터에서 만난 리처드 3세, 그리고 헨리 7세

처음 라터워스 여정을 계획할 때는 저녁 때 도시를 떠나 런던으로 돌아갈 생각이었다. 그런데 새벽 첫 차로 도착했고, 점심 때 쯤 위클리프의 흔적을 둘러볼 수 있었다. 라터워스가 크지 않기 때문이다. 밤차로 이동한 터라 피곤함이 몰려 왔다. 그래서 런던으로 돌아가기 위해 레스터로 향했

레스터는 리처드 3세를 기억하고 있다.

다. 버스에 머무는 1시간 노곤한 몸을 쉴 수 있다는 판단에서다. 그렇다고 아무런 대책 없이 레스터(Leicester)를 향한 것은 아니다. 여정을 계획하면서 레스터의 역사나 중세시대의 정치, 종교적 상황도 조사했고 도시 안내 자료도 출력해 왔다. 그렇게 눈감은 채로 버스 종점(시내 중심가)에 도착했을 때는 순례자의 모습으로 돌아올 수 있었다.

레스터는 로마시대 때 형성된 잉글랜드 도시 중 하나다. 영국에서 11번째로 인구가 많고 영국사회에 비중도 크다. 도시 역사 자료를 보던 중 이 도시를 상징하는 인물인 '리처드 3세'를 알게 됐다. 그는 1400년대 중반 왕위 계승 전쟁인 '장미전쟁'의 주역으로, 전쟁 중 전사하여 이 도시에 묻혔다. 리처드 3세 왕과 종교개혁의 연관성을 찾을 수 있을까? 직접적인 관련성은 없지만 그와 전투를 벌인 인물이 나중에 영국 왕이 된 헨리 7세였고, 그의 아들인 헨리 8세가 종교개혁을 시작했기에 관련성이 없는 건 아니다.

영국과 프랑스는 1337년부터 1453년까지 100년간 전쟁(백년전쟁)을 벌였다. 이 과정에 영국은 프랑스 땅에 있던 영토를 거의 잃었다. 이 전쟁의 후과인지 철수한 지 2년 후 잉글랜드 내의 두 가문(랭커스터 가문과 요크 가문)이 왕권을 놓고 30여 년간 전쟁(장미전쟁)을 벌인다. 이 장미전쟁의 마지막을 장식한 주인공 중 한 명이 바로 리처드 3세였고, 그와 싸운 인물이 헨리 7세다. 이 전쟁을 승리로 이끈 헨리 7세는 튜터 왕조(Tudors)를 열었다. 특히 장미전쟁으로 많은 제후와 기사가 몰락하고 영국은 절대주의, 왕정국가로서의 면모가 형성되었다. 그의 아들인 헨리 8세에 의해 위로부터의 종교개혁이 가능케 된 배경이다. 또 장미전쟁과 같은 왕위 계승전쟁을 통해 헨리 8세는 '정당한 왕위 계승권자로서 아들'을 중요시 여겼고 '아들을 못 낳는 아내'와 이혼하는 과정에 '로마교회와의 분리'(종교개혁의 첫 걸음)를 결단했다. 이런 이유로 백년전쟁, 장미전쟁은 다음시기 종교개혁의 배경 중 하나이다.

역사에 가정은 없지만 만약 영국 땅에 장미전쟁이 발발하지 않았거나, 헨리 7세가 아닌 리처드 3세가 전투에서 이겼다면 어떻게 되었을까? 리처드 3세 또한 절대적 왕권을 형성했기 때문에 '로마교회 분리'와는 다른 또 다른 형태의 종교개혁을 추진했을 수 있었다. 하지만 영국식 종교개혁의 탄생은 쉽지 않았을 것이라 생각된다. 역사는 이미 확정된 것이라 가정할 수는 없지만 상상의 자유는 즐거움을 준다.

1) 블루 보어 인과 세인트 메리 교회

레스터에 도착해 관광안내소를 찾았다. 그곳에서 시에서 발행한 자료(King Richard 3 Walking Trail)와 세인트 메리 교회 자료(Leicester's Historic Churchyards)를 구할 수 있었다. 자료를 읽은 후 리처드 3세의 여정을 따라 하이크로스 거리에 위치한 '블루 보어 인(The Blue Boar Inn)'이라는 장소를 찾았다. 이곳은 리처드 3세 왕이 죽기 전 마지막 밤을 보낸 곳이다. 영국은 리처드 왕이 재위하기 전부터 두 가문의 왕위 다툼이 펼쳐지고 있었다. 붉은 장미를 표시로 삼은 랭커스터 왕가와 흰 장미를 상징으로 한 요크 왕가가 그들이다. 이 전쟁 과정에 리처드 3세와 나중에 헨리 7세가 된 헨리 튜터는 레스터 인근에 위치한 보스워즈(Bosworth)에서 전투를 하게 됐다. 리처드 3세는 레스터에 입성, 전쟁 전야의 밤을 보냈다.

전투를 앞둔 리처드 왕은 어떤 생각을 했을까? 아마도 그의 머릿속에

세인트 메리교회에는 리처드 3세와 헨리 6세의 이야기가 소개되어 있다.

는 승리만 있었을 것이다. 나이는 젊지만 왕은 많은 전투 경험이 있었고 승리를 예상하며 잔을 기울였을 것이다. 그런데 그가 마지막 밤을 보낸 건물은 이름만 남았다. 600여년의 세월은 그 때의 건물뿐 아니라 도심의 모습도 많이 바꾸었다. 옛 건물이 있었던 곳에는 작은 건물이 들어섰고, 그곳에 그의 이름이 새겨져 있을 뿐이다. 자료 속 그림을 통해서 나무로 건축된 옛 건물을 볼 수 있었다. 어쩌면 사람들은 패전한 왕의 자취를 기억 속에서 지우길 바랐고, 그가 머문 건물은 세월 보다 빨리 치워졌는지 모른다. 그곳 인근에 '리처드 3세'의 이름과 그의 얼굴그림이 걸린 작은 가게를 만났다. 관광품 판매점에는 리처드 3세가 도시를 상징하는 인물로 새롭게 부각시켜 지고 있었다.

숙소에서 하루를 보낸 리처드는 이른 아침 전장으로 떠났다. 그가 건넌 자그마한 다리가 인근에 있다고 해서 찾았다. 이 돌다리에는 리처드 왕의 전설이 담겨 있었다. 병사들과 함께 출정하던 리처드 3세는 다리에 있는 돌을 발로 찼는데,

보우 브리지는 리처드 3세의 이야기를 품고 있다.

한 현명한 여성(노인)이 그의 머리가 그것처럼 돌에 치어 돌아올 것이라고 말했다는 것이다. 옛 중세시대 돌다리는 없어졌고 그곳에는 흰 장미와 붉은 장미꽃이 새겨진 'Bow Bridge'가 1863년 세워졌다. 노인의 예언이 맞았던 것일까? 리처드 왕은 이틀 후 머리를 다쳐 죽음을 맞

성 안의 세인트 메리교회

았고, 그의 몸은 말에 실려 도시로 돌아왔다고 한다. 당당한 출정과 달리 쓸쓸한 귀환 모습은 가슴을 아프게 한다.

  다리를 둘러본 후 중세 레스터의 중심지인 성터를 찾았다. 성의 흔적은 성문과 성 안에 있던 세인트 메리교회(St. Mary de Castro)로만 남아있었다. 리처드 3세가 이곳에 머물지 않은 것은 당시 성이 낡았고 많이 허물어졌던 때문일 것이다. 하지만 리처드 3세 이전 왕인 헨리 6세가 둘째 부인과 메리교회에서 결혼했고, 한 동안 성에서 살았다는 기록은 이 성이 왕가에게 중요한 곳이었음을 알게 한다. 그런 이유로 출정을 앞둔 리처드 3세가 이 교회를 잠시 방문했고 기도했을 가능성은 열려있다. 그런 역사적 의미를 담은 듯 교회 내부에는 헨리 6세와 리처드 3세의 얼굴그림이 있었다.

  레스터 대성당을 향하는 길에 1330년 설립된 삼위일체 병원과 그 옆 동정녀 마리아 수태고지 성당 흔적을 마주쳤다. 중세시대 병원은 페스트 등 전염병 환자를 돌보는 경우가 많았고, 이 사역은 수녀들이 많이 감당했다. 그래서 병원 옆에 수녀원과 예배당이 있었던 것 같다. 하지만 잉글랜드 종교개혁이 한창이던 1548년 수녀원 건물이 철거되었다. 옛 병원과 성당 건물 옆에는 의대 건물이 있었다. 아마도 중세 병원의 역사를 잇고 있다는 생

각이 든다. 기록은 없지만 의료사역을 하기 위해 수녀나 일부 수도사는 의학지식이나 경험을 습득해야 했다. 수도원 내에서 관련 교육이 이뤄졌을 것이다. 그러한 역사의 흐름 어느 시점에 이곳에 의료인력 양성을 위한 대학이 섰고 지금도 그 일을 계속하고 있는 것이다.

2) 레스터 대성당과 리처드 3세의 석관

레스터 대성당

레스터의 마지막 방문지 대성당을 찾았다. 리처드 3세를 만나기 위해서다. 헨리 튜터와 보스워드 전투를 벌인 리처드 3세는 죽어 레스터로 옮겨졌으며 장례가 치러졌다. 역사에 따르면 그는 장례 후 그레이프라이어스(Greyfriars)교회에 묻혔다고 한다. 왕이었지만 패자인 리처드 장례는 조촐했다. 더욱이 리처드 3세가 왕이던 조카를 폐위하며 왕위를 찬탈했고, 2명의 조카를 죽였다는 점에서 그는 잊히도록 방치됐다. 그래서 왕가의 무덤이 아닌 레스터의 수도원 예배당에 묻힌다. 승자인 헨리 7세가 대리석 석관을 제공하는 등 나름의 배려는 있었다.

패자. 어쩌면 잉글랜드 역사는 그를 빨리 잊고자 했는지 모른다. 더욱이 강력한 왕권을 갖게 된 헨리 7세와 뒤이어 등장한 헨리 8세, 튜터 왕가의 새 시대가 열리면서 리처드 3세는 기억과 역사 속에 사라져갔다. 화재와 종교개혁으로 묻힌 교회도 없어지면서 사람들은 더 이상 리처드 왕을 기억하지 않게 됐다.

 그런데 그가 어떻게 역사의 수면 위로 떠오른 것일까? 첫 시작은 영국의 위대한 대문호 셰익스피어에 의해서다. '햄릿'이나 '맥베드' 만큼은 아니지만 셰익스피어는 자신의 희곡(비극)에 리처드 왕 이야기도 썼다. 형에 대한 음모와 조카들에 대한 폭언, 혐오스런 삶의 과정, 당연한 죽음 등을 담아 리처드를 영국 역사상 최고의 폭군으로 묘사했다. 당시의 역사적 해석

리처드 3세 동상

을 담아 셰익스피어는 그를 부정적으로 기록한 것이다. 살려냈지만 살아있는 것만도 못하게 했다. 하지만 그의 글과 작품은 죽은 리처드 왕이 누구인지 고민케 하는 출발점이 된다. 그렇게 살아난 리처드 왕은 역사의 재해석 과정을 통해 레스터 사람과 영국인들에게 새로운 긍지와 자부심을 부여했다. 리처드가 형의 죽음 후 왕이 된 조카를 폐위시키고, 그를 런던탑에 가둬 죽게 한 것은 맞지만 요크와 랭커스터 가문의 전쟁 시기에 강력한 군주가 필요했고, 그런 시대 분위기 속에 왕이 되었다는 것이다.

 대성당 앞 작은 공원에서 긴 칼과 왕관을 손에 쥔 리처드 3세를 만났다. 동상은 전투에 나서는 왕의 모습을 형상화 한 것이다. 오늘날 레스터 사람들이 그를 용맹한 왕으로 가슴에 새기고 있음을 보여준다. 하지만 가까이 가서 살핀 리처드의 얼굴은 슬퍼보였고 주름 많은 병약한 모습이다. 거기에 더해 왕관을 머리에 쓰지 않고 손에 쥔 모습은 위엄보다는 안타까움을 느끼게 한다. 그가 손에 든 왕관은 그의 머리 크기보다 커 보여 마치 다

른 이의 왕관을 손에 쥔 모습이다. 어쩌면 조각가는 동상을 구상하고 만들며 리처드 3세의 삶과 죽음을 깊이 묵상했고, 그런 성찰의 결과를 동상에 담았다. 그렇게 그는 왕으로서, 전투에 나선 영웅으로서, 그러나 패배자로, 동시에 왕관을 빼앗긴 존재로 그려지고 있는 것 같다. 한 영웅의 삶, 그가 품었던 뜻과 의지, 그리고 그를 가슴에 품고 손으로 기록했던 작가의 사유가 가슴 한 결을 울린다.

촉박한 시간(대성당이 문을 닫는 시간) 때문에 서둘러 대성당에 들어섰고 리처드 3세가 누워있는 장소에 섰다. 셰익스피어에 의해 되살려진 리처드 3세는 어떻게 역사적 실체가 된 걸까? 그 시작은 레스터 대학의 문헌, 고고학 연구로부터다. 대학은 리처드 3세의 흔적을 찾는 작업을 시작했고 2012년 시내의 한 주차장을 옛 수도원 교회로 지목했다. 조심스런 발굴과정을 통해 발굴단은 그의 유골을 찾아냈다. 이후 방사성 탄소연대 측정과 후손에 대한 유전자 검사를 거쳐 유골이 리처드 3세임을 확인했다. 1455~1550년 사망한 30세의 평균 신장을 가진 남성, 두개골과 뼈에 난 10여개 부상 흔적, 10여세 때부터 시작된 약간의 척추측만증, 그리고 후손과의 DNA 유전자 비교 검사는 그의 귀환을 증명하기에 충분했다. 그렇게 리처드 3세는 역사 속에 재등장했고 2015년 레스터 대성당에서 추도식을 한 후 새 석관에 안장됐다. 화려한 출정에 이은 쓸쓸한 귀환이 그의 삶의 마지막 모습이라면, 그는 다시 화려하게 귀환하여 대성당에 한 자리를 차지하고 있다. 역사를 모티브로 한 문학가의 아름다운 글과 그 영

리처드 3세 석관

향, 대학 연구진의 학문적 연구와 과학적인 증명 노력, 그리고 도시 시민들의 간절한 바람이 그의 화려한 귀환을 일군 것이다.

새로 만들어진 그의 석관에는 그의 이름과 'Loyaulte me Lie(Loyalty binds me, 충성심이 나를 묶는다.)'라는 그의 말이 적혀 있었다. 그 앞에서 한참 석관을 바라봤다. 관 안에는 리처드 3세가 과거의 영광과 상처를 간직한 채 누워있다. 전진만을 생각했고, 오직 승리만을 생각했던 리처드. 하지만 그는 패배자로 역사 속에 남았다. 재평가 됐지만 보스워즈 전투의 패배자였고, 역사 속에 사라졌던 인물이란 사실은 바뀌지 않는다. 대성당을 나설 때 본 그의 뒷모습이 매우 쓸쓸해 보였다.

런던을 향한 버스 안에서 리처드와의 경쟁에서 승리한 헨리 7세, 즉 잉글랜드 종교개혁의 서막을 연 헨리 8세 아버지를 떠올린다. 그는 어떻게 전투에서 승리했을까? 또 어떻게 새 왕조, 튜터 왕가의 시대를 열었을까? 역사는 이를 자세히 서술하진 않고 있다. 다만 프랑스에서 망명자로 살았던 그는 랭커스터 가문의 지지 속에 왕위 계승자가 되었고, 잉글랜드로 돌아와 리처드 3세와 맞섰다. 그는 누구보다 승리에 대한 절실함이 있었다. 또한 이후 왕으로서 행보를 볼 때 군사에 대한 용병술, 전략이 뛰어났을 가능성도 높다.

실제로 전투 이후 헨리 7세는 요크 가문의 계승자인 엘리자베스와 결혼하여 잉글랜드 왕권을 안정시켰고, 자녀를 영향력 있는 가문과 결혼시키며 왕권을 강화한다. 차기 왕이 될 자신의 큰 아들을 스페인 왕가 출신, 당시 유럽 최고의 명문가인 합스부르크 왕가의 여성과 결혼시켰다. 그러나 큰 아들이 일찍 죽자 '결혼은 했으나 아직 처녀다'라는 논리를 들어 둘째 아들(헨리 8세)을 그녀와 결혼시켰다. 다시는 왕위 계승전쟁이 벌어지지 않게 하려는 강력한 의지 표현이다. 다만 재밌는 것은 이 결혼이 나중에 영국 땅의 역사적 사건, 영국 종교개혁의 계기가 되었다는 점이다.

5. 롤라드의 흔적을 쫒아, 다시 런던으로

롤라드(The Loollards)는 존 위클리프의 입장을 따르던 잉글랜드 종교개혁자들을 일컫는 말이다. '불만 섞인 목소리를 내는 사람(중얼거리는 사람들)'이란 부정적 의미의 이 말은 지금 유럽 종교개혁의 서장을 연 사람들, 잉글랜드 종교개혁을 위해 몸부림친 인물들, 나아가 말씀을 바르게 이해하려는 사람을 일컫는 영광의 호칭이다.(학술적이고 중립적인 어휘로는 Wycliffite가 사용된다.)

처음 위클리프를 따른 이들은 옥스퍼드를 중심으로 한 동료와 제자들이다. 이들 가운데 종교개혁을 전하는 설교자들이 생겨났다. 또 위클리프를 후원한 귀족과 의회의원들도 있었다. 이 흐름은 위클리프의 죽음 후에도 계속됐고, 그들의 영향을 받은 사람이 여러 곳에서 생겨났다. 이들을 중세 영국교회는 '이단', '롤라드'로 불렀고, 탄압의 칼날을 빼어들었다.

롤라드의 초기 활동 무대는 옥스퍼드와 위클리프가 목회한 라터워스, 그리고 레스터를 비롯한 잉글랜드 중북부였다. 잉글랜드의 중심인 런던에도 이들의 흔적은 이어져 있다. 다만 탄압이 거세지면서 지하로 숨었고, 도시보다는 농촌 지역을 중심으로 자신들의 신앙을 유지하며 때를 기다렸다.

1) 람베스 궁전

롤라드를 찾는 여정 첫 장소를 런던 람베스 궁전(Lambeth Palace)으로 정했다. 이 곳에서 롤라드 탄압이 논의됐고, 처벌이 이뤄졌다. 궁전 한 건물(Lollards Tower)에 롤라드들이 수감됐던 작은 감방이 있기 때문이기도 했다. 물론 람베스 궁전은 영국 국교회의 실질적 수장이며, 전 세계 성공회의 대표인 캔터베리 대주교의 거주지이다. 그래서 이 곳은 영국, 잉글랜드 교회 역사의 중요 장소 중 하나로, 영국 교회 역사를 살필 때 한 번은 거쳐야 한다. 내부를 보기 위해 방문 문의도 하고 예약도 했지만 불가능했다. 월 1회 정도 진행되는 공식 투어는 예약이 꽉 찼고 최근에는 내부 수리로 몇 년간 방문이 불가능하다. 당일 궁전을 찾아 문의했지만 불가능하다는 답변만 돌아왔다. 오래된 중세 건물 출입문은 외부인의 출입을 가로막았다. 중세 시대에 그랬던 것처럼.

캔터베리 대주교가 사는 람베스 궁전

궁전 소개 자료를 보며 정면의 모튼 타워, 예배당 건물, 롤라드 타워와 라우드 타워 등을 살폈다. 특히 롤라드 감옥이 있는 타워는 유심히 살피며, 그곳 어딘가에서 롤라드가 갇혀 고통 받았음을 떠올려 본다. 혹시나 하는 생각에 건물 창문을 통해 탑 내부를 보려했지만 보이지 않았다. 자료에는 종교개혁 시기 활동한 토마스 크랜머 대주교의 사무실과 책상도 있다고 한다. 사진만 보며 안타까운 마음을 삭힌다. 내부 관람은 포기하고 람베스 궁전 정문을 살핀 후 궁전 외부를 한 바퀴 돌았고, 일반인에게 공개되는 도서관 내부와 대주교 공원을 어슬렁거렸다.

롤라드 감옥이 있는 타워

도서관은 평상시 일반인 출입이 제한되지만 입구와 2층의 작은 전시공간은 예외다. 그래서 출입이 허용된 전시공간을 찾았다. 그곳에서 캔터베리 대주교의 상징성, 종교개혁 시기 이야기,

종교개혁 이후 차별받던 가톨릭 진영이 개신교 지도자를 암살하려한 이야기 등을 만났다. 그곳에서 람베스 궁전의 역사, 대주교의 역할, 개혁교회로서 영국 국교회(성공회)의 역사를 떠올릴 수 있었다. 안타깝게도 롤라드 자료는 없었다.

사실 1500년 영국교회 역사에 롤라드 활동은 극히 일부에 한정된다. 오히려 캔터베리 대주교와 람베스 궁전은 그에 비해 몇 배나 중요한 역사적 실제다. 대주교는 영국 교회를 대표하는 인물로, 한 때 왕을 대신해 국정 최고 책임자로 활동했다. 초기에 캔터베리에 머물던 대주교는 런던이 정치적 중심지가 되면서 1200년경 람베스 궁전에 터를 잡았다. 이후 대주교는 이곳에서 정치적, 종교적 활동을 펼쳤다. 이후 람베스 궁전은 대주교와 가족, 영국교회 직원들이 사용했고 수차례 내부 수리와 리모델링 등 변화를 겪었다. 또 여러 건물이 농민반란, 청교도혁명, 2차 세계대전 때 파괴됐다가 복원됐다. 옛 모습을 간직한 것은 옛 지하예배실과 롤라드 타워, 그리고 종교개혁을 이끈 토마스 크랜머 대주교의 집무실이 전부다. 이 중 튜터 타워 안에 있는 대주교 집무실(Cranmer's Study)은 지금도 대주교 개인 공간, 즉 공부하고 글 쓰며 기도하는 장소로 사용된다고 한다. 언제가 그곳 내부를 볼 수 있기를 기대해본다.

그런데 람베스 궁전은 템즈강을 사이에 두고 영국 왕실과 정치 중심지인 웨스트민스터 의사당을 마주하고 있다. 사람들은 영국교회 종교의 중심지였던 웨스트민스터 사원, 왕이 머물던 궁전과 가깝지만 강을 사이에 두고 떨어져 있기에 이곳에 터 잡았을 가능성을 상상한다. 생각해보니 중세시대 정치와 종교의 모습이 이랬다는 상념이 머리를 스쳤다. '멀지만 가깝고 마주하며 협력하고 싸우기도 하고…'. 그것을 누구보다 잘 알던 교회 지도자들이 의도적으로 이곳에 터전을 마련했다는 것은 사실인 것 같다.

2) 블랙프라이어스 수도원

아쉬움을 간직한 채 롤라드와 관련된 두 번째 장소, 블랙프라이어스(Blackfriars)로 향했다. 블랙프라이어스, 즉 검은 옷의 수도사들은 도미니칸으로, 그들은 이곳 수도원을 중심으로 활동했다. 그런데 1382년 이곳 블랙프라이어스 수도원에서 잉글랜드 교회의 총회(시노드)가 열렸고 위클리프의 입장을 단죄했다. 확산되는 위클리프 사상을 우려한 교회는 1381년 캔터베리 대주교가 된 윌리엄 코트니(William Courtenay)를 중심으로 대응책을 구체화했다. 교회는 위클리프 추종자를 런던으로 소환했으며, 1382년 성직자 회의에서 위클리프의 사상을 24개로 정리, 일부는 이단으로, 일부는 오류로 판명했다.

블랙프라이어스 수도원 흔적을 찾기 위해 옛 런던 지도를 살폈다. 하지만 옛 수도원 건물은 남아있지 않았다. 수도원 해체 이후 건물과 넓은 부지는 민간에게 임대, 매각되었다. 기록에는 런던 의약협회(길드)가 수도원 게스트하우스를 구입해, 본부를 세웠다고 한다. 그 건물을 찾아 나섰다. 'Apothecaries Hall'로 불리는 건물이다. 역사를 확인하다 의약협회가 런던 대화재 이후 건물을 다시 지었다는 내용을 보았다. 안타깝지만 당시 건물도 아닌 것이다. 또 수도원 부지에 있었던 옛 예배당은 종교개혁 이후 성 안나교회로 바뀌었고, 나중에 예배당의 터가 작은 공원으로 남았다는 것도 알

블랙프라이어스 의약협회 건물

블랙프라이어스 예배당 터에 있는 작은 공원

게 됐다. 그곳 골목을 거닐고 비석이 조금 남은 공원 벤치에 앉았다. 그렇게라도 그들의 흔적과 숨결을 느끼고 싶었다. 그곳에서 위클리프의 사상을 받아들인 초기 롤라드, 옥스퍼드 학자들의 삶과 교회의 압력을 떠올려본다.

위클리프의 생각과 사상은 옥스퍼드 학자와 학생들에게 퍼져나갔고, 그의 사상에 공감한 사람들이 생겨났다. 대표 인물이 니콜라스 헤리퍼스(Nicholas Hereford), 필립 레핑던(Philip Reppindon), 존 애스톤(John Aston), 로렌스 베데만(Lawrence Bedeman), 존 퍼비(John Purvey) 등이다. 이들은 대부분 위클리프의 동료 학자거나 대학생들로 위클리프 주변에 있던 인물이다. 이들인 1380년대 초 레스터와 북부 햄프셔, 엑스터 교구 등에서 설교를 통해 위클리프 사상을 전했다.

신학박사였던 니콜라스와 필립은 학자로서 위클리프의 입장을 옹호했다. 특히 위클리프 성서 구약 번역을 책임진 니콜라스는 1382년 옥스퍼드를 대표하는 학자로 소환의 핵심 인물이 됐다. 처음엔 자신의 입장을 고수하다가 파문, 투옥된 그는 1391년 자신의 견해를 철회했고, 가톨릭교회와 화해한 후 헤리퍼드와 런던 세인트 폴의 수석사제가 되었다. 어거스틴 수도회 성직자로 레스터 수도원에 있던 필립 레핑던 또한 위클리프 옹호 혐의로 직위가 정지되고 파문됐으며, 옥스퍼드 엑스터 칼리지 학장이던 로렌스 베데만도 설교금지를 당했다. 두 사람 모두 나중에 교회와 화해하고 링컨주교로, 그리고 사제와 설교자로 살았다.

이들에 비해 상대적으로 젊었던 존 애스턴과 존 퍼비는 교회의 압력에 고

개 숙였지만 끝까지 스승의 사상을 유지한 것 같다. 순회사제단으로 누구보다 행동적이던 존 애스톤은 '우리의 어머니로서, 거룩한 교회가 믿는 대로 믿는다'고 고백하며 자신의 주장을 철회했고 옥스퍼드로 돌아왔다. 하지만 1387년 우스터 주

위클리프와 가난한 설교자들. 이들이 위클리프의 가르침을 영국에 퍼뜨렸다.(자료사진)

교는 그를 '위험한 롤라드파'로 고발했고, 설교를 금지했다. 존 퍼비는 성서 번역에 큰 역할을 했는데, 위클리프 사망 이후 성서 번역을 계속해 1388년 개정판을 완성했다. 나중에 브리스톨에 옮겨 사역하던 그는 설교 금지 처분을 받았다. 이후 전국을 돌며 사역하며 해설서, 설교, 논문 등의 글을 썼으며, 가톨릭교회의 부패를 비판했다. 나중에 올드캐슬 반란에 가담한 혐의로 체포되었던 그는 런던 뉴게이트 교도소에 수감되었다가 죽음을 맞았다.

이처럼 초기 위클리프 입장을 수용했던 옥스퍼드 학자들 상당수는 탄압을 받으면서 하나둘씩 자신의 주장을 철회했다. 나중에 그들 중 일부는 잉글랜드 교회의 중책을 맡아 사역했고 일부는 설교자로 평범하게 활동하며 자신의 입장을 소소하게 주장하며 살았다. 위클리프의 동료와 제자들은 교회에 굴복했지만 그의 생각은 '가난한 설교자들'(The Poor Preachers)로 불리는 옥스퍼드 출신 학생들에 의해 퍼져나갔다. 이 모임이 언제부터 시작됐고, 어떤 형태로 출발된 것인지는 알 수 없다. 조직 운영이나 형태 또한 불분명하다. 성서를 번역하고 선포하는 활동이 위클리프에 의해 시작됐다는 점에서 그들은 분명 위클리프로부터 유래한다. 다만 정식 임명이나 파송보다 위클리프에게서 배운 제자들의 적극적인 행동이 이런 이름을 얻게 했을 것 같다.

이들은 런던 뿐 아니라 잉글랜드의 남부와 서부, 중부에 이르기까지 여러 도시를 다니며 설교했다. 교회는 교구, 잉글랜드 교회 차원에서 이들을 찾아내 처벌했다. 다만 초기에는 체포와 재판, 설교금지나 추방 등 관대한 조치를 취했다. 그러나 이들이 다른 지역으로 옮겨 설교를 계속했다. 어쩔 수 없이 교회는 그들에게 더 강한 압박과 조치를 취하기 시작한다.

3) 순교의 광장 스미스필드

잉글랜드 교회가 1382년 회의를 열어 그의 사상을 정죄하고, 학자들을 탄압한 것은 1381년 발생한 한 사건이 계기가 됐다. 바로 와트 타일러의 반란(Wat Tyler's Rebellion, 대봉기 Great Rising 또는 농노의 봉기-Peasants' Revolt-로도 불린다) 때문이다. 왕실과 정부는 프랑스와 전쟁을 하기 위해 필요한 비용을 마련하려 했고 인두세 등 세금을 강화했다. 이 정책은 농민의 항쟁을 불러왔다. 젠트리(신사)가 일부 포함된 대규모 반란군은 런던으로 향했고 사이먼 서드베리 캔터베리 대주교를 살해하고 람베스 궁전을 일부 파괴했으며 정책을 주도했던 곤트의 존(John of Gaunt) 등 귀족의 집을 공격했다.

그런데 이 항쟁에는 존 볼(John Ball)이라는 가난한 사제, 거리 설교자의 영향이 있었다. 그는 런던의 블랙히스라는 곳에서 야외 설교를 통해 농민군을 항쟁으로 불러 일으켰다. 그는 "아담이 땅을 파고 이브가 길쌈할 때 누가 신사였느냐?"(When Adam delved and Eve span, who was then the gentlemann?)는 말과 함께 모든 사람의 평등을 주장했다. 그의 모습은 150여년 후 독일 농민전쟁시기 토마스 뮌처와 닮아있다. 물론 존 볼이 위클리프의 영향을 받은 것은 아니다. 항쟁에 참여한 농민들 또한 봉건제도의 억압에 대한 분노 때문에 자연스럽게 항쟁에 참여했다. 그렇다고 위클리프와 롤라드 설교자의 영향이 없었다고 말하는 것도 곤란하다. 농민들 요구에는 교회 관련 사항과 평등주의를 담은 내용이 있었다. 왕을 제외한 모든 영주권의 폐지, 주교 1명을 제외한 모든 성직계급 폐지, 일부를 제외한 모든 수도원 철폐, 교회 재산의 몰수와 재분배, 교구 사제들에게 합리적 생계비 보장 등이 그 것이다. 위클리프가 주장한 개혁 내용과 일맥상통한 부분이 있다는 점에서 그의 영향을 배제할 수는 없다. 이 항쟁을 지켜본 교회 지도자들은 새로 선임된 대주교, 윌리엄 코트니를 중심으로 위클리프 사상 탄압을 시작한 것이다. 그런 강경 태도에 움츠러든 위클리프의 동료, 제자들은 자신들의 입장을 거둬들인 것이다.

그런데 1381년 농민들의 대표였던 와트 타일러가 왕을 만나 협상한 장소가 런던 시내에 있다. 스미스필드(Smithfield)라는 불리는 곳이다. 이곳은 과거 런던 성벽 앞에 위치한 드넓은 평원으로, 1150년부터 가축 시장으로 사용되었다. 농민군에 의해 런던이 사실상 점령당한 상황에서 와트 타일러는 리처드 2세와 협상을 했고, 왕으로부터 농노제 폐지 등 광범한 사회개혁을 약속받았다. 그러나 협상 중 충돌이 일어났고 지도자인 와트 타일러는 죽

순교의 광장 스미스 필드는 역사 속 많은 이들의 마지막을 기억하고 있다.

임을 당했다. 이후 런던과 지방 농민군은 왕실과 귀족, 교회의 군대에 의해 진압됐다.

스미스필드는 이 사건과 함께 영화 '브레이브 하트'로 잘 알려진 스코틀랜드 독립 영웅 윌리엄 월러스(William Wallace)가 1305년 처형된 장소이며, 종교개혁 시기 수많은 종교개혁자들이 처형된 곳이기도 하다. 성벽 앞에 위치한 넓은 공터였기에 많은 사람이 모였고, 처형은 군중들에게 경고의 의미를 더할 수 있었다. 하지만 평원은 런던 확장에 따른 수요가 늘면서 상설적인 가축시장이 됐고 1800년대부터 건물이 하나둘씩 들어섰다. 그렇게 광장은 여러 건물과 도로 확장으로 축소됐고, 작은 공원만이 자리를 대신하고 있다. 그곳 건물 벽 한 곁에 1381년 농민항쟁을 기념하는 비가 있었다.

이 기념비는 2015년에 제작된 것으로 "At this Place things on 15th June 1381 cannot Wat Tyler, John Ball go on and other representatives well of the Great Rising in England met King Richard 2 nor to finalise terms ever will for ending the Rebellion … when there however he and shall be his advisors later neither vassal reneged on that agreement nor lord after killing Tyler in and all the process. Near this spot distinctions John Ball and Levelled many others of the Revolt John Ball were also Later executed,(1381년 6월 15일 이곳에서 와트 타일러, 존 볼, 그리고 잉글랜드 대봉기의 다른 대표들이 리처드 2세를 만나 반란을 끝내기 위한 조건을 … 그러나 그들이 그

와트 타일러 항쟁 기념비

곳에 있을 때 그와 나중에 그들의 가신들이 될 조언자들이 타일러를 죽인 후 그 합의를 어기고, 영주도 모든 과정을 어겼다. 이 지점 근처에서 존 볼과 많은 다른 반란군들도 나중에 처형되었다.)라는 글귀가 쓰여 있었다.

윌리엄 월러스 기념비

그곳에서 와트 타일러와 존 볼의 삶을 추모하며 잠시 묵념한다. 또한 인근에 있는 월러스 기념비에도 들러 스코틀랜드인의 자유를 위해 죽음을 맞은 그의 삶도 아울러 추모했다. 월러스 기념비에 새겨진 "그의 모범적인 영웅심과 헌신은 그를 따르던 사람들에게 영감을 주어 패배로부터 승리를 거두었으며, 그를 기억하는 것은 모두에게 자부심, 영예, 그리고 그의 동포를 향한 영감의 원천으로 남아있다.(His example heroism and devotion inspired those who came after him to win victory from defeat and his memory remains for all a source of pride honour and inspiriation to his countrymen)"는 말이 가슴을 울린다. 와트 타일러와 존 볼, 월러스는 다른 이를 위한 사랑의 마음으로 항쟁에 나섰고, 영웅적인 헌신으로 패배에서 승리를 꽃피웠으며, 오늘날까지 사람들의 가슴 속에 자부심과 영예로, 그리고 영감의 원천으로 남겨져 있음을 믿는다.

기념비를 살피던 중 그 옆으로 또 다른 기념비가 있음을 알게 됐다. 붉은색과 회색의 화강암과 청동으로 만들어진 기념비는 1870년에 한 개신교 단체(The Protestant Alliance)에 의해 세워진 '스미스필드 순교자 기념비'(Smithfield Martyrs' Memorial)였다. "The noble army of Martyrs praise Thee.(고귀한 순교자의 무리가 당신을 찬양한다)"와 "Blessed are the dead which die in the Lord.

스미스필드 순교자 기념비

(주 안에서 죽는 자는 복이 있다, 계 14:13)"는 말로 장식된 순교 기념비는 "Within a few feet of this spot, John Roger, John Bradford, John Philpot, and other servants of God suffered death by fire for the Faith of Grist, in the years 1555, 1556, and 1557.(이 장소에서 몇 피트 떨어진 곳에서 존 로저스, 존 브래드포드, 존 필포트, 그리고 다른 하나님의 종들이 1555, 1556, 1557년에 그리스도 신앙을 위해 불에 타 죽었다.)"라는 내용이 적혀 있었다. 바로 메리 여왕 시절 순교한 사람들을 추모하는 기념비로 보였다. 그들의 삶이 자세히 언급되지 않았지만 그들은 자신들을 삼키는 불길을 보면서 두려워하지 않았고 소망인 하늘을 바라보며 찬양하며 순교의 길을 떠났다. 그들이 지키려 했던 종교개혁 신념과 가치는 메리 여왕이 죽은 후 영국에서 종교개혁교회를 든든히 세우는 밑거름이 되었다.

사실 처형장 스미스필드에서 죽임 당한 사람들은 부지기수다. 특히 위클리프의 영향을 받았던 롤라드 윌리엄 쏘트리(William Sawtry)가 1401년 이곳에서 화형 당했다. 그를 이어 1410년에는 재단사인 존 브래드비(John Bradby)가 순교했으며 헨리 8세 시기에는 루터의 저술을 보급하던 판매상 리처드 베이필드, 종교개혁자인 존 프리스(John Frith)와 앤 애스큐(Ann Askew) 등이 순교 당했다. 메리 여왕 집권 10여 년 간 300여명이 죽임 당했는데, 기념비에 나온 이들을 포함하여 이곳에서 45명이 순교했다고 한다. 당시 순교의 역사를 기록한 폭스(Fox)의 '순교자 열전'(Acts and Monuments)에는 사제와 주교, 귀족과 서민, 학자들과 일반 농부 등 수많은 사람이 형장의 이슬로 사라졌음을 사실적으로 묘사하고 있다.

순교기념비를 둘러본 후 병원 환자들의 가족들이 기도하는 세인트 바르톨로뮤 병원(St Bartholomew's Hospital)의 작은 옛 예배당, 기념비 주변에 있는 St Bartholomew the Great 교회도 살펴봤다. 옛 냄새 물씬 나는 두 곳을 둘러본 후 교회 내부에 마련된 작은 커피숍에 앉아 위클리프 사후 롤라드 역사를 떠올렸다. 앞서 언급한 것처럼 위클리프의 가르침은 처음에 옥스퍼드의 학자들 사이에 퍼졌고, 위클리프 사후 대학 졸업생을 중심으로 지방 귀족과 시민들 사이에 퍼져 나갔다. 특히 성직자들이 정치 중심에서 활동하는 것을 못마땅하게 여긴 의원들 중에서 위클리프에게 동조하는 사람들이 늘었다. 이들의 후원 속에 1395년 의회에 교회개혁을 염원하는 청원서가 제출되었다. '롤라드의 12개 결론'(The Twelve Conclusions of the Lollards)으로 알려진 이 문서에서 롤라드는 "영국 교회가 로마 대교회를 따른 후에 덧없이 망령들기 시작했다."면서 사제직, 성직자의 독신, 화체설, 성물신앙, 죽은 자를 위한 기도, 순례와 고백, 십자군 등의 내용을 비판, 교회 개혁을 요청했다.

이런 움직임에 맞서 교회는 탄압의 강도를 거세게 했다. 1399년 캔터베리 대주교 토마스 아룬델(Thomas Arundel)의 지원 속에 헨리 4세가 왕이 됐고, 1401년 롤라드를 색출, 처벌하기 위한 이단자 화형법(Act for the burning of Heretics, De Haeretio Coniburendo)이 제정, 시행되었다.

세인트 바돌로매교회 입구

이 법은 서문에서 롤라드를 지칭해 "성례전을 가증스럽게 생각하고, 설교의 직분을 찬탈한 새로운 종파"라고 언급하고 주교들에게 범죄자를 체포, 투옥, 심문하고, 재발하거나 포기를 거부한 사람은 세속 당국에 넘겨 화형에 처하도록 했다. 이 법에 근거해 그해 윌리엄 쇼트리가 재판 후 화형에 처해진 것이다.

대주교는 1407년에는 옥스퍼드에서 성직자대회를 열어 설교, 성서 번역 및 사용, 신학교육 규제 등에 관한 교회법을 통과시켰다. 이 내용 중에는 주교 허가 없는 설교 불가, 평신도 향한 설교시 성직자 책망 금지, 롤라드의 책과 성서 번역을 찾아 파괴할 것 등이 담겼다. 그러나 탄압은 불만을 불러왔고, 학생들 사이에 위클리프 작품을 번역하고 성서 번역 정당성에 대해 논쟁하는 계기가 된다. 롤라드 또한 겁먹지 않고 성직자의 부와 사치를 비난하며 잉글랜드 교회를 바꾸기 위해 노력했다. 역사를 공부하고 그 흔적을 밟다보면 기시감에 빠져드는 것은 어쩔 수 없는 것 같다. 루터와 칼뱅의 종교개혁 시기와 닮았다. 비슷하다. 일맥상통하다는 생각을 하게 된다. 그래서 교회에 대한 비판이 거세지고 있는 오늘의 시대에 우리가 무엇을 해야 하는지 더 고민케 된다.

4) 들판의 세인트 자일스교회

스미스필드를 나서 세인트 자일스 교회(St Giles in the Fields)를 향했다. 세인트 자일스 교회는 롤라드 역사에서 한 획을 긋는 사건이 일어난 장소에 세워졌다. 교회의 탄압이 거세지면서 롤라드 일부는 그에 맞서 싸우기로 결심했고, 왕의 기사였던 올드캐슬을 중심으로 반란을 꿈꾼다. 교회와 수도사의 집을 파괴하고 왕을 압박해 사실상 자신들이 꿈꾸는 교회의 상을 실현코자 한 것이다.

당시 롤라드 반란을 이끈 인물은 웨일스의 존 올드캐슬(John Oldcastle)이다. 그는 롤라드 설교자들을 이단법으로부터 보호하고 숨겼으며, 다른 동조자와 함께 왕에게 법을 바꿔달라고 간청했다. 또 왕이 교회가 낭비하는 돈을 가져와 국가의 무기고, 가난한 자를 위한 구호, 대학을 위해 사용해야 한다고 주장했다. 그러나 그의 주장은 무시됐고 잉글랜드 정치를 주도한 대주교에 의해

들판의 세인트 자일스교회

소환되어, 런던탑에 갇혔다. 하지만 그는 런던탑을 탈출했고 부유한 롤라드의 지원을 받아 무기를 모았다. 잘못되어가는 잉글랜드를 바로잡기 위해서 항쟁이 필요하다고 생각했고, 격문을 각 지역 롤라드 지도자에게 보냈다. 그렇게 1414년 1월 브리스톨과 더비셔, 에식스, 레스터셔 등에서 격문을 본 이들이 런던 외곽 세인트 자일스 들판으로 모이기 시작했다. 3명의 기사와 15명의 시종을 포함한 총 222명의 반군이 모였다고 한다.

그러나 이 소식을 미리 전해들은 왕실과 교회는 군대를 준비해 이들을 습격했고, 결국 80여명이 포로로 잡혔다. 이후 재판을 거쳐 1명을 빼고 모두 화형과 교수형에 처해졌다. 또 반군이 살던 지역에는 위원들이 파견되어 반란 참여 여부와 상관없이 관련자를 구금, 처벌한다. 올드캐슬 또한 몇 년 도피하다가 체포되어 세인트 자일스 필드에서 화형 당했다. 이처럼 세인트 자일스교회가 자리한 곳은 과거 들판이고, 롤라드가 모인 곳이며, 그들의 지도자 올드캐슬이 장작더미에 세워져 형장의 이슬로 사라진 장소다.

들판의 세인트 자일스교회 내부

그 시대를 떠올리며 교회 마당을 거닐고, 예배당에 들어가 그들의 흔적과 역사기록을 찾기 시작했다. 하지만 세인트 자일스교회 어디에도 기록은 없었다. 교회내부를 장식한 추모명패를 살폈지만 가장 오랜 것이 1600년대 후반으로, 사건 이후 교회가 세워진 때문으로 보인다. 다만 몇 십여 년 전 교회가 세인트 자일스 교회 명칭에 'Field'를 더했다는 점에서 교회 구성원들이 존 올드캐슬 사건을 알았거나 롤라드 역사 기억을 마주한 것 같다는 생각이 든다.

세인트 자일스 교회에 의자에 앉아 올드캐슬 반란 이후 롤라드 역사를 떠올린다. 교회 역사가들은 탄압을 겪으면서 롤라드가 지하로 숨어들었다고 설명한다. 종교개혁의 미명이 밝아오기만을 기다리며 영어 성서를 가지고 말씀을 묵상하고, 자신들의 신념을 유지했다는 것이다. 교회는 동시대의 대표적 '이단(?)' 그들을 찾기 위해 노력했고, 지도자들을 화형대 위에 세웠다. 대표적인 사건이 노리치(Norwich)에 있는 롤라드 핏(Lollards Pit)으로 불리는 곳에서 있었다. 1428년 이곳에서 롤라드 지도자 3명이 처형된 것이다. 이후에도 몇 개 지역에서 롤라드들이 체포되고, 지도자들이 처형장의 이슬로 사라졌다.

위클리프 사후 한 세기가 지난 1500년대, 즉 종교개혁 직전에도 롤라드는 발견된다. 1506년 아머샴(amersham)에서 롤라드 지도자인 윌리엄 타일스워드(William Tylesworth)가 처형됐다는 기록이다. 그의 죽음 후에도 지역 롤라드는 신앙생활을 계속했고 1521년에 비밀리에 기도하고 성서를 읽었다는 이유로 또 다시 다섯 명이 처형되었다. 노동자, 농민, 가정주부와 같은 평범한 이들의 사례를 볼 때 롤라드는 서민 속에 스며들어 종교개혁 때까지 살아있었음을 알게 된다.

롤라드는 잉글랜드 종교개혁과 어떤 연관성이 있으며, 종교개혁에 어떤 영향을 미쳤을까? 현대의 여러 학자들이 이 문제를 놓고 연구하지만 연관성을 규명하지 못하고 있다. 말씀, 성서를 자국어로 읽고

세인트 자일스 교회의 웨슬리 설교 강단

이해할 수 있도록 성서번역에 힘썼고, 영어 성서 출간에 기여한 것은 분명해 보인다. 그러나 종교개혁 직전 롤라드의 주 활동무대는 소규모 도시와 주변 마을인 반면 종교개혁은 대성당과 수도원이 있는 도시를 중심으로 확산됐다.

탄압 속에 롤라드는 지역사회의 일원으로 조용히 살면서 교회 예배에 참석하고 때때로 교회 감독관이나 목사직을 맡는 등 자신의 신앙을 묵묵히 지키며 살았다. 그랬기 때문에 떠들썩한 종교개혁, 로마교회로부터의 잉글랜드교회 분리를 지켜보았다. 그리고 종교개혁으로 탄생된 잉글랜드 교회 내부의 변화 모습을 두 눈으로 목격하며 자연스럽게 그 안으로 스며들었을 것이다. 그렇게 롤라드의 흔적은 역사 뒤편으로 사라졌고, 우리는 그들의 흔적을 더 이상 만날 수 없게 된 것이다. 위클리프와 롤라드 흔적을 밟아온 나름의 결론이다.

헨리 8세

에드워드 6세

메리 1세

엘리자베스 1세

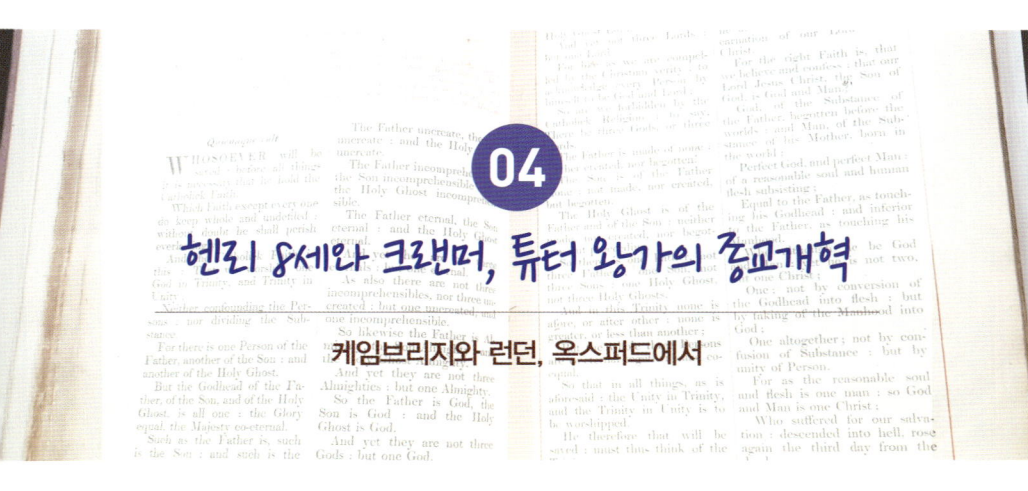

04 헨리 8세와 크랜머, 튜터 왕가의 종교개혁

케임브리지와 런던, 옥스퍼드에서

　루터가 종교개혁을 시작한 시기 섬나라 영국(잉글랜드)에도 종교개혁 바람이 불기 시작했다. 14세기 후반 위클리프를 통해 뿌려진 개혁에 대한 열망, 성서를 통한 개혁은 롤라드에 의해 확산됐다. 그러나 숨어있던 열망은 15세기 말 인쇄술 발달에 도움 받은 신앙서적 출간과 보급, 이를 구입한 평신도들의 지적 성장, 그리고 16세기 초 인문주의 확산으로 조금씩 표출되었다. 또 루터 저술이 영국에 소개되면서 수면 위로 떠올랐음은 분명한 사실이다.

　이 시기 잉글랜드에서 주목할 인물이 존 콜렛(John Colet, 1466~1519)과 인문주의자인 유럽의 방랑자 에라스무스(Desiderius Erasmus, 1467~1536)다. 콜렛은 옥스퍼드 대학에서 공부했고 1505년 런던 세인트 폴 교회(St. Paul)의 사제가 된 인물이다. 설교자였던 그는 모든 종류의 나약함과 불성실, 부조리를 비판했을 뿐 아니라 '로마서 강의'를 하며 서신의 역사적 정황에 주목, 사도 바울이 무엇을 말하려 했는지 조명했다. 또 재산 대부분을 기부해 가난한 소년을 위한 학교도 설립했다. 어쩌면 그는 프랑스의 르페브르나 스트라스부르크의 요한 가일러처럼 역사의 흐름을 보는 눈을 가진 인물, 교

에라스무스

회개혁을 품은 인물일 것이다.

우리가 잘 아는 에라스무스는 유럽 최고의 인문주의자다. 네덜란드 로테르담에서 태어났고 파리 대학에서 공부한 그는 영국과 이탈리아, 스위스 바젤에서 활동했다. 진정한 유럽인인 그는 가장 왕성한 활동기인 30대 중반 영국에서 살았고, 런던과 케임브리지에서 활동했다. 그는 존 콜렛과 교류했으며 인문주의자 토마스 모어 등과도 어울렸다. 그가 라틴 고전과 그리스 고전에서 인용한 격언을 당대 정치, 사회 상황에 빗대 설명한 '격언집'(1500)과 시대에 대한 비판을 담은 '우신예찬'(Encomium Moriae, 愚神禮讚, 1511)을 영국에서 썼다. 당시 영국 사회의 학문적 풍토가 매우 건강했음을 알게 한다. 이처럼 영국은 에라스무스를 품었고 시대를 초월해 위대한 인문주의자로 서게했다.

인문주의 확산과 함께 옥스퍼드와 케임브리지의 젊은 지성인은 교회개혁에 대한 공감대를 형성했다. 그런데 역사의 아이러니는 잉글랜드(영국) 종교개혁이 인문주의의 확산이나 중세 교회에 대한 비판, 그리고 루터와 같은 종교개혁자에 의해 시작되지 않았다는 사실이다. 개혁 흐름과 인물이 없었던 것은 아니나 개혁은 헨리 8세가 '로마교회와 분리'를 결심하면서 본격화되었다. 다시 말해 왕이 먼저 결정해 '잉글랜드 교회 독립'을 시작했고, 학자들과 전문가들이 신학적, 제도적 교회개혁을 뒤따라 펼친 것이다.

그래서 초기 잉글랜드 교회는 신학과 교회 제도에서 '중도적'인 입장을 취했고, 나중에 칼빈주의 확산과 함께 철저한 개혁을 요구한 청교도 운동으로 폭발했다. 또 침례교, 퀘이커 등과 같은 여러 개혁교회 흐름과 웨슬리를 중심으로 한 감리교회 운동도 태동했다. 중도적 개혁이든, 철저한 개혁이든, 아니면 다른 형태든 잉글랜드 종교개혁은 매우 긴 기간 다양한 형태로 전개되었음을 이해할 필요가 있다.

1. 종교개혁의 모태 케임브리지

루터의 종교개혁 직후 잉글랜드 움직임을 알기 위해 케임브리지(Cambridge)를 방문키로 했다. 종교개혁 당시 영국 지식인들은 옥스퍼드와 케임브리지 두 대학도시에서 학문을 배웠다. 하지만 위클리프의 사후 교회의 감독과 감시, 롤라드 탄압으로 옥스퍼드의 자유로운 학문 풍토는 다소 억압되었다. 반면 케임브리지는 자유로운 학문 연구가 활성화되면서 종교개혁 그룹이 태동했고, 나중에 이곳 출신에 의해 영국 종교개혁이 구체화됐다.

대학 도시 케임브리지는 1200년대 초반 옥스퍼드 주민과 갈등하던 일부 학자들이 정착하며 시작됐다. 첫 연구자 그룹은 스승과 제자들이 함께 공부하고 배움을 나누는 형태였다. 1226년 학자를 대표하는 사람(학장)을 내세울 만큼 질서도 갖추고 정규 학습과정도 세웠다. 기록상 가장 먼저 세워진 대학은 1284년 페터하우스(Peterhouse)였고, 이후 클레어 칼리지, 펨브로크, 곤빌 & 가이우스 대학, 트리니티 홀 등이 하나둘씩 설립되었다.

그런데 1510년부터 1514년 사이 유럽 인문주의를 대표하는 에라스무스가 이 도시에 살았다. 그는 헨리 8세가 왕이 된 이후 초청을 받았고, 레이디 마가렛 신학교수로 케임브리지에서 그리스어를 가르쳤고 제롬에 대해 연구했다. 에라스무스가 이곳에 있었다는 사실은 당시 영국(잉글랜드)의 인문주의가 케임브리지를 중심으로 꽃피웠음을 의미한다. 에라스무스가 머문 시기 인문주의와 교회 개혁을 꿈꾼 헨리 블록(Henry Bullock), 리처드 폭스(Richard

케임브리지 시내의 야경

Fox)가 있었고 종교개혁을 이끈 토마스 크랜머 등이 공부하며 학생들을 가르쳤다. 종교개혁 전후로 케임브리지는 잉글랜드의 인문주의와 지성을 이끄는 한 축이었다.

공항에 도착해 케임브리지를 향해 이동하며 내일의 방문지를 고민했다. 종교개혁 그룹이 자주 모였다는 화이트 호오스 인(White Horse Inn)과 첫 개혁 설교가 있었던 성 에드워드교회(St Edward King & Martyr Church), 케임브리지의 중심교회인 그레이트 메리교회(Great St Mary Church), 에라스무스가 머물렀던 퀸즈 칼리지(Queen's College), 그리고 영국 종교개혁의 기초를 놓은 크랜머 대주교가 사역한 지저스 칼리지(Jesus College) 등을 둘러볼 생각이다. 또한 기회가 되면 청교도 운동과 관련해 올리버 크롬웰이 공부한 시드시 서섹스 대학, 청교도 운동 지도자들이 있었던 세인트 존스 칼리지, 청교도 대학으로 평가받는 임마누엘 칼리지 등도 찾을 계획이다.

1) 주일예배를 위해 찾은 세인트 메리 교회

아침 식사를 한 후 7시경 숙소를 나섰다. 케임브리지 시내를 둘러보다 일찍 문을 연 세인트 보톨프교회(St Botolph)에 들어섰다. 교회 뒤편에는 교회 역사와 종교개혁 소개 알림판이 있었다. '여행자를 위한 수호성인'인 보톨프 주교를 기념한 교회로서, 여행자를 배려한 것으로 보인다. 이 교회가 중세 후반에 세워진 수도원을 모체로 탄생했고, 코퍼스 크리스티 칼리지와 관련

있음과 종교개혁 시기에 예배와 예식의 변화가 있었다는 내용도 알 수 있었다. 그곳에 앉아 잠시 눈을 감고 기도한다. "하나님 오늘 하루, 케임브리지의 일정을 함께 하시고 평안을 주옵소서. 보고 생각하고 느끼며 깨달아 알아가는 하루가 되게 하옵소서."

그레이트 세인트 메리 교회(Great St Mary Church)로 향했다. 메리(Mary)는 성모 마리아를 의미하며, 그레이트(Great)가 붙은 것은 케임브리지에 2곳의 메리교회가 있기 때문이다.(다른 교회엔 '작은'이라는 수식어가 붙었다.) 이 교회는 케임브리지 대학 교회로서 오랜 역할을 했다. 주일 아침 일찍 이곳을 찾은 것은 아침 8시에 '1부 예배'가 있기 때문이다. 주일 대예배는 많은 사람이 찾고, 시간도 길어질 듯해서다. 특히 주일 1부 예배는 전통방식, 즉 공동기도서(예식서) 내용으로 예배가 진행되기 때문에 이해가 용이하다는 점, 전통적인 잉글랜드 국교회 예배를 경험할 수 있다는 생각도 했다.

10여명이 작은 공동체를 이루며 리터지(순서지)에 따라 예배를 드렸다. 목사님의 기도와 회중의 화답 부분이 적힌 순서지는 문자로 영어를 배운 이에겐 더할 나위 없었다. 목사님은 존(요한) 복음서의 열두 광주리 기적을 본문으로 5~6분 정도 설교했는데 'This is amaying…true us(이것은 놀라운 일이다…우리에게 진실이다.)'란 말이 가슴에 남는다. 설교 후에 성찬식이 이어졌고, 빵과 잔을 받으며 고개를 숙였다. 축도 후 목사님과 잠시 대화할 수 있었다. 한국인으로, 종교개혁 역사에 관심이 많고, 여행 왔다고 말씀드리니 좋은 일정이 되길 기원해 주셨다.

그레이트 세인트 메리교회

2) 에라스무스와 퀸즈 칼리지

　주일 예배 후 찾은 곳은 에라스무스가 공부하며 살았던 퀸즈 칼리지(Queen's College, 한국말로 '여왕 대학')이다. 에라스무스는 잉글랜드를 3번 방문해 머물렀는데, 첫 방문 때는 잠시 옥스퍼드 대학에서 공부하거나 가르쳤다. 이 때 신학자인 존 콜렛과 교제를 나눴고 나중에 영국의 지성으로 추앙받는 토마스 모어와 친해졌다. 에라스무스는 이 때 방문으로 "나는 세상에서 런던만큼 많은 친구, 즉 진실하고 학식이 풍부하고 도움 되고 뛰어난 친구를 사귄 곳이 없다고 진심으로 말할 수 있다"고 언급하기도 했다. 두 번째 방문 때 에라스무스는 1년여 토마스 모어의 집에 머물렀고, 개인적 자유를 방해할 수 있는 관계는 피하며 조용히 지냈다.

　세 번째 방문 때 그는 콜렛을 도와 그리스어 교과서를 저술하고 새로 설립된 세인트 폴 학교(St Paul' School)를 위한 활동을 했다. 또한 케임브리지 대학을 총괄하던 존 피셔(John Fisher) 주교의 지원으로 케임브리지로 왔고, 레이디 마가렛 신학교수(Lady Margaret's Professor of Divinity)가 되어 강의와 연구에 몰두할 수 있었다. 그는 약 3년 정도 퀸즈 칼리지에 머물렀다. 안타깝지만 그의 체류기간 삶과 수업, 연구에 대해서는 알려져 있지 않다. 1513년 영국에 전염병이 확산됐는데, 에라스무스는 '고립되어 홀로라고 느꼈다'고 한다. 담석 때문에 와인을 자주 마신 그는 '대학이 충분한 와인을 공급하지 못했고 우중충한 날씨로 힘이 들었다'고 말한다. 그는 1514년 영국을 떠나는데 아마도 이런 상황이 작용했을 것이다.

　대학을 방문해 이곳저곳을 둘러보았다. 퀸즈 칼리지에는 에라스무스의 이름이 언급된 장소가 세 곳 있었다. 에라스무스 빌딩(Bilding)과 산책로(Walk), 그의 방(Room)이 그것이다. 하지만 빌딩과 산책로는 후대에 그를 기

퀸즈 칼리지 올드 코트. 첨탑 건물 뒤편에 에라스무스 방이 있다.

념해 이름 붙인 곳이고, 방만 에라스무스와 관련이 있었다. 에라스무스가 머물던 시기 대학은 현재의 올드 코트(Old Court)로, 그는 남서쪽 첨탑이 있는 곳에 머물렀다고 한다. 건물 앞에서 낡은 첨탑, 에라스무스의 방이 있는 곳을 올려다본다. 방 내부에는 에라스무스가 사용했을 수 있는 동시대의 낡은 의자(Erasmus chair)도 있다고 하는데, 어디까지 진실인지 알 수 없다. 역사적 위인과 관련해 후대에 많은 전설이 생겨나고 이야기에 살이 붙기 때문이다.

아무튼 낡은 건물 어딘가에 그가 머물렀고, 책을 보며 연구했을 모습을 상상해 봤다. 그는 때때로 건물은 나서 물길이 있는 산책로를 거닐며 명상에 잠겼을 것이다. 그러다 어떤 생각이 떠오르면 서둘러 연구실로 돌아와 글을 쓰기 시작했을 것 같다. 하지만 아무리 상상의 나래를 펼치려 해도 작은 마당을 둘러싼 옛 건물은 감옥의 벽처럼 느껴졌고, 큰 감흥을 불러오지 못했다. 입술을 열어 '에라스무스가 이곳에 있었다'는 말을 되뇌이며 위안을 삼았다.

퀸즈 칼리지 대학 사이로 작은 강이 흐르고 그 위에 '수학자의 다리(Matematical Bridge)'가 있다. 1748년에 처음 지어진 나무로 만든 다리는 수학

수학자의 다리는 과학적 계산을 통해 만든 다리로 학문의 특성을 보여준다.

적 계산에 바탕을 두고 여러 개의 목재로 사용해 만들었다. 나무의 길이와 배치 등을 통해 다리가 효과적으로 지탱될 수 있도록 한 점 때문에 이런 이름이 붙은 듯했다. 그렇다고 연결부위까지 나무 조각으로 만들어 진 것은 아니다. 현재도 사용되고 있다는 이 다리는 옛 나무를 새 나무로 교체하는 등 때때로 보수가 이뤄지고 있다.

3) 화이트 호오스 인과 '작은 독일' 그룹

에라스무스의 영향이라고 특정할 수는 없지만 그가 있어 케임브리지에 인문주의가 확산된 것은 분명하다. 특히 케임브리지 학자들 중 그의 그리스어-라틴어 대조 성서가 나온 이후 그것을 읽으며 종교개혁 입장을 갖게 된 이도 있었기 때문이다. 아무튼 그의 노력과 함께 새 학문 풍토가 케임브리지에 형성됐고 루터에 의해 종교개혁이 시작되면서 연구(공부)모임이 만들어지게 된다.

케임브리지 종교개혁 그룹이 시작된 화이트 호오스 인과 성 에드워드 교회를 찾아 나섰다. 하지만 화이트 호오스 인을 찾는 것은 쉽지 않았다. 종교개혁 당시 건물은 1870년 킹스 칼리지가 새 건물을 지을 때 없어졌다. 몇 번 킹스 칼리지 건물을 오가다가 작은 기념 명패를 찾을 수 있었다. 푸른색의 명판에는 "화이트 호오스 인이 있었던 곳. 작은 독일로 알려진 케임브리지 학자들이 16세기 초 마르틴 루터의 작품에 대해 토론했다. 잉글랜드 종교개혁의 탄생지."라는 내용이 적혀 있었다.

화이트 호오스 인 기념 명패

화이트 호오스 인(White Horse Inn), 우리말로는 '백마 호스텔'로 번역하는 것이 적당할 듯하다. 어떤 이들은 '백마선술집'으로도 번역하는데 이는 잘못이다. Inn은 숙소와 함께 함께 모여 회의할 수 있는 장소를 갖춘 곳이다. 실제로 런던 등에 있었던 Inn은 법조인들이 머물며 법을 함께 공부하고 논의했던 장소로, 현대의 로스쿨과 같은 역할을 했다. 케임브리지 초기 역사에는 학문하는 이들이 호스텔로 불리는 장소에 숙박하며 학문 연구를 했다는 기록도 있다. 그런 점에서 백마 호스텔은 곧 학자들의 숙소, 토론하는 강의실 같은 곳이라 할 수 있다.

이곳에서 1521년 전후 케임브리지 학자들, 잉글랜드 종교개혁을 꿈꾸는 사람들이 만났다. 그들은 대륙에서 종교개혁이 시작되자 이 소식을 관심 있게 살폈고 함께 루터의 저술과 입장에 대해 논의했다. 존 폭스는 순교자 책(The Acts and Monuments)에 이 내용을 언급하는데, 토마스 빌니(Thomas Bilney, 1531년 헨리 8세 때 순교한 종교개혁자), 캔터베리 대주교가 된 토마스 크랜머(Thomas Cramer), 우스터 주교가 된 휴 라티머(Hugh Latimer), 1525년 성 에드워드 교회에서 최초의 종교개혁 설교를 한 오스틴 수도회의 로버트 반스(Robert Barnes), 성서번역자로 완역 영어성서를 만든 마일스 커버데일(Mailes

Coverdale), 엘리자베스 여왕 때 영국국교회의 기틀을 만드는데 기여한 캔터베리 대주교 매튜 파커(Matthew Parker) 등을 참석자로 소개한다.

이들은 당시 케임브리지 대학 펠로우(교수)나 연구원으로 종교개혁이 시작된 후 중요한 역할을 했다. 그러나 이 모임이 어떤 형태로 운영되었는지, 정기적으로 모인 것인지, 어떤 연구와 토론이 진행됐는지 알 수 없다. 다만 케임브리지에서 이런 모임이 있었고, 일부 참석자는 자주 모여 논의했음이 명확해 보인다. 종교개혁 과정에 이들이 상호 네트워크를 가지고 협력했으며, 후대에 이들을 일컬어 '작은 독일(Little Germany)'로 부른 점도 루터 종교개혁과 관련있음이다.

그들은 처음에는 루터의 작품 속 종교개혁 주제에 대해 비판적이었다. 휴 라티머는 신학사 학위 논문에서 대륙 종교개혁에 대한 반박 견해를 밝혔다. 그러나 그는 1524년경 토마스 빌리의 영향으로 개혁교리를 받아들였다. 로버트 반스 또한 빌리의 격려 속에 1525년 종교개혁적인 설교를 시작했다. 이로 미뤄 처음 종교개혁 입장을 가진 인물은 빌리로 보인다. 그는 에라스무스 라틴어 성서를 공부하며, 종교개혁 입장을 갖게 됐다. 그의 기록을 보면 디모데전서 1장 15절(그리스도 예수께서 죄인을 구원하시려고 세상에 임하셨다. 죄인 중에 내가 괴수다)을 통하여 큰 감동을 받아 성서적 삶을 실천하기 위해 노력했고 이후 루터의 믿음에 대한 칭의 교리를 수용했다. 이후 자신의 동료나 학자들에게 종교개혁 사상을 전하고 설득하기 시작했다.

킹스 칼리지 벽 명패와 그 주변 케임브리지 거리를 거닐며, 토론 전후로 이 길을 사유하며 걸었을 종교개혁자들, 지식인들의 모습을 떠올렸다. 또 오늘날 이 거리를 거니는 학생들은 어떤 생각을 할까? 궁금해졌다. 루터의 책과 글, 전해진 소식을 들으며, 연구하고 토론하며 자신의 나라에 맞는 종교개혁을 고민했을 그들. 그들에게서 나는 무엇을 배울 수 있을까?

4) 성 에드워드 교회

성 에드워드 교회

킹스 칼리지를 둘러본 후 성 에드워드 교회(St Edward King & Martyr Parish Church)로 향했다. 교회는 아담했고, 매우 작은 공원(무덤)이 둘러싸고 있었다. 네모 형태의 탑은 앵글로색슨 시대 형태라고 전해지는데 고딕 이전 모습인 것 같기도 하다. 건물을 한 바퀴 돌며 이곳저곳을 살피지만 낡은 교회는 불빛 한 점 없이 어둡기만 했다. 주일 예배를 알리는 공고문은 있지만 문은 닫혀 있었다. 예배 시간을 지나 도착한 때문일 수도 있고, 아니면 방문한 시기에 주일 예배가 드려지지 않는 것일 수도 있다. 안에서 피아노 소리가 들리는 것 같긴 한데 몇 번 문을 열었지만 열리지 않았다.

교회 내부를 보기 위해 한 달 전 교회 관계자에게 이메일을 보내고 방문 일정을 타진했지만 응답이 없었다. (케임브리지 방문 때도 네다섯 번 교회를 찾았지만 문은 닫혀 있었다.) 결국 작은 예배당 내부를 둘러보는 것은 포기하고 그곳 한 곁에 앉아 교회 홈페이지 자료를 통해 내부를 살필 수밖에 없었다. 자료에 따르면 이 교회는 잉글랜드 땅 최초로 종교개혁 설교가 이뤄진 장소다. 종교개혁 그룹의 일원인 반스(Robert Barnes)는 오스틴 수도회 사제로, 1523년 케임브리지 대학에서 신학박사 학위를 취득한 인물이다. 그는 1525년 세인트 에드워드교회에서 열린 성탄절 자정 미사 시간에 성직자의 화려함과 교회의 오용에 반대하는 내용을 설교했다.

그의 설교는 '비 정통', 이단적인 내용은 아니었다. 하지만 이 설교는 케임브리지에서 이슈가 됐고, 그는 대학 부총장에게 소환되어 경고를 받아야 했다. 나아가 그는 런던으로 소환되어 추기경인 토마스 울지와 런던 주교 앞에서 심문 받았다. 당시 그의 설교는 대륙 종교개혁 상황을 예의주시하며 이 사상이 잉글랜드로 들어오는 것을 방어하려는 교회 지도부의 감성을 건드린 것이다. 그러나 한번 물꼬가 트인 종교개혁은 막을 수 없었다. 그의 설교 이후 휴 라티머는 영어 성서번역을 공개적으로 주장했고, 수도회 동료로 런던에 함께 간 커버데일은 대륙으로 건너가 영어 성서 번역에 뛰어들었다. 화이트 호오스 인에서 만난 학자들로 인해 종교개혁은 케임브리지를 넘어 런던과 노리치, 네덜란드의 영국인 공동체(상공업자, 망명자) 등으로 확대되었다.

그런데 이 교회에서 종교개혁 설교가 가능했던 이유는 당시 대학 펠로우들이 자유롭게 설교할 수 있었기 때문이다. 1450년대부터 왕은 케임브리지에 킹스 칼리지를 설립하려 했고 트리니티 홀과 클레어 칼리지가 사용하던 교회를 철거했다. 왕실은 철거된 교회를 대신하도록 성 에드워드 교회를 두 학교에서 넘겨줬고, 두 학교 펠로우는 이 곳 강단에서 설교할 수 있었다. 일종의 대학교회가 된 것이다. 이런 분위기 속에 반스가 강단에 섰고, 그가 런던으로 소환된 후에는 트리니티 홀에 속한 토마스 빌니, 클레어 칼리지에 속한 라티머가 펠로우로서 종교개혁 입장을 말했다. 대학에 허용된 학문의 자유는 두 사람의 종교개혁 설교와 맞물려 이 교회를 '종교개혁의 요람(The cradle of the Reformation)'으로 탄생시킨 것이다.

건물 내부에는 빌리에 이어 휴 라티머 등이 설교한 설교단, 그들을 기념하는 스테인드글라스가 있다고 하는데 사진으로만 접할 수 있어 아쉬움이 밀려온다. 빌리를 기념하는 창문에는 "Thomas Bilney 1495~1531 Friend and Counsellor of Latimer, Minister with him to Prisoners and to the sick, in this Church he was worshipper. He died a Marty's death at Norwich(토마스 빌리 1495~1531 라티머의 친구이자 조언자, 그와 함께 죄인과 병자를 위한 목사. 이 교회에서 그는 예배자였고, 노리치에서 순교자로 사망했다.)"는 내용이, 휴 라티머를 기념하는 창문에는 그의 문장과 이름이 적혀 있었다.

이 교회에서 설교한 반스, 빌리, 라티머는 모두 케임브리지에서 공부한 초기 종교개혁자로, 영국 교회 개혁을 위해 죽기까지 헌신했다. 빌리는 종교개혁 직전 1531년 잉글랜드 교회의 탄압으로 노리치에서 순교했고, 루터의 종교개혁을 적극 수용한 반스는 헨리 8세의 종교개혁이 시작되던 초기 카톨릭 사제 3명, 루터교 목사 2명과 함께 스미스필드에서 처형됐다. 휴 라티머는 종교개혁을 위해 앞장서다 1555년 메리 여왕의 탄압으로 옥스퍼드에서 순교했다.

이들의 순교적 삶은 교회의 이름 속 '순교자'라는 말과 묘하게 맞물린다. 교회 이름 속 순교자는 잉글랜드 왕 에드워드(962~978)다. 그는 잉글랜드 내부 정치 혼란 과정에 살해됐고, 성인으로 추대됐다. 신에게 선택되고 기름부음 받은 왕이 신하들에게 살해당한 것이 충격이었다. 이런 정서가 그를 국가적 성인으로 받든 이유였고, 그를 기념해 케임브리지에 성 에드워드 교회가 세워진 것이다. 그래도 '순교자'는 '왕 에드워드'에게 어울리지 않는다. 오히려 그 이름은 이곳에서 종교개혁 설교를 한 이들, 탄압을 받으면서도 끝까지 자신의 신념을 고수하다 죽임을 당한 빌리와 반스, 라티머에게 돌려야 한다.

5) 종교개혁자 마르틴 부처, 다시 세인트 메리에서

순교자 성 에드워드를 나서 그레이트 세인트 메리 교회로 향했다. 주일 1

대학교회인 세인트 메리교회에는 마르틴 부처의 안식 장소가 있다.

부 예배를 드렸지만 서둘러 나오느라 교회를 자세히 살피지 못했고, 이곳에 종교개혁과 관련한 사건과 인물 이야기가 있기 때문이다.

루터 종교개혁이 시작된 후 잉글랜드에서도 관심이 확대됐다. 인쇄출판업자들은 그의 저술을 들여왔다. 하지만 왕실과 교회는 가톨릭 옹호를 분명히 했고 반입 감독을 강화한다. 1521년 케임브리지에서 잉글랜드에 반입되다 적발된 루터의 저술을 모아 불태웠다. 런던이 아닌 이곳에서 불태운 것은 케임브리지를 향한 저술이 많았을 수도 있고, 학자와 학생들에게 루터의 저술을 소유하지도, 읽지도 말라고 경고하는 차원이었다.

한 인물은 '잊혀진 종교개혁자'로 평가받는 마르틴 부처(Martin Bucer)로, 그는 이곳에 자신의 흔적을 아로새겼다. 부처는 독일과 프랑스 국경도시 스트라스부르크(현재는 프랑스 땅 스트라스부르)에서 종교개혁 활동을 했고 루터와 츠빙글리의 성만찬 논쟁을 조율한 인물이다. 하지만 슈말칼텐 전쟁에서 개신교가 패한 후 가톨릭 영역이 된 스트라스부르크를 떠나야 했다. 그를 초청하고 정착토록 한 곳은 잉글랜드였다. 당시 잉글랜드는 종교개혁의 첫 걸음을 내디딘 상태였고 그 방향성 수립에 골몰하고 있었다. 토마스 크랜머 대주교는 부처를 잉글랜드로 초청했고 도와줄 것을 요청했다. 부처는

1549년 동료 학자(파울 파기우스)와 함께 영국으로 건너왔고 레기우스 신학교수 직을 받아 케임브리지 트리니티 대학에 머물며 학생들을 가르쳤다. 또 공동기도서 개정 등 종교개혁을 물심양면으로 도왔다. 하지만 건강이 악화된 그는 고향을 그리다 1551년 사망했고 이곳 교회에 묻혔다.

교회 서문 주변을 서성이며 루터 저술을 불태운 종교개혁 직전 상황과 잉글랜드 교회 움직임을 생각했다. 그리고 잉글랜드 교회를 돕고자 했던 부처의 순수한 마음을 떠올렸다. 하지만 그런 그를 시샘이라도 하듯 1553년 취임한 메리 여왕은 가톨릭 복귀를 꿈꾸며 잉글랜드 종교개혁자들을 죽였고, 1557년 부처의 시신을 파내어 불태워 버린다. 잉글랜드 땅에 망명자의 자리, 편안한 영면을 용납할 수 없었던 것이다. 한마디로 분노와 복수에 사로잡힌 가톨릭 세력이 행한 부관참시다. 다행히 몇 년 후 중도적 종교개혁을 추진한 엘리자베스 여왕이 취임했고, 상징적인 복권의 의미로 그가 불탄 자리의 먼지를 모아 그를 다시 안식토록 했다. 그렇게 마르틴 부처는 이곳 메리교회의 한 곁에 잠들었다.

교회 안내서를 보며 그가 묻힌 자리를 찾았고 강단 오른쪽 바닥에서 그의 이름이 적힌 문구를 확인했다. 명판에는 "마르틴 부처를 기억하며, 레기우스 신학교수였고 1551년 무덤에 묻혔으며 1557년 발굴되어 불태워졌다. 1560년 그를 기

마르틴 부처 기념 명판

념하여 이 비를 만들었다."는 내용이 적혀있었다. 그곳에 잠시 무릎 꿇고 앉아 마르틴 부처의 삶을 생각하며 기도했다. "하나님. 위대한 종교개혁자의 삶을 기억하며 무릎을 꿇습니다. 죽기까지 종교개혁 열정을 포기하지 않았고 자신의 도시 스트라스부르크, 쾰른, 그리고 잉글랜드 종교개혁에 헌신한 그를 기억합니다. 그의 희생이 개혁이라는 위대한 길을 멈춤 없이 흐르게 했음을 믿습니다. 아멘."

기도 후 교회 내부를 천천히 둘러본다. 15~16세기 세례반과 마더 테레사 수녀, 빌리 그래함 목사, 데드문트 투투 주교가 말씀했다는 설교단, 그리고 8명의 성인과 학자들이 그려진 스테인드글라스를 볼 수 있었다. 스테인드글라스에는 바나바, 히포의 어거스틴, 토마스 아퀴나스 등과 함께 종교개혁자로서 옥스퍼드 순교자의 한 명인 휴 라티머와 영국 국교회를 위해 헌신한 토마스 브레이 등이 그려져 있었다. 스테인드글라스 속 인물들을 보면 영국과 독일이 비슷하다는 느낌을 받는다. 종교개혁 시기 독일 루터교회와 잉글랜드 국교회(성공회)는 중도적인 개혁을 추구했고, 성화상에 대해 온건한 입장을 택했다. 일부 급진적인 흐름(청교도)에 의해 성화상 파괴가 있었지만 다시 온건 흐름이 대세가 됐고 교회 내에 성상, 특히 성화를 다시 수용했다. 이런 흐름 속에 영국교회는 스테인드글라스에 종교개혁자들을 그려 넣게 되었다.

한국처럼 칼뱅, 개혁주의의 영향을 받았고 종교적 열성이 강한 교회는 이것을 부정적으로 볼 것이다. 나아가 우상숭배로 평가하고 그런 입장에 우호적인 사람들을 이

창문의 인물들(왼쪽 첫 번째가 라티머)

단으로 치부할지도 모른다. 그러나 인문주의, 계몽주의 시대를 건너온 우리는 말씀 중심의 신앙을 갖고 있고 스테인드글라스나 작은 기념상이 결코 우상이 될 수 없음을 분별할 지혜를 가지고 있다. 신앙 선진을 기리는 문화 작품으로, 작은 역사적 기록물로 여기는 여유도 갖고 있다. 그런 여유를 가진 신사의 나라 영국은 스테인드글라스 복원과 작은 역사적 기념물을 만드는 데 거리낌이 없다.

6) 종교개혁 인재 양성, 펨브로크·클레어·트리니티 대학

세인트 메리교회를 나서 케임브리지 주요 대학과 시내 교회들을 둘러봤다. 케임브리지는 루터 종교개혁 시기, 그리고 청교도 운동 당시 많은 인재들이 양성되어 영국 땅에 영향을 미쳤다. 그들이 배우고 고민하며 보낸 이곳은 그래서

펨브로크 칼리지

영국과 영국교회의 한 시대를 주도한 곳임이 분명하다. 종교개혁시기 인재 양성에 나선 펨브로크, 클레어, 트리니티 칼리지 등을 찾았다.

펨브로크 대학(Pembroke College)은 니콜라스 리들리(Nicholas Ridley)가 공부한 곳이다. 그는 파리 소르본느에서 공부한 후 1534년부터 케임브리지에서 가르쳤으며 1540년부터는 학장으로 사역했다. 종교개혁 시기에는 로체스터와 런던 주교가 되어 교구에 있는 제단을 제거하고 성만찬을 위한 테이블을 놓는 등 새로운 예전을 시행했다. 성서해석학에 능통했던 그는 대주교 크랜머를 도와 예배예식서인 '공동기도서' 편찬을 도왔고, 성직자 복

클레어 칼리지

장과 선서 문제로 시작된 예복논쟁(Vestments controversy) 때는 형식을 타파하려는 성직자들과 논쟁하며 중도적인 잉글랜드교회 입장을 옹호했다. 그러나 그는 메리 여왕 취임 이후 체포되어 재판에 넘겨졌고, 옥스퍼드에서 화형당했다.

펨브로크 대학 홀에는 그를 기념한 초상화와 리들리 길(Ridley' Walk)이 있다. 또 리들리 초상화 옆에는 그와 함께 활동했던 이 대학 출신 브래드포드(John Bradford)의 초상화도 있다. 그가 런던 스미스필드에서 사형당할 때 남긴 말은 감동이다. 그는 젊은 청년 존 리프(John Leaf)와 함께 처형됐는데, 브래드포드는 "형제여. 오늘 밤 우리는 주와 함께 즐거운 만찬을 먹게 될 것입니다."(Brother, for we shall have a merry supper with the Lord this night.)라고 격려했다.

클레어 칼리지(Clare College)와 트리니티 홀(Trinity Hall)로 향했다. 걸어서 2~3분 거리지만 비슷한 옛 건물이 많고 각 대학 경계가 구분되지 않기에 어느 곳이 어느 대학인지 알 수 없었다. 대학의 주 출입구를 제외하곤 대부분 닫혀 있고, 출입증이 있어야 하는 경우도 있었다. 그래서 클레어 칼리지 건물 앞에 있으면서 지나가는 사람에게 묻기도 했다. 클레어 대학과 트리니티 홀 주변을 거닐며 이곳에서 활동했던 휴 라티머와 토마스 빌리를 떠올려 본다.

클레어 대학 출신인 휴 라티머(Hugh Latimer)는 1522년 대학 설교자가 되었고, 에라스무스의 인문주의로부터 루터의 종교개혁을 수용하는 방향으로 나아갔다. 그는 대학에서 두 차례 논쟁에 휩싸이는데 한 번은 공인된 성서

번역 요구 문제였고, 다른 한번은 '카드 설교'(Semons on the Card, 카드놀이를 예로 들며 당시의 교회와 신앙태도를 비판하고 자비와 사랑을 행할 것을 권고)로 인한 것이다. 그는 케임브리지에서 이름있는 설교자로 평가받았고 나중에 우스터 주교가 된 후 교구 내에 개혁교리를 장려하고 성상 철거를 옹호했다. 그는 또 미사 중에 그리스도의 육체적 및 실체적 현존, 성체 변화를 비성서적 견해라고 강조했다. 종교개혁을 위해 활동하던 그는 메리 여왕 취임 후 옥스퍼드에서 화형 당했다. 그를 기념하며 클레어 대학은 새 회의실(Conference room) 이름을 '라티머 홀'로 부르고 있고, 대학 홀 한 곳에 초상화를 걸었다.

트리니티 홀 예배당 앞에는 누구보다 종교개혁에 열성적인 토마스 빌리(Thomas Bilney)를 기리는 황동판이 있다. 그는 잉글랜드 종교개혁이 시작되기 직전 노리치 교구에서 처형당했다. 대학 황동판에 그의 삶이 간략히 새겨져 있다. "토마스 빌리를 기억하며. 트리니티 홀의 교수였으며, 일생동안 친절하고 성실했으며 저명했다. 다른 사람과 더불어 올바른 양심 때문에 주후 1531년 8월 19일 노리치에 있는 롤라드 핏에서 순교했다."

이처럼 케임브리지 종교개혁자들은 잉글랜드 종교개혁을 위해 헌신적으로 활동했다. 하지만 모든 학자들이 종교개혁에 찬성한 것은 아니다. 왕실에 의해 로마교회와 '불가피하게' 분리했지만 교회 제도와 교리 등 갈등이 계속됐다. 이 때 가톨릭 편에 선 인물이 스테판 가디너(Sterphan Gardiner) 주교였다. 그는 잉글랜드의 대표적 인문주의자로 트리니티 홀에서 공부했고, 학장으로 오랫동안 재직했다. 헨리 8세 때는 추밀원에서 활동하며 보수적 입장을 대

트리니티 홀 건물

변했고, 에드워드 6세 때 4년여 런던탑에 수감되기도 했다. 메리 여왕 취임 후에 정부 책임자가 된 그는 가톨릭 복원에 앞장서다가 건강이 악화되어 사망했다. 보수적이고 가톨릭 옹호에 앞장선 그였지만 개신교 성직자 처형을 반대(자신이 이끄는 윈체스터 교구에선 사형선고를 내리지 않았다)하는 등 인문주의자로서 면모를 지키려 노력했다.

7) 지저스 칼리지, 그리고 이븐 송 예배

지저스 칼리지 입구

대학들을 둘러본 후 서둘러 지저스 칼리지(Jesus College, 한국말로 '예수대학'이다.)로 향했다. 이 대학은 잉글랜드 종교개혁에서 가장 중요한 토마스 크랜머(Thomas Cranmer)가 공부하고 학자로 사역한 장소다. 그는 헨리 8세 때 영국교회를 대표하는 캔터베리 대주교가 됐고, 로마교회로부터 잉글랜드 교회를 분리하는 내용적 토대를 만들었다.

정문 수위실에 들러 '이븐송(Evensong) 때문에 왔다'고 말하고 대학에 들어섰다. '이븐송'은 '저녁 찬양예배'로 성공회 전례 중 하나다. 예배는 합창단이 찬양으로 이끌고 성서낭독과 신앙고백, 간단한 설교, 축도 등으로 진행된다. 케임브리지와 옥스퍼드 등 여러 대학에 소년소녀합창단이 있는데, 이들은 학기 중에 찬양예배를 이끈다. 마침 주일 밤 지저스 칼리지에서 이븐송이 있음을 알게 되어 대학도 둘러보고 이븐송 예배에 참석키로 한 것이다.

예수 대학은 엘리의 주교가 주도해 1496년 왕실의 승인을 받은 후 베네딕트 수녀원 건물과 부지를 모체로 설립되었다. 설립 초기엔 30여명의 사제와 예배자, 합창단원, 생활을 돕는 직원 등 50여명 규모였다. 수도원을 모체로 한 건물(First Court, Cloister Court)은 옛 모습을 간직하고 있었고, 1500년대 초반 건축된 The Hall(강당)에는 대주교 크랜머와 경제학자 멜서스 등 대학 출신 유명인의 초상화가 걸려 있다고 한다.

이 대학 설립 초기에 입학한 크랜머는 인문주의자인 에라스무스와 자크 르페브르 데타플 연구로 석사 학위를 받았고 교수로서 대학에 머물며 후학을 양성했다. 하지만 결혼을 하면서 이곳을 떠났던 그는 아내가 사망한 후 대학으로 돌아왔고 신학을 공부, 1520년 성직자가 된다. 하지만 그가 케임브리지에서 보낸 30여년의 생활과 연구 활동은 정확히 알려진 바가 없다. 그는 헨리 8세가 캐서린과 이혼하려고 할 때 학자로서 지원했고, 신성로마제국 황실 대사로 파견되었다. 이 때 그는 독일 뉘른베르크에서 활동하던 종교개혁자 안드레아스 오시안더(Andreas Osiander)를 만나 친분을 쌓았다. 10개월 독일에 머물던 그는 캔터베리 대주교로 임명을 받아 급히 영국으로 돌아왔고, 이후 잉글랜드 교회 대표로서 종교개혁에 앞장서게 된다.

예배당을 찾아 이븐송을 기다렸다. 예배는 공동기도서를 내용으로 드려졌는데, 열대여섯 명의 소년합창단이 예배 전 과정을 이끌었다. 오르간 반주가 있었지만 앞좌석 소년합창단 노래는 또렷했고 울림이 있었다. 찬양 가사와 곡에 실린 감정, 예배당 천정과 의자, 벽에 부딪쳐 들리는 찬양에 몰입한다. 함께 입

이븐송 예배를 마친 직후

을 모아 드린 사도신경과 목회자의 중보기도에 맞춰 내뱉는 회중의 화답송 여운은 함께 예배하는 자만이 누리는 특권이다.

30여분의 예배는 그렇게 끝나고 작은 예배당을 둘러본다. 한 쪽 벽에 크랜머의 얼굴이 새겨진 부조와 그의 이름이 있었다. 그를 기념하는 작은 공간이다. 다른 유명한 사람들도 있었지만 그래도 신학을 공부한 입장에서, 영국 종교개혁을 상징하는 크랜머는 예수 대학의 얼굴이 분명하다. 그런데 이 대학은 종교개혁으로 험한 역사를 겪었다. 대학교회였던 이곳은 1549년 에드워드 6세의 종교개혁이 시작되면서 제단 철거와 성화상 파괴가 이뤄졌다. 메리 여왕 때 일부 복원되었다가 엘리자베스 1세 때 단순화됐고, 예전도 바뀌었다. 그러나 이후 예수대학은 고교회(예배와 예전을 강조하고, 가톨릭적 분위기를 옹호하는 그룹)의 거점으로 탈바꿈됐다. 오르간이 다시 설치되고 로드 캔터베리 대주교 정책에 따라 제단 장식도 새로워졌다. 경건한 음악과 정교하고 엄숙한 예배가 드려진 것이다. 하지만 몇 년 후 왕당파와 의회파의 내전이 벌어졌고 케임브리지는 의회파의 영향력 아래에 들어갔다. 그렇게 케임브리지에 들어온 청교도 강경파 윌리엄 다우징(William Dawsing)은 1643년 성탄절에 제단과 성상을 파괴했고, 이듬해에 학장과 펠로우를 대학에서 쫓아냈다. 왕정복고 후 다시 예배당 내부는 수리됐고 오르간도 재건됐지만 예배당 장식이 단순한 것은 아마도 이런 영향 때문일 것이다.

이 대학 예배당에서 잉글랜드 종교개혁의 흐름을 개괄적으로 말할 수 있겠다는 생각이 든다. 개혁이란 이름으로 진행된 파괴와 복고, 그리고 재 파괴와 반복되는 장식은 어쩌면 잉글랜드 교회가 당한 고통이며, 이 과정에서 영국교회는 중도적인 교회로 오롯이 자리매김한 것은 아닐까 하는…. 완벽히 맞는 말은 아니지만 생각할 여지를 많이 주는 것 같다.

2. 헨리 8세와 튜터 왕가 종교개혁, 런던에서

16세기 영국의 종교개혁 흔적을 찾아 케임브리지를 나서 런던으로 향했다. 다만 무엇을, 어떤 곳을 찾아야 할 것인지 명확한 상이 떠오르지 않았다. 종교개혁을 주도한 헨리 8세가 삶을 보낸 화이트홀 궁전(Palace of Whitehall)은 1698년 화재로 소실됐고, 런던의 중심 교회인 세인트 폴은 1666년 런던 대화재 후 복원됐다. 결국 과거 궁전이 있었던 지역, 오늘날 왕의 거주지 버킹엄 궁전, 영국 종교개혁을 이끈 튜터 왕가의 인물인 메리와 엘리자베스 여왕이 묻힌 웨스트민스터 사원, 종교개혁 과정에 많은 지도급 인사들이 갇혀 있었던 런던탑, 런던 중심교회인 세인트 폴 등에서 런던 종교개혁 흔적을 찾기로 했다.

이른 아침 런던의 중심가에 자리한 버스터미널(빅토리아 코치 역)에 도착해 일정을 시작했다. 버스가 도착한 곳은 버킹검 궁전과 총리 관저(다우닝가 10번지), 국회의사당(옛 웨스트민스터 궁전) 등이 있는 런던의 중심지다. 정류장에서 가까운 런던 웨스트민스터 대성당(가톨릭)에 들려 잠시 기도한 후 웨스트민스터 사원(Westminster Abbey, 옛 웨스트민스터 수도원 예배당)으로 향했다.

1) 분리를 결심한 헨리 8세, 런던 중심부에서

웨스트민스터 사원(원래는 수도원이라 불러야 맞다. 하지만 종교개혁으로 수도원이 폐쇄됐고 예배당만 왕실교회로 사용된다.)은 7세기에 처음 세워졌고 기록은 960년경 둔스턴(Dunstan)이 런던 주교일 때 12명의 수도사가 정착하며 시작됐다. 이후 참회왕으로 불리는 에드워드(Edward the Confessor, 1033~1066)가 1065년 돌로 된 교회를 건축, 봉헌하며 왕실예배당이 됐다. 이 때 런던 세인트 폴(St. Paul)

웨스트민스터 사원 옆모습

교회(이 교회는 당시 런던의 동쪽에 있었다, East-Minister)와 구분하기 위해 'The west minister'(서쪽 수도원)로 불렸고 이 이름이 오늘날까지 이어지고 있다. 왕실의 지원으로 수도원은 중세 말 수도사 50명과 훈련생, 봉사자로 넘쳐났다.

이른 아침 닫힌 사원 밖을 살피는 것으로 런던 방문 첫 걸음을 시작했다. 교회 자료에 따르면 사원 건물은 대륙 프랑스의 건축 양식과 영국식 고딕 양식이 섞여 있다고 한다. 초기 노르만 왕조는 대륙 건축가를 불러 대성당 건축을 진행했고, 대륙의 영향이 컸다. 하지만 건축과 회화분야의 문외한이 특징을 구분하는 것은 능력 밖이다. 그래서 눈은 건축물을 살피면서 머릿속은 영국 종교개혁 역사를 떠올리고 있었다.

아버지 헨리 7세가 죽은 후 헨리 8세(Henry VIII, 1491~1547)는 1509년 열일곱에 왕위에 오른다. 그는 어렸을 때 가정교사 밑에서 라틴어와 프랑스어, 스페인어를 배웠고, 왕위를 계승할 형(Arthur Tudor)이 있었기에 교회 직분(주교나 추기경)을 생각하고 있었다. 하지만 12살 쯤 형이 결핵(또는 폐렴)으로 죽었고 그는 아버지 뒤를 잇는 책임을 맡게 됐다. 아버지의 장례식 후 아라곤의 캐서린(Catherine of Aragon)과 결혼한 헨리는 3일 후 웨스트민스터 사원에서 왕으로 취임했다.

그런데 캐서린과의 결혼은 헨리 8세가 종교개혁에 나서게 된 동기가 된 것으로 두 사람 관계는 매우 흥미로운 사건이다. 캐서린은 스페인 왕 페르난도 2세의 딸로 신성로마제국 황제가 된 카를 5세의 이모이다. 이런 가문 배경을 고려해 아버지 헨리 7세는 혼인을 통해 잉글랜드와 스페인 간의 동맹을 강화하려 했고 왕세자인 아서와 캐서린의 결혼을 추진했다. 하지만 결혼한 다음해 아서가 죽었고 헨리 7세의 계획은 차질이 생긴다. 동맹을 견고히 하려던 두 나라는 동생 헨리 8세와 캐서린의 결혼을 성사시켰다. 이때 캐서린은 '(병약했던 아서와 동침하지 않아) 처녀성은 잃지 않았다'는 사실을 '맹세'했고, 로마교회로부터 승인을 얻었다. 형수, 그리고 여섯 살 연상 캐서린과 결혼하는 것을 헨리 8세가 동의한 것인지는 불분명하다. 아버지가 원했고 로마교회가 동의한 이 결혼에 대해 그도 스페인과 우호 관계가 왕실에 도움 될 것이라 판단해 결혼했을 것으로 추측해본다.

역사를 보면 헨리 8세는 취임 초 평판이 나쁜 장관 2명을 처형했고 토머스 울지(추기경)를 대법관에 임명하는 등 국내 정치에 내실을 다졌다. 영토 확장에도 나서 프랑스, 스코틀랜드와 전쟁을 벌이는 등 강력한 왕권을 행사했다. 르네상스 시대, 왕권 강화 시기에 준비된 잉글랜드 왕으로서의 능력을 드러낸 것이다. 종교 분야에서도 그는 자신의 실력을 보였다. 루터의 저술이 퍼지기 시작하자 헨리 8세는 '칠성사의 옹호'(Assertio Septem Sacramentorum, 1521년)라는 글을 저술, 루터의 주장을 반박했다. 물론 이 글은 주교들이 작성하고 왕의 이름으로 발표한 것으로 보이지만 신학적 배움이 있던 왕의 입김이 있었을 것이다. 이 글과 가톨릭 옹호로 인해 교황으로부터 그는 '신앙의 수호자(Fidei Defensor)'라는 칭호를 받았다.

대성당 건물 옆 마가레트 예배당(St. Margaret's Church)이 있었다. 과거 수도

마가레트 예배당

원에 속한 예배당 앞에는 작은 안내판이 있었다. 1523년 현재의 모습을 갖춘 이 건물 내부에 헨리 8세와 캐서린 왕비에 의해 만들어진 창문(스테인드글라스)이 있다는 것이다. 아마도 교회가 봉헌되는 시점에 두 사람은 스테인드글라스를 위한 기부를 한 듯 했다. 왕과 왕비는 결혼 초 행복했을 것이다. 취임 초 프랑스와 전쟁을 벌인 왕은 동맹 관계(스페인과 신성로마제국 등)인 스페인 왕가 출신 왕비를 우호적으로 대했고, 두 사람은 여러 명의 자녀를 낳기도 했다. 그런데 이런 그가 아내와 이혼을 시도했고, 로마교회로부터 영국교회를 분리하는 일을 행하게 된다.

헨리 8세가 이혼을 꿈꾼 이유는 캐서린에게 아들을 얻지 못했기 때문이다. (3명의 아들과 2명의 딸 중 한 명의 딸을 제외하곤 유아기에 모두 사망했다.) 더욱이 그녀는 나이 40을 넘겨 사실상 임신이 어려운 상태라고 판단됐다. 이 때 헨리 8세는 앤 블린이라는 여성을 향한 열정을 품었고 캐서린과의 이혼을 시도했다. 어떤 사람은 '영국 종교개혁이 헨리 8세의 바람기 때문에 시작됐는지 모른다'는 우스갯소리도 한다. 틀린 말은 아니다. 하지만 당시 왕실 상황을 고려하면 왕위 계승은 매우 중요한 문제였다. 헨리 8세는 아버지 시대 왕위 계승과정에서 발생한 '장미전쟁'의 상처와 아픔을 알았고 이 일에 재발되지 않기를 바랐다. 당연히 다음 왕위 계승자를 명확히 해야 했고, 이는 합법적 왕비에 의해 태어난 적장자(아들)로 가능했다. 물론 딸의 남편(사위)을 왕으로 삼을 수도 있고, 여왕도 가능했다. 그러나 이는 불가피한 경우였고, 당시 건강했던 헨리 8세는 절대군주 시대를 내다보며 아들의 중요성을 확신했다.

웨스트민스터 사원 내부는 나중에 들리기로 하고 헨리 8세와 왕비들이 살던 궁전, 화이트홀 궁전(Palace of Whitehall)이 있던 장소를 찾았다. 그곳에서 헨리 8세는 왕위 계승 문제를 고민했고 캐서린과의 이혼을 추진했으며 로마교회와의 분리를 결단했다. 이곳에서 영국 종교개혁의 중요 인물인 딸 메리와 엘리자베스 여왕도 태어났다. 헨리 8세가 1547년 55세의 나이로 "수도사들, 수도사들…"이라는 외침과 함께 숨은 거둔 곳도 이곳이다. 그러나 1500여개의 방(현재 버킹검 궁전은 500여개)을 갖춘 유럽에서 가장 크고 화려했던 궁전은 지금 없다. 런던 대화재로 대부분 건물이 불타고 부속 건물(Banqueting House, Wine Cellar) 일부만 남았기 때문이다. 그런데 궁전이 있던 지역에 현재 영국 총리가 거주하는 관저, 다우닝가 10번지와 영국 행정부의 중요 부서들이 있다는 사실이다.

철문과 경비병 뒤쪽으로 카메라 기자들 모습이 보이고 방송에서 자주 본 '10'이 쓰인 총리 관저 출입문이 보였다. 500여 년 전 영국 정치의 1번지, 왕과 왕비(대륙 최고의 명문가)의 이혼을 위해 로마교회와 분리를 고민한 그 장소에서 영국은 유럽연합(EU)과의 이혼, 즉 브렉시트(Brexit)를 시작했다. 그리고 정치적인 갈등과 그 후과로 인해 여러 경제적인 어려움을 놓고 고심하고 있다.

총리 관저를 멀리서 살핀 후 인근 공원, 그리고 기마대 연병장 등

법원과 총리 관저가 있는 지역이 과거 화이트홀 궁전 지역이다. 아래는 옛 화이트홀 궁전 남은 건물.

으로 쓰이는 장소 등을 거닐며 헨리 8세가 로마교회와의 분리를 시작한 과정을 성찰했다. 헨리 8세는 1527년 교황에게 사절을 보내 결혼 무효화에 나선다. 결혼 무효의 명분은 간단했다. 캐서린은 형인 아서와 결혼으로 순결을 잃었고, 그녀가 거짓말을 했으므로 자신과 결혼이 위법하다는 것이다. 교황은 저명한 사람들에게 때때로 무효 선언을 허락했다. 그러나 당시 정치 상황은 교황에게 이혼(결혼 무효)을 승인할 수 없게 했다. 캐서린은 교황이 감당하기 힘든 유럽 절대 가문의 일원이다. 교황은 답변을 차일피일 미루는 시간 끌기로 대응한다.

시간이 없는 것은 헨리 8세였고, 기다리다 지친 그는 영국교회 1인자로 교황대사인 울지 추기경을 몰아붙인다. 그의 총리(대법관)직을 박탈하고 대역죄로 체포했다. 아울러 1529년 케임브리지 학자였던 토마스 크랜머(Thomas Cranmer) 등의 의견을 받아들여 잉글랜드와 유럽 주요 대학에 국왕의 혼인 합법성(무효화)에 대한 의견을 문의했다. 학계의 의견을 토대로 교회의 반대를 무력화하고 이혼을 정당화하려는 것이다.

그들로부터 정당성을 획득한 왕은 의회를 통해 로마교회와 분리에 나섰다. 영국 종교개혁 첫 단계는 1532~1534년경 일곱 개의 법령을 의회에서 처리하면서 구체화되었다. 우선 '성직세에 대한 조건부 금지'를 통해 잉글랜드 돈이 로마로 유출되는 것을 금지시켰고, '상고 금지령'을 통해 로마법원(교황청)에 상고하는 것을 금지했다. 또 왕의 동의 없이 교회가 어떤 규정도 만들 수 없고, '성직 임명법'을 통해 국왕이 의해 지명된 후보만이 주교로 착좌할 수 있다고 선언했다. 마지막으로 의회는 1534년 연말 '수장령(Act of Supremacy)'을 통해 왕이 'Supreme Head of the Church in England(잉글랜드 교회의 최고 수장)'임을 확정하였으며 '왕위 계승령(Act of Succession)'을 통해 이혼과 수장령에 대한 반대를 왕에 대한 반역죄로 처형토록 했다. 이에 맞서 교황(클레멘스 7세)은 헨리 8세와 크랜머 대주교를 파문했고 대주교의 혼인 무효 판결이 타당하지 않으며 헨리 8세의 앤과의 결혼은 법적 구속력이 없다고 선언했다. 또 교황대사를 잉글랜드에서 철수시킴으로서 외교관계를 단절했다. 그렇게 영국교회는 로마교회와 분리됐다.

  왕에 의해 1532년 캔터베리 대주교가 된 토마스 크랜머는 취임 다음해에 영국교회를 대표해 헨리와 캐서린의 결혼을 무효로 선언하며 이혼 절차에 마침표를 찍었다. 그렇게 헨리 8세는 앤 블린과 결혼할 수 있었다. 하지만 하늘은 그를 돕지 않았다. 왕비가 된 그녀가 낳은 첫 아이는 딸(엘리자베스)로, 헨리 8세는 바라던 아들을 얻을 수 없었다. 로마교회와의 분리는 수장령을 통해, 이혼은 대주교의 '혼인 무효 선언'으로 달성됐지만 왕위를 계승할 아들은 얻지 못한 것이다. 그래서 헨리 8세는 앤 블린과의 결혼도 무효로 하고 다른 여성(제인 시무어)과 결혼해 아들(에드워드 6세)을 얻었다. 그럼에도 그는 이혼과 결혼을 반복했고, 가톨릭과 개신교 입장을 오갔다. 왕권은 강화됐지만 정신적인 방황을 한 것이라는 생각이 든다. 그의 갈지자 행보처럼 그의 사후 잉글랜드 교회는 급진 개혁과 가톨릭 복원으로 방황했고 엘리자베스 여왕 때 중도적 종교개혁으로 정리되었다.

2) 왕의 거주지 버킹엄 궁전

  수도원 주변을 떠나 버킹엄 궁전(Buckingham Palace)으로 향했다. 이날 아침 왕실근위대 교대식이 있기 때문이다. 버킹엄 궁전은 현재 영국 왕이 거주하는 곳으로, 근위대 교대식은 많은 관광객이 찾는 런던 명물이다. 말을 탄 경찰들이 순찰하고 있었고 궁전 정문과 광장 중앙 분수대, 그리고 행진 코스에 관광객들이 가득 차 있었다.

버킹엄 궁전의 근위대 교대식은 런던의 명물 중 하나다.

근위대 교대식은 오전 11시부터 시작되어 1시간 정도 진행됐다. 궁전의 양 쪽에 있는 근위대 처소에서 교대 병력이 입장하고 정문에서 간단한 교대식이 진행된 후 퇴장하는 순서가 전부였다. 의장대와 기마대의 행진이 진행됐지만 방송설비가 없기에 근위대원 말은 들리지 않았고 의장대가 연주하는 나팔과 북소리도 작게 들렸다. 더욱이 교대 병력도 많지 않아 기대한 바에 못 미쳤다.

교대식을 본 후 세인트 제임스 공원을 가로질러 빅벤 쪽으로 향했다. 긴 공원을 가로지르며 헨리 8세의 이혼과 수장령에 대한 영국 내 반발을 생각한다. 울지 추기경의 죽음과 주교들에 대한 왕의 처벌을 본 귀족과 성직자는 왕권에 맞서는 것이 죽음뿐이라는 것을 느꼈다. 대다수 귀족과 의회 등 정치인들은 왕에게 순종했다. 이들은 잉글랜드를 로마와 분리했고, 고위성직자와 교회 권한에 비판 의식(1532년 '주교들에 대한 탄원' 문서가 하원에서 통과되었다)이 있었다.

하지만 성직자와 신자들이 잉글랜드 곳곳에서 왕의 조치를 비판하고 항의했다. '켄트의 수녀'(Nun of Kent)로 불린 엘리자베스 바튼은 왕의 조치를 비판하다 죽임을 당했다. 고의적 이혼에 대해 설교한 프란체스코회 수도사 몇 명도 고문을 당했고, 사이온 수도원(Syon Monastery)의 레놀즈(Reynolds) 등도 감옥에서 죽었다. 로체스터 주교 존 피셔는 왕의 수장권을 인정하는 맹세를 거부했다가 반역죄로 재판받아 참수(1535) 당했고 인문주의자로 대법관을 역임한 토마스 모어 또한 런던탑에 갇혔다가 처형됐다. 일반 백성들 사이에서도 반발이 있었다. 이듬해 10월 잉글랜드 북부에서 '은총의 순례(Pilgrimage of Grace)'로 불리는 봉기가 일어났다. 왕실은 봉기의 지도자 로버트 애스크(Robert Aske)를 불러 일부 요구조건을 들어주는 듯 설득, 해산시켰다가 나중에 지도자 전원을 반역죄로 처벌했다. 그렇게 단호한 왕의 조치로 '로마교회에서 분리'는 기정사실이 됐다.

그런데 재밌는 것은 헨리 8세의 이혼 과정에 '순결을 유지했느냐'는 여부와 함께 영국교회와 로마가톨릭교회가 성서를 근거로 논쟁했다는 사실이다. 고대 사회, 중동이라는 특수한 환경에서 형성된 레위기의 형사취수제(레 20장), 유다와 다말의 이야기(창 38장), 부활에 대한 사두개인과 예수의 대화 속 이야기(막 12장) 등이 양쪽에서 인용됐다. 교황이나 로마교회는 헨리 8세와 캐서린의 결혼 정당성을 옹호해야 했고, 영국교회와 왕은 결혼이 원래부터 잘못된 것으로 이혼이 답이라는 해석을 받아야 했다. 개인적 생각이지만 당시 교황청과 영국교회는 성서에서 자신이 원하는 답을 찾아서는 안됐다. 성서를 도구로 써서는 안됐다는 말이다. 그것은 선택의 문제이기 때문이다.

우리 시대에도 영국교회와 비슷한 모습이 있다. 그리스도인들 상당수는 성서 속에서 모든 해답을 구하려한다. 하지만 정치적 성향이나 태도에 의해 성서 내용이 왜곡되는 느낌이 들 때가 많다. 또한 자신이 가진 답을 얻기 위해 성서 구절을 근거, 명분 삼으려 한다. 목회자와 정치가들, 교회 중직을 맡은 사람들은 정치사회 문제나 교회 사안에 대해 자신의 주장을 낼 수는 있지만 조금은 성찰적인 태도를 견지하였으면 좋겠다. 성서나 하나님을 근거로 자신의 입장을, 행위를 정당화 하는 사람은 하나님을 종(도구)으로 여기는 것이다. 성서는 그런 책이 결코 아니다.

3) 왕을 지지, 지원한 의회와 교회, 빅벤과 의사당 주변

빅벤과 국회의사당이 있는 웨스트민스터 궁전

런던의 명물 중 으뜸은 '빅벤'(Big Ben)이다. 빅벤은 1858년 건축된 탑으로 런던 웨스트민스터 궁전 북쪽 끝에 세워졌고, 처음 성 스티븐 타워(St. Stephen Tower)로 불렸다. 내부에 있는 종은 그레이트 벨(Great Bell of Westminster)이라고 한다. 현재는 엘리자베스 2세 여왕의 즉위 60년을 기념해 엘리자베스 타워(Elizabeth Tower)라는 이름을 갖게 됐다. 사면에 세계에서 가장 큰(?) 자명종 시계가 달려 있는 빅벤은 템즈강과 함께 오랫동안 런던을 상징했다. 멀리서 빅벤을 보기 위해 템즈강 다리 중간까지 걸어갔다가 다시 되돌아왔다.

빅벤이 속한 웨스트민스터 궁전은 왕들이 런던에 머무를 때 거주했다. 헨리 8세는 울지 추기경이 머물던 요크궁전을 몰수해 '화이트 홀 궁전'으로 바꾸고 사용하기 전까지 웨스트민스터 궁전을 이용했다. 동시에 이곳은 영국의 주요 행정을 처리한 추밀원(국무회의)이 있었고, 의회와 대법관 등이 회의를 열렸다. 한마디로 웨스트민스터 궁전은 영국 정치의 산실과도 같은 장소다. 다만 현재의 궁전은 1834년 큰 화재로 일부분을 제외(웨스트민스터 홀과 보석 탑, 세인트 스티븐 경당의 지하실, 회랑 등)하고 모두 불탔고, 오랜 기간 복원을 거쳐 재탄생했다. 의회 기간이라 일반인의 궁전(의사당) 내부 관람이 허용되지 않아 건물 외부를 한 바퀴 돌며 수장령 선포 이후 화이트홀 궁전과 웨스트민스터 궁전 중심으로 추진된 헨리 8세의 종교개혁 정책을 생각했다.

왕의 '수장령'은 로마교회와의 분리, 법적 단절을 선포한 것이었을 뿐이며 교회의 제도나 교리, 예배나 교회 운영의 변화는 없었다. 수장(대표, 머리)만 바뀐 것이다. 그러나 분리와 함께 교회 내부에서 영국교회가 어떠한 방향으로 나아가야 하는지 새 과제에 직면했다. '무엇이 영국교회냐, 로마교회와 다르냐'라는 질문이 제기된 것이다. 영국의 종교적 움직임은 크게 두 방향에서 전개되었다. 하나는 영국교회를 왕의 소유로 정리하는 정치적 측면, 다른 하나는 영국교회의 제도나 예배운영을 새롭게 하는 방향이다. 이 두 과제를 풀기 위해 왕을 정점으로 한 의회, 왕을 수장으로 한 대주교와 성직자회의 역할이 중요했다. 당시 이 과제를 수행한 핵심 인물로 두 명의 토마스가 있다. 정치와 법적 문제를 풀어간 인물은 수석 장관인 토마스 크롬웰(Thomas Cromwell)이고, 예배와 교회 변화를 이끈 인물은 캔터베리 대주교인 토마스 크랜머(Thomas Cranmer)였다.

토마스 크랜머 대주교

먼저 헨리 8세는 절대 왕정 강화와 함께 교회의 수장으로서 토마스 크롬웰에게 수도원의 상태에 대한 전반적 조사를 지시(1534)했다. 크롬웰은 감사관을 임명해 수도원 재산을 보고토록 했으며, 1536, 1539년 두 차례에 걸쳐 수도원을 해산시키고 소유 영지(땅)와 재산을 몰수했다. 몇몇 반항하는 수도원장들은 교수형에 처해졌고, 수도원에서 쫓겨난 수도원장과 일부 수도사들은 대륙으로 망명했다. 그렇게 3년 동안 잉글랜드 전역에 있는 2천여 개의 수도원이 문을 닫았다.

헨리 8세는 왜 수도원 해산 조치에 나선 것일까? 교회의 영향력 약화 시도와 함께 학자들은 '수도원이 가진 많은 재산 때문'이라고 지적한다. 르네상스 군주로 절대왕정을 구가하며 프랑스와 스코틀랜드와 전쟁을 한 헨리 8세는 재정부족을 절감했다. 당연히 막대한 부를 가진 교회재산에 눈독을 들인 것이다. 수도원 폐쇄 이후 왕실은 수도원 예배당과 건물, 땅들을 지역 영주나 지주에게 넘겼고 그 돈으로 왕실의 재정은 넉넉해졌다. 만약 영국 수도원들이 종교개혁 전후로 시민사회와 우호적 관계를 맺었거나 사회에 적지 않은 기여를 했다면 어땠을까 하는 생각이 머릿속을 맴돈다.

수도원 해산과 함께 주목되는 내용이 성인의 유골과 유물을 보관하는 성소(성물실) 파괴다. 1538년 헨리 8세는 캔터베리 대주교였던 토마스 베켓 대주교의 유골함과 그를 기념하는 장소를 파괴토록 한다. 토마스 베켓은 11세기 왕에게 대항했고, 왕의 기사들에 의해 죽임을 당했다. 헨리 8세는 이러한 상징이 있는 것은 못마땅해 했고 종교개혁 과정에 그의 유골함을 파괴하고 유골을 흩어버린 것이다. 또한 그는 1545년 성당 내 모든 소성당(교회 내 소성당은 죽은 자를 기리며 귀족 등의 후원으로 지어졌고, 금 등으로 장식된 성물들이 적지 않았다)과 교회나 수도회에서 운영하던 병원을 해체하고 왕에게 귀속시키는 일에도 나섰다. 모든 정책은 법안으로 정리되고 의회에서 결정됐으며, 왕실과 세속 당국에 의해 시행되었다. 이 과정을 통해 영국교회는 철저하게 영국 왕에 속한 교회로 정리됐다.

의사당과 웨스트민스터 사원 사이에 '의회광장 정원'(Parliament Square Garden)이 있었고, 그곳에 잠시 머물렀다. 그곳 공원에는 간디와 처칠 등 영국 역사 속 유명 인물 동상이 있었고, 과거와 현대 역사가 쉼터라는 공간을 통해 자연스럽게 공존하고 있다. 그곳 한쪽에 앉아 빵과 음료수로 점심을 먹으며 영국 종교개혁에 대한 생각을 이어갔다. 의회에서 영국교회를 왕의 소유로 만드는 작업이 진행되는 것과 동시에 잉글랜드 교회의 신앙과 신조를 명확히 하는 작업도 진행됐다. 이 작업을 토마스 크랜머 대주교가 주도

의사당 앞 공원 처칠 동상

했다. 수장령 후 첫 작업은 1536년 헨리 8세의 서문이 실린 '10개 신조(Ten Articles)'이다. 5개 신조는 교리와 관련된 것이고 5개 신조는 예식과 관련된 내용으로 영국 교회의 기본 방향이 담겨 있다.

먼저 교리에서는 성서와 3개 신조(사도신경, 니케아신조, 아타나시우스신조)는 참된 기독교 신앙의 근거이자 요약이며, 세례는 죄 사함과 성령의 중생의 은혜를 전달하는 것으로 어른처럼 어린이들에게도 필요하며, 참회는 회개와 고백, 실천으로 이루어지는 것으로 구원에 필요하다. 또 그리스도의 몸과 피는 성찬례 안에 실제로 존재하며, 칭의는 그리스도 공로와 죄사함과 하나님과의 화해를 말하는 것이라는 내용이다. 이 내용을 볼 때 신조는 종교개혁 방향에 서 있다. 다만 예식과 관련된 내용에서 이미지(성상과 성화 등), 성인에 대한 기념일 유지 등 다소 온건한 입장을 제시한다. 이는 당시 영국교회 지도부에 보수와 개혁적 입장이 혼재했고, 왕을 놓고 각축을 벌였기 때문이다. 아무튼 이 내용을 토대로 토마스 크랜머는 '그리스도의 원리'(The Institute of a Christian Man, 이 책은 주교의 책-Bishop's Book-로 더 잘 알려져 있다)를 출간, 사제들의 설교와 목회 사역을 돕고자 했다.

그러나 헨리 8세는 얼마 지나지 않아 보수적 입장에 기운다. 1537년 왕위를 계승할 적자가 태어난 때문일 수도 있고 가톨릭교회와 화해를 모색하려는 의도일 수도 있다. 왕은 1539년 '6개 신조(Six Articles Act)'을 만들어, 당시 영국교회 논란에 대한 입장을 밝힌다. 그 내용은 화체설, 빵만 받는 성찬(영성체), 성직자 독신제의 필요성, 동정서약을 지키는 평신도의 의무, 사제 혼자 드리는 개인 미사의 중요성, 성사적 고해의 필요성 등 중세교회 입장에 근거했다. 나아가 1543년 왕은 '모든 그리스도인에게 필요한 교리와 지식'(A Necessary Doctrine and Erudition for Any Christian Man, 앞서 발행된 주교의 책에 반대되는 것으로 'King's Book-왕의 책-으로 불린다)이라는 책을 발행한다.

왜 이런 대립적인 내용이 왕에 의해 결정된 것일까? 로마교회와 분리하고 수도원을 폐쇄한 헨리 8세였지만 그는 종교개혁 입장이 명확하지 않았다. 헨리 8세는 영국교회의 분리만을 추구했을 뿐 내용은 로마교회와 같은 형태로 운영되기 바란 것인지도 모른다. 그럼에도 이해되지 않는 내용도 있다. 헨리 8세는 자신이 죽으면 왕이 될 아들을 위해 개혁파를 교사로 붙여 교육을 받게 했고, 아들이 열여덟 살이 될 때까지 보좌할 섭정이사회를 개혁파 인물로 구성하려 했기 때문이다.

개혁적인 교회를 만들려는 토마스 크랜머 작업은 헨리 8세의 보수회귀 움직임으로 잠시 중단된다. 하지만 1547년 헨리 8세가 사망하고 아홉 살에 왕이 된 에드워드 6세(Edward VI, 1537~1553) 시기 다시 전개되다. 개혁을 지원하는 설교집과 영국교회 예배의 형태를 구체적으로 규정한 공동기도서가 출간되었고, 보수파 주교들이 해임된 자리에 새로운 개혁적 인물이 임명됐다. 그러나 힘 있게 추진되던 잉글랜드 종교개혁의 두 번째 단계는 곧 시련에 직면했다. 1553년 에드워드 6세가 15세 나이로 죽으면서 캐서린의 딸 메리가 여왕에 취임, 가톨릭으로의 복귀를 단행한 것이다.

4) 피의 메리 여왕과 가톨릭 복귀, 런던탑과 타워 힐

지하철을 타고 런던탑이 있는 타워 힐 역으로 이동했다. 헨리 8세와 에드워드 6세 시기의 종교개혁을 되돌리고 많은 종교개혁자를 처형한 피의 메리(Bloody Mary), 즉 메리 여왕(Mary I, 1553~1558)의 흔적을 만나기 위해서다. 메리는 헨리 8세와 첫 부인 캐서린의 딸로, 열정적인 가톨릭 신자였다. 그녀는 어머니를 이혼과 죽음으로 내몰고 자신을 20여 년간 유폐시킨 정치인(개신교 세력)에게 강한 반감도 갖고 있었다. 그래서 에드워드 6세는 누나인 메리가 여왕이 되는 것을 우려했고 병석에 누웠을 때 제인 그레이를 여왕으로 세우려 한 것이다. 하지만 이는 실패로 끝났고 36세에 취임한 메리는 가톨릭 복귀를 추진했고, 어머니의 죽음에 책임있는 종교개혁자들을 형장의 이슬로 만든다. 런던탑(Tower of London)은 종교개혁에 동참한 귀족과 주교들이 갇혔던 장소였고, 그들은 인근에 있던 타워힐(Tower Hill)에서 처형됐다. 스미스필드가 일반인 처형 장소라면 타워힐은 귀족들이 많이 처형된 곳 같다.

런던탑은 궁전으로 사용된 장소면서 많은 고위급 인사가 갇혔던 감옥이기도 하다.

과거 왕이 거주했던 화이트 타워

역에 내려 타워 브리지(Tower Bridge)를 향해 가면서 런던탑의 면모를 살폈다. 웅장한 성은 타워보다는 하나의 성이나 요새로 보였다. 거대한 수문이 있었는데 성에 필요한 물을 템즈강에서 길어 올리기 위한 용도로 사용되었다고 한다. 사람들이 줄 선 입구에는 런던탑의 전설인 까마귀들, 튼튼한 성벽, 그리고 한 때 동물원으로 운영되었던 것을 알리는 사자상 등을 볼 수 있었다. 런던탑은 원래 템즈강 북쪽 언덕 위에 세운 방어 요새였다. 하지만 노르만 출신의 왕을 맞이하면서 이곳은 왕의 거주 공간, 궁전으로 탈바꿈한다. 강가에 세워진 궁전은 외부에 해자를 파고 성벽으로 둘러쌌으며 내부에 굳건한 궁전 건물(White tower)이 들어섰다. 그러나 왕이 런던의 다른 궁전을 사용하면서부터 이곳은 고위 관료나 왕족을 가두는 교도소로 사용되었다. 아마도 15세기 전후로 왕실 인사를 위한 연금 장소 또는 처형을 앞둔 고위 인사들의 감옥이 된 것 같다.

런던탑을 찾는 사람이 많은 이유는 이곳에 엘리자베스 2세와 찰스 3세 등 왕실의 권위를 대외로 드러내는 왕관 등이 보관되기 때문이다. 그래서 런던탑에 들어선 후 맨 먼저 왕이 거주했던 화이트 타워를 둘러보았고 뒤편 건물을 찾아 왕관과 보석을 관람했다. 화이트 타워에선 왕의 기도실(예배당)에 오래 머물며 살폈고, 그곳에서 잠시 묵상을 했다. 예배당은 독일을 비롯한 대륙 왕가 예배당과 큰 차이가 없었다. 이 궁전이 대륙출신 기술자에 의해 만들어진 때문일 것이다.

사람들이 많이 없던 화이트 타워와 달리 왕관이 있는 건물은 20~30여분 줄을 따라 걸어야 했다. 벽에는 여러 사진과 설명들이 쓰여 있었는데 긴 행렬에 지루하지 말라고 만든 것 같다. 마지막 공간에서 왕과 왕세자 왕관과 왕의 어머니 왕관 등 대관식에 사용되는

화이트 타워 내부의 왕의 예배실

보물을 만날 수 있었다. 많은 방문객은 다채로운 보석이 박힌 왕관을 접견(?)하는 것이 목적이지만 다른 생각으로 온 이에게 왕관은 예쁘고 화려한 모자 이상은 아니다. 다만 왕관의 무게가 상당하다고하니 대관식과 주요 행사에서 불편함을 감수해야 할 듯하다. 그런데 의외로 귀금속이 많이 없었다. 그것은 청교도 혁명 이후 올리버 크롬웰이 많은 귀금속을 녹여 다른 일에 사용했기 때문이다.

런던탑 감옥 내부 전시물

건물을 나서 감옥으로 사용된 탑을 찾았다. 4층 높이의 탑은 왕가 사람이나 귀족, 고위 성직자 등이 갇혔던 장소다. 탑의 1,2층은 전시공간으로 사용되고 있었다. 1층에는 이곳에 갇혔던 중요 인물을 소개했다. 앤 블린과 토마스 모어 등 왕실 관계자나 귀족 출신, 정부 요직을 거친 인물의 이름을 본다. 대다수는 종교개혁 시기인 16~17세기 인물이다. 헨리 8세와 에드워드 6세 때 인물을 시작으로

제4장_헨리 8세와 크랜머, 튜터 왕가의 종교개혁 **219**

메리와 엘리자베스 여왕 재임 시기, 제임스 1세를 지나 '왕권신수설'이 강조되던 찰스 1세 때, 그리고 청교도 혁명 등의 시기 때 수감자가 급증한 것이다. 왕에 대한 불복종이나 종교적 이유로 고위급 인사들이 수감됐고, 형장의 이슬로 사라졌다. 헨리 8세 때 이곳에 왕비인 앤 블린과 함께 인문주의자인 토머스 모어, 가톨릭교회의 존 피셔 주교 등이 수장령 반대, 즉 왕에 대한 반역죄로 갇혔다. 메리 여왕 때는 대주교 크랜머를 비롯해 여왕으로 '9일 천하'에 그친 제인 그레이 등이 있었다.

 감옥 2층에는 갇혔던 사람들이 벽에 새긴 글귀들이 전시되고 있었다. 라틴어나 영어로 새긴 글은 이름이나 성경구절, 신앙고백 등 다양했다. 특히 그들 가운데는 메리와 엘리자베스 여왕 때 종교적 이유(어떤 이는 반가톨릭, 어떤 이는 반종교개혁)로 갇힌 이들의 글귀가 있었다. '여호와를 경외하는 것이 지식의 근본이다.', '모든 것은 기다리는 자에게 온다.'는 글은 각기 다른 입장에 선 이들이 자신의 생각 속 무언가를 담아 새긴 것이다. 어떤 이는 교황(로마교회) 편에 섰다고, 어떤 이는 종교개혁 편에 섰다는 이유로 갇혔고, 일부는 고문도 당했고 재판을 거쳐 목숨을 잃었다. 모두가 양심의 견해 때문에 갇혔고, 죽은 것이다. 다행히 죽음을 면한 엘리자베스는 나중에 여왕이 되어 잉글랜드 종교개혁에 큰 족적을 남겼다.

 감옥을 나서 엘리자베스 여왕의 어머니, 헨리 8세의 두 번째 부인인 앤 블린 처형장소에 섰다. 크리스털로 된 원형의 받침대 위에 작은 방석 모양의 조형물이 놓여있었다. 후대에 빅토리아 여왕이 이곳을 방

앤 블린이 처형된 장소 기념물

문했고 그녀의 죽음을 기려 작은 조형물을 세운 것이다. 앤 블린은 이곳에 설치된 사형대에 목을 내밀어 처형되었다. 처형에는 프랑스에서 초빙한 실력 좋은 사람이 일반적으로 사용하는 둔탁한 큰 도끼 대신 칼을 사용했다고 한다. 헨리 8세가 자신이 살을 맞대고 살았

앤 블린과 레이디 제인이 묻힌 예배당

던 그녀에게 고통을 받지 않도록 '최소한의 자비'를 베푼 것이다(이걸 자비라고 말해야 할지).

처형장 옆 예배당을 찾았다. 세인트 페터(베드로. Chapel Royal of St Peter ad Vincula)라는 이름의 예배당은 작았다. 이곳에는 앤 블린과 에드워드 6세의 후계자로 선정됐으나 피의 메리(Bloody Mary)에 의해 죽임당한 '레이디 제인 그레이'(Lady Jane Grey)가 묻혔다. 그곳 예배당에 앉아 메리 여왕을 떠올린다. 에드워드 6세가 건강이 악화되자 신하들은 그녀의 여왕 계승을 강력하게 반대한다. 어머니를 닮아 진취적이고 가톨릭 성향인 메리를 알던 왕 또한 공감했고, 왕위계승법까지 바꾸며 대안을 모색한다. 유언장을 통해 헨리 8세의 여동생 메리의 손녀인 제인 그레이를 여왕으로 지명한 것이다. 하지만 메리와 엘리자베스로 이어지는 적통이 명확했고 방계로 이어진 왕위 계승은 받아들여지기 어려웠다. 결국 메리는 귀족들과 동생 엘리자베스의 지지 속에 군대를 모아 런던으로 향했다. 그렇게 모든 사람들이 적통의 왕위 계승을 인정하면서 사태는 일단락 됐다.

즉위 직후 메리는 이 사태를 주도한 인물을 제외하고 '자신과 종교가 다르다는 이유로 신하를 처벌하지 않겠다'고 약속했다. 하지만 그녀는 제인

그레이를 처형했고, 이후 아버지와 동생이 한 모든 종교정책을 취소하고, 잉글랜드 교회를 로마교회로 되돌리기 시작했다. 이전 정권에서 쫓겨난 주교들을 복직시켰고 취임 다음해 모든 주교에게 구질서를 회복할 것과 결혼한 사제를 성직에서 축출할 것, 공동기도서 사용을 중단하고 가톨릭 축일을 지킬 것, '이단 사상'(종교개혁 사상을 의미)을 가진 모든 성직자의 직분을 박탈할 것을 명령했다. 또 제단의 회복, 장식과 성상의 제자리 찾기, 주교의 옷도 다시 사용하도록 했다. 이러한 변화는 개혁을 수용한 성직자에게 견디기 힘든 일이지만 일반 성도들은 익숙함으로 회귀하는 것으로 느껴질 수도 있었다. 종교개혁 역사가 길지 않았기 때문이다.

메리 여왕의 취임과 함께 교황은 추기경 겸 교황사절로 포울(Reginald Pole)을 영국에 파견했고, 여왕은 로마교회와 관계 회복에 나섰다. 의회는 이단에 대한 옛 법을 회복시키고 1528년 이래 모든 교회 입법을 무효로 하는 '폐지법(Act of Repeal)'을 제정, 로마교회로의 회복을 선언했다. 또 여왕이 추기경 앞에 무릎을 꿇고, 추기경은 분열의 죄로부터 잉글랜드를 용서하는 예식을 열었다. 영국교회는 '왕의 교회'에서 다시 '교황의 교회'가 된 것이다. 로마와의 화해는 결국 종교개혁 세력에 대한 탄압을 예고하는 것이었다. 개혁파 주교들은 감옥에 갇혔고 일부 주교는 외국으로 피신했다. 이어 영국교회의 새 대표가 된 스티븐 가디너(Stephen Gardiner)는 교회 심판을 개시했고, 피신하지 않은 크랜머 대주교와 래티머, 리들리 주교 등을 체포해 런던탑에 수감했다. 그들은 결국 형장의 이슬로 사라졌다.

런던탑의 나서 인근에 위치한 '타워 힐(Tower Hill)'로 향했다. 그곳에 순교한 이들을 기리는 비가 있기 때문이다. 한참을 헤맨 후 그 비를 만날 수 있었다. 단두대가 있었던 작은 공원 곁에는 토마스 모어 등 희생자를 기리는 비가 있었다. 타워 힐은 런던탑에 갇힌 죄수들을 처형하는 장소로 사용됐는데 400여 년 동안 112명의 주요 인사들이 죽임 당했다고 한다. 이곳에서 사형당한 인물이 로체스터 주교인 존 피셔(John Fisher)와 '유토피아(Utopia)'로 잘 알려진 토마스 모어다.

타워힐 처형장에 선 기념비들

모어는 가톨릭교회에 의해 '정치가의 수호성인'으로 시성되었는데, 이는 교황권을 옹호하다 죽임을 당했기 때문이다. 그는 헨리 8세 초기 울지 추기경을 도와 루터의 책이 잉글랜드에 출판되는 것과 이단 설교를 반대하는 칙령반포를 도왔다. 또 대법관이 된 후에는 루터교 신자들을 화형에 처하고 마흔 여명을 감옥에 가두었다. 그의 반종교개혁 입장은 1520년대 중반 루터에게 실망한 인문주의자들과 궤를 같이한다. 자유의지 논쟁 과정에 나타난 루터의 극단적인 태도는 인문주의자들을 실망시켰다. 또 중세 교회 분열이 가시화되면서 이런 입장은 더욱 심해졌다. 물론 모어의 직접적 죽음은 헨리 8세의 이혼에 대한 반대와 수장령에 따라 왕에게 충성하라는 맹세를 거부한 때문이다. 인문주의자였던 그는 교회 개혁은 원했지만 왕의 이혼과 평신도인 왕의 교회 수장 지위 획득은 반대했던 것이다. 그가 처형대에서 한 말이 명문이다. "왕의 좋은 신하이며 하느님의 첫 번째 종으로 죽는다(he died the King's good servant, and God's first)." 모어의 시신은 런던탑의 성 페터 교회에 묻혔고, 그의 머리는 한 달 동안 런던탑에 효수되었다.

메리 여왕 시절에도 이곳에서 처형이 계속됐다. 존 더들리와 토마스 와이어트, 서퍽의 공작 헨리 그레이 등이 처형됐다. 모두 메리 여왕의 통치에 항의하며 제인 그레이를 복위시키거나 엘리자베스 여왕 시대를 추구한 인물이다. 또한 청교도 혁명과 관련해 찰스 1세를 옹호했던 캔터베리 대주교 윌리엄 로드와 청교도 목사 리스토퍼 러브 등도 이곳에서 처형됐다. 그들의 희생을 기리기 위해 여러 개의 기념비가 놓였다. 그곳에서 종교적 입장을 떠나 희생된 모든 이들을 기리며 고개를 숙였다. 이들 모두는 각자의 신념에 충실했고, 신앙적 헌신 과정에 죽임을 당했다. 그런 점에서 그들 모두 순교자인 것이다.

하지만 종교개혁자들을 타워 힐과 스미스필드에서 처형한 메리 여왕의 반종교개혁은 실패했다. 메리 여왕은 가톨릭을 옹호한 스페인 왕 필립 2세와 결혼했다. 만약 그녀가 자식을 얻는다면 잉글랜드는 가톨릭 신앙을 유지케 됐을 것이다. 또 메리가 건강하게 오래 집권했다면 가톨릭 전통이 주류가 됐을 것이다. 하지만 남편 필립은 대부분 영국 밖에서 활동했고, 그녀는 외로이 자신의 왕국을 다스려야 했다. 우울증과 상상임신 등 어려움을 겪은 그녀는 결국 42세의 나이로 자녀 없이 사망했다. 여왕에 이어 로마 교회로 회귀를 실행하던 대주교 포월도 죽으면서 개신교 탄압은 막을 내렸다. 앤 불린의 딸인 엘리자베스가 여왕이 되어, 아버지와 동생 에드워드 6세의 개혁적 종교정책을 복원시켰기 때문이다. 그녀는 메리(1553~1558)보다 10배 가까이 오래 재위(1558~1603)했고, 자신의 임기 내에 중도적 잉글랜드 종교개혁을 되돌릴 수 없을 정도로 견고하게 만들었다.

5) 엘리자베스 여왕의 중용적 종교개혁, 세인트 폴 대성당

런던 중심교회인 세인트 폴(St. Paul's Cathedral)을 찾았다. 어떤 사람들은 런던의 중심교회로 웨스트민스터 사원을 떠올리지만 이는 잘못된 것이다. 웨스트민스터 사원은 왕가의 예배당이고, 현재 성공회 런던교구의 주교좌성당은 세인트 폴이다. 대성당 앞 광장에서 한 여왕의 동상을 만났다. 처음에는 종교개혁을 완성한 엘리자베스 여왕이나 오랫동안 영국을 다스린 빅토리아 여왕, 그리고 최근까지 영국을 이끌었던 엘리자베스 2세 여왕을 떠올렸다. 하지만 가까이서 확인하니 19세기 초 10여 년간 영국을 다스린 앤 여왕이다. 아

세인트 폴은 런던 교구 대성당이다.

마도 그녀의 재위시기에 대성당 복원이 마무리된 때문일 것이다.

  다른 나라와 달리 영국에서 여왕이 많은 것은 남성 왕위 계승자가 없었기 때문이다. 공식적으로 잉글랜드 첫 여왕은 메리였고, 그녀는 종교정책과 실패한 대외정책으로 여성 집권자에 대한 불만을 일으켰다. 존 낙스(John Knox)가 '여성들의 기괴한 통치'라고 비꼰 것은 당시의 정서였을 것이다. 하지만 엘리자베스 여왕은 오랜 기간 재위하며 잉글랜드를 반석 위에 세웠고, 해가 지지 않는 나라를 만드는데 기여한다. 그녀 뿐 아니라 빅토리아 여왕이나 엘리자베스 2세 등 다른 여왕도 오래 왕위에 머물며 영국의 영향력을 세계 속에 확산시켰다. 그런 면에서 영국은 '여왕의 나라'라 해도 과언이 아니다. 어쩌면 최고 지도자가 여성일 때 민주주의는 제대로 작동할 수 있는 것은 아닐까 생각해본다.

  아무튼 메리가 죽은 후 엘리자베스(Elisabeth I, 1558~1603)가 취임하자 사람들은 우려 섞인 눈으로 그녀를 바라봤다. 종교정책에서 남동생 에드워드처럼 할 것인지, 아니면 언니 메리처럼 할 것인지 관심사였다. 여왕은 초기 조심스럽게 접근한 것 같다. 온건한 개혁자인 윌리엄 세실(William Cecil)에게

정치를 이끌도록 했고(그는 최고 고문, 국무장관, 재무장관 등을 겸직했다) 케임브리지 출신이며 리들리, 래티머 등 종교개혁자의 친구로 메리 여왕 때 잉글랜드 땅에 머물며 시골로 낙향했던 매슈 파커(Mattew Parker)를 캔터베리 대주교로 선임했던 것이다. 그는 대륙으로 망명해 칼빈주의 종교개혁을 수용한 다른 주교들 보다 온건한 태도를 가지고 있었다.

세인트 폴 대성당(교회)에 들어섰다. 로마시대에 종교적 기념장소로 사용된 터전 위에 604년 멜리투스(Mellitus) 주교가 교회를 처음 세웠다. 나무로 건축된 교회는 몇 번 화재와 바이킹 침입 등으로 파괴되어 재건축되었다. 1087년 노르만 왕조 때 돌로 건축된 교회는 런던대화재(1666년)로 심각한 파괴의 아픔을 당했다. 결국 왕과 런던시장은 세인트 폴을 다시 건축하기로 하고 크리스토퍼 렌(Christopher Wren)에게 설계와 건축을 맡겼다. 렌은 돔을 얹어 바로크 양식으로 건축하려고 했고 위원회는 이를 가톨릭 요소라며 고딕방식을 요구했다. 결국 렌이 독자적으로 자신의 방식으로 건축을 진행했고, 고딕과 바로크가 혼재된 양식과 거대한 돔이 있는 대성당을 완공했다.

어떻든 엘리자베스 여왕 취임 후 처음 열린 의회는 '수장령(Act of Supremacy)'과 '통일령(Act of Uniformity)'을 새롭게 통과시켰다. 이 때 수장령은 헨리 8세 때 내용을 보완한 것으로 엘리자베스 여왕은 '최고 수장(supreme head)'이 아니라 '최고 통치자(supreme governor)'로 변경했다. 또 헨

세인트 폴 대성당 내부(자료사진)

리 8세 때 로마에 반대하는 법률과 빵과 포도주 모두를 평신도들에게 분배하는 것을 회복토록 했다. 이로서 여왕은 가톨릭이 아니라 종교개혁 입장에 설 것을 표명했다. 그녀는 또 1552년 기도서를 다시 도입하고 불복하는 사람들에게는 벌을 주도록 했으며, '금지령'을 통해 성직자의 복장과 기도, 정기적인 설교와 교리교육 등을 명령하고, 사제와 부제의 결혼 시에는 주교 등의 승인을 받도록 했다. 그녀의 집권 초 열린 성직자의회(1563)는 신앙고백과 관련해 1553년의 42개조를 개정하는데, 몇 개의 문구를 고치고 로마 가톨릭에 상처를 줄 수 있다는 이유로 1개 조항을 삭제, 39개조로 만들었다.

여왕 취임 이후 대중적 우상 파괴 움직임이 전개되었다. 메리 여왕 때 교회에 설치된 제단, 십자가, 성화, 성상, 장식품, 예복 등이 다시 폐기되고 불태워졌다. 수도원과 수도 단체도 다시 해체되고 메리 여왕 때 임명한 주교 상당수는 해임되었다. 여왕은 처음부터 이들을 해임하려 하지는 않았다. 하지만 주교 대부분은 금지령과 수장령에 있는 선서를 거부했고, 결국 해임되었다. 그들의 자리를 대신해 개혁적 입장의 주교가 선임되었다.

주교 해임을 기점으로 여왕에 대한 가톨릭교회의 반발이 거세졌다. 1569년에 잉글랜드 중북부 백작들이 엘리자베스 제거와 '진정한 가톨릭 종교' 회복을 위해 반란을 시도했다. 이들은 더럼 대성당에서 미사를 드리고 공동기도서를 짓밟았다. 이 반란에 고무된 교황은 엘리자베스를 파문하고 그녀의 왕위를 박탈한다. 나아가 '엘리자베스 여왕의 모든 신하를 충성서약에서 해방한다'는 교서를 발표, 귀족들의 반란을 선동했다. 여왕은 분노했다. 이 교서는 사실상 잉글랜드와 로마교회의 관계를 공식적으로 단절케 했고, 조심스럽던 여왕의 종교 정책은 강경모드로 돌아섰다. 여왕은 교서를 출판하거나 교황청으로부터 들여오는 것을 처벌 대상으로 다스리겠다고 선언했다. 또 예수회에 의해 파송된 선교사를 붙잡아 처형하고, 국외로 추방한다. 나아가 가톨릭이 여왕으로 선임하려던 스코틀랜드의 메리를 처형하고 잉글랜드를 공격하는 스페인 무적함대를 대파한다.

엘리자베스 여왕 시절 가톨릭교회 옹호를 이유로 250여명이 처형됐다. 이는 메리 여왕 때 처형된 300여명의 종교개혁자들과 비슷한 규모다. 하지만 비슷한 처벌 규모와 달리 두 사람의 재위 기간이 10배 차이가 나면서 '블러드'의 칭호는 메리의 몫이 됐다. 아무튼 엘리자베스 여왕의 종교개혁 정책과 오랜 재위는 개혁된 영국교회를 든든히 세우는 힘이 됐다. 세인트 폴 대성당의 돔 안쪽에는 성서 내용을 담은 그림과 여러 명의 동상이 있었다. 자료를 통해 그림은 구약성서 내용이고, 동상은 이사야, 예레미야, 에스겔, 다니엘과 사복음서 저자(마태, 마가, 누가, 요한)라는 것을 알 수 있었다. 개혁교회로서 하나님의 말씀을 선포하는 것이 더욱 중요하다는 것을 상징적으로 표현하는 것 같다.

강단에 오르기 전 만난 현대 작가의 한 영상이 눈길을 사로잡았다. 단조로운 성당 내부에 실망하던 시점에 그곳에 장시간 머물며 작품을 감상했다. 십자가 모양으로 배치된 TV화면의 첫 장면은 예수를 안고 있는 마리아의 모습이다. 아이에게 젖을 주는 어머니, 거대한 자연 앞에 선 작은 인간, 그리고 모닥불 앞에 있는 사람들의 모습이 이어진다. 물, 바닥이 갈라진 마른 호수 등도 보인다. 영상에는 흙에 묻힌 사람, 손발이 묶인 채 공중에 묶인 사람, 의자에 앉은 사람, 그리고 다리에 줄이 묶여 공중에 거꾸로 매달린 사람이 등장한다. 시간이 흐르면서 이들에게 변화가 생긴다. 흙은 하늘로 올라가고, 바람이 불고, 불이 하늘에서 떨어져 인간을 삼킨다. 거꾸로 매달린 사람에겐 물이 떨어진다. 점점 빨라지는 움직임…. 그리고 흙에 덮였던 사람은 일어서고, 바람을 만난 이는 눈을 뜬다. 불은 만난 이는 당당하게 고개를 든다. 공중에 거꾸로 매달린 이는 줄이 당겨져 하늘로 올라간다. 그리고 흙과 바람, 불을 만난 그들은 하늘을 바라본다.

작품 옆에 적힌 글에는 빌 비올라(Bill Viola)의 '순교자와 마리아(Martyrs and Mary)'라는 작품이다. '순교와 고통', '모성'을 담은 두 개의 작품은 비디오 아트 장르다. 흙과 공기, 불과 물을 형상화한 내용과 함께 출생과 죽음, 위로와 창조, 고통과 희생 등의 내용이 담겨 있다고 하는데 작가의 정확한 의도는 알기 어렵다. 작가는 예수 그리스도의 죽음과 부활을 모티브로 무언가 질문을 던지고 있는 것 같다. 성상과 성화, 모자이크와 스테인드글라스로 장식된 교회에 이 작품은 새로운 문화적 도전을 줄 것이다.

대성당의 강단 출입 철문은 아름답게 장식되어 있었는데, 구약의 선지자들 모습과 사복음서 저자, 예수님의 열두 제자 등이 조각되어 있었다. 또한 어릴 때 교회에서 많이 접했던 '문밖에 서서 문을 두드리는 예수 그리스도'의 모습을 담은 윌리엄 홀먼 헌트(William Holman Hunt)의 그림도 만날 수 있었다. 그림의 공식 제목이 '세상의 빛(The Light of the World)'이라는 것은 이번에 처음 알게 됐다.

대성당 지하 무덤(Crypt)에 들어섰다. 왕과 여왕이 묻힌 웨스트민스터 사원 보다 비중은 덜하지만 이곳에도 영국 역사의 중요 인물들이 묻혀 있다. 해군제독 넬슨(Horation Nelson)과 웰링턴 공작 아서 웰슬리(Arthur Wellesley), 성공회 주교인 헨리 멜빌(Henry Melvill) 등이 잠들어 있었다. 그곳 한 곁에 나이팅게일이 환자를 돌보는 모습을 담은 하얀색의 작은 기념비와 어린이가 한 인물(랜돌프 칼데콧)의 초상화를 들고 있는 동상을 보게 됐다. 그들은 이곳에 없지만 이들의 검소한 기념비에 눈이 고정됐다.

넬슨 제독의 무덤 주변에서 태극기가 새겨진 작은 검은색 패를 발견했다. 반가웠다. 기념패는 한국전쟁(1950~53)에 참전하여 목숨을 잃은 영국 군

대성당 지하 넬슨 제독 무덤(자료사진)

인들을 추모하는 패였다. "Not one of them is forgotten before God.(그 가운데 한 사람도 하나님은 잊으신 바 없다.)"라는 문구가 적혀 있었다. 누가복음 12:6을 기초로 한 이 내용은 '인간은 세월이 지나면 잊어버리지만 하늘은 그를 잊지 않고 기억 하신다'는 의미다. 이름이 이곳에 없을지라도, 인간 기억 속에 잊히더라도 하늘은 우리의 삶과 활동을 선명히 기억한다는 사실을 가슴에 새긴다.

대성당 지하에는 세인트 폴의 역사를 새긴 전시 공간이 있었다. 그곳에서 1526년 런던 주교가 '틴틀의 영어 신약성서에 대항했고, 틴틀은 나중에 화형을 당했다'는 문구를 만났다. 그렇다. 잉글랜드 종교개혁의 가장 중요한 한 측면이 이곳에 언급되고 있었다. 바로 위클리프(1382)로부터 시작된 영어로 된 성서번역, 영어성서의 출간이다. 자국어 성서 번역을 위클리프가 시작했지만 성서 번역의 가장 큰 공헌자는 윌리엄 틴틀(William Tyndale)이다. 그는 1526년 신약성서를, 1530년 모세오경을 출간했으며 죽기 전까지 여호수아에서 역대기하 번역을 완성, 이후 출간된 영어 성서의 토대를 굳건히 했다. 1535년 체포된 틴틀은 이듬해 "주여, 영국 왕의 눈을 열어 주소서!"라는 말과 함께 화형을 당했다고 한다. 그를 이어 커버데일(Miles Coverdale)과 매튜(Matthew)가 그의 번역을 기초로 영어 성서를 출간했고, 영어 성서는 영국과 유럽 땅에 퍼졌다.

종교개혁과 함께 토머스 크롬웰은 '교회를 위한 영어성서'(예배와 예전용) 출간을 커버데일에게 요청했고 왕은 새 번역 허락과 함께 이를 교회에 비치토록 명령했다. 이 때 커버데일은 틴들의 번역을 참고해 'The Great Bibel'(대성서, 1539)을 완성한다. 이 성서는 번역에 목숨을 걸었던 틴들이 있었기에 가능했다. 만약 헨리 8세가 좀 일찍 성서번역을 결심했다면 틴들은 죽지 않았을 수도 있고, 대성서 발간을 주도했을 수 있었다.

그런데 교회는 왜 이 문구를 이곳에 남긴 것일까? 아마도 틴들과 당시 런던 주교였던 커스버트 턴스틸(Cuthbert Tunstall)의 이야기를 회상케 하려는 것일 수 있다. 틴들이 출간한 신약성서는 영국에 모습을 드러냈고, 당시 턴스틸은 일반인이 읽지 못하도록 번역판을 구입, 불태웠다. 그런데 번역판이 계속 나돌자 주교는 인쇄된 성서가 영국에 도착하기 전 모두 사들이고자 시도한다. 상인은 이 말을 틴들에게 전했고, 그는 판매를 허락, 더 많은 성서가 불태워졌다. 그는 더 좋은 개정판을 만들기 위해 판매를 허락했던 것이다. 런던 주교, 교회 재정은 더 좋은 번역을 위한 밑거름이 되었다.

6) 중용적 종교개혁 완성, 웨스트민스터 사원(수도원)

헨리 8세와 에드워드 6세, 피의 메리와 엘리자베스 1세로 이어지는 튜터 왕가의 종교개혁 여정을 웨스트민스터 사원에서 마무리하기로 했다. 왕실 예배당이면서 동시에 왕가의 무덤이기도 한 이곳은 왕의 대관식과 장례, 결혼식 등 수많은 사건이 벌어졌고 왕과 여왕을 비롯해 영국을 위해 활동한 작가, 음악가, 정치가, 학자의 무덤이 자리하고 있다. 기록에는 3000여명의 사람이 교회와 십자회랑에 묻혀 있으며 이 중 유명인사의 무덤과 기념비도 600여개가 넘는다. 이곳이 영국 역사에서 얼마나 중요한 의미를 갖는지 보여준다.

웨스트 민스터 사원

7세기경 세워진 웨스트민스터 사원은 1066년 왕실예배당으로 규정되며 명성을 누리기 시작했다. 잘 나가던 웨스트민스터 수도원은 헨리 8세의 수도원 폐쇄 조치와 함께 문을 닫았다. 이곳을 '하나님의 집'(예배당)으로 다시 회복시킨 것은 20년 후 엘리자베스 여왕에 의해서다. 그녀는 이곳을 영국교회의 공식구조에서 분리, 왕실 특별교구 예배당으로 만들었다. 한마디로 왕실 소속, 왕실 소유 공간으로 만든 것이다. 또 수도원 건물에 오르간 연주자와 소년합창단, 성악가 등을 위한 학교를 운영했다.

웨스트민스터 사원에 들어섰다. 아쉽게도 내부는 사진을 찍을 수 없었다. 결국 관람에 앞서 구입한 교회 안내 책자의 주요 장소(독일어 안내 책자에는 10개의 중요한 볼거리-die zehn wichtigsten Sehenswürdigkeiten를 소개했다)를 중심으로 예배당 내부를 둘러보기로 했다. 첫 장소는 교회 정면 출입문에서 마주하는 바닥의 검은 돌이다. 이곳은 1차 세계대전에 희생된 '무명용사'의 무덤(Unknown Warrior grave)이다. 무덤 비문에 쓰인 글귀 중 한 구절이 가슴에 새겨졌다. "…Man can give life itself for God, for King and Country, for loved ones home and Empire, for the sacred cause of Justice and the Freedom of the World. They buried him among the Kings because he had done good toward God and toward his House…"(인간은 하나님을 위해, 왕과 나라를 위해, 사랑하는 가족과 제국을 위해, 정의를 위하여, 세계의 자유를 위하여 삶을 바칠 수 있다. 그들은 왕들 사이에 잠들어 있다. 그는 하나님과 그의 가족을 향하여 훌륭한 일을 행했다.)

그렇다. 그는 하나님과 가족, 나라와 세계를 위해 목숨을 바쳤고, 왕들과 함께 이곳에 잠들어 있다. 그 말처럼 그의 무덤 옆 예배실에는 '대관식 의자'(The Coronation Chair)가 놓여 있었다. 14세기 초 만들

무명용사의 묘

어진 의자 아래에는 스코틀랜드에서 가져온 유명한 돌 '스콘의 돌(Stone of Scone)'이 놓였고 왕과 여왕의 대관식 의자로 사용되었다. 무명용사의 무덤과 왕의 의자. 이 둘은 영국을 상징하는 내용일 수 있다. 1, 2차 세계대전을 겪은 영국은 최후의 보루처럼 남았고, 방어를 너머 전쟁을 승리로 이끈다.

이를 주도한 이들은 전쟁터와 후방에서 목숨을 다했던 무명용사들이다. 그들이 지키려 했던 가치는 왕으로 대변되는 영국이라는 땅과 백성, 자신의 가족들이었다. 의회와 왕실 사이의 웨스트민스터 사원은 영국의 상징적 면모를 이를 통해 세계 사람들에게 보여주고 있었다.

왕의 대관식 의자

사원 내부를 거닐며 창문에 새겨진 왕과 벽과 바닥에 놓인 위인들의 기념비를 읽어간다. 윈스턴 처칠(Winstone Churchill), 아이작 뉴튼(Issaac Newton), 찰스 다윈(Charles Darwin), 윌리

엘리자베스 1세 여왕의 무덤

엄 윌버포스(William Willberforce)의 이름을 만날 수 있었다. 모두 영국의 역사 속 위대한 일을 행한 인물이다. 그들의 이름을 읽으며 그들의 생애와 업적을 생각해 본다. 강단 쪽에서는 최후의 만찬이 그려진 제단화와 베드로와 바울 동상도 볼 수 있었으며, 헨리 8세의 부인 중 한 명인 독일 출신의 안나 폰 클레페(Anna von Kleve)의 묘비석도 볼 수 있었다.

웨스트민스터 사원에서 종교개혁을 생각할 수 있는 장소는 강단 가장 안쪽에 있다. '마리아 예배실(Lady Chapel)'로 불리는 이 장소는 헨리 7세 부부의 무덤이 있는 곳이며 그 주변에 가톨릭과 개신교 입장을 대변한 메리와 엘리자베스 여왕이 누워 있다. 같은 아버지(헨리 8세)를 가진 자매는 가톨릭과 개신교로 그 방향을 달리했지만 누구보다 열정적이었고, 영국교회가 하나의 신앙으로 통일되기를 바랐으며, 저항하는 많은 사람의 목숨을 빼앗았다. 그런데 죽음 이후 그녀들은 함께 묻혀 있다.

그녀들을 지나 만난 예배당의 안쪽에는 이들에 앞서 종교개혁에 힘쓴 에드워드 6세와 엘리자베스 뒤를 이은 제임스 1세의 묘비도 있었다. 또한 그 옆쪽으로 엘리자베스에 맞서 가톨릭측이 여왕 후보로 여긴 메리 스튜어트(제임스 1세의 어머니)의 무덤도 있었다. 원저성에 묻힌 헨리 8세를 제외하고 종교개혁 시기 모든 왕과 여왕이 지근거리에 함께 누운 것이다. 좀 오랫동안 머물며 자세히 살피고 싶지만 좁은 공간에 줄지어 선 사람을 배려하기 위해 서둘러야 했다.

그곳을 나서 자료를 살피던 중 이곳에 청교도혁명의 주역인 올리버 크롬웰이 묻혔었고, 그의 무덤이 있었던 곳에 작은 표식이 있다는 것을 알게 됐다. 크롬웰은 청교도혁명으로 집권한 후 의회를 중심으로 많은 활동을 펼쳤다. 하지만 그는 왕을 처형했으며 군사 독재로 나아갔다. 그는 죽은 후 아들과 부하들에 의해 이곳에 묻혔다. 그러나 왕정복고 후 꺼내어 부관참시를 당했다. 왕을 죽인, 왕이 아닌 그는 왕과 신하, 무명용사가 묻힌 이곳에 누울 수 없었던 것이다.

예배당 내부에서 문필가의 공간이라고 불리는 장소를 만났다. 이곳에는 제프리 초서(Geoffrey Chaucer), T.S 엘리엇 등 시인과 작가들이 묻혀있다. 그곳 한 곁에 영국의 최고의 극작가요 '국민 시인'인 셰익스피어의 동상이 있었다. '셰익스피어가 이곳에 묻혔나?' 궁금해서 자료를 찾아보니 그는 고향인 에이번의 성 트리니티 교회에 묻혀있다. 그를 아꼈던 왕실이 이곳에 그의 가묘와 함께 동상을 세운 것이다. 원고를 들고 팔을 괸 셰익스피어의 모습은 무언가 고뇌에 잠긴 모습이다.

웨스트민스터 사원에서 열린 찰스 3세 대관식 장면(자료사진)

수도사들이 활동한 수도원 공간을 둘러본 후 그곳 회랑 한쪽의 문을 열고 국회의사당이 보이는 정원으로 잠시 나왔다. 그곳에서 왕실과 의회, 청교도 혁명과 왕정복고를 생각하며 눈을 감았다. 영국 역사에서 왕실과 의회는 때론 협력하여 종교개혁과 영국 발전을 위해 노력했고, 때론 왕의 권한과 의회의 역할을 놓고 대립하고 전쟁으로 나아가기도 했다. 수백 년의 협력과 갈등, 논쟁과 투쟁으로 그렇게 마주해 온 둘은 지금 독특한 영국의 입헌군주제를 형성했다. 지금은 의회로 권력이 확연히 이동하여 상호 역할이 바뀌기는 했지만 둘은 지금도 서로를 존중하면서 마주보며 나아가고 있다. 그 가운데서 교회는 그들을 지켜보며 영국사회를 향한 신앙적 역할을 하고 있는 것이다.

웨스트민스터 사원을 나서다 정면에 새겨진 몇몇 인물 동상에 눈길이 갔다. 아래쪽 4명 여성은 진리(Truth), 정의(Justice), 감사(Mercy), 평화(Peace)를 상징하는 동상이고 위쪽 10명은 우리에게 낯익은 현대 역사 속 인물이었다. 그들 10명의 이름을 하나씩 읽으며 그들의 삶과 죽음을 되새겨 본다. 콜베 신부(Maximilianus Maria Kolbe, 폴란드), 멘치 메이스몰라(Manche Masemola, 남아프리카공화국), 자나니 루움 대주교(Janani Luwum, 우간다), 엘리자베스 표도로브나(Grand Duchess Elizabeth Feodorovna, 러시아), 마틴 루터 킹 목사(Martin Luther King, Jr. 미국), 오스카 로메로 대주교(Oscar Arnulfo Romero, 엘살바도르), 디트리히 본회퍼 목사(Dietrich Bonhöffer, 독일), 에스터 존(Esther John, 파키스탄), 루시안 타피디(Lucian Tapiedi, 파푸아뉴기니), 왕지밍 목사(Wang Zhiming, 중국).

이들은 가톨릭, 성공회, 정교회, 루터교, 침례교, 장로교 등 교파도 다양했고, 신부, 목사, 수녀, 교사, 평신도 등 직분도 달랐다. 하지만 그들은 전체주의 정권이 일으킨 2차 세계대전과 군사독재, 종교적 적대자에 의해 희생당했다. 20세기 순교자들은 더 많지만 영국교회는 이들을 순교자의 대

현대의 순교자를 기억하며 만든 웨스트 민스터 사원 전면 동상들

표로, 그들의 삶을 기억하고 그 헌신을 계승하길 바라며 이곳에 아로새긴 것이다. 바로 중세의 많은 성인과 신앙 위인들이 동상과 그림으로 남겨진 것처럼 말이다.

언젠가 쓴 글에서 '유럽은 동상문화이고, 아시아는 비석문화'라고 언급한 적이 있다. 인물상이 자연스런 유럽의 문화는 교회에 반영됐고 교회 건물에 신앙 인물과 위대한 성인 동상을 세웠다. 웨스트민스터 사원 건물 한 쪽에 현대의 순교자들이 동상으로 선 것도 그런 이유다. 그러나 종교개혁자들에 의해 성상이나 성화가 파괴되고 불태워지기도 했다. 영국에서는, 청교도 혁명 시기 이런 움직임이 거셌다. 이들은 성상 자체에 대한 거부감도 있었지만 그보다는 교회의 숭배신앙 강요와 성직자와 신자 속에 자리한 기복적 신앙태도를 부수기 위함이었다. 그렇게 많은 고대와 중세의 유물들이 파괴되고 불에 그슬려 역사 속으로 사라졌다. 교회의 잘못된 가르침과 기복 신앙에 대한 반작용이지만 극단적인 신앙행위임도 부정하기 어렵다.

개인적인 생각이지만 한국은 과거부터 동상에 대해 거부감이 있었던 것 같다. 그러나 어떤 문화나 전통은 그 문화권의 선택이다. 그것을 자신의 시각에서 우상숭배라고 일방적으로 주장해도 안 되고 무조건 거부해서도 안 될 것이다. 세계 사람들이 함께 어울리는 시대, 다문화가 공존하는 시대, 개성이 존중받아야 하는 시대, 그리고 다종교가 함께 만드는 시대에 우리가 깊이 생각해야 할 대목이다.

3. 토마스 크랜머의 순교 현장, 옥스퍼드

잉글랜드 종교개혁을 상징하는 인물은 분명 헨리 8세다. 그가 영국교회를 로마교회에서 분리했다. 그러나 분리된 영국교회의 방향을 고민하고 만든 이는 캔터베리 대주교 토마스 크랜머다. 그는 헨리 8세 때 보수파 주교에 맞서 개혁 방향을 제시했고, 에드워드 6세 때 공동기도서 출간 등 개혁의 형식과 내용을 분명히 했다. 그는 가톨릭 복귀를 추진한 메리 여왕에 의해 순교했지만, 그가 만든 기초 위에 엘리자베스 여왕 때 많은 성직자와 신학자들이 중용적 영국교회를 굳건히 했다.

크랜머를 찾는 여정은 그가 학생시절을 보내고 개혁파들을 배출한 케임브리지와 대주교로 활동한 캔터베리와 런던, 그리고 종교재판과 화형 당한 옥스퍼드로 이어진다. 케임브리지를 거쳐 오며 그의 삶의 한 자락을 살폈다. 또 대주교로 런던 람베스 궁전에서 머물며 활동했고, 왕을 보좌하는 추밀원 구성원으로서 화이트 홀 궁전 또는 웨스트민스터 궁전에서도 활동했다. 또 캔터베리 대성당에도 자주 들러 미사를 집전했다. 그의 삶의 마지막이 기억되는 옥스퍼드를 찾아 그의 삶을 역 추적하기로 했다.

런던에서 옥스퍼드까지는 버스로 2시간 가까이 걸렸다. 버스에서 자료를 보며 그의 삶의 한 때를 더듬어봤다. 크랜머는 마르틴 루터보다 여섯 해 뒤

(1489년)에 태어났고 14살에 케임브리지 지저스 칼리지(Jesus College)에서 8년간 학사과정을 공부했다. 그는 인문주의를 주요한 테마로 연구했고 석사학위를 받은 후에는 교수(Fellowship)로 학생들을 가르치며 박사과정을 공부했다.

그가 공부한 시기는 인문주의자 에라스무스가 케임브리지에서 가르친 시기와 겹친다. 에라스무스는 1509년부터 약 3년여 케임브리지 대학에서 가르쳤다. 이 때 크랜머는 학사 과정의 마지막과 석사 과정의 전반기였다. 특히 크랜머의 연구 주제가 인문주의였기에 그는 에라스무스의 강의를 듣거나 교류했을 가능성이 높다. 그래서 그가 인문주의 매력에 깊이 빠져들었고 중세교회 개혁에 공감대를 갖게 되었을 것이다.

1) 옥스퍼드 시내를 거닐며

옥스퍼드 시내에서 책을 들고 교복 가운을 걸친 학생들을 만났다. 대학 건물이 도시 곳곳에 흩어져 있는 옥스퍼드나 케임브리지 등 대학 도시 일상의 모습이다. 옥스퍼드에서 가장 유명한 크라이스트 처치를 향하며 종교개혁 시기 대학도시의 모습을 생각했다.

옥스퍼드는 한 세기 전 위클리프가 활동했고 학문이 가진 진보적 특성을 고려할 때 인문주의와 종교개혁 바람을 마주했음이 분명하다. 대표적 인문주의자인 존 콜렛과 토마스 모어 등이

옥스퍼드 시내를 거닐며

옥스퍼드 출신이다. 옥스퍼드 대학은 잉글랜드에서 처음 설립(12세기 초에 '학생조직-study organization'이 형성되었고 13세기 초 부터 칼리지들이 정식 설립) 되었고 이후 윌리엄 오캄, 둔스 스코투스 등 유명 학자를 배출하는 등 유럽의 유명 대학이 됐다. 14세기 후반에는 위클리프를 통해 종교개혁 사상이 영국 사회에 형성되었다. 하지만 15세기부터 옥스퍼드의 흐름을 견제하려는 영국 왕실과 교회의 영향 속에 케임브리지 대학이 16세기 떠오른다. 케임브리지는 영국 왕실과 교회의 지원 속에 존 피셔가 학문 발전을 이끌었고, 에라스무스의 교수 청빙으로 인문주의의 산실이 되었다.

케임브리지에서 공부한 크랜머는 석사 학위를 받은 후 조안(Joan)이라는 여성과 결혼했고 가정의 생계를 위해 버킹엄 홀(Buckingham Hall, 현 막달렌 칼리지)에서 조교(reader)로 일했다. 그가 결혼을 한 이유는 알 수 없지만 인문주의적 영향 때문일 가능성이 높다. 그의 결혼 시기는 루터의 종교개혁 이전이고, 수도사 결혼이 강조되기 전이다. 아내가 아이 출산 과정에 사망하면서 크랜머는 지저스 칼리지에서 신학을 공부했고, 1520년 성직자가 되었고 1526년 박사학위를 받았다. 그는 성직자가 된 이후 루터의 종교개혁을 접했다. 1520년대 초부터 루터의 저술이 잉글랜드에 보급됐고, 케임브리지 학자들 내에서 그의 글에 관해 토론이 진행됐다. 토마스 크랜머도 이 모임에 참여했다고 한다.

학자로서 활동하던 크랜머를 런던으로 이끌고, 종교지도자로 활동하게 한 것은 대법관이던 울지 추기경이다. 그는 1520년대 후반 여러 명의 학자를 선택하여 유럽 각 나라 외교관으로 보냈는데 그 중에 한 명이 크랜머다. 당시 헨리 8세는 왕비 캐서린과의 이혼 문제를 고민하고 있었고, 울지는 대학 학자들과 대책을 숙의하게 되었다. 이 모임에 참여하게 된 크랜머는 유럽 중요 대학 학자들의 의견을 모아 로마에 법적 소송을 내는 방법을 제안해 주목을 받았다고 한다. 헨리 8세는 외교 활동을 마친 크랜머를 만났고, 이 만남에서 받은 인상으로 크랜머를 대주교로 중용했다.

크랜머는 정부 일을 하면서 책과 소문으로만 접했던 종교개혁을 직접 경험하게 된다. 그는 1531년 바젤의 종교개혁자인 그리나에우스(Simon Grynaeus)가 영국을 방문했을 때 만났고, 스트라스부르크의 마르틴 부처, 바젤의 외콜람파디우스(Johannes Oecolampadius) 등과 교류했다. 당시 바젤과 취리히, 스트라스부르크는 인문주의적 종교개혁을 행한 곳으로 크랜머의 관심은 당연했다. 그는 또 1532년 신성로마제국 법원의 상주대사로 임명되며 대륙에 머물렀고 뉘른베르그에서 종교개혁자인 안드레아스 오시안더(Andreas Osiander)를 알게 됐다. 이 때 크랜머는 오시안더 아내의 조카였던 마가레트(Margarete)와 결혼을 한다. 한 차례 결혼 경험이 있다곤 하지만 신학을 공부하고 사제가 된 그에겐 큰 결단이다. 아마도 크랜머는 독일 종교개혁을 보면서 어떤 결단을 했고, 그것을 직접 실천으로 옮긴 것은 아닐까 생각이 든다. 1520년대 대륙 종교개혁자들은 독신주의를 비판하면서 직접 결혼하는 방법으로 이를 깨뜨렸고, 1530년대 초 종교개혁자들 대다수는 결혼했다. 크랜머 또한 종교개혁 사상을 받아들이고 시대의 흐름에 맞춰 이를 실천적으로 결행한 것이다.

하지만 울지 추기경은 왕의 이혼을 로마교회로부터 얻어내지 못해 실각했고, 1530년 병으로 죽게 된다. 비슷한 시기 캔터베리 대주교 윌리엄 워햄도 사망, 영국교회의 새 지도자 선임이 중요 과제가 됐다. 당시 캔터베리 대주교는 영국 왕이 추천하여 주교구 참사회를 거쳐 교황이 임명하는 구조였다. 그런데 왕은 다른 영향력 있는 주교들을 제외하고 젊고 이제 이름이 알려지기 시작한 토마스 크랜머를 대주교로 선임했다. 어쩌면 대주교는 당시 로체스터 주교로, 크랜머에 비해 20여살 많고 경험도 풍부한 존 피셔가 타당했을지 모른다. 나이도 적고 다른 주교에 비해 경험도 일천한 크랜머는 교회로부터 인정받기 어려웠다. 그럼에도 왕은 이혼에 우호적이던 그를 선임하여 자신의 이혼을 마무리하려 한 것이다.

취임 후 크랜머의 첫 과제는 왕과 왕비의 이혼이다. 3월 취임한 그는 왕의 이혼 문제에 대한 재판에 착수하였고 5월 재판을 열어 헨리 8세와 캐서린의 결혼이 하나님의 율법에 위배되며 헨리가 다른 이와 자유롭게 결혼할 수 있다고 판결했다. 이미 결혼생활을 시작한 헨리와 앤 블린의 결혼도 공식화되어, 크랜머는 새 왕비 취임식 때 왕관과 지팡이를 전달하고, 딸 엘리자베스가 태어나자 세례를 베풀었다. 다만 왕실은 정치력이 부족한 그를 대신해 왕의 수석장관이던 크롬웰에게 정치적 역할은 맡겼다. 크랜머는 휴 라티머(Hugh Latimer)와 같은 종교개혁자를 주교로 발탁하는 등 개혁에 내실을 다지는 역할을 했다.

수장령 선포 이후 의회는 왕의 영향 아래 영국교회에 대한 개혁을 시작하였고 보수주의자와 개혁주의자들 사이의 균형을 유지하려고 노력한다. 이러한 시도를 잘 보여주는 것이 바로 1536년 나온 10개의 신앙신조(Ten Articles)이다. 처음 5개 항은 일곱 가지 성례 중 세례, 성찬, 참회(고해) 만을 인정하는 등 동시대 종교개혁 입장과 결을 같이한다. 하지만 다음 5개 항은 성화상(이미지), 성도, 미사와 성찬, 연옥의 역할 등 중세교회의 입장을 반영했다. 아마도 두 초안은 보수와 개혁 세력의 입장을 담은 인물 또는 위원회의 생각이 조화된 것으로 보인다.

1536년 크롬웰과 크랜머 등 개혁파는 헨리 8세의 종교 정책에 반대해 일어난 '영광의 순례(The Pilgrimage of Grace)'가 진압된 후 10개 조항의 문제점을 개선하려고 시도한다. 이들은 '주교의 책'으로 불리는 저술을 출간하였고 영어로 된 성서 번역본을 출판, 보급하면서 영국교회의 개혁을 강화한다.

아울러 독일의 개혁파 정치적 동맹체인 슈말칼텐 동맹과의 교류을 통해 개혁적 흐름으로 영국을 바꾸려 시도했다.

반면 보수적 주교들은 헨리 8세가 이 흐름에 전적으로 동의하지 않음을 이용하여 의회 결의로 6개 신조(1539)를 선포하였다. 6개 신조는 화체설, 사제의 청빈과 독신 강조, 비밀 고해성사 등 중세교회의 교리와 규율을 반영했다. 이는 1536년의 10개 신조에서 후퇴한 것이다. 또한 1543년 '왕의 책(King's Book)'으로 불리는 '그리스도인의 규범'(1543)을 통해 성체성사의 화체설(성변화), 평신도 성찬 수여 금지, 사제독신, 주교제도, 영어성경 번역 금지, 고해성사 등 7성사 옹호, 죽은 자에 대한 미사 등을 재확인했다. 몇 년 사이에 잉글랜드 교회는 개혁과 보수를 오간 것이다. 이 조치에 따라 크랜머는 자신의 아내와 자녀를 대륙으로 피신시켰고, 라티머와 니콜라스 샥스톤(Nicholas Shaxton) 주교 등은 교구를 사임해야 했다. 개혁파는 위축될 수밖에 없었다.

2) 종교재판이 열린 메리교회(St. Mary Church)

크라이스트 처치를 잠시 둘러본 후 옥스퍼드 중심에 있는 메리교회를 찾았다. 그곳 초입에서 헨리 8세 시대 토마스 크랜머의 활동을 떠올렸다. 당시 그가 집중한 것은 잉글랜드 교회의 예배와 예전 개혁이다. 첫 작업은 예배용 영어 성서 번역본 발행이었다. 당시 영국은 위클리프 성서 번역에 이어 윌리엄 틴델이 신약성서를 번역, 출간(1526)했고 커버데일과 매튜 성서가 발행되던 시기다. 이 때 크랜머는 캔터베리 성직자회의(Canterbury Convocation)를 통해 왕에게 성서 전체 번역을 요청했고, 1539년 '대성서(Great Bible)'가 출간된다. 왕은 성서 완성 직전 '각 교구 교회마다 영어로 된 성서

래드클리프 카메라와 보들리언 도서관

를 한권씩 비치할 것'을 명령하는데, 이는 개혁적 설교에 힘을 싣고 회중이 말씀을 잘 이해하도록 돕는 계기가 된다.

크랜머는 성서 번역과 함께 라틴어 예배를 영어로 된 예식으로 바꾸는 작업을 시작했고 1544년 영어예배를 위한 예식서, 즉 '연도와 권고문(Exortation and Litany)'을 출간했다. 이 책은 당시 중세교회의 예식서를 영어로 단순 번역한 형태였지만 축약과 본문 정리 과정에 개혁 입장을 일부 반영했다. 영어로 된 성서와 영어 예식서는 영국교회 예배 갱신에 힘을 싣게 한다.

메리교회에 들어가기 전 교회 뒤편 찻집에서 잠시 차 한 잔을 마셨다. 교회를 둘러보기 전 쉬면서 몇 가지 생각도 정리하기 위해서다. 찻집 앞에는 래드클리프 카메라(Redcliffe Camera)와 보들리언 도서관(Bodleian Library)이 있었다. '카메라'는 '공간'이라는 뜻으로 존 래드클리프가 지은 건물에 붙인 이름이고, 보들리언 도서관의 열람실이다. 400여 년의 역사를 가진 도서관에는 영국에서 출간된 모든 책의 초판이 보관된다고 한다. 그곳에 토마스 크랜머의 손길이 닿은 저술도 있을 것이다. 그 책들이 보고싶다.

크랜머의 개혁은 에드워드 6세의 즉위와 개혁파 섭정의 등장으로 인해 탄력을 받았다. 취임 후 왕은 미신을 조장할 가능성이 있는 성당 안 성상 혹은 성화를 제거하도록 했고, 교구 교회마다 '설교집(Book of Homilies, 성서, 믿음 등에 대한 12편의 설교집)'과 '에라스무스 해설집(Paraphases of Erasmus, 복음서에 대한 주석)'을 1권씩 비치하도록 했다. 미신적 신앙을 억제하고 바른 신앙을 형성하기 위함이다. 설교집에 실린 몇 편의 설교는 크랜머가 저술했다. 또한 가톨릭교회 입장인 6개조를 폐지하고 빵과 포도주를 베푸는 이종성찬을 명하는 관련 법, 별세한 이를 위해 기도하는 소성당(Chantries)을 해체하라는 내용도 의회를 통해 결정했다. 새 기도서를 사용해야 한다는 법과 성직자 결혼을 합법화하는 법도 반포되었다. 이러한 모든 내용은 왕과 섭정이 개혁적 인물이고, 정부 정책이 종교개혁에 힘을 실어주었기 때문에 가능했다.

에드워드 6세 취임 후 예배 개혁과 영국교회 신앙 정립을 위한 크랜머의 노고는 '공동 기도서(Book of Common Prayer)'이다. 예배에서 모국어 사용과 함께 영국교회에 맞는 예전과 예식이 필요하다는 의견이 대두됐다. 이에 크랜머가 1549년 공동기도서를 발간했고, 의회는 이 예식서 사용을 의무화한다. 기도서는 라틴어가 아닌 영어로 예배와 성찬례를 드리도록 했으며, 매일과 주일의 예식을 담고 있었다. 또 아침 기도, 저녁기도, 탄원(기도), 성찬식과 때때로 열리는 침례와 입교식(견진례), 결혼, 병자를 위한 기도, 장례식 등의 예전 내용이 성서강론을 위한 신구약 본문과 함께 제공되었다. 기도서와 함께 사용하기 위해 1550년에는 '공동기도서 전례 악보(The Book of Common Prayer Noted)'가 출간되었다. 성직자들이 예식서와 찬양을 통해 예배를 잘 이끌 수 있도록 한 것이다.

공동기도서는 1552년에 수정 발행되는데, 이때의 기도서는 가톨릭 용어를 많이 바꾸고 예식 내용에서 종교개혁 입장을 더 반영했다. 아마도 두 번째 기도서와 1553년 나온 영국교회 최초의 신앙고백이라 부를 수 있는 '42개 신조'는 마르틴 부처 등 대륙 종교개혁자의 도움이 있었을 것이다. 어

옥스퍼드 대학교회인 메리교회

떤 이들은 칼뱅의 신학적 영향이 드러난다고 보고, 당시 런던에 머물던 존 낙스의 영향도 배제할 수 없다고 말한다. 아무튼 이 신조는 이후 39개 신조(1563)로 정리되고, 감리교회의 25개 신조에도 영향을 주는 등 영국교회 표준 신앙교리로 자리 잡았다.

공동기도서의 발간과 동시에 왕과 의회 정책에 반대하는 주교들은 투옥되거나 해임되었고 니콜라스 리들리(Nicholas Ridley), 마일즈 커버데일(1488~1568, Miless Coverdale) 등 개혁 주교가 그들을 대신했다. 그러나 안정적으로 전개되던 종교개혁은 한 순간 좌절에 직면하게 된다. 에드워드 6세가 병으로 죽고 가톨릭 신앙을 가진 메리가 여왕이 된 것이다. 다른 사람들은 피신을 권고했지만 크랜머는 에드워드 6세의 장례를 집전하는 등 영국에 남았다. 그는 체포되어 런던탑에 감금되었고 가톨릭교회에 의해 주도되는 종교재판을 위해 옥스퍼드 메리교회에 재판정이 차려졌다.

찻집을 나서 메리교회(St. Mary the Virgin Univ. Church)에 들어섰다. 이 교회에서 캔터베리 대주교 크랜머와 워체스터의 주교 라티머, 런던과 웨스트민스터의 주교 리들리 등 고위 성직자 재판이 열렸다. 이들이 재판받은 이유는 메리 여왕과 가톨릭교회가 종교개혁 대표들을 굴복시켜 개혁세력의 기를 꺾으려 한 때문이다. 가톨릭 사제위원회는 3명의 주교를 옥스퍼드 보카르도(Bocardo) 교도소로 옮겼고, 17개월의 시간이 흐른 뒤 재판을 시작했다. 재판이 지연된 것은 대주교와 주교의 처벌은 교황청의 승인이 있어야 했기 때문이다. 1555년 9월 재판이 시작되고 교황청은 크랜머가 대주교의 직위를 박탈한 후 처벌 권한을 세속당국에 넘긴다.

그들의 재판이 진행됐을 메리교회 강단을 보았다. 중세교회 강단이 그렇든 메리교회도 제단을 중앙에 두고 좌우에 나무로 된 지정석이 있다. 지정석에는 메리 여왕에 의해 복귀한 가톨릭교회 주교와 신부, 그리고 여왕의 신하들이 자리하고 있었다. 그리고 그들 사이로 오랜 감옥생활로 초췌해진 크랜머와 두 명의 주교들이 서 있었을 것이다. 재판 때 크랜머는 자신 앞에 제기된 여러 사실을 인정했지만 배반이나 불순종, 이단이라는 말은 부정했다. 라티머와 리들리 또한 종교개혁에 대한 정당성을 주장했다. 라티머와 리들리는 신속하게 재판이 진행돼 화형 선고가 이뤄진 반면, 크랜머의 재판은 오랫동안 지속되고 선고도 미뤄졌다. 어떤 이는 크랜머를 설득해 자신들의 정당성을 얻으려는 중세교회와 그의 처형에 부담을 느낀 여왕 때문이라고 본다.

화형을 선고받은 라티머는 "I thank God most heartily that He hath prolonged my life to this end, that I may in this case glorify God by that

메리교회 강단 예배실. 이곳에서 크랜머 대주교 등의 재판이 진행됐을 것이다.

가톨릭과 개신교 입장을 떠나 그들 모두는 종교개혁 시기 순교자였다.

kind of death.(나는 하나님께서 죽음과 같은 방식으로 하나님께 영광을 돌릴 수 있도록 내 삶을 오래 살도록 하셨음에 진심으로 감사드린다.)"라고 말했다고 한다. 그는 감사와 종교개혁 신앙에 대한 확신을 주변 사람들에게 말하면서 기뻐한 것이다. 재판 후 두 사람은 10월 16일 화형에 처해진다. 불이 타오를 때 라티머는 "마음을 강하게 하고 남자처럼 행하십시오. 리들리. 오늘 우리는 하나님의 영광에 의해, 잉글랜드에서, 내가 믿는 것처럼 절대 꺼지지 않는 촛불처럼 밝혀져야 합니다.(Be of good comfort, and play the man, Master Ridley; we shall this day light such a candle, by God's grace, in England, as I trust shall never be put out.)"고 말했다. 그렇게 두 사람은 옥스퍼드 순교자라는 이름을 얻게 됐다. 크랜머는 이 화형을 지켜 보도록 감옥의 탑으로 이끌렸다고 한다. 두 사람의 죽음을 지켜본 크랜머는 어떤 생각을, 어떤 기도를 했을까?

강단 벽 한쪽에 걸린 순교자 명패와 크랜머의 초상화가 붙어 있는 추모공간에 섰다. 벽에 걸린 추모 명패에는 "Remember the Martyrs of the Reformation. Both Catholic and Protestant who lived in Oxfordshire taught at the University of Oxford or were brought here for execution.(종교개혁의 순

교자를 기억하십시오, 옥스퍼드에 살았거나 가르쳤던 가톨릭과 개신교인 모두는 사형을 위해 옮겨왔습니다.)"라는 문구가 쓰여 있었고 그 아래에 23명의 이름이 적혀 있었다. 당연히 크랜머와 두 순교자의 이름도 적혀 있었다. 그런데 명단에는 헨리 8세 때 수장령에 반대하다 순교한 '포웰(Edward Powell)'도 있었고 엘리자베스 여왕 때 순교한 '벨손(Thomas Belson)'과 같은 이도 있었다. 그 문구 그대로, 가톨릭에 속했든, 종교개혁 진영에 속했든 지금은 모두 순교자로서 역사에 기록되어 있는 것이다.

라티머와 리들리가 화형당한 후 크랜머에 대한 회유가 강해졌다고 한다. 그는 감옥에서 크라이스트 처치 학장의 집으로 옮겨져 손님으로 잠시 머물기도 했고 도미니크회 수도회 관계자와 교황권과 연옥에 대해 논쟁도 했다. 이런 강요와 회유 때문인지는 모르지만 크랜머는 자신을 왕과 여왕의 권위에 복종시키고, 교황이 교회의 머리임을 인정하는 문서에도 서명했다고 한다. 그렇게 사형을 앞둔 그는 잘못을 공개적으로 말할 수 있도록 메리교회 강단에 세워진다.

사전에 작성된 연설문은 자신의 종교개혁 행동이 잘못된 것임을 인정하는 내용이다. 그러나 그 자리에 선 크랜머는 연설문과는 다른 말을 쏟아낸다. "내 생명을 보존하기 위해 겁쟁이처럼 서명한 것이 있다. 그 내용들은 모두 진실하지 않은 것들이다. 내 마음과 모순되게 서명했기 때문에 내 손이 제일 먼

크랜머와 순교자를 기억하며

저 벌을 받아야할 것이다. 내가 불에 탈 때, 내 손이 제일 먼저 불탈 것이다. 나는 교황을 거부한다. 그는 그리스도의 적이며, 적그리스도이며, 거짓 교리를 가르치는 자이다.…" 그가 이 말을 선포한 장소는 일반 회중이 들을 수 있는 회중석 앞일 가능성이 높다. 어쩌면 그에게 설교단이 주어졌을지도 모르겠다. 그는 그곳에서 자신이 죽은 후 가톨릭교회에 의해 퍼져 나갈 자신의 서명 문서가 거짓이며, 자신은 종교개혁 신앙을 버릴 수 없음을 선포한 것이다. 허약해진 그의 목소리는 작았을지 모르지만 크랜머는 확신에 찬 눈빛과 강한 어조로 말했을 것 같다. 예배당 2층에 앉아 묵상할 때 그의 담백한 목소리가 메리교회에 울려 퍼지는 것 같다.

3) 순교 장소와 순교기념탑

크랜머 대주교의 순교 장소

메리교회를 나서 크랜머가 순교한 장소로 향했다. 거리로는 300여 미터, 불과 5분 정도다. 두 주교가 처형된 지 5개월이 지나 크랜머는 그 길을 걸었고 처형장소에 쌓인 장작더미 위에 올려졌다. 그렇게 그들은 죽임을 당했다. 주교들의 마지막 숨결이 남겨진 장소 바닥에 '옥스퍼드 순교자(The Oxford Martyrs)'를 추모하는 돌로 된 작은 십자가가 놓여 있었다. 포장된 도로 중앙 순교 장소는 돌 십자가의 의미를 이해한 사람들에 의해 옛 모습이 유지되고 있었다. 그 앞에서 잠시 무릎을 굽히고 십자가를 쓰다듬었다.

크랜머는 화형대에 불이 밝혀지자 자신의 손을 먼저 불을 향해 내밀었다. 재판에서 말했던 것처럼 서명한 손을 벌하려 한 것이다. 그리고 삶의 마지막에 이르러 "주 예수여, 내 영혼을 받으십시오.… 나는 하늘을 보았습니다. 하늘이 열려 있고 예수님은 하나님 우편에 서 계십니다."라고 말했다. 아마도 스데반의 순교를 기억한 그나 후대 사람들이 몇 마디 말을 첨부한 것은 아닐까 생각된다.

순교터 옆 발리올 대학 벽에는 이들의 순교를 기념하는 명패도 있었다. "도로 십자가 표시 위에서 1555년 1556년에 휴 라티머와 니콜라스 리들리, 토마스 크랜머가 순교했다." 위클리프가 사역한 대학 건물에 그가 꿈 꾼 종교개혁을 위해 목숨 바친 이들의 이름이 새겨진 것을 우연으로 봐야할까? 아니다. '역사는 계속된다'는 말처럼 이들의 사역과 순교는 종교개혁의 새벽별 위클리프가 있었기에 가능했다. 그래서 결코 우연이라고 할 수 없다.

이들의 순교 정신은 1841년 순교터 인근에 세운 순교탑에서도 확인된다. 3명의 주교를 추모하는 '옥스퍼드 순교탑(Martyrs Memorial)'은 고딕양식의 첨탑으로, 건축가 조지 길버트 스캇이 만든 것이다. 이 탑은 이들이 순교한 후 300여년이 지난 1841년 세워진 것으로 순교자들을 추모하는 글과 3인의 동상이 조각되어 있다. 탑이 세워진 시기는 국가의 교회 간섭에 대항하여 교회의 독립성을 주장하고, 그 근거를 초대교회와 교부들의 전통에서 찾았던 옥스퍼드 운동(Oxford Movement)이 전개된 때다. 운동가들은 소책자를 통하여 교부들의 교회론과 교리 등을 회복시키려 노력했고 중세 교회에서 발전된 교리적 전통에도 의미를 부여했으며 동시에 예전(전례) 회복을 위해서도 노력했다. 비록 그 흐름이 일부 가톨릭 복귀로 이어지긴 했지만,

옥스퍼드 순교자를 기리는 순교기념탑

이 신앙운동 과정에 순교자에 대한 관심이 환기되고 순교탑을 세우게 된 것이다. 예배와 예전에 대한 크랜머의 관심은 결국 옥스퍼드의 후학들에게 이어졌고 그것이 가톨릭 전통이든, 개신교 전통이든 새 흐름을 만들었음은 분명해 보인다.

순교탑을 살피다가 한 가지 궁금증이 떠올랐다. 이들 외에 다른 종교개혁자들은 어떻게 되었을까 하는 점이다. 종교개혁 지도자 상당수는 런던과 옥스퍼드에서 순교했고, 커버데일과 같은 인사들은 탄압을 피해 종교적 자유가 보장된 네덜란드, 독일, 스위스 등으로 피신했다. 망명자로서 대륙을 떠돌던 그들은 대륙의 종교개혁을 익혔으며, 엘리자베스 여왕이 즉위하면서 영국으로 돌아와 종교개혁 완성을 위해 다시 힘썼다.

성직을 빼앗겼지만 도피하지 않고 끝까지 영국에 남아 있었던 사람도 있었다. 대표 인물이 에드워드 6세 때 종교개혁에 참여했던 매튜 파커(Matthew Parker)다. 그는 마르틴 부처가 케임브리지에서 사망했을 때 동료로서 그의 장례식을 집례했다. 그는 메리 여왕 때 영국에 남았고, 모든 공직과 성찬례를 베푸는 권한을 박탈됐지만 죽음은 면했다. 아마 고위직이 아니었기 때문일 것이다. 그는 엘리자베스 여왕이 취임한 후 캔터베리 대주교에 선임되었고, 임기 동안 중도적인 잉글랜드 교회를 만드는 일에 역점을 기울였다.

사실 영국교회에서 예배드리면 예배 형식, 내용 등 한국교회와는 다름을 느끼게 된다. 또한 종교개혁 시기 대륙 종교개혁자들이 거부했던 중세교회 예식이나 예전이 많이 담겨 있음도 의아하다. 이는 종교개혁시기 중도적 개혁을 통해 형성된 것이기도 하지만 비판그룹인 청교도(회중주의나 침례교 등)와 감리교가 분리되면서 온건보수 흐름이 국교회(성공회)의 대세가 된 때문일 것이다. 물론 존 스토트나 알리스터 맥그라스 등 복음주의 그룹이 현재도 존재하고 있다. 그럼에도 국교회(성공회)의 전체적인 흐름은 분명 중도보수적임은 틀림없는 것 같다.

어떤 형태든 영국교회는 헨리 8세에 의해 중세교회로부터 분리되었고 에드워드 6세를 지나면서 토마스 크랜머 등에 의해 종교개혁에 근거한 개혁교회가 됐다. 메리 여왕에 의한 탄압으로 잠시 흔들렸지만 엘리자베스 여왕 시기 중도적인 종교개혁 교회로 자신을 발전시켰고, 오늘날 하나의 개혁교회 전통을 형성하게 되었다.(물론 일부 고교회 주의자들은 자신의 교회를 보편적인 교회, 즉 가톨릭교회로 여기고 있다.)

* 크라이스트 처치와 메리교회, 링컨대학 등은 웨슬리의 흔적이 있는 곳이기도 하다. 웨슬리는 크라이스트 처치(칼리지)를 졸업했고, 메리교회에서 설교했으며, 링컨 칼리지에서 교수로 사역했다. 또 옥스퍼드에서 감리교회가 회의를 갖고 감리교회의 새로운 방향을 모색하기도 했다. 나중에 웨슬리의 종교개혁을 말할 때 옥스퍼드를 또 이야기 하게 될 것이다.

존 낙스는 열정적인 설교로 스코틀랜드 종교개혁을 가능케 했다.(세인트 앤드류 성 박물관)

05
존 낙스와 스코틀랜드 종교개혁

세인트 앤드류스, 스털링, 퍼스, 에든버러

스코틀랜드와 그 땅 종교개혁을 언급할 때 우리는 어려움을 겪는다. 로마가 브리튼 섬을 떠난 5세기부터 몇 개 왕국이 상호관계 속에 발전했고, 하나의 단일 왕국(국가)으로 통합됐다. 이후 500여년 독립 역사를 써 온 스코틀랜드 왕국은 1707년 잉글랜드와 연합, 지금은 영국(United Kingdom of Great Britain)에 속하게 된다. 민족 구성도 켈트족 계열인 픽트인과 스코트인, 게르만족 계열인 앵글로색슨인과 노르만인 등 여러 기원을 가진 사람들이 오랜 역사를 거쳐 하나로 융합됐다.

역사 속 스코틀랜드는 로마가 유럽역사의 주역이던 시기 등장했다. 기원전 43년 브리튼 섬에 등장한 로마군대는 거침없이 섬을 점령했다. 1세기 중후반 로마군은 퍼스와 클라이드 강 남쪽(스코틀랜드 중남부)을 점령했고 안토니우스 방벽(Antonine Wall)을 세웠다. 이후 로마군은 북부로 전진하기 위해 주둔지를 만들고 전쟁을 시작했으나 켈트인의 강력한 저항과 자연환경을 이용한 기습전술로 멈춰야 했다. 한 걸음 물러난 로마는 브리튼 섬 중북부를 관통하여 하드리아누스 방벽(Hadrian's Wall)을 경계로 남쪽 브리타니아를 발전시켰다. 로마인들은 북쪽 지역을 칼레도니아(켈트부족인 Caledoni에서 유래)로 불렀다. 이들 픽트인의 땅과 남부의 일부 로마 점령지가 현재 스코틀랜드 영토이다.

그런데 4세기말부터 로마는 브리타니아에서 철수했고, 이 땅은 현지인과 그곳에 거주하는 로마인(브리타니아인)에게 맡겨진다. 무주공산, 그 곳 중 브리튼 섬 동부해안에는 앵글로색슨족이 정착해 5세기말부터 자신들의 나라를 세웠다. 스코틀랜드 남동부에 해당하는 지역에 세워진 앵글로색슨 왕국이 노섬브리아(Northumbria)다. 스코틀랜드 서해안에는 아일랜드 게일인들(스코트족 또는 게일사람들)이 정착했고, 달리아타(Dal Riata)를 세웠다.

로마 통치 속에 있던 브리튼인은 앵글로색슨족에 밀려 서부지역으로 이동해 왕국을 세웠다. 스코틀랜드 서남부에 세운 대표적인 나라가 Alt Cute(또는 스트래스클라이드, Strathclyde)이다. 스코틀랜드 북부를 근거지로 한 픽트족은 포트리우(Fortriu) 등 여러 왕국(Pictavia 또는 Pictland, 앵글로색슨 7왕국에 맞춰 7개 왕국으로 분류한다)을 세운다. 로마의 문물과 제도를 배워 브리타니아를 모델로 자신들의 왕국을 세운 것이다.

이들 왕국은 5세기말에서 6세기 초에 역사 등장해 영토를 확장했고, 나중에는 국경을 마주하며 경쟁과 대립, 전쟁과 화친을 통해 발전했다. 이 중 달리아타 왕국은 결혼정책을 통해 픽트 왕국의 왕위를 계승, 9세기 중후반부터 '알바 왕국(알바는 게일어로 스코틀랜드와 동의어이다)'이 된다. 이 알바 왕국이 11세기 스코틀랜드 전역을 다스리는 통합왕국으로 발전했다. 브리튼 섬 북부의 가장 넓은 영역을 차지한 픽트인의 땅, 즉 픽트랜드(Pictsland)가 아니라 왕국을 주도한 스코티인의 땅(Scotland)으로 오늘을 맞게 된 것이다.

1. 스코틀랜드 역사와 교회, 왕립박물관에서

스코틀랜드 왕립 박물관

에든버러 공항에 도착해 첫날 오후 왕립박물관(Royal museum)을 찾았다. 스코틀랜드의 과거와 현재, 미래가 그곳 땅 그리스도 교회 역사와 함께 소개되고 있어서다. 그곳에서 가장 관심을 둔 공간은 '과거', 즉 스코틀랜드와 그리스도교회의 역사가 담겨 있는 전시공간이다.

화산폭발로 시작된 스코틀랜드는 석기시대와 청동기를 지나 철기시대로 나아갔고 초기 자연주의 신앙을 기초로 한 켈트 종교가 형성됐다. 이후 로마의 침입과 영향을 받으면서 남부 지역에 그리스도교가 자리 잡았고, 성 니니안과 콜룸바 등의 활동으로 그리스도교를 수용했다. 지하 1층에서 그들 시대의 유물과 유적을 만났다. 켈트시대 드루이드 신앙과 로마 군의 신앙, 브리타니아 시대 그리스도교의 전파 등을 갤러웨이와 이오니아 수도원 유물과 함께 살폈다. 특히 로마 시대 그리스도교의 유입과 니니안과 콜룸바 같은 전도자의 헌신으로 만들어졌을 7~8세기 수도원 출토 십자가들이 눈길을 끌었다. 돌에 새겨진 단순한 십자가는 점차 모양을 갖추고 켈트 양식을 수용하고 있었다.

그곳에 놓인 의자에 앉아 스코틀랜드에 그리스도교가 전파된 역사를 다시 떠올린다. 로마는 서기 80년경까지 스코틀랜드 남부를 점령했고 여러 차례 북부 진격을 하다가 물러나 하드리아누스 방벽 아래에 머물렀다. 이 시기(80~120년) 군인들에 의해 그리스도교가 전해졌을 수 있다. 그러나 로마군은 싸우기에 바빴고, 그리스도교는 소아시아를 넘어 로마(중심도시)에 도달한 수준이었다. 성서에 있는 '로마에서 유대인들이 쫓겨나고 흩어졌다'(행 18:2)는 기록을 토대로 이 땅 전설은 '일부 그리스도인이 브리튼 섬에 이르렀다'고 말하지만 근거는 희박하다. 일반적으로 그리스도교가 브리튼 섬에 들어온 것은 2세기 후반이며, 북쪽 스코틀랜드는 그보다 이후에 전파되었다고 보는 것이 타당하다.

스코틀랜드의 그리스도교 전파에서 빠지지 않는 인물이 있다. 한 명은 사도 안드레(St Andrews)의 유골 일부를 가져온 성 레굴루스(St Rule 또는 Regulus)이다. 레굴루스는 그리스 파트라스의 수도사로 345년경 몇 명의 수녀와 함께 스코틀랜드 동쪽 해안가에 위치한 Kilrymont(현재의 세인트 앤드류스)에 도착했고 교회를 세웠다고 전해진다. 전설적인 이야기에 사실적 요소도 포함되어 있다는 점에서 이를 첫 그리스도교 전파로 볼 수도 있을 것 같다.

작은 체스에 담긴 중세 시대 스코틀랜드 인물상

픽트 시대 유물로 무덤 비석 같다.

종교개혁 시기 활동한 메리 여왕 석관

두 번째 인물은 성 니니안(St Ninian, ?~432)으로, 중세 초기 잉글랜드 역사가인 베데(Bede Venerabilis, 672-735)는 731년 쓴 '영국인의 교회사(Historia eddlessiastica gentis Anglorum)'에서 그를 '남부 픽트족에게 복음을 전한' 인물로 소개한다. 그는 베르니시아(Bernicians)에 속한 갤러웨이 휘손(Whithorn)에 작은 수도원 건물을 지었다.

비슷한 시기 프랑스 남부에서 아일랜드를 향했던 팔라디우스(Palladius)도 있다. 그는 스코틀랜드로 건너와 파이프 해안가(스코틀랜드 동부해안)에서 20여 년간 사역했고, 픽트인에게 복음을 전했다고 한다. 실제로 중세후기부터 포르던(Fordoun) 등의 교회는 그에 의해 세워졌다고 언급되었다. 6세기 중반에는 세르바누스(St Servanus 또는 saint Senf)가 인근의 쿨로스(Culross)에서 사역하면서 세인트 뭉고(St Mungo)를 가르쳤다고 한다. 이외에도 몇 명의 전도자들이 스코틀랜드 서해안과 웨일스, 아일랜드에서 활동했으며, 이들 중 일부는 브리타니아에 세워진 교회나 수도원의 후예들이다. 이야기 상당수는 전설적인 내용이지만 4세기 후반이나 5세기 초 니니안에 이어 적지 않은 수도사(전도자)들이 5세기 중후반까지 스코틀랜드의 여러 지역에서 복음을 전했음을 분명해 보인다.

지하를 나서 지상층에서 알바 왕국의 역사와 왕실 종교로서 그리스도교의 확장, 16세기 중후반 낙스의 종교개혁, 스튜어트 왕가의 르네상스 이야기, 17세기 초중반 찰스 1세의 종교 정책 반대로부터 시작된 '국가언약'과 시민전쟁(주교전쟁, 청교도전쟁 등) 등의 역사도 볼 수 있었다. 그곳에서 성 자일스교회에 있었던 나무 설교단, 공동기도서 반대를 위해 던져진 의자, 국가언약문, 언약도 군대의 깃발, 가면을 쓰고 설교해야했던 한 순회 목사의 이야기도 접할 수 있었다. 또한 종교개혁 이후와 제임스 6세 이후 스코틀랜드에서 횡행했던 마녀사냥에 대한 역사도 확인할 수 있었다. 5층까지 이어지는 근·현대 스코틀랜드의 역사와 함께 장로교 정착과 교회 분열(1843), 재통합(1929)의 역사, 그리고 스코틀랜드 독립 찬반투표에 관한 이야기도 살폈다.

  인간의 행함이 담긴 역사이기에 아픔과 상처, 문제도 많고 흥망성쇠가 동반되었다. 유물과 자료, 전문가에 의한 요약정리를 통해 2000년 이상 이어져온 스코틀랜드 역사가 일목요연하게 정리되는 것 같다. 역사의 긴 흐름을 조망하며, 이 모든 것이 인간이 만든 '컬트' 작품만이 아님을 고백하게 된다. 인간이 때론 삐뚤거리게 나아가고 뒤돌아 잘못된 길을 갈 지라도 보이지 않는 곳에서 천천히 바로 잡고 하나의 긴 역사를 써가도록 하는 손길, 바로 역사 이면에 계신 분을 고백한다. 인간의 역사는 하나님이 만드신 '컬트' 작품이며 인간을 통해 일구어 가신, 그와 함께 하신 창조물인 것이다. 그곳을 나서며 기도한다.

  "그들의 역사를 단순히 글과 머리로 배우지 않게 하소서. 현장에서 순례자로 서서 가슴으로, 땀과 눈물로, 손과 발로 배우고 느끼게 하소서. 아멘."

2. 인문주의 확산과 종교개혁, 세인트 앤드류스에서

1) 주일예배, 스코틀랜드 개혁교회 성도와 함께

세인트 앤드류(St Andrews)는 예수님의 열두제자 중 한 명인 안드레를 말한다. 그의 이름을 딴 도시 세인트 앤드류스(St Andrews)는 수도 에든버러에서 북쪽으로 1시간여 떨어진 해안도시다. 이 도시는 원래 킬리몬트(Kilrymont)로 불렸는데, 중세 중반부터 '세인트 앤드류스'로 알려졌다. 아침 일찍 에딘버러를 떠나 버스를 타고 10시 40여분 쯤 도시에 도착했다.

도시를 찾기 전 주일예배 참석을 놓고 고민을 했다. 존 낙스가 종교개혁 설교를 한 홀리 트리니티(Holy Trinity)교회를 방문하려 했지만 주일 예배가 없었다. 그런데 다른 교회 홈페이지를 찾던 중 방문 날 세인트 앤드류스에 있는 3개의 개혁교회가 연합예배를 하는 것을 알게됐다. 3개 교회 모두 종교개혁으로 태동한 스코틀랜드 개혁교회(장로교회)로, 존 낙스의 영향 아래 만들어진 교회였다. 시간에 맞춰 세인트 레너드 교회(St Leonard's Church)에 도착했다.

예배를 5분여 앞두고 예배당 맨 뒤쪽에 앉았다. 예배당은 3개 교회 성도로 가득했다. 아쉬움이 있다면 젊은 사람이 별로 없고 대부분 흰머리 어르신이란 점이다. 그래도 참여 열기나 예배 모습은 진지했고 찬양에도 힘이 있었

스코틀랜드 개혁교인들과 함께한 주일예배

다. 세분의 목사님이 강단에 올라 한 분은 사회를, 다른 분은 기도를, 그리고 한 분은 설교를 했다. 예배순서는 찬양과 목사님의 예배초청, 공동교독, 기도와 찬양, 성경봉독, 찬양대 찬양, 설교, 헌금, 평화의 나눔 인사, 중보기도와 주기도, 광고, 찬송과 축도 등으로 한국교회와 다르지 않았다. 다만 설교가 10분 정도로 짧다는 점이 특징이라면 특징이다.

예배 초반 공정무역(Fair Trade)에 대해 5분 설명하는 시간이 있었다. 한 관계자가 '공정무역, 함께 걷는 길'을 말했고, 이어 찬양대가 'Sent by the Lord am I'라는 찬양을 불렀다. 둘은 하나의 목소리로 이어져 있음이 느껴졌다. 성도들과 함께 자리에서 일어나 'Sent by the Lord am I, ready now to make the earth the place…'(주님께서 보내신 나, 지금 이 땅을 그곳으로 만들 준비가 됐나요…)를 노래했다. 한국에 있을 때 공정무역을 알고 있었지만 설명하는 분의 '그것은 물건을 사는 것이 아닙니다'라는 말이 가슴을 다시 울렸다. 물건은 제 값 주고 사는 것을 너머 그리스도의 정의를 실현하는 일이 될 수 있기 때문이다. 갑자기 '한국교회가 예배 시간에 이런 주제를 말하고 묵상하고 다짐할 수 있을까'라는 의문이 들었다.

목사님은 사도행전 2장 베드로의 오순절 설교, 누가복음 24장 엠마오로 가는 길 위의 두 제자와 예수님에 대해 설교했다. 엠마오 도상에서 제자들이 주님을 몰라본 것과 알아본 후 길을 바꿔 이를 증언한 것을 말씀했다. 비록 존 낙스가 종교개혁 설교를 하고 성화상이 철거되었던 트리니티 교회를 볼 수 없지만(이 교회 또한 새로 건축되어 당시 내부는 아니다.) 그로부터 형성된 공동체, 개혁교회 회중과 함께 예배를 드릴 수 있어 기뻤다. 예배 후 성도들과 인사하고, 성도들이 준비한 차 한 잔을 마신 후 교회를 나섰다.

2) 대성당 유적과 사도 안드레의 흔적

교회를 나서 찾은 곳은 대성당(St. Andrews Kathedrale) 유적이다. 앞서 간단히 언급한 것처럼 세인트 앤드류스는 사도 안드레와 관련된 도시이다. 그가 이곳을 직접 방문해 복음을 전한 것은 아니다. 그의 유골(성유물)이 이곳에 도착했고, 그 전설이 도시의 이름을 바꾸었다는 것은 역사적 진실이다. 전설 속 이야기는 그리스의 수도사인 레굴루스(Regulus)가 345년경 사도 안드레의 유골 일부(오른쪽 손가락 3개, 팔 위쪽 뼈, 슬개골, 치아)를 가지고 이곳에 도착해 수도원을 세웠다고 한다. 이 전설은 12세기 스코틀랜드 왕과 귀족에게 널리 알려졌고, 13세기 잉글랜드 요크 대주교의 '브리튼 북부의 수위권 주장'을 반박하는데 사용되었다. 또 잉글랜드에 맞서 독립운동을 펼치던 시기에 대중들에게 깊이 파고들었다. 이런 배경 속에 스코틀랜드 국기는 사도 안드레가 달려 죽은 십자가 모양을 반영했고, 그는 스코틀랜드의 수호성인으로 추앙된다. 당연히 이 전설을 바탕으로 세인트 앤드류스 수도원은 주교가 이끄는 대성당이 됐고, 성 레굴루스 성당이 건축됐다.

세인트 앤드류스 대성당은 사도 안드레의 흔적을 품은 장소다.

이후 마가레타 여왕(Saint Margaret of Scotland)이 세인트 앤드류스를 향해 가는 순례자를 위해 퍼스 강을 건너도록 배를 상시 배치하며 순례자 방문이 더욱 확대되었다. 또 아우구스티누스 수도회가 대성당에 자리를 잡았고 스코틀랜드에서 가장 큰 대성당을 건축했다. 사실 이 때부터 세인트 앤드류스 주교는 스코틀랜드 수석 주교가 되었고, 교회를 이끄는 최고 지도자, 정치적 영향력을 발휘하는 역할을 했다. 이런 흐름 속에 1472년 세인트 앤드류스는 스코틀랜드의 첫 대주교구가 됐고, 종교개혁 직전 추기경도 배출했다. 그 만큼 대성당은 종교, 정치, 사회적으로 매우 중요한 장소였다.

세인트 앤드류스 대성당 박물관

하지만 안타깝게도 이곳 대성당은 폐허 그 자체다. 잉글랜드는 왕실 주도로, 스코틀랜드는 종교개혁 세력과 의회 주도로 수도원을 폐쇄했고, 가톨릭 세력을 탄압했다. 죽음의 위협 속에 자신의 신앙을 지키기 위해서는 나라를 떠나야 했다. 이후 대성당은 성화상 파괴와 함께 폐쇄, 방치됐고, 세월의 흐름 속에 무너졌다. 유일하게 남은 것은 레굴루스 예배당의 종탑과 수도원 예배당 벽 일부다.

세인트 앤드류 석관

대성당 터에 들어서서 이곳저곳을 둘러본다. 가장 오래된 레굴루스 예배당 종탑은 33미터로 이곳을 향하는 순례자의 랜드마크였다. 예배당의 탑루에 종탑이 있었기에 그 높이는 지금보다 훨씬 높았다. 대성당 유적 곳곳을 다니며 강단 내에 무덤 덮개돌, 건물 흔적 등을 만났고, 안내판을 통해 과거에 어떤 건물이, 어떤 형태로 있었는지 살폈다. 대성당 출입을 관리하는 건물에 있는 박물관에는 픽트 문양으로 장식된 '사도 안드레의 석관'과 함께 유물이 전시되고 있었다. 석관은 있지만 내부 유물은 종교개혁 시기 존 낙스의 설교를 들은 개혁파 성도들이 약탈, 파괴 처리했기 때문에 별로 없었다.

3) 세인트 앤드류스 대학교, 살바토르 예배당

대성당을 나서 세인트 앤드류스 대학교와 살바토르 예배당(St. Salvator's Chapel)을 찾았다. 세인트 앤드류스 대학은 1413년 교황의 승인을 얻어 설립한 대학으로 스코틀랜드에서 가장 오래됐다. 잉글랜드와 독립전쟁을 벌인 후 스코틀랜드 학생들은 옥스퍼드와 케임브리지에서 공부할 수 없었고 프랑스 파리에 주로 머문다. 하지만 교황권 분열 시기 프랑스는 프랑스 출신을, 스코틀랜드는 다른 교황을 지지했다. 스코틀랜드 학생들은 프랑스에서도 공부할 수 없었다. 그렇게 파리대학에 있던 학생들이 고향으로 돌아왔고 1410년부터 이 도시에 학술모임을 만들었다. 이 그룹이 교황의 승인을 얻어

패트릭 해밀턴 기념 장소

대학(Holy Saviour College)으로 발전한 것이다. 그렇게 14~1500년대에 살바토르 대학, 레너드 대학, 세인트 메리 대학이 생겼다. 이들 중 인문학을 배우고 익히는 곳이 살바토르 대학이고, 메리대학은 수도원 중심으로 신학을 집중해 가르쳤다. 이들 대학은 대부분 세인트 앤드류스 대학으로 통합되었다.

세인트 앤드류스 대학은 1500년대 초부터 인문주의의 영향을 받았다. 대표적인 인문주의자는 존 메이어(John Maior, 1467~1550)이다. 파리 대학 출신인 그는 유럽에 이름을 날렸고, 고국에 돌아와 글래스고와 세인트 앤드류스에서 가르쳤다. 그가 가르친 인물 중에는 제임스 왕의 스승인 조지 뷰캐년(George Buchanan, 1506~1582) 등이 있다. 이 두 사람은 인문주의자로 에라스무스 입장을 따랐고, 종교개혁에 부정적이었다. 두 사람 모두 가톨릭교회를 비판했지만 중세교회의 틀 안에 머무르려 했다. 그러나 뷰캐넌은 루터 종교개혁이 스코틀랜드에 퍼질 때 체포를 피해 도피했고, 종교개혁 이후 스코틀랜드교회 총회에도 참여. 평신도로서 의장(1567)을 맡았다. 확실하진 않지만 레너드 대학(St. Leonard's College)에 속한 존 낙스는 메이어의 가르침을 받았을 것으로 보인다.

스코틀랜드에서 종교개혁을 처음 시작한 인물은 패트릭 해밀턴(Patrick Hamilton, 1504~1528)이다. 그는 파리 대학에서 공부했고, 석사학위를 받은 후 고국에 돌아와 레너드 대학에 속했다. 메이어의 가르침을 받았던 그는 성직자로서 세인트 앤드류스 대성당에서 사역했다. 그는 루터의 사상에 사로잡혔고, 이를

패트릭 해밀턴이 순교한 장소 안내글

살바토르 예배당 입구. 존 낙스는 이곳에서도 설교했다.

사람들에게 전하기 시작했다. 하지만 1527년 대주교의 경고를 받고 대륙으로 피신, 독일 마르부르크 대학에 잠시 머물렀다. 스코틀랜드로 돌아온 그는 공개적으로 자신의 신념을 전했고, 성직자 회의에서 13가지 혐의로 유죄선고를 받고 살바토로 예배당 건물 앞에서 처형됐다. 교회는 동료들의 구출 시도를 막기 위해 선고 직후 바로 화형을 집행했다.

대학과 예배당을 둘러보기 전 그가 화형당한 장소에 섰다. 예배당 종탑 앞 길바닥에 그의 이니셜인 P와 H로 된 문양이 형상화되어 있었다. 학생들은 존경심과 시험에서 나쁜 성적을 받을 수 있다는 소문으로 그 위를 밟지 않는다고 한다. 그곳 옆 건물에는 해밀턴의 삶이 간략히 적혀있었다. 그가 산화한 그곳에 앉아 그의 삶과 헌신을 잠시 묵상했다. 대학을 둘러본 후 예배당 안으로 향했다. 내부에는 한 연주자가 오르간을 연주하고 있었다. 음악을 들으며 예배당 뒤편 전시물을 통해 대학의 역사와 종교개혁, 해밀턴과 존 낙스에 관한 내용을 살폈다. 존 낙스는 종교개혁 시기 이곳에서도 설교했다. 기록에 따르면 낙스는 세인트 앤드류 성에 있는 동안 교구 교회에서 설교한 적이 있었다. 확실하진 않지만 살바토르 예배당에서 설교했을 가능성은 있다. 그러나 설교단은 그때보다 훨씬 후대의 것으로 생각되었다.

살바토르 대학의 건물은 새롭게 건축된 경우가 대부분이다. 중세 말, 종교개혁 시기 건물은 예배당 정도라고 해야 한다. 그것도 종교개혁 과정에 내부가 많이 파괴되어 옛 모습을 찾기 힘들다. 스테인드글라스도 19세기 이후 다시 만들어졌다. 제네바의 영향 속에 존 낙스와 스코틀랜드 종교개혁자들은 성화상에 대해 강한 거부감을 갖고 있었기 때문이다. 아무튼 인문주의를 넘어 종교개혁을 시작한 존 해밀턴, 존 낙스 등 종교개혁자들이 이곳 대학에서 무엇을 배웠고, 꿈꿨는지를 한참 생각해본다.

4) 세인트 앤드류 성

세인트 앤드류스 성 입구

존 메이어에 의한 인문주의 확산, 최초로 종교개혁 설교를 한 패트릭 해밀턴의 활동에도 본격적인 스코틀랜드 종교개혁은 늦게 타올랐다. 1528년 해밀턴의 화형과 영어로 된 신약성서를 읽었다는 이유로 1533년 화형당한 베네딕토회 수도사 헨리 포레스트(Henr Forrest)를 볼 때 종교개혁은 스코틀랜드를 향하고 있었다. 그러나 대주교와 그를 이은 추기경의 종교개혁 방어 노력은 결실을 거뒀던 것 같다. 하지만 조지 위샤트(George Wishart, 1513~1546)에 이르러서 더 이상 거부할 수 없는 상황이 되었다.

스코틀랜드 에버딘 대학(Aberdeen University)에서 공부한 조지 위샤트는 대륙 여행(방문)에서 종교개혁 영향을 받았고, 첫 번째 헬베티아 신앙고백(스위스 신앙고백)을 영어로 번역했다. 스코틀랜드 교회의 압박을 받은 그는 잉글랜드로 도피해 케임브리지에서 머물며 공부했다. 고향으로 돌아온 그는 1544년부터 순회설교자로 활동했고, 2년 가까이 중세교회 비판과 종교개혁 필요성을 강조했다. 그가 설교하는 동안 낙스는 그의 지지자 겸 동료가 됐고, 그를 호위하겠다고 자처했다. 하지만 위샤트는 추기경 데이비드 비튼(David Beaton)에 의해 체포되어 처형됐다.

성 입구에서 조지 위샤트는 순교했다.

그는 추기경의 주거지인 세인트 앤드류스 성 앞에서 불태워졌는데, 그가 죽임당한 장소로 추정되는 곳에 이니셜(GW)을 형상화한 돌이 박혔고, 조금 떨어진 곳에 그의 삶이 간략히 소개되고 있다. 그곳에서 고개를 숙이며 위샤트의 삶을 추모했다. 위샤트의 죽음은 거대한 항쟁을 불러일으켰다. 순회설교를 행한 위샤트의 영향력이 컸기 때문일 수도 있고, 대륙 종교개혁이 많은 사람에게 퍼진 때문일 수도 있다. 또 잉글랜드 종교개혁이 시작된 이후였기에 스코틀랜드 지식인들과 상공인들의 힘 결집이 이뤄졌을 수 있다.

그의 처형에 분노한 사람들이 세인트 앤드류 성, 주교의 주거지에 숨어들었다. 그리고 추기경을 살해한 후 창문 밖에 내걸었다. 강력한 항의의 뜻을 표시한 것이다. 이들을 진압하기 위해 왕실 군대가 출동했고, 개혁자들은 성을 점거하고 장기농성, 항쟁에 돌입했다. 1546년 5월에 시작된 농성은 이듬해 여름까지 1년 넘게 진행된다.

추기경이 죽임당한 장소, 개혁자들이 항쟁했던 세인트 앤드류스 성을 찾았다. 해안을 성벽 삼아 바닷가에 자리한 성은 견고해 보였다. 그러나 성은 대부분 유적으로 남았다. 내부 건물은 터만 남았고, 성의 정문 쪽만 일부 모습을 유지하고 있다. 살해당한 추기경 시체가 내걸린 곳과 진압 군대가 성을 향해 판 터널(항쟁군은 이 터널을 찾기 위해 반대쪽에서 터널을 팠다.) 출입구를 살폈다. 암벽으로 된 지하는 좁았지만 군인을 성 안으로 진입시키기엔 충분했다. 또 바닷가로 나가 왕실 지원을 위해 온 프랑스 함선이 등장한 바다도 살폈다.

처음 분노로 봉기한 이들은 오랜 기간 대치를 생각하지 못했다. 하지만 왕실이 즉각 군대를 파견했고, 그들은 방어가 견고한 세인트 앤드류스 성의 문을 걸어 잠갔다. 처음에 개혁자들은 왕실 군대의 공격을 잘 방어했다. 결기가 있었기 때문이다. 하지만 포위, 고립된 그들에겐 식량과 무기가 필요했다. 다행히 바닷길을 통해 구호물품과 방어에 필요한 무기들이 공급될 수 있었다. 또 땅굴을 파고 들어오던 왕실 군대를 방어용 땅굴을 통해 발견, 효과적으로 대처하면서 항쟁은 해를 넘겼다. 또 진압군대를 책임진 한 귀족의 아들을 인질로 확보, 진압군의 소극적 행보도 유도했다.

주교의 예배당과 주거지 터, 항쟁군이 사용했던 부엌과 바닷가를 향한 감시탑 등을 살폈다. 성 전체는 그렇게 넓지 않았고 건물도 많이 없었다. 그래서 몇 명이 이곳에

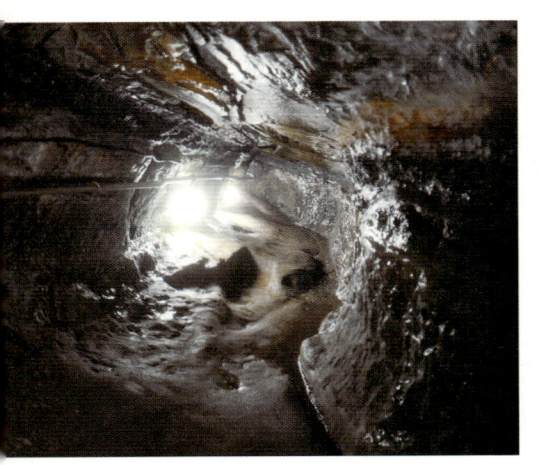

세인트 앤드류스 성 지하 땅굴

있었는지 판단하기 어려웠다. 그래도 왕실군대를 방어하고 장기 대치 상황을 만들려면 최소 200여명은 넘었을 것으로 추측해본다.

그런데 봉기군이 성을 점령하고 있던 시점 스코틀랜드 종교개혁의 중심인물이 되는 존 낙스가 역사에 등장했다. 그는 부활절을 앞두고 이곳에 도착했고, 항쟁군의 목사로 선택되었다. 원래 봉기군에는 다른

존 낙스의 갤리선 생활. 성 박물관 그림

목사(존 러프, John Rough)가 사역하고 있었다. 그런데 가정교사로 사역하던 낙스가 3월말 또는 4월 초 제자들과 함께 이곳에 들어온 것이다. 러프는 역량의 한계를 느꼈을 수 있고, 낙스와 같은 젊고 개혁적 사고, 능력을 갖춘 인물을 필요로 했을 수 있다. 아무튼 낙스는 '가톨릭의 부패'에 관한 교구 교회 첫 설교를 통해 회중의 승인을 받았고, 성에서 4~5개월 농성군과 동거동락했다.

대립이 장기화되면서 양측은 영국과 프랑스에 지원을 요청했다. 농성군은 같은 종교개혁 진영인 잉글랜드에, 왕실은 우호적 관계인 프랑스에 군대 파견을 요청한 것이다. 하지만 프랑스 군대가 먼저 도착했고, 포격이 시작되면서 농성군은 항복한다. 1년여의 포위 공격으로 어려움도 있었고, 협상 결렬에 이어 화력을 앞세운 프랑스 군대가 등장해 전의를 상실하였다. 그렇게 120여명의 스코틀랜드 청장년들이 프랑스군의 노예로, 갤리선에서 포로 생활을 시작하게 되었다. 비록 노예의 삶을 살아야 했지만 낙스는 포로들의 영적 지도자로 그들을 위해 기도하고 격려하는 목회의 삶을 멈추지 않았다.

5) 대학박물관과 순교기념탑

대학박물관 입구에 있는 안드레 동상

대주교 살해 장면을 그린 그림

성을 나서 인근 대학 박물관에 들렀다. 그곳 입구에서 세인트 앤드류스 동상을 만났고 그곳을 둘러보고 싶은 마음이 들었다. 베드로가 거꾸로 세운 십자가에 달렸다면, 안드레는 약간 눕혀져 있는 십자가를 등에 지고 있다. 그는 그런 모습으로 그리스도를 향한 자신의 마음을 드러냈다. 그의 순교정신을 기억하는 콘스탄티노플 총대주교는 자신들을 사도 안드레의 후계자라고 강조한다.

박물관은 1개 층에 4개의 전시실이 있는 작은 규모다. 그곳 종교개혁 전시실에는 존 낙스의 초상화와 왕정복고 후 대주교로 임명받은 제임스 샤프(James Sharp)가 살해당하는 장면, 언약도로서 활약한 인물의 초상화 등이 전시되어 있다. 그곳 한 쪽에 'Heretics or heroes?'(이단자들 또는 영웅들)'이라는 문구가 있었다. 종교개혁자들은 과연 이단자였을까? 아니면 영웅들이었을까? 그들은 추기경과 대주교를 죽인 살인자였고, 중세 교회질서의 파괴자였다. 그러나 분노와 항쟁을 불러온 것은 해밀턴과 위샤트 등을 처형한 중세교회이다. 교회의 잘못을 지적하고 개혁을 요구하는 것이 처형의 이유는 될 수 없기 때문이다.

존 낙스의 초상화, 대주교 살해 장면, 파괴된 돌 장식 아래의 글귀는 많은 것을 생각하도록 이끈다. 실제로 존 낙스는 구약의 언약사상과 남성중심의 태도 등 보수적인 모습을 드러냈다. 또 종교개혁자들은 성화상 파괴를 비롯해 복수의 칼을 들어 추기경과 대주교 살해도 마다하지 않았다. 극단적인 모습을 드러낸 것이다. '원칙주의'라고 부를 수도 있지만 부정적 의미가 담긴 '원리주의'라고 말할 수도 있다. 당시 시대적 상황과 외부인 입장에서 단정적으로 대답하기 어렵다. 답은 있지만 그 답이 모든 것을 담을 수 없기 때문이다.

저녁시간 마지막 장소인 순교기념탑(Martyrs Monument)을 찾았다. 순교기념탑은 이 도시에서 순교한 종교개혁자를 기리기 위해 1842~3년 사이에 만들어졌다. 200여년 가까이 바닷바람과 비와 눈보라를 견디며 순수한 순교신앙을 전한다. 오벨리스크 양식의 기념비는 매우 컸고, 기념비 정면에는 4명의 이름과 그들이 순교 이유가 적혀 있었다.

기념비 앞 안내판을 살피며 '세인트 앤드류스와 종교개혁, 그리고 순교자들의 이야기'를 묵상했다. "세인트 앤드류스는 16세기 종교적 투쟁에서 중요한 역할을 했다.(St Andrews plkayed an important part in the religious struggles of the sixteenth century.)"와 "스코틀랜드의 종교적 힘의 중심이었다.(was the centre of religious power in Scotland.)는 문구는 도시의 긍지와 자부심을 담고 있다. '교회에 대한 새로운 사상(new ideas about the church)'이라는 문구는 중립적이며 '스코틀랜드는 공식적으로 1560년 개신교 국가가 되었다.(Scotland officially

중세시대 도시에서 순교한 종교개혁자를 기리는 순교기념탑

became a Protestant country in 1560)'는 말로 종교개혁 역사가 정리되고 있었다. 그리고 그 역사에는 '존 낙스의 설교(after a sermon preached by John Knox)'와 '순교자들(The Martyrs)'이 있음을 분명히 했다.

  개신교 최초의 순교자인 패트릭 해밀턴(1528년 순교), 영어로 된 성서를 소지했고 해밀턴이 신념이 진실이라고 말했다가 순교한 헨리 포레스트(1533년), 개혁적 설교자로 활동한 조지 위샤트(1546년), 그리고 스코틀랜드 종교개혁이 수용(1560년)되기 2년 전 마지막으로 처형된 월터 밀레(Walter Milne). 이들은 종교개혁 신앙을 품었고 중세 종교적 힘의 상징인 세인트 앤드류스 대주교에 맞섰으며 말씀에 의한 개혁을 외치다 순교했다. 폭력에 의해 죽은 것은 개신교인만은 아니다. 추기경을 포함한 가톨릭교인도 죽었고 처형당했다.(It was not just Protestants who died during the unrest. Catholics were also put to death...) 이것이 진실이다. 후대의 역사는 '종교적 쟁투'과정에 많은 희생자를 낳았고, 그 희생은 오늘날 '순교'로 평가된다. 역사는 역사대로, 교훈은 교훈대로, 그리고 다시는 없어야 할 종교적 대립과 학살, 죽임을 성찰한다.

그곳에서 잠시 고개를 숙이고 기도했다. 종교개혁 과정에 세인트 앤드류스 성에서 싸운 사람들, 갤리선 노예 생활을 한 사람들, 그리고 가톨릭을 옹호한 왕실과 싸웠던 개혁주의자 등 희생된 이들을 떠올렸다. 또 가톨릭 교회의 신념을 옳다고 믿고 개혁교회에 의해 죽임당한 이도 생각했다. "하나님, 어느 편에 섰던지 신앙을 위한 그들의 희생을 기억해 주옵소서. 어떤 이유든 죽음은, 죽임은 없게 하여 주소서. 정의를, 올바름을 위해 싸우지만 반대편 사람들에게도 관용과 배려를 베풀 줄 아는 사람이 되게 하소서. 아멘."

세인트 앤드류스를 떠나기 전 세계에서 가장 오래된 골프 코스를 둘러봤다. 경기가 없을 때는 잔디 위를 사람들이 편하게 거닐 수 있었다. 저 멀리 방문객들이 홀에 공을 넣는 것도 보았고 조금 떨어진 골프코스에서 골프를 치는 골프 동호인도 볼 수 있었다. 골

사람들은 오래된 골프 코스를 거닐 수 있다.

프장을 거닐고 패인 흔적도 보고, 골프장에 있는 오래된 다리 위도 거닐었다. 화산암 토양에 바람이 많아 나무가 높게 자라지 않는 자연환경이 골프장을 조성한 배경인 것 같다. 저녁을 넘겨 에든버러로 향하는 버스에 올랐다. 버스가 고장이 나서 20~30분을 기다려 교체버스를 타야하는 불편함도 겪었다. 항상 예고 없는 일들 속에 하늘의 도우심을 경험하며 여정을 잘 추슬렀다.

3. 독립과 종교 자유를 품은 스털링

스털링은 오랫동안 왕실 거주지로 사용되었다.

 에든버러에서 하루 밤을 보낸 후 아침 일찍 일어나 스털링(Stierling)으로 향했다. 스털링은 에든버러가 수도가 되기 전까지 스코틀랜드 왕의 거주지였다. 또한 중세 스코틀랜드가 독립을 위해 잉글랜드와 싸운 전투(스털링 다리의 전투, 배녁번 전투 등)의 흔적이 아로새겨진 곳이다. 그런 배경 때문에 이곳에 윌리엄 월러스(William Wallace)의 국가 기념비가 세워졌다. 이곳을 방문지로 정한 또 다른 이유는 중세시대 왕실의 안녕과 번영을 기원했을 캠버스케네스 수도원(Cambuskenneth Abbey) 유적과 종교개혁 직후 스코틀랜드 왕이 된 제임스 1세가 '최초의 개신교 방식(?)'으로 취임식을 연 홀리루드 교회(Holy Rude)를 둘러보기 위해서다.

 아침 5시에 일어난 후 간단히 식사를 하고 여정에 나섰다. 시외버스를 타고 밝아오는 창밖에 펼쳐진 시골의 고즈넉한 풍경을 보며 스털링에 도착했다. 처음 향한 곳은 오랫동안 왕실로 사용된 스털링 성이다. 강가에 있는 평지 버스 정류장에서 경사가 있는 길을 따라 성을 향했다. 중간에 발견한 관광안내소는 문이 닫혀있었고 성 아래 홀리루드 교회 또한 닫혀 있었다.

1) 스털링 성과 캠버스케네스 수도원

스털링은 7세기 중반 포스(Forth) 강 하류, 에든버러가 위치한 포스만의 가장 안쪽에 세운 요새로 역사에 등장했다. 강이 있고, 암반지대 위의 평평한 공간은 성이 들어설 위치로 적합했다. 또한 스코틀랜드의 중부에 있고, 북쪽으로는 고지대(High Land)가, 남서쪽으로는

캠버스케네스 수도원 유적

저지대(Low Land)가 펼쳐지기 때문에 왕실 거주지로 적합했다. 스코틀랜드 전역을 통치할 수 있는 입지 조건을 갖췄기 때문이다. 이를 바탕으로 12세기 데이비드 왕이 이곳에 성(Castle)을 세웠다. 처음에 스코틀랜드 전역의 통치를 위해, 나중에는 잉글랜드에 맞서 독립전쟁을 하는 상황이 고려됐다. 성이 세워진 후 열여섯 차례의 공격과 포위가 있었고, 근처에서 유명한 세 차례 전투가 벌어진 이유이다.

성 앞에 도착했다. 서너 팀의 단체 관광객이 입장을 대기하고 있었다. 성문과 성 앞에 세워져 있는 독립영웅 로버트 브루스(Robert Bruce, '로버트 1세'로도 부른다.)의 동상을 살피고 성 앞 광장에서 언덕 아래로 형성된 도시를 내려다보았다. 또 물품판매점에 들려 사진과 자료가 있는 관광안내 책자를 보며 성 내부에 어떤 건물이 있는지, 어떤 유물이 전시되어 있는지 살폈다. 16세기 초 지어졌다는 화려한 그레이트 홀, 종교개혁자 존 낙스와 논쟁한 메리 여왕이 이곳에서 왕위에 올랐다는 내용, 그리고 제임스 6세가 지었다는 왕실예배당에 대한 소개 등은 내부 관람 욕구를 불러왔다. 하지만 2시

간 이상 소요되는 성 내부 관람보다는 다른 곳을 들리는 선택을 했고, 외부에서 성 이곳저곳을 살피는 것으로 만족했다. 나중에 비슷한 에든버러 성을 둘러볼 계획이란 점도 고려했다.

성을 내려오다 관광 안내소에 들렀고 도시 지도와 인근 방문지를 소개받았다. 그리고 캠버스케네스 수도원(Cambuskenneth Abbey)을 찾아 나섰다. 수도원은 1140년경 데이비드 왕이 왕실을 지을 때 건축하였다. 왕실의 평안과 번영을 위해 기도했을 수도원에는 왕실 인사들의 무덤이 들어서기도 했고 때때로 왕실 주요 회의가 열렸다. 수도원은 건축양식을 고려했을 때 목재로 건축되었을 가능성이 높고, 고고학적 발굴을 통해 13세기에 돌로 된 형태로 다시 건축됐다. 왕실 수도원으로 번성했지만 종교개혁 이후 버려졌고, 시간이 흐르면서 다른 건물을 위한 '채석장'으로 사용되었다. 그렇게 지금은 종탑과 몇 개의 무덤 돌, 건물의 흔적만 남은 채 방치되고 있다.

작은 마을을 지나 마주한 수도원은 누구나 출입할 수 있는 공원처럼 '방치'되고 있었다. 철문이 있고, 자물쇠가 있었지만 작은 종탑 건물을 제외하곤 출입이 자유로웠다. 철문을 밀고 들어서서 수도원 이곳저곳을 둘러본다. 규모는 그리 크지 않았다. 무덤 터도 넓지 않았고 수도사들의 공간 또한 회랑과 숙소, 도서관과 회의실 등 매우 작았다. 예배당 또한 크지 않았기 때문에 '10여명 정도의 수도사가 살았겠다'는 생각이 들었다. 문이 열린 3층 높이의 종탑에 들어섰다. 1층은 작은 전시공간처럼 보이는데 성인상이나 십자가 흔적 한 점 없었다. 수도원 안내문이 이곳저곳에 있었지만 사실상 버려진 듯했다.

그래도 한 때 왕실수도원임을 기억하는 유일한 흔적은 예배당 강단에 있었을 제임스 3세(1460~1488년 재위)와 그의 부인 마르가리타의 무덤이다. 이들은 수도원 주변에서 사망했고, 이곳에 묻혔다는 기록이 확인됐다. 물론 현재 무덤은 1800년대 중반 빅토리아 여왕의 기증으로 새롭게 만들어진 것이다. 1865년에 고고학자들이 수도원의 터에 있는 무덤을 발굴했고 두 개의 해골을 발견하여, 고전주의 형태의 석관에 다시 안장한 것이다. 다른 왕실 인사도 묻혔겠지만 역사는 이를 알려주지 않았고, 그들의 유해는 한 줌의 흙으로 돌아간 것 같다.

기록된 수도원 역사에는 종교개혁 시기 '수도원이 폐쇄되고 건물이 불탔고 약탈당했다'고 한다. 또한 성 건설(복원) 등을 위해 교회와 별채에서 석조물을 제거했고, 남은 돌도 지역 귀족들이 자신을 위한 건물을 위해 옮겼다는 기록도 있었다. 이를 볼 때 왕실수도원의 기능을 상실하면서 소수의 수도자만 남았고, 폐쇄 이후 채석이 대규모로 이뤄지며 쇠락의 길을 걸은 것 같다. 수도원 안내판을 통해 자립 운영을 택했던 수도원의 개략적 모습과 배를 타고 오갔을 수도사들, 농사와 고기를 잡으며, 자립운영을 했을 수도사들을 상상해본다.

그런데 이 수도원에서 중요한 왕실 회의가 몇 차례 열렸다. 스코틀랜드 독립영웅으로 왕이 된 로버트 브루스는 배녹번 전투 직후인 1314년과 1326년 이곳에서 회의를 열었다. 잉글랜드의 맞서 싸운 그는 스코틀랜드인의 단합을 호소했을 것이다. 남과 북, 평야와 산악지대의 중간지점에 위치한 스털링은 스코틀랜드 전체를 아우르는 중요 거점으로서 '단합'의 상징과도 같다. 그래서 이 곳에서 잉글랜드에 맞선 스코틀랜드 독립이 출발되었다고 해도 과언이 아니다. 그런 역사를 상징하는 기념건물이 바로 윌리엄 월러스 기념탑이다. 수도원을 나서 기념탑을 향해 걸었다.

2) 윌리엄 월러스 기념탑

수도원에서 탑까지 40~50분을 걸어야 했다. 또 기념탑(National Wallace Monument)은 작은 산꼭대기에 있어 정상까지 Abbey Craig(여기서 크레이크는 스코틀랜드어로 바위, 험준한 절벽을 의미한다.)를 걸어야 했다. 3킬로미터의 길, 91미터의 돌산, 그리고 67미터 기념탑을 오르는 내내 헉헉거릴 수밖에 없었다. 그래도 불어오는 시원한 바람을 느끼며 스코틀랜드 독립 역사를 떠올리는 것은 기쁨이다.

윌리엄 월러스. 그는 스코틀랜드의 독립 영웅으로, 1995년 상영된 멜 깁슨 주연 '브레이브 하트(Brave heart, 용사의 심장)'라는 영화로 잘 알려져 있다. 스코틀랜드 독립을 위해 싸운 그는 잉글랜드 군대에 체포됐고, 처형 직전 '프리덤(Freedom, 자유)'을 외치며 죽음을 맞는다. 영화적 재미를 위해 첨삭된 내용도 있지만 기본은 역사적 사실에 근거했다. 또한 스코틀랜드를 모델로 '자유'와 나라의 '독립'이 얼마나 중요한 것인지를 세계 속에 보여줬다.

왜 이곳에 기념탑이 세워진 것일까? 13세기 스코틀랜드는 잉글랜드의 영향을 크게 받았다. 그런데 왕위계승 과정에 잉글랜드 왕은 자신을 군주로 섬길 것을 강요했고, 일부 귀족과 월러스는 이를 용납하지 못하고 항쟁에 나섰다. 잉글랜드 측에 속한 귀족의 군대와 월러스와 항쟁하는 귀족 군대는 이곳 스털링에서 만나 전투를 벌이게 된다. 1297년 9월 스코틀랜드를 이끈 월러스와 앤드류 머레이는 이곳에서 전장을 내려다보며 군사작전을 짰다. 전투는 치열했고, 승리는 강 위의 다리를 무너뜨려 잉글랜드 군대를 분리시킨 스코틀랜드에게 돌아갔다. 이 전투 후 월러스는 '스코틀랜드 왕국의 수호자이며 군대의 지휘자'로서 게릴라 전투를 벌이며 전쟁을 유리하게 이끈다.

하지만 그는 체포됐고 1305년 런던 스미스필드에서 처형됐다. '자유'와 '독립'을 외치며 싸운 그의 영웅적 죽음의 영향일까? 이듬해 로버트 브루스는 월러스에게 배운 게릴라 전술로 잉글랜드에 맞섰고, 귀족들의 지지와 교회의 지지를 획득하며 1314년 배녹번 전투에서 잉글랜드 군대를 대파(기록에는 9천여 명이 2만 5천여 명을 거의 전멸시켰다고 한다.), 스코틀랜드 독립을 달성한다. 이런 사건과 역사적 배경이 여러 도시의

산 정상에 세운 윌리엄 월러스 기념탑

경쟁을 뚫고 이곳에 기념탑을 세우게 한 이유다.

그러나 선조들이 만든 스코틀랜드 독립은 몇 백 년 후 물거품이 됐다. 1603년 스코틀랜드 왕이던 제임스 6세가 잉글랜드의 왕위에 오르면서 두 왕국을 연합 운영했고, 100년 후인 1707년에 하나의 국가로 통합된 것이다. 중간에 자코바이트 봉기와 같은 독립 시도가 있긴 했지만 스코틀랜드 전체의 지지는 얻지 못했다. 사람들은 자신들의 왕, 자기 나라 왕가의 인물이 더 큰 잉글랜드를 통치한다는 사실을 긍정적으로 본 것 같다. 그러나 제임스를 비롯해 왕은 런던에서 살았고, 중요 정치가들 또한 런던에 머물면서 활동, 스코틀랜드는 전체 영국의 한 부분으로 그 영향력이 축소되어 버렸다. 그래서 일부에선 스코틀랜드의 분리, 독립을 갈망하고 국민투표를 추진하고 있다. 1800년대 말 국가적 영웅, 스코틀랜드의 영웅에 대한 열망은 이런 분위기 속에 등장했고, 윌리엄 월러스 기념 동상과 기념비가 전국적

역사적 영웅의 방에서 스코틀랜드의 과거와 오늘을 만났다.

으로 세워진다. 시민들의 모금도 전개되었고 그 흐름 속에 1869년 이 기념비가 세워진 것이다.

　기념탑에 올랐다. 언덕을 올라온 직후라 숨은 찼고 회전식 계산은 매우 가팔랐다. 한 사람이 간신히 통과할 수 있는 좁은 계단은 사람이 내려오면 한 쪽 벽에 붙어 길을 비켜야 했다. 3층으로 된 넓은 공간(방, 전시실)에 들려 전시물을 보며 호흡을 가다듬었다. 3개의 전시실에는 팔(수호)의 홀, 영웅의 방, 왕실의 방 등 이름이 붙어 있었다. 첫 전시실에서 윌리엄 월러스의 삶과 스털링 다리의 전투, 당시 상황을 소개한 전시물과 2분여의 짧은 영상을 시청했다. 영상은 글보다 그날의 역사와 삶을 빠르게 이해하게 하고 진한 감동을 준다. 영웅의 방에는 스코틀랜드의 역사적 영웅들의 얼굴상이 전시되어 있었다. 브루스 왕을 비롯해 제임스 뷰캐년, 그리고 존 낙스도 있었다. 탐험가요 선교사인 데이비드 리빙스턴(David Livingstone)과 나이지리아에서 선교사로 헌신하며 쌍둥이 살해를 막은 메리 슬레서(Mary Slessor) 선교사도 만났다. 30~40여 명 가운데 개혁정신, 그리스도의 사랑을 실천해온 분들이 많음에 감사하다.

그런데 그곳 전시실 한 가운데 월러스의 칼이 있었다. 전쟁을 통해 지켜 낸 자유와 독립, 그 영웅을 기념하는 공간에 '칼'은 당연하다. 그런데 개혁과 사랑실천을 행한 인물 사이에 있는 칼은 여러 가지 생각으로 우리는 이끈다. 어떤 이는 칼과 전쟁을 통하여 나라의 독립을 이끌었고, 어떤 이는 개혁과 사랑의 실천으로 나라의 이름을 드높였다. 모두 이 땅의 영웅으로 추앙받는다. 두 가지는 분명 다른 행동 방식이다. 그러나 모두 동일한 가치와 신념을 품고 있다는 생각을 하게 된다. 동일한 가치와 다른 행동방식, 우리가 보다 깊이 생각해야 할 내용인 것 같다. 세 번째 방에서는 월러스가 이끈 스털링 다리 전투에 대해 자세히 배울 수 있었다. 양국 군대의 배치와 전투 상황은 흥미진진하다.

월러스 기념탑 정상에서 내려다본 전투 장소

4층 전망대 위에 섰을 때 앞서 월러스가 치룬 전투 장면이 이해됐다. 그곳 전망대에서 스털링 시내와 함께 주변의 산과 강, 언덕의 모습이 한 눈에 들어왔다. 각 부대가 어디에 진을 치고 있고, 어떻게 움직일 것인지 예측이 가능했다. 또 적절한 대응 전략을 수립하기에도 안성맞춤인 장소였다. '아, 그래서 이곳에 월러스가 올랐고 동료들과 함께 전략을 수립했겠다.'라며 고개를 끄덕였다. 이곳에 오기를 잘했다는 생각이 들었다.

성을 내려와 스털링 시내로 돌아오며 옛 다리를 지났다. 돌로 된 다리는 1550년 이후 새로 만들어진 것으로 원래의 나무다리는 조금 위쪽에 있었다고 한다. 그곳에서 전투가 치열하게 진행된 것이다. 다리 위에서 내려다본 강폭은 넓지 않았다. 20~30미터 정도. 과거 강 양쪽으로 늪지대가 있었으니 폭은 더 넓었을 것이다. 당시에 지휘관들은 말을 탔고 병사들과 강을 건넜다. 그런데 1/3 또는 절반 정도 다리를 건넜고 방어선 형성 전에 스코틀랜드 병사가 공격했고 잉글랜드 군대는 패했다. 전체를 내려다보며 짠 작전은 승리를 가져올 수 있었다. 폭넓은 시야와 상황파악, 전략과 전술이 승리를 담보했다. 역시 역사란 글보다 현장에서 보며 느낄 때 제대로 이해할 수 있다.

3) 홀리루드 교회와 종교자유 기념비

스털링 홀리루드 교회

시내로 돌아와 언덕을 올라 홀리루드 교회(Church of the Holy Rude)로 향했다. 이 교회는 스코틀랜드 최초 개신교 군주가 된 제임스 6세의 대관식이 있었고, 종교개혁 과정 중 발생한 순교이야기를 품고 있다. 스털링 성을 방문하기 전 잠시 들렸으나 문이 닫혀 있었다. '홀리루드 교회 오신 것을 환영한다'라는 간판 문구는 그 아래에 쓰인 'Closed(닫힘)'이란 말로 무색해졌다. 12시를 넘겨 다시 방문했지만 문은 열리지 않았다. 자료를 찾아보니 겨울에는 주일 외에는 문을 닫고, 3월말부터 10월까지만 평일에 문을 여는 것 같다.

홀리루드 교회는 지역 주민을 위한 교회로 설립됐다. 자료에 따르면 1129년에 처음 세워졌고, 15세기 초 도시 화재로 많은 부분이 파괴됐다가 16세기 초 복원되었다. 종교개혁 시기엔 메리 여왕이 가끔 방문했고, 메리가 퇴위 당한 직후 2살인 아들 제임스가 1567년 대관식을 갖고 왕이 됐다. 당시 강보에 누운 제임스는 섭정 모레이 백작 제임스 스튜어트 등 개신교 귀족이 참석한 가운데 취임했다.(1567년 7월) 그런데 이 취임식은 개신교 방식으로 진행됐고 존 낙스가 설교를 했다. 낙스가 무슨 내용으로 설교했을까? 언약을 중요시했던 그는 여덟 살에 취임한 요시아 왕과 그의 개혁을 주제 삼지 않았을까? 무엇보다 어린 왕 대신 섭정과 귀족들에게 왕을 잘 보좌할 것을 당부했을 것이다.

그런데 17세기 이 교회는 종교적, 정치적 혼란 때 두 개의 교회로 분열되었다. 건물의 동쪽과 서쪽에 교회가 세워졌고, 두 교회를 나누기 위해 벽이 세워진 것이다. 구역 분할 때문일 수도 있지만 국교회 강요 속 언약도의 반발과 왕정복고, 아니면 이후 종교적 상황 때문으로 보인다. 아무튼 1935년에 두 교회로 나뉜 부분은 하나로 통합되어 오늘과 같은 모습이 되었다고 한다. 안타깝지만 역사의 흔적을 살필 수 있는 내부는 볼 수 없었다. 수차례 문을 두드리고 관계자를 찾기 위해 인근 건물을 살폈지만 만날 수 없었다.

포기와 함께 교회를 한 바퀴 돌며 주변을 살폈다. 교회 주변 언덕 위로 많은 무덤들이 있었다. 아마도 오랫동안 지역 주민을 위한 공원묘지로 사용되는 듯하다. 그런데 그곳 한 곳에 목회자들의 동상과 기념비가 있었다. 비문을 통해 제임스 거스리(James Cuthrie) 목사의 동상과 알렉산더 베이스(Alexander Beith, 1799~1891) 목사의 기념비임을

공원묘지 목회자 동상과 묘비

알 수 있었다. 거스리 목사는 스코틀랜드 종교개혁 역사의 한 시기인 언약도 운동의 지도자 중 한 명이다. 세인트 앤드류스 대학을 졸업한 그는 로더(Lauder), 스털링에서 사역했고, 찰스 1세와 2세의 국교회 예배와 제도 강요에 맞서 싸웠다. 종교적 신념에 따라 타협하지 않던 그는 1660년 왕정복고 후 에든버러에서 처형됐다. 알렉산더 베이스 목사는 1843년 스코틀랜드 교회에서 분리되어 설립된 스코틀랜드 자유교회의 총회 의장을 역임한 인물이다. 그는 당시 회중의 목사 결정권을 제한하는 정부의 후원자법(Church Patronage)과 이를 옹호하는 이들과 맞서 싸웠다. 그들은 사망 후 다른 곳에 묻혔지만 이들의 헌신을 기리며 '종교개혁자 동상(Reformer Statues)'으로 기념되고 있었다.

해당 기념비 부근에는 스코틀랜드의 시민과 종교 자유를 위해 순교한 이를 기리는 별 피라미드(The Star Pyramid)도 있었다. 피라미드 모양의 기념비는 높은 받침대의 네 면에 대리석으로 만든 성서가 놓여 있었다. 기단에는 성서구절이 있었고, 피라미드 안쪽에 성서와 신앙고백서가 봉인되었다고 한다. 모두 1863년에 만들어졌는데. 이 시기 스코틀랜드 자유교회에 속한 인물들이 자신들의 신념을 성서와 종교개혁, 언약의 정신과 가치와 연결하려 했음이다.

무덤들 사이를 거닐던 중 또 하나의 순교자 기념비(The Martyrs Monument, 공식 명칭은 The Virgin Martyrs Monument)에 멈춰 섰다. 순백색의 동상은 종교개혁 이후의 슬픈 순교 이야기를 담고 있다. 3명의 인물 상 중 한 명은 천사였고 다른 2명은 마가렛 윌슨과 여동생 아그네스다. 언니가 동생에서 책을 읽어주는 모습인데 아마도 성서를 읽고 있는 것 같다. 쓰인 글과 비문을 통해 두 소녀는 위그턴셔 출신으로, 장로교 신앙을 받아들인 언약도였음을 알 수 있었다. 이들은 찰스 2세의 국교회 제도를 거부하다 체포됐고, 18세와

14세의 나이로 처형됐다. 익사형을 선고받은 두 사람은 솔웨이만의 바닷가 아래 지점 말뚝에 묶였고 바닷물에 수장됐다.

가슴이 아파온다. 아직 어린 소녀까지 죽여야 했던 종교적, 정치적 대립이 안타깝다. 그곳에 무릎을 꿇고 잠시 눈을 감았다. "마가렛, 아그네스 등 순교자들을 생각합니다. 그들은 자신의 신념을 지키려고 하늘이 준 목숨을 내놓았습니다. 그리스도 교회의 이상이 지배한 중세 유럽사회는 신앙의 시대였고, 종교개혁 시기 또한 신앙 열정이 가

마가렛과 아그네스 자매의 순교기념비

득한 시대입니다. 그런데도 신의 이름으로, 종교의 이름으로 죽임은 계속됐습니다. 하나님, 오늘도 이런 아픔, 상처가 없을 것이라 장담하기 어렵습니다. 그럴 때 저는 어떻게 해야 할까요? 이 소녀들처럼 묵묵히 그 길을 갈 수 있을까요? 주여, 우리를 불쌍히 여기소서." 조용히 뒷걸음치듯 그곳을 나섰고, 서둘러 언덕을 내려왔다. 질문에 쉽게 대답할 수 없었기 때문이다.

4. 종교개혁을 향한 회중의 투쟁, 스콘과 퍼스

답답한 가슴을 안고 퍼스(Perth)로 향했다. 이곳을 찾은 이유는 알바 왕국, 스코틀랜드 왕의 대관식이 열린 Moot Hill(게일어로 Tom-a-mhoid, 정의가

이뤄지는 곳)과 존 낙스가 설교한 세례 요한 교회(St John's Kirk)를 둘러보기 위해서다. 특히 퍼스는 제네바 생활을 마치고 돌아온 존 낙스가 프로테스탄트 회중(저항군)과 만났고 설교를 통해 회중의 영적 지도자로 떠오른 곳이다. 그가 스코틀랜드로 돌아온 시기는 회중의 영주들이 퍼스에 모여 왕실과 맞서 대립하던 시기로 낙스는 세례 요한 교회에서 회중들 앞에서 설교했다. 버스를 타고 퍼스에 도착했고, 무트 힐이 있는 스콘 궁전(Scone Palace)으로 향했다.

1) 왕의 대관식과 '무트 힐'

앞서 스코틀랜드 역사를 살핀 바 있다. 스코트족이 세운 달리아타(Dariata)가 픽트 왕국과 연합했고, 나중에 스트래드클라이드 왕국과 노섬브리아 북부를 하나로 아우르며 스코틀랜드가 탄생했다. 9세기 달리아타와 픽트 왕국이 하나 될 시점부터 '알바 (스코틀랜드) 왕국' 이름이 사용됐다. 왕이 된 맥알핀(Kennneth MacAlpin)은 846년 퍼스에 새 마을을 세우고 '스콘의 돌(Stone of Scone)'로 불리는 운명의 돌을 가져왔다.

스콘 궁전은 옛 스코틀랜드 왕 대관식이 있던 무트 힐 지역에 세워졌다.

전설은 이 돌이 성서 속 야곱이 꿈을 꿀 때 베고 잔 돌로 알려졌고 아이오나 수도원에서 가져왔다는 설명도 있다. 왕들은 신성한 이 돌 위에서 왕위에 올랐고, 왕이 될 때 돌이 고음의 소리를 냈다고 한다. 이 돌이 놓인 언덕은 각 지역 추장(영주)들이 대관식에 참석할 때 자신들의 땅에서 흙을

무트 힐은 왕의 대관식 장소였다.

가져왔고, 그것을 모아 만들었다는 말도 있다. 아이오나 수도원에서 돌이 옮겨왔다는 이야기를 빼고는 모두 지성과 합리성이 부족했던 시대에 만들어진 이야기다.

버스에서 내려 걸었고 스콘 궁전 안뜰에 들어섰다. 제일 먼저 방문한 장소는 대관식이 있었던 무트 힐이다. 낮은 언덕 중간에 스콘의 돌 모형이 의자처럼 만들어 놓여있었다. 아마도 이 언덕 중앙, 돌 위에 왕이 앉았고, 주변에는 둥근 형태로 참모와 각 지역 추장이 모였을 것 같다. 그리고 머리에 왕을 상징하는 모자, 왕관이 씌워졌을 것이다. 알바 왕국이 그리스도교를 수용했고 11세기부터는 세인트 앤드류스의 주교가 교회를 대표했기에 그가 왕에게 왕관을 씌웠을 것이다. 즉위와 함께 주변에 자리한 추장들은 환호성을 질렀고, 사람들은 그 소리를 스콘의 돌이 내는 소리로 받아들였음이 확실하다. 어쩌면 이 즉위식은 켈트족의 추장이나 부족연맹체의 대표, 소왕국의 왕이 취임하던 관행이 전승되어 형성됐을 것이다.

1295년 잉글랜드에 스콘의 돌을 뺏긴 후, 스코틀랜드는 대관식을 위해 나무로 된 의자를 만들었고, 그 중 하나가 스콘 궁전에 있다. 아마도 이곳에서 대관식을 하는 전통이 중요했고, 그래서 나무로 된 의자가 만들어 졌을 것이다. 스콘의 돌은 평상시에 인근에 있는 교회에 보관되었고, 대관식 때만 이곳으로 옮겨져 사용되었다. 물론 언덕 위 작은 교회는 후대의 건물로 그 때 교회와는 관련성이 없다. 스콘의 돌을 보관하는 수도원은 왕실의 지원 속에 1100년경 아우구스티누스 수도회가 세웠다. 왕의 대관식 장소이고, 일부 성인의 유물도 있었기에 중세 순례자의 방문이 이어졌다. 하지만 돌을 뺏기고, 종교개혁으로 폐쇄되면서 쇠락했다. 수도원 영지는 한 귀족에게 넘겨졌고, 이후 부지에는 아름다운 건물이 지어졌는데, 스콘 궁전이 그곳이다.

궁전 건물 내부에 들어섰고 수도원의 위치와 건물 형태를 알 수 있는 모형을 만났다. 과학의 시대답게 한 연구단체가 2007년 자기공명영상 촬영으로 수도원 부지를 조사했고 수도원 위치를 찾았다. 수도원 구조는 상상한 것보다 규모가 컸고 로마네스크 양식의 건물이었을 가능성을 보여주었다. 성서로부터 유래한 전설의 물건, 왕의 대관식에 사용한 신성한 돌이 있는 곳이니 당연했을 것이다. 그러나 오늘날 스콘 궁전은 왕이 살던 곳도 아니고, 역사적, 종교적 가치도 없다. 내부 사진 촬영이 금지됐고 접시나 시계, 조각 등 근대 귀족의 삶에 대한 소개가 궁전 전시의 전부였다. 설명서마저 없었다면 그냥 지나쳐야 할 듯 보였다. 그래도 첫 전시 공간에서 만난 수도원 건물 모형, 그리고 중간에 만난 옛날 책들이 있는 도서관은 위안이 됐다.

중간 쯤 전시를 보다가 이곳에 엘리자베스 여왕과 찰스 3세 왕(당시 왕세자), 그리고 현 일본의 왕(당시 왕세자)이 방문했고 그들이 나무를 심을 때 사용한 삽이 전시되어 있었다. 그만큼 스콘이라는 장소는 의미가 있고, 궁전이 아름답기에 이들이 이곳에 머물렀다. 궁전 마지막 공간에서 그래도 의미있는 전시를 만날 수 있었다. 스콘의 돌과 케네스 맥알핀, 로버트 브루스왕의 역사가 그림과 영상으로 소개되고 있었다. 또 실물인지 복제품인지는 모르지만 대관식에 사용된 의자와 왕관도 그곳에 있었다. 영상을 본 후 벽에 전시된 내용을 하나하나 살폈다. 알바 왕국, 스콘, 그리고 중세 수도원에 대해 많은 내용이 발굴되고 이곳에 전시됐으면 좋을 것 같다.

2) 퍼스의 세례요한 교회

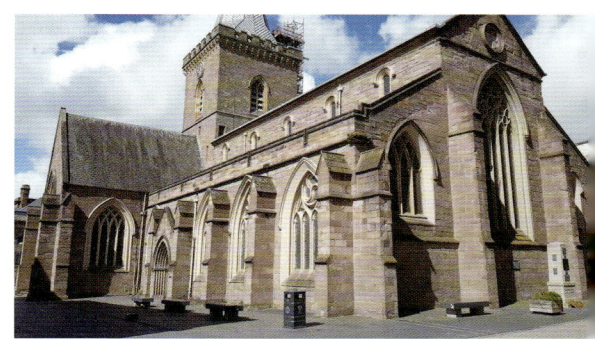

퍼스의 세례요한 교회는 스코틀랜드 첫 성화상 철거 교회다.

퍼스 시내로 들어섰다. 작은 도시다. 정류장 앞쪽에 관광 안내소가 있어 시내 지도를 얻고 세례요한 교회(St John's Kirk)로 향했다. 옛 도시인 퍼스에는 작은 교회가 있었고, 1242년 왕의 명령으로 세례요한 교회가 세워졌다. 늦은 시간에도 교회 문을 열려 있었고, 성도 한 분이 어디서 왔는지 묻고 자료를 주셨다. 일본어로 된 자료도 있었는데 일본 왕세자의 스콘 궁전 방문이 영향을 준 것 같다.

종교개혁 시기에 퍼스는 견고한 성벽으로 인해 방어에 유리했고 개혁파 군대의 중요 근거지가 됐다. 1559년 섭정 메리 여왕(Mary of Guise)에 대항하는 '회중의 영주'(개혁파 귀족)의 군대는 이곳에 모여 왕실이 있던 스털링을 압박했다. 여왕은 5월 10일까지 개신교 설교자들에게 왕궁으로 출두하라고 명령하지만 설교자들은 이를 따르지 않는다. 아마도 지도자인 낙스와 성직자, 회중의 영주들은 퍼스에서 다음 행보를 생각했음직하다.

11일 낙스는 이 교회에서 회중의 영주와 프로테스탄트 군중에게 말씀을 선포한다. 설교의 제목은 알려지지 않았지만 영국과 프랑크푸르트, 제네바에서 단련된 낙스는 '미사와 우상숭배에 대한 강력한 비판'을 쏟아냈다고 한다. 그의 열정적인 설교는 여왕과 중세 교회에 대해 비판적인 군중을 흥분시켰고, 그들은 예배 후 한 신부가 미사를 집전하려 했을 때 교회 내 성상을 부수기 시작했다. 또 인근 수도원에 몰려가 동일한 행동을 한다. 나중에 낙스는 도미니크회와 프란치스코회, 카투신 수도원 공격, 약탈은 악당의 소행이라고 말했지만 혼란상황에서 성상 파괴, 약탈 행위자를 구분하는 것을 불가능하다.

이 사건이 알려지면서 여왕은 진압을 명령했고, 회중의 영주들은 지지자들에게 격문을 보낸다. 격문을 본 지방 영주들과 지식인, 회중들은 퍼스로 몰려왔고 5~6000여명이 넘는 사람들이 도시를 가득채운 후 여왕을 위협했다. 세인트 앤드류스로 잠시 물러난 개혁주의자들은 여왕을 향한 전면적인 저항을 시작했다. 다시 퍼스로 진격한 회중은 에든버러로 향했고, 이듬해인 1560년 섭정 메리의 사망과 함께 스코틀랜드 종교개혁의 문을 열게 된다. 결국 5월 퍼스에 모인 회중이 낙스의 영적 지도와 만나 종교개혁의 거대한 불꽃이 된 것이다. 당연히 하나님은 그들과 함께 계셨을 것이다. 그래서 퍼스의 세례 요한 교회는 스코틀랜드 종교개혁의 의미 있는 한 곳이다.

교회 내부에서 낙스가 설교했을 설교단을 찾았다. 중세시대부터 강단 앞쪽에 있었던 설교단은 큰 변화가 없었다. 강단 앞에 앉아 낙스의 설교를 떠올린다. 누구보다 원칙적이고 강경했던 낙스, 그는 독일의 루터나 잉글랜드 크랜머의 중도적인 개혁을 못마땅하게 여겼다. 중세 교회와 철저히 단절하고 새로운 교회로 나아가야 한다고 생각했다. 그래서 성화상 철거와 교회제도의 전면적 변화를 추구했다. 이 배경에는 프랑스 군대의 포로가 됐던 그가 잉글랜드에서 지켜본 개혁의 경험, 메리 여왕의 탄압을 피해 제네바로 가서 그곳

퍼스 세례요한 교회 내부

에서 활동한 경험이 작용했다. 성화상이 철거됐던 제네바에서 개혁주의 예배를 경험한 그의 눈에 비친 고향 교회는 옛 교회였다. 제네바에서 새 예배 예식서를 만들었던 그에게 옛 예배와 예식은 반드시 바꿔야 할 형태였다.

목숨을 걸고 고향 땅에서 종교개혁을 펼치려고 돌아온 그는 회중 앞에서 성화상 철거를 담은 철저한 종교개혁 요구를 언급할 수밖에 없었다. 그는 목소리 높여 성화상 철거와 예배예식, 교회 제도와 형태의 변화를 요구했다. 깊은 고민과 성찰, 경험에서 우러나오는 개혁의지, 힘이 담긴 그의 목소리는 회중의 뜨거운 반응을 불러왔을 것이다. 그렇게 퍼스의 세례 요한 교회는 스코틀랜드 첫 성화상 철거교회가 되었다.

교회를 둘러보며 중세 시대에 사용한 헌금상자, 교회의 종탑에 있었던 오래된 종, 작은 성상이 있었던 벽의 감실, 파괴된 이후 방치되다가 20세기 새로 설치된 스테인드글라스, 시 750주년에 설치한 천정의 어린양 장식, 강단에 있는 작은 낙스 채플(평상시 주일에 사용되는 예배실) 등을 살폈다. 교회 역사에는 '이 교회가 3개로 나뉘어 예배드렸다'(종교개혁 직후에는 하나의 교회였지만 많은 인원과 사역 등으로 3개 교회로 분할되었고, 내부에 벽이 세워졌다.)는 문구도 볼 수 있었다. 나뉘어진 교회와 1900년대 벽을 허물어 하나의 교회로 만든

모습을 상상해 본다.

교회를 나서 시내를 돌아봤다. 가톨릭교회도 있고, 감리교회, 침례교회, 성공회 교회도 있었다. 종교개혁 후 시간이 그만큼 흘렀고, 영국과 스코틀랜드 개혁교회가 오랜 역사 속에 분열과 변화를 겪었기 때문이다. 나누어진 교회, 연합하는 교회, 그리고 다시 하나될 교회를 상상해 본다. 퍼스를 떠나 에든버러로 향한다. 그곳에서 스코틀랜드 종교개혁 역사의 핵심인물, 존 낙스를 중심으로 1560~70년대 종교개혁을 살피기 위해서다.

5. 존 낙스의 종교개혁, 에든버러에서

에든버러(Edinburgh)는 12세기부터 스코틀랜드의 왕의 중요 거주지 중 하나가 됐고 15세기 중후반(1437년)부터 스코틀랜드의 행정수도로서, 종교개혁의 주 무대였다. 왕은 처음에 에든버러 성에 거주했다. 하지만 암반 위에 세워진 성은 물도 부족하고 바람도 심하며, 아름다운 꽃과 정원을 가꾸는 것도 어려웠다. 그래서 가족이 머물기엔 불편했고, 왕은 성 밖 홀리루드 수

에든버러 성은 종교개혁 시기 왕의 주 거주지였다.

도원 땅에 궁전을 짓고 종교개혁 직전 이곳에 거주했다. 현재 에든버러성은 왕실을 상징하는 왕관과 대관식에 사용하는 돌(스콘), 왕의 권위를 드러내는 홀과 검 등이 보관되는 장소로 사용되고 있다.

1) 에든버러 성을 찾아서

이른 아침 숙소를 나서 에든버러성(Edinburgh Castle)으로 향했다. 암벽 위의 성은 견고한 성벽으로 둘러싸여 있는데, 과거 출입구는 성벽 앞 쪽 좁은 길이 유일했다. 그곳 성문 앞은 누구나 편하게 출입할 수 있도록 넓은 광장이 조성되었다. 떠오르는 태양을 맞으며 시내를 내려다본다. 종교개혁 시기에 1만 5천여 명이 살았다는 에든버러는 50만 명 이상이 사는 큰 도시가 됐고 성 좌우로 넓은 시내가 펼쳐

에든버러 성 안에 있는 왕실 건물

져 있다. 커피 한잔과 함께 태양이 떠오르는 모습을 내려다본다. 날씨가 다소 흐렸지만 태양은 하늘을 붉게 물들이며 어둠을 밝힌다. 그곳에 서서 중세 종교적 어둠을 거둬내며 개혁의 새 빛을 밝힌 스코틀랜드 종교개혁 영웅, 존 낙스의 삶을 떠올린다.

낙스는 엄밀하게 루터의 다음세대, 종교개혁 2세대이다. 그는 1514년 에든버러가 속한 로티안 지역의 기포드(현재 Giffordgate)라는 작은 마을에서 태

어났다. 어떤 이는 낙스가 하팅턴(Haddington) 출신이라 말한 것을 토대로 '하팅턴에서 태어났다'고 서술한다. 하지만 연구에 따르면 하딩턴 근처의 기포드라는 견해가 더 우세하다. 아마도 기포드는 작고, 하딩턴은 인근에 있는 큰 도시로 그가 학교를 다녔기 때문에 편하게 '하딩턴 출신'이라고 언급한 것 같다.

그는 초중등과정(Grammer School)을 마친 후 1530년경 세인트 앤드류스 대학에 진학했다. 루터의 종교개혁이 한창이던 시기 대학은 인문주의와 종교개혁의 토대였고 세인트 앤드류스 대학도 마찬가지였다. 다만 도시는 '대주교의 도시'로, 종교개혁에 대한 경계심과 압력이 강했다. 이런 분위기에서 낙스는 대학 생활을 했다. 언제 쯤 졸업했는지는 졸업자 명단이 없어 확인되지 않지만 1536년 사제가 되고, 1540년 '존 낙스 경'(Sir John Konx)로 불리는 교황 공증인, 변호인(법률가)이었다는 점에서 이 시기 대학과정을 마쳤을 것으로 판단된다. 낙스는 가정교사(Tutor)로서 자신의 첫 여정을 시작한다. 롱니드리(Longniddry)의 휴그 더글라스(Hugh ouglas)의 두 아들, 오르미스톤(Ormiston)의 존 콕크범(John Cockburn) 아들의 교사가 된 것이다. 종교개혁으로 사제의 삶에 대한 의문과 함께 인문주의 확신 이후 지방 귀족과 영주들, 상인들이 자녀교육에 관심이 높아진 때문이다.

대학 때 인문주의자인 존 메이어(John Major, 1467~1550) 등의 영향을 받았을 낙스는 졸업 후 크게 3명의 설교자로부터 개혁주의 사상을 수용했다. 먼저 두 명의 도미니칸 설교자들이다. 어린 메리 여왕을 대신해 섭정이 된 아란의 백작 제임스 해밀턴은 개혁주의에 우호적이었다. 그는 1543년 의회 결정(의희는 메리 여왕과 잉글랜드 에드워드 6세의 결혼을 추진하며, 성서를 현지 언어로 읽을 수 있다고 결정)에 근거해 2명의 설교자를 임명했다. 바로 토마스 기욤(Thomas Guillaume, 또는 Williams)과 존 러프(John Rough, 1500~1557)다. 이들은 중세교회의 오류와 악습을 비판하는 설교를 했는데, 낙스는 교리 부분에서 윌리엄의 설교를 좋아했고, 러프의 단순하고 격정적인 설교에 감명을 받았다.

낙스가 종교개혁자로 나선 것은 죠지 위샤트(George Wishart)를 만나면서다. 낙스와 동년배인 위샤트는 에버딘 킹스 칼리지 출신으로, 신약성서의 언어인 그리스어를 중요시 여겼다. 이단으로 고발된 그는 대륙으로 피신했다가 케임브리지에서 머물렀고, 1543년 스코틀랜드로 돌아왔다. 그는 던디(Dundee)와 몬트로스(Montrose) 등지에서 순회설교자로 종교개혁 사상을 전파했으며, 생의 마지막 시기 한 달 여 동부 로티안 지역에서 설교했다. 이때 낙스는 그를 지키는 경호원으로서 검을 들고 그를 호위했다. 종교개혁을 수용한 낙스가 순회 설교자인 위샤트를 지키려 한 것이다.

그런데 오히려 위샤트는 낙스를 보호했다. 다가오는 위험을 느낀 위샤트는 1546년 1월 낙스에게 가르치는 제자들에게 돌아갈 것을 권고했고, 몇 시간 후 체포되어 3월초 세인트 앤드류스에서 처형됐다. 불과 9시간의 시차를 둔 이 사건으로 낙스는 생명을 구했다. 낙스는 그날의 기억을 '스코틀랜드 종교개혁 역사'에서 이렇게 언급한다. '너의 제자들에게 돌아가라, 그리고 하나님의 축복을 빈다. 하나로 희생은 충분하다.(Return to your bairns, and God bless you. One is sufficient for a sacrifice.)'

위샤트의 죽음은 분노를 불러왔고, 5월말 16명의 젊은이들은 세인트 앤드류스 성에 침입해 추기경을 죽여 시신을 창문에 내걸었다. 이들은 자신들을 체포하기 위해 나선 왕실군에 맞서 성을 점령해 농성에 돌입했고, 낙스는 이듬해 4월 10일 제자들과 함께 항쟁군에 합류했다. 낙스의 합류는 위샤트의 죽음에 분노했던 것도 한 이유지만 자신을 향해 오는 위협 때문이기도 했다. 성에 온 낙스는 제자들과 참여를 원하는 사람들을 대상으로

요한복음을 가르쳤다.

이런 낙스의 모습을 지켜본 농성군 목사 러프와 지도자 헨리 발네이브스(Henry Balnaves)는 그에게 목회를 권고했다. 4월말 목회자 선출 문제를 언급한 러프는 낙스에게 소명을 받아들일 것을 강하게 권고했다. 답변을 피했던 낙스는 며칠 후 세인트 레너드 대학 학장 존 안나드(John Annard)의 '로마 가톨릭교회는 오류가 없기 때문에 프로테스탄트와 논쟁할 것이 없다'는 말을 전해 듣고 그와 논쟁하겠다고 선언한다. 설교자의 소명을 받아들인 것이다. 그는 다니엘서를 본문으로 첫 설교를 했는데 '구원은 그리스도의 마지막 사역 안에서 오직 믿음에 의한 것'임을 강조했고 이는 '인간이 만든 수많은 장치에 의해 면죄를 선언하는 로마교회의 행위와는 반대되는 것'이라고 설교했다. 위샤트를 이어 설교자로서의 삶을 시작한 것이다.

태양을 뒤로 한 채 에든버러 성 정문 두 인물상을 살폈다. 윌리엄 월러스(William Wallace)와 로버트 브루스(Robert Bruce). 1300년대 전후 스코틀랜드 독립의 두 영웅이다. 이들로 인해 스코틀랜드는 중세 중후반 잉글랜드의 간섭을 떨쳐 버릴 수 있었다. 1900년대 초 이들의 독립정신을 스코틀랜드 자치와 독립의 기초로 받아들인 사람들이 동상을 세웠다. 그런데 에든버러성은 항상 스코틀랜드 것은 아니었다. 잉글랜드 군대가 이곳을 점령해 머물렀고, 16세기말 왕실이 떠난 이후에 근위대나 경비대가 이곳을 사용했다.

성 안내 지도를 들고 이곳저곳을 살폈다. 오랫동안 군사요새, 군사주둔지로서 역할을 한 에든버러성은 군사와 관련된 기념공간이 많았다. 포대와 망루, 스코틀랜드 전쟁기념관, 왕실근위대 및 경비병 박물관, 추모관, 군사감옥, 총독관저 등이 관련 장소였다. 왕실과 관계된 곳은 성 중앙 마가렛 예배당(St Margaret's Chapel), 왕실 궁전(Royal Palace), 큰 강당 건물(Great Hall) 등이다.

마가렛 예배당에 들어섰다. 에든버러에서 가장 오래된 건물인 예배당은 1130년에 처음 지은 건물이다. 잉글랜드 출신으로 여왕이 된 마가레트는 스코틀랜드 교회 발전을 위해 지원을 아끼지 않았다. 자선활동에도 적극 참여했고 고아와 가난한 사람 돕기, 포로석방과 순례자 지원에도 앞장섰다. 그녀가 죽은 후 왕이 된 아들이 이곳에 예배당을 지었고, 왕실 가족들이 자주 예배

성 마가레트를 기리는 예배당

드렸다. 하지만 예배당은 무척 작았고, 강단과 소수 인원이 모일 수 있는 회중공간이 전부였다. 강단에 그녀가 그려진 스테인드글라스와 그녀가 사용한 복음서 사본이 전시되어 있었다. 스테인드글라스에 묘사된 그녀는 성서를 펼친 모습으로 스코틀랜드를 상징하는 파란색 외투를 입고 있었다.

예배당 내부의 마가레트 창문

예배당을 둘러본 후에는 왕실 궁전을 찾았고, 그곳에서 왕관과 왕실의 귀중품을 만날 수 있었다. 왕관이 있는 장소 가는 길에 왕의 모습을 그린 화려한 그림과 어린 아이를 안고 있는 여왕의 모습, 대관식 모습을 만났다. 몇몇 왕과 여왕을 그린 그림도 있었는데 이곳에서 살았던 왕들의 모습이다. 그런데 그림과 전시물 중 한 여왕의 모습에 눈길이 갔다. 메리 여왕과 그녀의 어머니 메리(Mary of Guise), 제임스 1세의 모

마가레트 예배당은 작고 아담하다.

습을 담은 것 같다. 이들 모두 종교개혁과 관련된 인물이다.

어머니 메리는 남편이 사망한 후 어린 딸을 키웠고, 1554년엔 직접 섭정이 되어 귀족과 의회에 맞서 왕실 이익을 지키려 했다. 특히 가톨릭 진영을 우군 삼아 낙스와 종교개혁 영주들에게 맞섰고, 1560년 병으로 이곳에서 사망했다. 그녀의 시신은 종교개혁이 진행되는 9개월 동안 이곳에 머물렀고, 프랑스 땅으로 옮겨 묻힐 수 있었다. 그녀의 죽음, 즉 힘의 공백기에 에든버러를 장악한 낙스와 영주들은 의회를 통해 스코틀랜드 종교개혁을 거침없이 밀어붙일 수 있었다.

왕궁과 큰 강당 사이 건물에 작은 기념판이 있었고, 그곳에는 1560년 6월 사망한 메리의 삶과 죽음을 기록하고 있었다. 'A lady of honourable conditions, of singular judgment, full of humanity, a great lover of justice, helpful to the poor(명예로운 지위와 남다른 판단력, 인간성이 가득했고, 정의를 사랑했으며, 가난한 자를 도왔던 여성)'이라는 평가는 종교개혁의 후예 입장에서 동의하기 어렵다. 그럼에도 잉글랜드와 전투에서 남편과 사랑하는 아들을 잃었고 어린 딸을 위해 헌신하며 섭정으로서 프랑스와 협력, 왕실과 가톨릭 신앙을 위해 힘써온 그녀는 분명 뛰어난 인물이다.

왕실 궁전을 둘러본 후 대강당 건물에 들어섰다. 넓은 이 건물은 왕실이 있던 당시 대규모 연회가 열리기도 했고, 왕이 소집한 스코틀랜드 의회가 진행되기도 했다. 또한 성이 포위당했을 때는 중요한 군사회의가 열렸다.

그곳에는 한 인물이 왕실 인물 복장을 한 채로 단체 관광객을 안내하고 있었다. 악기를 든 그의 모습은 궁중악사였지만 풍채와 복장에서 왕실 인물은 아닐까 하는 착각을 하게 한다.

왕실 궁전과 대강당을 둘러본 후 마당(Crown Square)에 있는 긴 의자에 앉았다. 그리고 어머니 메리 여왕 시절, 프랑스 군대의 포로가 된 낙스의 삶을 되짚었다. 스코틀랜드는 잉글랜드와 프랑스를 오가며 등거리 정책을 펼쳤고, 친 프랑스 입장인 왕실은 프랑스에 지원을 요청했다. 낙스를 비롯한 개신교 세력은 종교개혁을 시작한 잉글랜드와 지원방안을 협의했다. 하지만 먼저 도착한 것은 프랑스 함대였다. 20여척의 갤리선으로 구성된 프랑스 해군은 1547년 6월 세인트 앤드류스 성에 도착했고, 포격과 함께 낙스와 농성군은 성문을 열고 왕실군대에 항복했다. 항쟁에 참여한 귀족들은 여러 성에 감금됐고, 낙스를 포함한 낮은 신분 출신들은 포로가 되어 갤리선으로 끌려갔다. 돛으로 움직이는 갤리선은 해군 함정이나 상선으로 사용됐는데, 바람이 없을 때 배 밑창에 있는 15m 25개의 노를 3명씩 저어야 했다. 낙스

스코틀랜드 역대 왕의 벽화는 왕들의 다양한 모습을 담고 있다.

는 19개월간 이 생활을 해야 했다.

포로기간 낙스와 동료들은 스코틀랜드 해안을 한 두 차례 방문했다. 프랑스 군대의 이동에 따른 때문이다. 그러나 그와 동료들은 멀찍이서 고향 땅은 볼 수 있었을 뿐 흙내음을 맞지 못했다. 특히 한 번은 낙스가 매우 아픈 상태였고, 동료들이 그의 목숨을 걱정할 정도였다. 이 때 낙스는 '내가 지금 아무리 연약해 보인다 할지라도 내 혀가 그곳에서 그의 거룩한 이름을 영화롭게 하기 전에 이 생을 떠나지 아니하리라 굳게 확신한다'고 고백했다. 그런 확신 때문인지 낙스는 10여년 후 스코틀랜드로 돌아왔고 종교개혁을 이끌었다. 또 에든버러와 세인트 앤드류스에서 설교했다. 하나님께서 그를 이끄신 것이다.

포로 기간 낙스와 동료들은 가톨릭으로 복귀할 것을 강요받았다. 조직적으로 이뤄지기도 했고, 프랑스 군사들이 포로를 놀리며 시작되기도 했다. 포로들은 미사 참여를 강요받자 드러누워 거부했고, 동정녀 마리아 초상화에 입 맞추라 강요할 때는 그림을 강물에 던진 후 '그녀가 스스로를 구원하도록 하자. 그녀는 몸이 가벼우니 헤엄치기를 배우라고 하자'고 말하는 등 유머 섞인 대응도 했다. 나중에 낙스는 '갤리선에서 당한 고통들은 나의 심장으로부터 울음을 자아내게 했다'고 고백했는데, 몸의 고통보다 마음의 고통이 그를 힘들게 한 것이다.

2) 왕의 길, 로얄마일을 거닐며

성을 나서 천천히 로얄마일을 통하여 홀리루드 궁전까지 걸었다. 로얄마일(Royal Mile)은 에든버러 옛 도심의 중심도로로, 성 입구에서 성자일스교회를 지나 홀리루드 궁전까지 이어지는 1.8킬로미터의 길을 말한다. 왕과 귀족

애든버러 중심가인 로얄 마일은 왕과 의회, 낙스의 종교개혁을 생각하도록 이끈다.

들이 거닐었던 이 길은 스코틀랜드에서 가장 많은 관광객이 찾고 거니는 길이다. 짐을 숙소에 두고 온데다 궁전까지 내리막길이라 걸음이 가볍다. 여유롭게 성 자일스 교회와 낙스 하우스 등을 살피고, 스코틀랜드 의회 건물과 홀리루드 궁전도 먼발치서 살펴보았다. 수십 번을 오간 길이지만 이곳을 거닐 때 마다 느낌이 새로운 것은 순례자의 마음을 품은 때문일 것이다.

로얄마일 양쪽에 있는 에든버러 성과 홀리루드 궁전은 낙스의 종교개혁과 관련해 재미있는 대비를 보여준다. 낙스가 종교개혁을 시작할 때 그에 맞선 힘은 섭정인 기즈의 메리로, 당시 프랑스에 있던 메리 여왕의 어머니이다. 그런데 그녀는 에든버러 성에서 죽음을 맞았고, 그녀의 죽음과 함께 힘의 균형은 개신교 영주들에게 기울었다. 낙스가 스코틀랜드과 종교개혁의 꿈을 마음껏 펼칠 수 있는 장이 열린 것이다. 낙스는 로얄마일의 중간에 있는 자일스 교회를 주 무대로 활동 했고, 의회 또한 교회 인근 시의회 건물에서 주로 모였다. 종교개혁이 시작된 이듬해 프랑스에서 메리 여왕이 귀국하여 홀리루드 궁전에서 살게 되었다. 메리 여왕은 최선을 다했지만 개신교 영주들의 힘을 누르지 못했고 결국 왕위를 어린 아들에게 물려준 채 스코틀랜드를 떠나야 했다. 이런 종교개혁의 흐름은 완만한 로얄마일의 경사

메리 여왕이 살던 홀리루드 궁전

길과 맞물렸다. 그 길을 걸으며 프랑스 갤리선 이후의 낙스의 삶을 생각했다.

낙스가 고향의 흙내음을 다시 맡은 것은 19개월의 시간이 흐른 후다. 영국과 프랑스는 1549년 3월 포로교환 협정을 맺었고, 이 때 스코틀랜드 포로들도 석방되었다. 낙스에게는 두 가지 선택지가 있었다. 하나는 대륙에 남아 과거 꿈꿨던 공부를 계속하는 것이다. 다른 하나는 고향으로 돌아가는 것이다. 그러나 고향으로 돌아간다면 이단 죄목으로 기소되어 화형을 면하기 어려웠다. 앞서 세인트 앤드류스에서 만난 월터 밀레(Walter Milne)가 1558년 순교했는데 낙스의 처지도 다르지 않았을 것이다. 결국 낙스는 '제3의 길'을 선택했다. 종교개혁이 한창이던 잉글랜드로 향한 것이다. 당시 크랜머 대주교는 종교개혁자를 초청하였고, 낙스도 마르틴 부처처럼 동참했다. 건강 상태나 여건이 준비되지 못했다는 판단이 그를 고향 가까운 잉글랜드로 이끌었을 것 같다.

잉글랜드에 도착한 낙스는 스코틀랜드 국경 지역인 베윅(Bewick-Upon-Tweed)의 수비대와 교구민을 위한 설교자로 임명됐다. 고향 가까이 있으려는 낙스의 요청과 잉글랜드 측의 배려일 것이다. 하지만 잉글랜드는 그의 능력이 필요했고, 그는 더 큰 도시인 뉴캐슬 성 니콜라스 교회 설교자로, 왕실목사의 한 명으로 임명됐다. 이후 낙스는 개정 출간을 앞둔 1552년 공동기도서 자문에 참여해 진일보한 개혁조치를 반영토록 했다. 당시 낙스는 왕 앞에서 '무릎을 꿇고 성찬을 받는 습관'에 반대해 설교했고, 추밀원은 그의 반발을 반영, 기도서에 '무릎을 꿇는 것이 존경의 표시이며 빵과 포도주에 대한 숭배가 아니다'라는 특별한 설명(Black Rubric)을 삽입했다.

낙스의 능력을 인정한 정부는 그를 로체스터 주교로 추천하지만 그는 사양한다. 사람들은 '주교제'에 대한 거부가 한 이유라고 생각하는 것 같다. 일부는 낙스가 세인트 앤드류스 농성과 갤리선 삶을 통해 중세교회와 단절을 택했고, 회중 중심, 즉 장로제 형태의 교회를 세우려 했기 때문이라고도 생각한다. 그러나 스코틀랜드 종교개혁 과정을 보면 이 시기 낙스는 회중 중심 교회나 장로교회 제도를 생각한 것은 아니다. 오히려 고향에 돌아가려했기 때문에 잉글랜드 남부지역 주교 직위를 사양했다고 보는 것이 설득력 있는 설명이다.

낙스의 잉글랜드 생활은 1553년 7월 메리 여왕이 즉위하면서 마감되었다. 메리 여왕은 왕위에 오른 후 가톨릭 복원을 추진했고, 개신교회에 대한 박해의 칼을 꺼냈다. 6개월간 사태를 관망하던 낙스는 바다를 건너 프랑스 디에프(Dieppe)로 도피했고, 장 칼뱅 등 종교개혁자에게 스코틀랜드 종교개혁을 자문받기 위해 제네바를 찾았다.

그가 독일이 아니라 제네바를 향한 것은 여러 이유가 있다. 루터가 이미 죽었고(1546년), 독일은 슈말칼텐 전쟁이 끝난 후(1552년 8월 파사우 조약) 그 마무리가 안 된 상황(1555년 아우구스부르크 화의로 마무리)이다. 또 프랑스는 개신교 탄압으로 망명자가 증가했다. 종교개혁 2세대로서 제네바의 장 칼뱅이 새롭게 떠오르고 있었기 때문이다. 낙스는 이들에게 '백성들이 무장한 힘으로 우상숭배하는 통치자에 저항하는 문제를 어떻게 생각하는지'를 물었고, 칼뱅과 비레는 무장항쟁에 부정적인 견해를 밝혔다. 가톨릭 군대에 맞서 싸우다 사망한 츠빙글리의 후계자 블링거만이 다소 우호적인 입장에서 '참 종교를 정죄하고 우상숭배를 강요하는 통치자에게 복종할 필요는 없다'

고 대답했다.

그렇게 디에프로 돌아온 낙스는 고통받는 형제들에게 편지(충실한 훈계, An Epistle to his Afflicted Brethren in Englan, 1554년 5월과 A Comfortable Epistle sent to the Afflicted Church of Christ)를 보낸다. 이 편지에서 그는 '폭군을 위해 기도하고 복수는 하나님께 맡기라'고 충고하는데, 칼뱅 등의 의견을 수용한 것 같다. 이후 짐을 꾸린 낙스는 제네바로 향하는데, 히브리어와 헬라어를 배우며 칼뱅 등 종교개혁자들의 사상을 공부하려는 의도에서다.

로얄마일의 끝자락에 있는 홀리루드 궁전(Holyrood Palace)에 도착했다. 홀리루드 궁전은 1400년대 에든버러 성이 열악한 환경임을 고려해 평지에 새로 지은 궁전이다. 종교개혁 시기 이곳에 메리 여왕과 제임스 6세 등이 거주했다. 박물관으로 사용되는 이곳은 그녀가 살았던 방(낙스와 이야기 나눈 곳, 응접실일 듯)과 그녀가 사용하던 가구 전시가 이뤄지고 있다. 궁전 한 쪽을 거닐며 제네바에서 머문 낙스의 삶을 생각했다.

낙스는 제네바에 머물다 칼뱅의 권유로 잠시(1554년 11월~1555년 3월) 프랑크푸르트 영국인 교회 목사로 사역하다 제네바로 돌아왔다. 공동기도서 사용문제로 영국인 공동체 내에 갈등이 있었기 때문이다. 이후 낙스는 제네바 영국인 공동체 목사로 사역(1554~1559)하며 '영국을 향한 신실한 권면(Faithful Admonition to England)', '괴물같은 여인들의 통치에 대한 나팔소리(First Blast of the Trumpet against the Mnstrous Regiment of Womon, 1558)' 등 팸플릿을 출간했고, 제네바 성서(Geneva Bible) 번역과 주석에 참여했으며, '예배규정(The Book of Common Order)'을 작성하는 등 활발하게 움직였다.

물론 언젠가 스코틀랜드로 돌아가기를 꿈꿨다. 제네바에 온 낙스는 4개월 후인 1554년 10월경부터 약 1년여 스코틀랜드를 찾았고, 프로테스탄트 성도들을 격려했다. 가정교회와 주택에서 개신교 회중을 위해서 설교도 했다. 하지만 대주교 존 해밀턴이 이끄는 특별위원회에 소환 받았고 섭정이던 메리가 교회 개혁에 반대하자 제네바로 돌아온다. 낙스는 또 1557년 10월에도 귀국을 요청하는 몇몇 귀족의 편지를 받고 프랑스 디에프로 건너갔다가 '아직 시기가 무르익지 않았다'는 다른 편지를 받고 이듬해 봄 제네바로 돌아왔다. 이를 종합하면 몸은 제네바에 머물고 목회했지만 마음은 스코틀랜드에 있었음이다. 그런 그는 먼 고국 하늘을 쳐다보며 때와 기한이 차기만을 기다렸고, 하늘이 길을 열어주시길 기도했을 것이다. 또 자기가 있는 곳에서 맡겨진 일에 최선을 다하며, 다가올 미래, 아니 올지 아니올지 모르는 미래를 준비한 것이다.

1558년 드디어 기회가 열린다. 그해 11월 가톨릭 편에 섰던 메리 여왕이 죽고 개혁주의 후계자인 엘리자베스가 잉글랜드 여왕이 된 것이다. 유럽에 흩어져있던 많은 잉글랜드 프로테스탄트들이 자기 땅으로 돌아가기 시작했다. 스코틀랜드 사람들도 들뜬 마음이 됐다. 제네바와 프랑크푸르트 등에 머물던 난민들이 하나둘씩 고국으로 돌아갔고, 낙스도 짐을 꾸린다. 제임스 스튜어트 등 스코틀랜드 귀족 여러 명이 칼뱅에게 편지를 보내 낙스의 귀환을 강력히 요청했다. 당시 개신교 귀족과 영주들은 '사탄과 앞서 언급한 회중에 대한 폭정과 문제를 일으키는 모든 사악한 세력에 대한 상호 지원을 위한 첫 번째 협약'(1557년)에 서명한 상태였다. 여기에 개혁주의 설교자들(Paul Methven, John Willock)이 공개적으로 종교개혁을 요구했다. 종교개혁의 열기가 어느 때보다 무르익고 있었다. 그렇게 1559년 1월 말 낙스는 스코틀랜드로 돌아가는 여정에 올랐다.

디에프에 도착한 낙스는 동료들과 함께 과거 목회했던 노섬블랜드(뉴캐슬과 베윅) 성도들을 만난 후 스코틀랜드를 향하려 했다. 하지만 엘리자베스 정부는 잉글랜드를 경유하려는 낙스의 요청을 두 번이나 거부했다. 여성 통치자를 비난했던 그의 글 때문이다. 낙스의 글은 분명 종교개혁을 탄압한 메리 여왕을 향한 글이다. 하지만 글의 기저에는 여성 통치자에 부정적인 남성주의 입장이 담겼다. 엘리자베스 여왕은 이를 싫어했고 못마땅해한 것이다. 결국 낙스는 4월말에야 배로 스코틀랜드를 향할 수 있었고, 5월 2일 자신이 그리워하던 스코틀랜드에 도착했다.

3) 스코틀랜드 의회 앞에서

홀리루드 궁전을 나서 스코틀랜드 의회 건물을 찾았다. 궁전을 마주하고 있는 의회는 옛 에든버러 시와는 어울리지 않는 현대적 건물로 2004년 건축됐다. 스코틀랜드 의회는 13세기 초부터 존재했는데 왕의 자문 및 조언 기구에서 내정을 협의하는 기구로 발전했고, 한 때는 왕권에 맞서 귀족과 시민의 권리를 옹호하는 기구가 됐다. 특히 종교개혁 시기 스코틀랜드 종교개혁의 강력한 추진자로 역할했다. 하지만 의회는 1707년 연합법에 따라 잉글랜드 의회와 합병, 그레이트 브리튼 의회(영국 의회)가 되면서 없어졌다. 해체됐던 의회는 스코틀랜드는 독립운동이 활성화되면서 자치적 법률제정권을 인정받아 1999년 다시 개원한다.

그렇다면 옛 의회, 종교개혁 시기 '스코틀랜드 신앙고백'을 결정하고 교황의 권한을 박탈한 의회는 어디에 있었을까? 당시 정기적으로 의회가 열렸던 것은 아니고 상설기구도 아니었다. 회의는 에든버러 성이나 홀리루드 수도원(궁전), 성 자일스 인근의 건물(시의회 건물 등)에서 열렸다고 한다. 중세시대 에든버러 지도를 보면 100여명이 모일 수 있는 곳은 많지 않았다. 또한 여왕의 죽음으로 왕실 보좌가 비어있었기에 의회는 왕실 건물을 사용하기 어려웠다. 결국 의회는 성 자일스교회 인근에서 모였을 가능성이 높다. 그

스코틀랜드 의회. 종교개혁 시기 의회는 국가를 자유롭게 이끌었다.

러나 에든버러 시내에는 중세시대 건물이 거의 없다. 개발과 확장이 불러온 여파다. 스코틀랜드 새 의회 건물을 중심으로 인근을 거닐며 존 낙스의 귀환과 스코틀랜드 종교개혁의 결정적 시기인 1560년 전후 역사를 떠올려본다.

존 낙스의 귀환은 1559년 5월이다. 그는 제네바에서 칼뱅의 종교개혁을 눈으로 마주하고 영국인 교회에서 목회하며 설교자로서 단련된 상태다. 귀국한 낙스 앞에는 만만치 않은 상황이 펼쳐져 있었다. 정치적으로는 친 잉글랜드요, 종교적으로는 개혁주의인 '회중의 영주(the Lords of the Congregation)'와 친 프랑스와 가톨릭을 지지하는 왕실, 교회가 팽팽한 힘의 대결을 시작했기 때문이다. 섭정인 메리와 가톨릭 진영은 스털링 왕실에, 회중의 영주들과 개혁주의 진영은 퍼스에 모였다. 낙스는 스코틀랜드 도착 직후 퍼스로 향했고 개혁주의 목사들과 만났다. 양측은 타협에 이르지 못했고 여왕은 개혁주의 회중을 불법자로 선언했다. 이 소식을 들은 다음날 낙스는 우상숭배에 반대하는 설교를 통해, 종교개혁을 향한 포문을 열었다.

여왕의 불법자 선언과 이어진 '수도원 약탈' 등으로 왕실과 회중의 영주들은 군사적 대립으로 치달았다. 여왕과 가톨릭 귀족의 군대 동원에 맞서, 개혁주의 영주들은 방어에 유리한 세인트 앤드류스로 이동했다. 성 안의 대주교는 낙스가 도시에 들어와 설교할 경우 대포를 사용해서 막겠다고 위협했다. 하지만 회중의 지지와 엄호 속에 낙스는 세인트 앤드류스로 들어섰고, 대주교는 수도사와 300여명의 병력과 함께 여왕이 있는 곳으로 도피했다. 낙스는 대성당에서 예수 그리스도가 성전에서 상인들을 추방하며 성전을 정화한 사건(The Ejection of the Buyers and Sellers from the Temple)을 주제로 설교했고, 그의 열정적 설교 앞에 시장과 시민들은 종교개혁을 수용했다. 남아있던 21명의 사제들 또한 개신교 신앙을 받아들였다. 여세를 몰아 회중의 영주들과 군중들은 에든버러로 진출하였고 여왕은 프랑스 지원군 도착을 기다리며 후퇴한다. 힘의 균형 상태를 유지한 채 치열하게 대립한 양 진영 앞에 프랑스와 잉글랜드 군대가 도착했고, 전쟁은 국제전이 됐다.

다행스럽게 전쟁은 큰 인명 손실을 낳기 전인 1560년 6월 섭정인 메리 여왕이 사망하며 싱겁게 마무리된다. 참전한 영국과 프랑스는 적당한 선에서 합의한 후 군대를 철수했다. 당시 합의사항(7월 5일 에든버러 조약)에 따르면 '스코틀랜드 군주는 프랑스에 있는 메리 여왕'으로, '영주들은 종교문제 등 중요한 결정을 하지 않는 범위에서 의회를 개최'할 수 있도록 했다. 힘의 균형은 회중의 영주 쪽으로 기울었고, 그들은 에든버러에서 의회를 열어 종교개혁을 밀어붙였다. 그 첫 출발점이 7월 19일 성 자일스교회에서 진행된 하나님의 큰 자비에 감사하는 스코틀랜드 민족 예배다. 당연히 이 예배의 설교자는 낙스였다. 1559년 5월 낙스의 귀환이 종교개혁을 위한 결단의 걸음이라면 1560년 7월 감사예배는 개혁주의 회중이 함께 내딛는 큰 걸음이라 말할 수 있다.

감사예배에 이어 1560년 8월 1일 의회(Thrie Estaitis)가 열렸다. 회의에는 14

명의 백작, 6명의 주교, 19명의 영주, 21명의 대수도원장, 22명의 시의원, 100명이 넘는 지주들이 참가자격을 주장하며 자리에 앉았다. 의회는 낙스를 비롯한 6명의 존(Knox, Douglas Row, Spottiswood, Willock, Winram)에게 프로테스탄트 신앙고백을 작성토록 요청했다. 개혁주의에 기초한 새로운 스코틀랜드의 첫 걸음을 시작하려 한 것이다. 4일 후 '스코틀랜드 신앙고백(The Scots Confession of 1560)'이 의회에 제출되었고, 17일 이를 승인했다. 일사천리로 이뤄진 것이다. 전문과 25개조 항목으로 된 이 신앙고백은 1647년 웨스트민스터 신앙고백을 승인하기 전까지 스코틀랜드 개혁주의 교회의 신앙고백이 됐다. 일주일 후인 24일에 의회는 3개의 법안(하나님의 말씀과 최근 채택된 신앙고백에 위배되는 모든 형태의 법령을 폐지하는 법안, 스코틀랜드 안에서 교황과 그의 불법적인 권한의 폐지 법안, 미사와 그것을 행사하거나 듣는 자에 대한 처벌 법안)을 추가로 결의했다. 이는 종교개혁을 굳건히 하기 위한 법령이다. 당시 왕실 편에 섰던 이들도 회의에 참여했지만 입을 열어 말할 수 없었다. 사실상 침묵을 강요당한 것이다.

영주들은 의회 결의를 기초로 '교회를 어떻게 다스려야 하는지' 구체적인 방안을 6명의 존(특별위원회)에게 요청했다. 이들은 낙스가 제네바에서 만들었던 내용을 토대로 'The First Book of Discipline(제1 장정 또는 제1치리서)'을 의회에 제출했다. 제1치리서는 세례와 성찬식을 규정하고 목회자는 선정, 심사, 위임의 3단계를 걸쳐 선임되도록 했으며, 사례지급과 죽음 후 부인과 자녀 생계 지원도 담았다. 또 종교개혁을 확산시키기 위해 순회목회자로서 시찰감독을 세우도록 했으며, 예배와 규율, 교회 재산처리, 교육과 빈민구호 등도 언급했다. 특히 모든 교구에 학교를, 대도시에 대학을 두도록 요구했고, 교육은 소년소녀에게 의무적으로 제공하도록 규정했다. 총체적인 교회 개혁, 사회구조 개혁의 방향을 제시한 것이다.

하지만 이 문서는 전체 의회에서 다루지 못했고, 귀족들과 30여명의 지역 영주들이 모인 신분회의(The Convention of Estates)에서 결의됐다. 또 메리 여왕이 파리에서 돌아온 이듬해부터 여러 이유로 시행되지 못했다. 수도원과 교회 재산 처리 문제로 이견이 분분했고, 개혁을 위해 사용되어야 할 재원이 제대로 마련되지 못했다. 의회는 교회 재산 처리에서 3분의 2는 기존 소유자(기부자나 후견인, 귀족들)에게, 3분의 1은 왕과 개혁교회를 위해 사용하도록 결의했다. 이로 인해 학교 설립과 운영 등 교육구조 개편이 이뤄지지 못했고 새로운 교회 운영자금도 부족했다. 그럼에도 1560년 의회에서 신앙고백서가 채택되고 종합적인 종교개혁 방향이 제시되면서 낙스는 성 자일스교회의 목사로서 설교와 목회에 집중할 수 있었다.

4) 낙스 하우스에서

의회를 둘러본 후 옛 성문 안쪽에 위치한 낙스하우스(Knox Hause)로 향했다. 낙스 하우스는 3층 건물로, 옛 건물과 새 건물이 연결된 형태다. 집 앞쪽 안내문에는 '에든버러에서 가장 오래된 집'이라는 문구와 함께 '금세공인 제임스 모스만이 그의 아내를 위해 1556년 지었다'는 내용이 있었다. 낙스와 관련해서도 '그가 이곳에 살지 않았을 수도 있지만 그의 집이라는 전통이 철거를 막았다'고 적혀있었다.

종교개혁이 시작되면서 에든버러 시의회는 낙스와 그의 가족에게 하이 스트리트 북쪽의 주택과 급여를 제공했다. 이곳에서 낙스는 1560년부터 1570년까지 살았고, 에든버러가 메리 여왕의 복위를 노리는 반란군에 의해 점령되면서 파이프를 거쳐 세인트 앤드류스로 피신했다. 그러나 의회군이 에든버러를 탈환하면서 귀환했고, 생의 마지막을 에든버러에서 마무리했다. 당시 이 집은 여왕의 편에 선 모스만의 집으로, 몰수된 후 낙스에게 제공되었을 가능성이 있다. 다만 낙스 거주 사실이 불확실하기 때문에 공식적으로 '스코트인 스토리텔링 센터(Scottish Storytelling Center)'로, '낙스와 모스만의 이야기'를 전하는 공간으로 부른다.

오른편 건물이 낙스 하우스이다.

만약 종교개혁 시기 메리 여왕이 스코틀랜드에 있었다면 어떻게 되었을까? 역사에 가정은 없지만 스코틀랜드는 일찍부터 왕당파와 의회파의 전쟁이 벌어졌을 수 있고, 프랑스처럼 개혁주의 세력이 패퇴하여 재카톨릭화가 이뤄졌을 수 있다. 그러나 그녀는 이곳에 없었고, 낙스와 회중의 영주들은 에든버러에 입성, 의회를 중심으로 종교개혁을 시작할 수 있었다. 1560년 7월부터 약 1년여 낙스는 매우 기뻤을 것이다. 그해 말 아내가 죽고 어린 아이들을 홀로 부양해야 했지만 자신이 바라던 종교개혁이 고국 땅에 실현되는 과정을 목도했기 때문이다. 낙스는 매주 성 자일스교회에서 설교했고, 1564년 개혁주의 예배 내용을 담은 '예식서(Book of Common Order)'를 출간할 수 있었다.

그러나 낙스의 삶은 프랑스에 있던 메리 여왕이 귀국한 1561년 8월 중순부터 갈등 상황에 내몰렸다. 남편인 프랑수와 2세가 죽고 새 왕이 취임하자 18세의 메리는 프랑스에 설 자리가 없었다. 그래도 고향 땅에선 여왕으로 살 수 있기에 그녀는 스코틀랜드로 돌아왔다. 홀리루드 궁전을 거주지로 정한 그녀는 24일 궁전에서 미사를 드린다. 유일하게 그녀에게만 허락된 미사였다. 낙스는 이 소식을 들은 후 자일스 교회 강단에서 미사를 반대하는 설교를 했다. 당시 낙스는 "One Mass is more fearful to me than if ten thousand armed enemies were landed in any part of the realm to suppress the whole religion.(하나의 미사가 1만 명의 무장한 적들이 전체 종교를 억압하기 위해 어떤 곳에 상륙하는 것보다 더 두렵다.)"는 말로 그녀의 움직임을 우려했다.

어떻든 메리는 스코틀랜드 여왕이었고, 종교개혁 지도자인 존 낙스와 만나야만 했다. 두 사람은 여러 번 만남을 가졌다. 사람들은 의회라는 든든한 배경을 가진 힘 있는 낙스와 아는 사람 많지 않은 힘없는 메리를 상상할지 모른다. 내용은 그럴지라도 외형적 모습은 정반대다. 낙스는 1미터 68으로 작은 키고 메리 여왕은 1미터 80의 큰 키다. 만남 장소도 메리의 안마당인 홀리루드 궁전이며, 여왕은 왕실 의자에 앉았고 낙스는 그 앞에 겸손히 서 있었다. 더욱이 메리가 자라고 훈련받은 프랑스 왕실은 정치적인 암투와 음모가 치열했고, 그곳에서 그녀는 여러 나라의 언어를 배우는 등 실력과 정치력을 겸비하며 성장했다. 아무리 낙스가 단련된 종교개혁자일지라도 여왕 앞에선 조심스러울 수밖에 없었다.

낙스 하우스 내부에 들어섰다. 건물에서 처음 마주한 인물은 존 낙스와 제임스 모스만이었다. 1층 전시실에서 그들은 메리 여왕을 가운데 두고 좌우 문 앞에 서 있었다. 마치 대적처럼 두 사람의 약력과 함께 적혀있었다. 틀린 모습은 아니다. 한 사람은 가톨릭 여왕에 맞서 싸웠고, 다른 이는 그녀를 위해 일했다. 잘 알려진 낙스에 비해 모스만은 역사적으론 큰 비중은 없기에 단순비교는 어렵다. 하지만 여왕을 가운데 둔 두 인물의 이미지는 스토리텔링의 소재로 적합했다.

그러면 모스만은 누구일까? 모스만은 유명한 금세공 기술자 집안 출신으로, 그의 아버지 존 모스만은 기즈의 메리(섭정)를 위해 왕실 보물인 스

낙스 하우스 1층. 메리 여왕을 사이에 두고 낙스와 모스만이 마주하고 있다.

코틀랜드 왕관을 만들었다. 아들 제임스는 메리 여왕을 위해 일하며 금장신구를 만든다. 그는 여왕이 퇴위당한 후 시작된 반란(Marian civil war in Scotland, 1568~1573)에 참여한다. 특히 에든버러 성 점령(Lang Siege, 1571~1573) 기간 성 안에서 메리를 위한 자금을 모으기 위해 화폐 제조를 했고, 이것 때문에 전쟁이 끝난 후 교수형 당했다.

2층에는 '말씀과 책'이라는 주제 아래 낙스가 영향을 받은 인문주의와 종교개혁자들의 저술이 소개되고 있었다. '패트릭 해밀턴과 조지 위샤트는 루터의 영향을 강하게 받았으나 낙스 등에 의한 종교개혁은 칼뱅주의 영향이 컸다'는 언급과 '칼뱅의 보다 급진적인 사상이 호소력을 발휘했기 때문이며, 낙스는 우상숭배와 불경건한 통치자의 권위에 대해 공격했다'는 내용도 언급되어 있었다. 간단한 요약인 것 같으면서도 스코틀랜드 종교개혁의 특징을 짧게 정리한 것 같다. 라틴어와 영어 성서, 스코틀랜드 연대기, 칼뱅과 베자의 저술, 특히 성화상과 관련한 저술도 있었다. 또 낙스의 저술, '스코틀랜드 종교개혁 역사'를 비롯한 여러 책자, 그리고 1555년 칼더 하우스(Calder House)에서 낙스가 개신교 방식으로 집례한 최초의 성만찬 그림도

낙스하우스 내부 창문 낙스 그림

보였다. 간단히 소개된 낙스의 두 번의 결혼, 대륙 망명시기의 삶 언급을 통해 그의 삶을 통찰할 수 있었다.

3층에서 낙스의 귀환과 종교개혁을 '종교개혁과 혁명'이라는 제목 아래 소개했다. 스코틀랜드 종교개혁은 종교 뿐 아니라 정치, 사회 변화를 수반했기에 혁명이었다. 작은 창문에 그려진 낙스의 얼굴을 살폈고, 그의 저술에서 인용한 글로 채워진 전시물을 통해 종교개혁에 대한 그의 생각을 알아간다. 논란이 됐던 여성에 관한 문구가 눈에 들어왔다. "그들 자연의 괴물에게서 명예와 권위를 제거해야 한다. 그래서 나는 그들 여성을 남성의 습성을 옷 입은 여성, 남성 위에 군림하는 자연(질서)에 대항하는 여성으로 부른다." 물론 낙스는 여성혐오주의자는 아니었다. 다른 글에서 이런 시각이 나타나지 않기 때문이다. 하지만 영국의 메리 튜터와 스코틀랜드의 섭정 메리, 그리고 메리 여왕을 비판하는 팸플렛(The First Blast of the

낙스 하우스 2층에는 종교개혁과 말씀에 대한 전시가 이뤄지고 있다.

Trumpet against the Monstrous Regiment)에서 낙스는 당시의 여성차별적인 편견을 이용, 글을 썼다. 선동적인 목적이 담겨 있는 글쓰기라는 점에서 비판은 피할 수 없다.

존 낙스와 메리 여왕의 대립은 정치적, 종교적이었고 메리는 낙스를 이기지 못했다. 낙스하우스에는 그들의 만남에 대해, 그리고 두 사람이 행한 대화를 소개했다. 성우에 의해 녹음된 내용을 한참을 귀 기울여 들어본다. 메리는 낙스가 쓴 저술을 언급하며 '당신은 여성을 싫어한다'고 말했고, 낙스는 '그

낙스의 설교단은 작았다.

렇지 않다'면서 자신의 생각을 설명했다. 두 사람의 만남이 공적인 만남이란 점에서 격조 있게 대화했을 가능성이 높다. 하지만 대화 이면에는 보이지 않는 긴장의 끈이 팽팽하다. 무언가 서로를 비꼬는 것 같기도 하다. 첫 만남 후 낙스는 '만약 그녀 안의 교만한 마음과 간사한 재치, 그리고 하나님과 그의 진리를 향한 완고한 마음이 없다면 나의 심판자는 나를 떨쳐버릴 것이다'며 그녀로부터 받은 부정적인 인상을 언급한다. 어쩌면 첫 팸플릿에서 언급한 부정적인 인식이 그녀를 더욱 부정적으로 생각하도록 이끌었고, 이것이 두 사람의 관계를 더욱 나쁘게 만들었을 수 있다.

낙스와 메리는 이 만남 이후 네 차례(1561년 9월부터 1563년 가을까지) 더 만났다. 연구자들은 낙스가 그녀가 좋아하는 음악과 춤 및 가면극을 비판, 그녀를 더욱 실망스럽게 했다고 한다. 연구자들은 기본적으로 낙스는 메리가 좋은 지도자가 되기를 바랐고 그와 화해하고 평화를 원했다고도 말한다. 메리 여왕 또한 종교개혁자들보다 자신을 정치적으로 통제하는 귀족들에

게 불만이 더 컸다. 아무튼 메리는 네 번째 만남에서 눈물을 흘렸고, 낙스는 '폐하의 눈물을 기뻐할 수는 없으며…폐하의 눈물을 떠받들겠다.'고 말했다. 서로에 대한 예의는 충분히 지키고 있는 것이다. 하지만 메리 여왕은 1567년 2월 두 번째 남편 단리 경 암살 관여 혐의로 체포되었고, 이 때부터 낙스는 그녀의 처형을 요구한다. 결국 재혼과 남편 살해 혐의, 재재혼 등으로 권위를 상실한 여왕은 13개월인 아들 제임스 6세에게 왕위를 물려주고 이듬해 잉글랜드로 망명했다. 그렇게 낙스와 메리의 갈등은 풀리지 못했다.

5) 세인트 자일스 교회에서

세인트 자일스 교회

낙스하우스를 나서 성 자일스교회(St. Giles' Cathedral)로 향했다. 성 자일스교회는 에든버러를 상징하는 교회지만 중세 때까지 중요 교회는 아니었다. 세인트 앤드류스 대교구(주교구)에 속한 본당(중세말 스코틀랜드는 12~3개의 주교구가 있었다.) 중 하나였다. 하지만 낙스가 목회하고, 종교개혁을 펼치면서 성 자일스는 스코틀랜드의 중심교회가 되었다. 낙스는 1559년 7월 종교개혁 세력과 함께 입성해 설교했고, 회중의 목사로서 1572년 죽기까지 13년 목사로 사역했다. 짧은 기간이었지만 그의 사역은 성 자일스교회의 가장 빛나는 시기였다. 그의 사역이 있었기에 성 자일스교회는 스코틀랜드 개혁교회와 전 세

세인트 자일스 교회는 전 세계 장로교회의 모교회라는 자부심을 가졌다.

계 장로교회의 모교회로 불릴 수 있었다.(장로교회를 장로 선임, 당회와 노회, 총회로 이어지는 체계의 교회로 본다면 제네바나 네덜란드 지역 교회가 더 오래됐다. 그래서 모교회라는 호칭은 스코틀랜드 사람들, 성 자일스교회 사람들의 자부심의 표현이다.)

예배당 입구에서 벽을 올려다보다 작은 낙스 동상을 만났다. 우상숭배를 비판했던 낙스, 그의 설교를 계기로 스코틀랜드 땅에 성화상 파괴가 시작됐다는 점을 고려하면 의외다. 교회 자료에도 정확히 언급되지 않고, 사람들은 그냥 지나치기 때문에 동상의 존재를 모르는 것 같다. 아마도 종교개혁 시기에 성인상이 파괴한 곳에 성당이란 이름을 재사용하면서 세운 것 같다. 19세기 후반 스테인드글라스 등을 설치했다고 하니 아마 비슷한 시기였을 것이다. 낙스는 이 변화를 어떻게 받아들일까? 돌로 만든 동상이 숭배 대상이 될 수 없음을 명확히 아는 우리에게 과도한 크기나 금칠만 아니라면 괜찮지만 그에겐 매우 거북스런 일이 될 것이다.

세인트 자일스 교회는 이미 몇 차례 방문한 적이 있다. 주일 1부(9시30분)와 2부(11시) 때 성도와 함께 예배를 드리기도 했다. 1부 예배는 10여명의 작은 인원과 함께 소예배실에서 경건회처럼 드렸고, 2부 예배는 본당에서 100

여명이 넘는 인원과 함께 했다. 그 때 예배자로서 예식서에 따라 찬양하고 기도하고 말씀을 들었다. 코로나 상황으로 오랫동안 경험하지 못했던 성만찬을 성도와 함께 했던 것이 기억에 남는다.

자일스 대성당에 있는 존 낙스 동상

교회에서 낙스의 동상을 찾았다. 본당 왼편에 있는 그의 동상은 목사 가운을 입고 모자를 쓴 모습이다. 왼손에는 성서를 들고 오른손으로 성서를 가리킨다. 긴 수염을 가진 그는 노년을 형상화한 것 같다. 동상 옆에는 그의 삶에 대한 간략한 설명이 적혀 있었다. 신앙 유무를 떠나 관광객이 한 번은 들린다는 교회는 존 낙스와 그에 의해 시작된 스코틀랜드 종교개혁을 반추할 수 있는 장소이다.

낙스 동상을 살핀 후 설교단 앞으로 향했다. 하지만 대리석으로 아름답게 만들어진 설교단은 낙스 당시의 것이 아니었다. 회중석 왼편의 나무로 된 설교단 또한 후대의 것으로 생각된다. 교회 자료에 따르면 돌로 된 설교단은 19세기 말 교회를 새로 복원하며 만들었다고 한다. 옛 자료에 낙스의 강단은 교회의 남동쪽에 있었다고 하는데 아마도 현재 설교단의 반대 방향, 즉 성가대석 쪽에 있었을 가능성이 높다.

설교단이 보이는 회중석에 앉아 종교개혁 직후 낙스가 시도한 교회변화를 떠올렸다. 낙스는 성 자일스 교회의 목사가 된 후 시의회 결의로 1561년 모든 제단과 성상을 제거하고 교회 접시, 유물 및 기타 귀중품을 처분했다. 또한 내부를 희게 칠하고 사람들이 앉아 예배드리도록 좌석도 새로 설치했다. 이런 변화는 에든버러의 교회만이 아니라 글래스고와 세인트 앤드류스 등 중요 도시에서 동일하게 진행됐다. 제네바의 급진적인 종교개혁을 직접 배운 낙스는 성화상 철거와 벽과 천정의 그림을 벗기고 회칠하는데 주저함이 없었다. 이후 그는 말씀 중심의 예배를 기획했고, 설교단과 성찬대를 중심으로 사역했다. 낙스는 긴 설교로 유명한데, 한번은 메리 여왕이 그의 긴 설교 때문에 저녁 식사를 놓쳤다고 불평했다. 가톨릭 교인으로 살았던 여왕이 개신교 예배에 참석하지는 않았을 것이므로 이는 남편(단리 경)이나 주변 사람의 귀가가 늦었기 때문일 것이다.

낙스의 종교개혁 동료인 모레이 백작 제임스 스튜어트가 묻혔던 소예배실(Moray aisle)을 찾았다. 이곳에 낙스의 설교 장면이 담겨진 스테인드글라스가 있다. 제임스 스튜어트(James Stewart)는 메리 여왕의 배다른 형제로, 회중의 영주 중 한 명이며 낙스의 친구이다. 그는 종교개혁 초기에 가톨릭의 반란을 진압하며 종교개혁에 힘을 실었고, 메리 여왕의 고문으로 그녀와 낙스의 만남을 주선했다. 메리 여왕이 퇴위한 후 어린 제임스가 왕위에 오르자 첫 섭정(1567~1570)으로 스코틀랜드를 이끈다. 하지만 그는 내전시기인 1570년 1월 메리 여왕을 지지하던 한 인물에 의해 화승총으로 암살당했다.

창문에는 화승총을 쏘는 한 인물과 총에 맞아 낙마하는 제임스 스

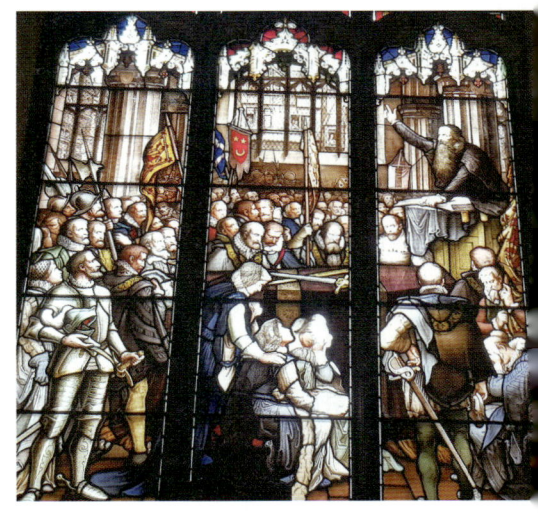

존 낙스가 설교하는 모습을 그린 창문

튜어트, 그리고 유가족과 그의 동료들이 참여한 장례식 모습, 그리고 설교하는 존 낙스의 모습이 그려져 있었다. 한참 그의 모습을 보고 있으니 마치 그곳에서 설교를 듣는 듯한 착각에 빠져든다. 회중 앞에서 설교하는 말년의 낙스는 얼마 남지 않은 자신의 삶을 예견하고 있었을 것 같다. 그리고 절절한 마음으로 개혁주의 영주들에게 마지막까지 스코틀랜드 종교개혁, 개혁된 교회를 지켜나가야 함을 역설했을 것이다.

그곳에서 낙스의 마지막 시기를 떠올렸다. 1567년 메리가 체포된 후 에든버러에서 '미신과 우상숭배 근절'을 목적으로 한 개혁주의 총회가 열렸다. 이 총회는 1560년의 법률을 비준할 것과 함께 제1치리서 내용 시행을 결의했다. 제임스 1세가 왕이 된 후 12월 의회에서 이를 비준 받았다. 하지만 종교개혁 이후 왕과 개혁주의 세력, 여왕 지지 세력이 충돌하는 내전 상황이 됐다. 메리 여왕이 잉글랜드로 도피(망명)한 가운데 '여왕의 남자들'(Queen's Men, 우리말로 '여왕의 군대 또는 군사들'이다. 이에 맞선 정부 측을 'King's Men'으로 부르는데 이는 영어식 표현으로 이해할 필요가 있다.)로 알려진 메리 지지자들은 그녀의 복위를 위해 나섰고, 개신교 정부에 맞서 덤바턴 요새를, 나중에는 에든버러 성을 점령했다.

종교개혁이 시작된 이후 성 자일스교회에서 설교하던 낙스는 1571년 5월 도시를 떠나 피신했고 이듬해 7월 군대를 따라 에든버러로 돌아왔다. 건강이 악화된 그는 자일스교회 사역을 다른 목회자에게 맡겼고, 11월 24일 죽음을 맞았다. 당시 섭정이던 모든 백작은 '저기 사람의 얼굴을 결코 두려워하지 않는 그가 누워있다(There lies he who never feared the face of man.)'고 말했다고 한다. 아마 장례식 조사였다고 추측해 본다.

존 낙스와 관련된 흔적을 살핀 후 천천히 교회 내부를 둘러보았다. 예수 그리스도의 생애와 성서 이야기, 사도 안드레와 성 콜룸바, 성 뭉크 등 스코틀랜드의 성인들, 그리고 현대적인 디자인 등 아름다운 창문들이 그 의미를 찾도록 우리를 이끈다. 그런데 교회의 모든 창문 그림은 1800년대 후반 복원을 통해 만들어졌다. 이는 종교개혁 시기 색이 벗겨지고 회칠한 때문이기도 했지만 낙스 사후 교회의 새로운 변화 때문이기도 하다.

1584년 시의회는 에든버러의 인구 증가와 맞물려 교회를 4개로 나누었다. 당시 가장 큰 교회는 High Kirk(동쪽교회 또는 새 교회)로 옛 대성당의 강단 부분을 차지했고, 본당 중간에는 Auld Kirk(옛교회 또는 큰교회), 남서쪽 끝에는 Tolbooth Krik(톨부스교회 또는 서쪽교회), 북서쪽에는 Haddo's Hole Kirk(하도스 홀 교회)가 만들어졌다. 사람들은 시의회가 지정한 교회에 참석해야 했지만 자신들이 선호하는 목회자가 있는 교회 예배에 자유롭게 참석했다. 이들 교회의 영역은 처음에는 아치형 통로에 칸막이를 두는 형태로 분할했고 1699년까지 여러 분리벽을 설치, 독립적인 운영이 이뤄졌다.

시간이 흐른 후 1820년부터 대성당은 하나의 교회로 복원을 추진했고, 톨부스교회와 하도스 홀 교회가 새 건물을 지어 이전한다. 옛 교회는 1843년 스코틀랜드교회가 두 개로 분열될 때 성도들이 떠나면서 남은 성도는 High Kirk 예배에 참여했다. 시 의회는 1860년 옛 교회 폐쇄를 결정했고, High Kirk가 성 자일스 성당의 유일한 개혁교회로 오늘에 이른 것이다. 하나의 교회가 된 후 성 자일스교회는 교회를 새로 정비했고 대성당이라는 이름에 걸맞은 면모를 갖춘다.

6) 주차장 낙스의 무덤 앞에서

교회를 나서 건물 오른편 주차장에 있는 낙스의 무덤을 찾았다. 교회 마당 주차장 숫자 '23'이 쓰인 주차 공간에 섰다. 그곳 바닥에 있는 작은 기념비는 그가 이곳에 묻혔다는 역사를 기억했다. "The above Stone Marks the approximate site of the burial in St Giles Graveyard of John Knox, the great scottish Divine, who died 24 Nov. 1572.(위의 돌 표식은 1572년 11월 24일 사망한 스코틀랜드의 위대한 목사 존 낙스의 성 자일스교회 묘지 매장 위치에 가깝다.)"

낙스의 무덤이 있던 장소

아마도 교회 마당에 묻힌 낙스는 제네바의 칼뱅처럼 이름 약자가 새겨진 작은 기념돌만 있었을 것이다. 성화상 철거를 철저히 시행한 개혁주의는 자신들의 시신이나 흔적이 후대에 숭배대상이 될 것을 우려했고 가능한 자신들이 묻힌 곳을 알리길 꺼려했다. 스코틀랜드 장로교회 또한 이런 전통 속에 있었고, 낙스의 무덤 또한 돌보는 이 없이 방치되어 자연스럽게 없어졌다. 그래도 한 줌의 흙으로 돌아간 그를 기억하려는 사람이 있었고, 그들 중 누군가가 후대에 그의 무덤 위치에 작은 알림판을 남겼다.

위대한 한 시기를 이끈 낙스가 주차장 한 곁에 누워있다. 중세의 문화와 전통을 회복하려는 변화된 교회와 주차장 작은 기념비로만 남겨진 무덤 흔적은 대비된다. 누구보다 초라한 그의 무덤 앞에 앉아 잠시 묵상에 잠긴다. 낙스는 스코틀랜드에 프로테스탄트 교회가 세워진 것을 보았지만 그의 꿈과 비전이 완성되는 것은 보지 못했다. 1560년 종교개혁과 혁명을 지지한 고위 귀족 상당수는 교회가 군주제(왕실)와 의회에 통제 안에 있어야 한다고 생각했다. 이런 정서로 제1치리서가 의회 승인을 얻지 못한 것이다. 낙스는 그들의 태도를 '그리스도로부터의 변덕스러운 배신'으로 간주했다. 제임스 6세 취임 후 개혁조치를 시행하려 했지만 추진력을 상실한 상태였다.

낙스와 함께한 동료 종교개혁자들의 노력으로, 스코틀랜드 개혁교회는 점차 자리를 잡아갔다. 1561년 240여 곳에 개혁교회 목사들이 세워졌고, 이들 대표자들은 1562년부터 매년 한 차례 총회로 모였다. 목회자들도 늘어 1567년에는 850여명, 낙스가 죽은 후인 1574년에는 1000여명이 조금 넘었다.

존 낙스 사망이후 스코틀랜드 교회를 이끈 인물은 앤드류 멜빌(Andrew Melville)이다. 제네바에서 공부한 후 귀국한 멜빌은 스코틀랜드 종교개혁의 새 지도자로 부상했고, 1578년 장로교 제도를 담은 '제2치리서'를 채택했다. 스코틀랜드가 장로회 제도를 공식적으로 받아들인 것이다. 낙스 사망 때까지 스코틀랜드 교회는 대주교, 주교, (시찰)감독, 목사 등 교회의 구조를 가지고 있었다. 이는 종교개혁 초기, 개혁주의 목회자가 부족한 상황에서 어쩔 수 없는 선택이었다. 그러나 메리의 퇴임과 여왕지지 세력을 격퇴시킨 개혁주의자들은 교회개혁에 힘을 실었고, 1578년 멜빌을 중심으로 장로교 제도를 구체화(the Second Book of Discipline, 제2치리서)한다. 제2치리서는 교회권한과 세속권한을 명확히 분리하면서 칼뱅의 교회제도(4개 직제 : 목사 혹은 감독, 박사 혹은 교사, 장로, 집사)와 함께 노회제도 도입을 제시했다. 이에 근거해 교회는 1590년대에 20여명의 목사가 있는 약 50여개의 노회를 조직하고, 12개의 지방회(또는 지역회), 총회 시스템을 갖추었다.

이러한 역사의 흐름을 볼 때 스코틀랜드 교회는 낙스 시기에는 종교개혁(스코틀랜드 신앙고백 결정)을 결정하고 중세교회의 문제점(미사폐지, 교황권 박탈 등)을 제거한 후 제1치리서 등을 통해 개혁 교회의 나아갈 방향을 제시했다. 이후 정치적 안정(메리 여왕 퇴위와 여왕 지지세력 진압) 후부터 앤드류 멜빌과 같은 지도자에 의해 장로교회 제도로 바뀌어 나간 것이다.

It was hard work for the Pilgrims, they were short on rations, had no fresh fruit or vegetables and were still weak after their long winter of sickness.

However, the weather started to improve and with it the sickness amongst the Pilgrims started to ease. The crew were also beginning to recover and were preparing for their return journey home. It is a sign of the new found confidence of the settlers that not one of them returned with the crew to England.

The Mayflower finally set sail on 5 April 1621 and arrived back in England in May of that year. There is little known about what happened to her following this voyage, however, by 1624 she was described as being in ruins and was most likely dismantled and her timbers used as building materials.

With the help and guidance of Squanto, the Pilgrim colonists learnt how to hunt local animals, gather shellfish and grow corn, beans and squash. By the end of the summer, they had crops to yield, 11 buildings had been finished and health had been restored with the good weather and improved diet. The settlers celebrated their first successful harvest with a three-day festival of thanksgiving, attended by Massasoit and his men.

Thanksgiving Day is still commemorated by many in America and Canada today as a day of giving thanks for the blessing of the harvest and of the preceding year. However, this was not related to the 1621 Pilgrim's harvest until much later in history, in the 19th century.

Many Native Americans do not celebrate Thanksgiving but rather observe the annual holiday as a National Day of Mourning, acknowledging the sacrifices of their ancestors as a result of colonisation.

신대륙을 찾은 필그림들은 예배에 대해 진심이었다. 첫 추수감사절을 담은 그림.

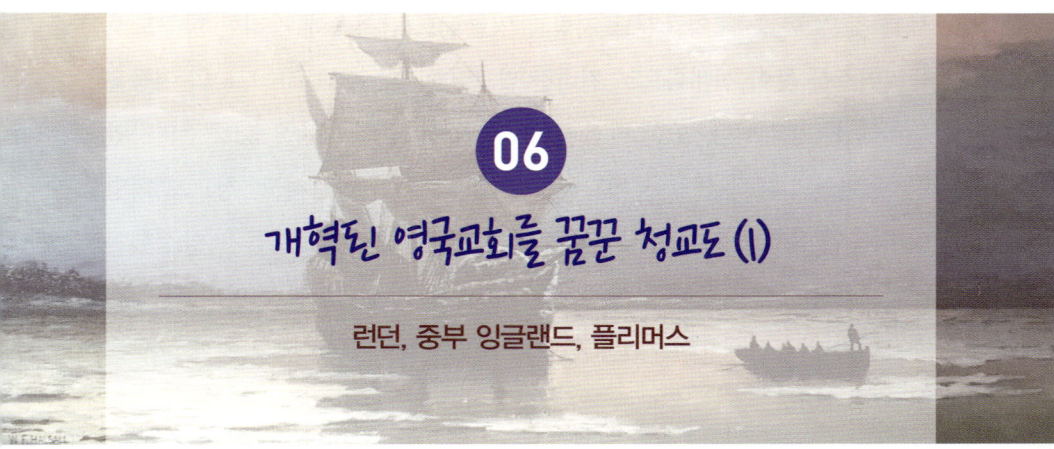

06
개혁된 영국교회를 꿈꾼 청교도 (1)
런던, 중부 잉글랜드, 플리머스

'튜터 왕가의 종교개혁'을 주제로 한 여정에 이어 개혁된 영국교회를 꿈꾼 청교도(Puritan) 여정을 계획했다. 이들은 중도적인 영국교회 개혁에 실망했고, 보다 진전된 근본적인 교회 개혁을 염원했다. 자료를 찾고 그들의 생각과 활동에 대하여 공부했다. 또한 청교도의 흔적을 찾아 방문지를 정하기 시작했다. 하지만 청교도 활동은 팸플렛과 저술 등으로 이뤄졌고, 중도적 종교개혁에 대한 반대와 비순응 과정에서 다양한 형태로 전개되었기에 장소를 특정하기 어려웠다. 더욱이 이들 중 일부는 종교의 자유를 찾아 네덜란드나 신대륙(북아메리카)으로 건너갔다. 그런 이유로 흔적을 만나는 것이 쉽지 않았다.

하나의 통일적 맥락을 만들기 어려운 청교도 여정을 예복논쟁을 출발점 삼아 청교도의 개념과 '비순응'과 분리주의 흐름, 제임스 1세의 취임과 천인청원, 찰스 1세의 국교회 강요와 이에 맞선 청교도들의 움직임, 웨스트민스터 회의, 그리고 올리버 크롬웰로 대변되는 청교도 혁명, 왕정복고 이후 영국교회 흐름을 살피기로 했다. 이를 위해 우선 런던에서 청교도의 초기 역사를 찾은 후 중부 잉글랜드 지방과 잉글랜드 남서쪽에 자리한 항구도시 플리머스를 찾아 신대륙으로 건너간 필그림 파터스(Pilgrim Fathers)의 여정을 추적해 볼 생각이다. 또한 다음 장에서 '천로역정'의 저자요 회중주의자였던 존 번연의 흔적을 찾아 베드퍼드와 엘스토우를 방문하고, 청교도 혁명의 영웅인 올리버 크롬웰을 찾아 그의 고향 일리와 청교도들을 양성했던 케임브리지 대학을 둘러볼 예정이다. 마지막으로 런던으로 돌아와 런던 웨스트민스터 궁전(의회 의사당)과 청교도 지도자들이 묻힌 번힐 필드 묘원을 찾을 생각이다.

1. 중도적 잉글랜드 개혁의 정착, 그리고 반발

잉글랜드 종교개혁은 1520년대 후반 헨리 8세의 이혼과 재혼 문제로부터 시작됐고 에드워드 6세의 개혁적 흐름과 메리 여왕의 가톨릭 복귀 시도를 거쳐 엘리자베스 여왕 때 중도적 형태로 정리됐다.

헨리 8세(1509~1547)는 1534년 수장령(Acts of Supremacy)과 반역법(Treason Act)을 통해 영국교회를 로마교회에서 분리했다. 이후 수도원 폐지(Act for the Dissolution of the Lesser Monasteries, 1535 / An Act for the Dissolution of the Greater Monastreries, 1539) 등을 통해 중세교회의 힘을 제거하고 크랜머 대주교를 중심으로 영국교회의 새로운 모습을 만들었다. 크랜머는 1536년 성직자회의에서 10개 신조(Ten Articles)를 교리로 정의했고, 1537년 주교의 책(Bishops Book), 1539년에는 대성서(Great Bible)를 출간했다. 하지만 10개 신조 중 종교개혁 입장은 다섯 개였고, 보수적인 주교의 반발 속에 왕은 1539년 '6개 신조'(Six Articles)와 왕의 책(Kings Book, 1543) 등 옛 교리로 후퇴했다.

에드워드 6세(1547~1553)가 취임하면서 개혁 섭정의 지원 속에 1549년 첫 번째 공동기도서(Book of Common Prayer), 1552년 개정된 공동기도서가 출간되었다. 또 크랜머 등에 의해 42개조 신조가 영국교회의 교리로 제출되었다. 새로운 영국교회의 예배와 예전, 신학적 방향이 정의된 것이다. 하지만 메리 여왕은 개혁교회를 탄압했고, 크랜머 등 지도자들 상당수는 목숨을 잃거나 망명길에 올랐다.

중단된 개혁은 개혁교회 품에서 성장한 엘리자베스가 여왕이 되면서 재개되었고 오래 자리를 지킨 그녀로 인해 '중도적 종교개혁'(Via Media)은 정착됐다. 그녀는 이것이 아버지의 '로마교회로부터 분리'를 계승하며 두 형제자매의 입장을 보듬고 전체 영국교회를 만족시킬 해답으로 생각한 것이다. 한마디로 교리는 종교개혁 입장을, 교회 제도나 문화는 가톨릭 형식을 반영한 것이다(The Elizabethan Religious Settlement). 취임직후 여왕은 의회를 열었고, 수장령과 통일법을 통과시켰다. 수장령(Act of Supremacy)은 로마로부터 영국교회의 독립을 재확인(표현을 Supreme Head를 Supreme Governor로 수정-수장, 즉 우두머리를 최고 통치자로 변경한 것)했고, 통일법(Act of Uniformity)은 교회의 전례를 담은 공동기도서(1552년 기도서의 일부 표현을 수정 채택)를 다시 도입했다.

이후 엘리자베스 여왕은 자신의 종교정책을 이끌어 나갈 교회 지도부 구성에 나섰다. 제일 먼저 사망으로 공석인 캔터베리 대주교에 메리 여왕 시대 시골로 낙향해 영국 땅에 머물던 매튜 파커(Matthew Parker, 1504~1575)를 임명했고, 가톨릭 주교들이 차지했던 자리에는 개신교 주교를 임명했다. 수장령에 따라 선서를 거부한 10여명의 주교들이 해임되었고 이 자리에 개신교 주교들이 임명된 것이다. 망명에서 돌아온 이들 중에서 에드먼드 그린달이 런던 주교에, 리처드 콕스가 엘리에, 존 주얼은 솔즈베리에, 윌리엄 바로우는 치체스터에, 존 스코리는 헤리퍼드에 임명됐다. 수장령과 주교 임명 과정에 왕실은 교구 방문(Royal Visitation, 1559년 8~10월)을 통해 각 교구의 종교개혁 방향을 지도, 교정하기 시작했다.

엘리자베스 여왕은 1563년 성직자회의 요청을 수용해 국교회 신조를 정리토록 했고 39개 조항(최종 확정은 1571)을 채택했다. 또 대륙 망명자들 중심으로 확산된 '제네바 성서(Geneva Bible)' 대신 1568년 '주교의 성서(Bishop's Bible)'를 만들었고 교회의 신학을 설명하는 설교집(The Books of Homilies, 1571)을 발행한다. 이 작업에는 매튜 파커 대주교와 존 주얼 솔즈베리 주교 등이 직접 참여해 국교회의 신앙과 신학적 입장을 평이하게 해설하였다.

여왕의 중도적 정책에도 가톨릭교회는 저항을 멈추지 않았다. 가톨릭교회와 일부 귀족들은 스코틀랜드 메리를 엘리자베스를 대신하는 여왕으로 추대하려고 시도했고, 교황은 파문과 함께 예수회 성직자를 파송, 가톨릭 강화에 힘을 싣는다. 하지만 엘리자베스 여왕은 성직자를 체포해 처형하거나 추방했고, 저항을 무력으로 진압(1569 북부 백작의 반란=Rising of the North, 1571 리돌피 음모=Ridolfi plot)하는 한편 메리를 처형(1587), 가톨릭의 저항을 분쇄했다. 이제 잉글랜드는 더 이상 가톨릭이 영향력을 발휘할 수 없는 종교개혁교회로 명확히 서게 되었다.

가톨릭의 저항이 진행되는 동안 대륙에서 개혁적 종교개혁을 경험한 성직자들도 여왕의 중도적 개혁에 대해 반발했다. 이들은 개혁의 원칙에 충실한 칼뱅의 종교개혁을 두 눈으로 보고 경험하며 배웠다. 그랬기 때문에 영국교회는 보다 철저한 교회개혁으로 나아가야 한다고 생각했고, 성직자 예복의 폐지, 주교제도의 폐지, 총회와 노회 등에 의한 장로 정치, 평신도 권한 강화, 과거 관행에서 이어져 온 예배 의식과 장식 및 성물 사용 금지를 요구했다. 심지어 국가적 간섭(왕실이나 의회)의 배제도 입에 올렸다. 오늘날 청교도로 불리게 된 사람들이 이들이다.

2. '순응'을 강요한 교회, 비순응을 택한 청교도

청교도라는 명칭은 엘리자베스 여왕 (1558~1603) 취임과 중도적 개혁을 시작한 시점(1559년)부터 등장한다. 당시 왕실은 1552년의 공동기도서를 사용하되 예복과 예전 문제는 이전의 형태를 사용(성직자는 서플리스를 착용해야 한다)하도록 했다. 이를 주도한 인물은 매튜 파커(Matthew Parker) 캔터베리 대주교와 주교들이다. 하지만 이 조치에 대해 일부 성직자들은 강하게 반발하며 성직자 예복폐지를 주장하기 시작했다. 파커는

스프링필드에 있는 청교도 동상
(자료사진)

문제를 제기하는 성직자들을 'Precisian'(깐깐한 사람)로 불렀고, 이 말에서 오늘날 Puritan(청교도)라는 말이 유래했다.

그런 이유에서 청교도를 찾는 첫 작업을 예복논쟁을 살피는 것으로 했다. 종교개혁 이후 예복에 대해 처음 문제를 제기한 이는 존 후퍼(John Hooper, 1495~1555)다. 그는 헨리 8세 때 가톨릭 주교와 갈등하다 대륙으로 망명했고, 스트라스부르크와 바젤, 취리히에 머물며 하인리히 블링거 등과 소통했다. 독일 남부, 스위스 종교개혁 흐름을 수용한 그는 에드워드 6세가 취임하면서 영국으로 돌아왔고 대륙출신 요한 라스코를 비롯한 종교개혁자들과 교류하며 영국교회를 위해 일하기 시작했다.

글로스터 주교에 임명된 그는 서임을 앞두고 성직자 예복과 선서에 대해 비판했다. 당시 영국교회는 1550년 새로운 영국교회 서임식 전례 문서(A forme and maner of makyng and consecratyng of Archebisshopes, Bisshopes, Priestes and Deacons)를 만들었고, 후퍼는 이 예식서에 따라 주교예식을 진행하게 되었다. 그런데 예식서에는 중백의와 코프(Surplice and Cope)를 착용해야 했고, 맹세문에 성인에 대한 언급이 포함되어 있었다. 이를 '중세교회의 잔재'로 본 그는 '성서에 없고 초기 교회에서 사용하지 않던 것은 사용해서는 안된다'고 말한다. 반면 영국교회를 대변한 리들리는 '성직자 예복은 아디아포라(adiaphora, 무관한 것)', 신앙의 조항과 대비되는 개념인 'Res Indifferentes(중요하지 않은 것)'이라며 후퍼의 입장을 반박했다. 주변의 설득과 압박으로 후퍼는 주교 서임을 받았고, 이후 공동기도서 개정 과정에 성직자 예복 규정을 완화하는 결과를 얻어낸다.

후퍼는 논쟁 시기 프랑스 위그노와 네덜란드 등 대륙에서 온 개혁교인들을 위해 이방인교회를 설립하는데 협력했고, 이방인교회 지도자 중 한 명인 요한 라스코(Johannes a Lasco, 폴란드식 표기는 Jan Łaski, 1499~1560)와 교류했다. 당시 예복 논쟁과정에 라스코와 서신을 교환하는 등 긴밀하게 소통한 것이다. 아마도 대륙의 종교개혁을 직접 경험하고 칼빈주의 영향을 받았던 두 사람은 잉글랜드가 좀 더 개혁적인 방향으로 나아가야 한다는 사실에 공감했을 것이다.

1) 대륙에서 온 종교개혁자, 요한 라스코와 오스틴 교회

종교개혁 직후 1550년대 외국인을 위한 예배 장소로 제공된 오스틴 수도원 예배당(Austun Friars)을 찾았다. 더치교회(Durch Church)로 불리는 이 교회는 원래 수도원 예배당이었고, 종교개혁과 함께 수도원 건물은 공공소유로, 예배당은 외국인 교회로 사용됐다. 안타깝지만 이 교회는 2차 세계대전 때 독일군의 공습으로 파괴되었고 전쟁 후 네덜란드의 지원을 받아 새롭게 건축되었다.

교회 문이 닫혀 있어 1층 예배당 내부는 볼 수 없었다. 하지만 지하예배당에서 찬양 연습을 하는 그룹이 있어 지하층을 잠시 둘러볼 수 있었다. 그곳에는 건물 사용을 허락한 에드워드 6세와 목사로 사역한 요한 라스코의 초상화, 전쟁으로 폐허가 된 교회 모습, 그리고 네덜란드 공주가 참석한 복원기공식 등

외국인에게 제공된 오스틴교회

사진이 전시되어 있었다. 옛 교회의 모습을 보며 이곳에서 신앙생활을 했을 네덜란드 개혁교인들, 망명자들의 모습이 떠오른다. 당시 네덜란드는 크게 프랑스어권인 왈룬 지역과 독일어권인 저지대로 구분된다.(현재의 벨기에와 네덜란드로 보아도 무방하다.) 이들 지역 종교개혁 과정에서 탄압받은 이들이 잉글랜드로 망명을 왔고, 이들을 위해 4명의 목사가 승인받아 사역했다. 요한 라스코는 이들을 대표한 성직자였고, 자신의 공동체를 섬기며 잉글랜드 종

오스틴교회 지하층에 교회 역사가 소개되어 있었다.

교개혁을 위해서도 협력했다. 구체적인 협력 내용을 드러나지 않지만 에드워드 6세 시기에 나온 두 번째 공동기도서가 첫 기도서에 비해 보다 개혁적인 흐름을 담고 있다는 점에서 이들의 영향이 있었음을 짐작할 수 있다. 하지만 이방인 공동체는 메리 여왕의 취임과 함께 잉글랜드를 떠나야 했다.

그곳 교회를 둘러본 후 예배당 앞 계단에 앉아 후퍼로부터 출발된 성직자 예복논쟁에 대해 생각했다. 처음 후퍼가 성직자 예복 문제를 제기했지만 이 문제가 논란의 중심주제로 떠오른 것은 엘리자베스 여왕 시절, 개혁이 다시 시작되면서 부터다. 1559년 여왕은 1552년 공동기도서를 사용토록 하면서 '성찬 때 무릎 꿇는 것이 성체 숭배를 의미하지 않는다'는 검은 루브릭의 언급(Black Rubric)을 삭제했고 성직자 예복에 대해 '여왕이 달리 명령할 때까지 에드워드 6세 통치 2년차에 의회 권한으로 사용되던 장식을 준비하고 사용해야 한다'(장식품 수칙, The Ornaments Rubric)고 명시했다. 당시 기도서에 따르면 '성직자는 성찬식 때 장백의와 제의 또는 대례복을 입고 성가대가 소백의를 입는 것을 허용'하고 있다. 일시적 사용인지, 아니면 재도입을 의미하는지 정확한 의미는 논란의 여지가 있지만 왕실의 금지령(Royal Injunctions, 여왕 폐하는…모든 대주교와 주교, 그리고 설교나 성례전 사역에 부름을 받거나 허락을 받은 모든 사람은 에드워드 6세의 통치 후반에 가장 일반적이고 질서 있게 받아들였던 적절한 수도복, 의복, 정사각형 모자를 사용해야 한다. 상기 의복에 어떤 거룩함이나 특별한 가치를 부여하려는 것은 아니다)은 성직자 예복 사용 쪽에 기울어 있었다. 1560년에 발행된 '(주교의) 해석과 추가 고려 사항들(Interpretations and Further Considerations)'은 규정보다는 더 낮은 성직복 기준(서플리스=중백의 착용)을 허용했지만 예복 사용은 분명했고, 커버데일 등은 불만을 제기했다.

1563년 39개 신조를 결정한 성직자 회의(Convocation of 1563)에서도 예복 문제는 주요 논제의 하나였다. 회의에 참여한 34명은 공동기도서를 변경하는

6개 항을 제안했고, 이 조항 중에는 '성직자가 예배를 드리고 성사를 거행할 때 서플리스를 착용하면 충분하다'("That it be sufficient for the minister in time of saying Divine Service and ministering the Sacraments to use a surplice)는 내용도 있었다. 이 회의에서 개혁자들은 또 성찬식에 무릎을 꿇는 것, 성자의 날, 세례받을 때 십자가 표시하는 것도 폐지하자고 했다. 6개 항이 부결된 이후 런던 교구의 저명한 성직자 등 20명이 성직예복 사용을 면제해 줄 것을 호소했지만 받아들여지지 않는다.

당시 대륙에 망명했던 종교개혁자들 상당수는 예복을 사용하지 않았고, 성물이나 성화상이 없는 상태로 성찬용 강단만 사용해 예배 드렸다. 공동기도서를 수용한 이들도 망명생활의 어려움과 대륙 종교개혁의 진전을 보며 이를 수용했다. 형식적 문제(예복, 예전 등)를 비본질적 것으로 여기게 된 것이다. 예복과 성물사용, 예배 형식 강조를 본 성직자들은 당연히 반발할 수밖에 없었다. 성직자 예복 착용을 거부하고 반대한 대표적 인물은 샘슨(Thomas Sampson, 1517~1589)과 험프리(Lawrence Humphrey, 1525~1589)다. 케임브리지 출신으로 대륙 망명 후 옥스퍼드 대학에서 일하던 이들은 주교들의 결정에 문제를 제기했고, 행동으로 항의했다. 또 대륙의 종교개혁자들에게 편지를 보내 지지를 호소하기도 했다. 이들은 대주교에 의해 소환됐고, 자신들의 지위를 박탈당하거나 대외적 활동의 제약을 받았다. 이러한 성직자 예복 논쟁은 이후 국교회의 순응 요구와 맞물려 교회 전체의 개혁을 요구하는 목소리로 확대되었다.

2) 마일스 커버데일과 마그누스 교회

오스틴교회를 나서 캐논 스트리트 인근에 있는 마그누스 교회(St Martyr

마일스 커버데일과 그가 출간한 대성서

Magnus Church)를 찾았다. 이 교회는 초기 청교도 형성에 영향을 끼친 마일스 커버데일(Miles Coverdale, 1488~1568)이 목회한 교회다. 커버데일은 1535년 틴들의 번역을 토대로 성서(The Coverdale's Bible)를 출간했고, 왕실의 승인 아래 1539년 대성서(The Great Bible) 출판을 책임진다. 그의 성서 번역 노력은 제네바 성서(The Geneva Bible, 1560)와 '감독성서(The Bishop's Bible, 1568)', '흠정역 성서(The King Kames Versions, 1611)' 발간의 기초가 됐다. 그는 에드워드 6세 때 엑서터(Exeter) 주교로 사역했다가 메리 여왕의 탄압을 피해 대륙으로 망명했고 다시 돌아와 런던에서 목회했다.

커버데일이 목회한 마그누스 교회

런던에서 돌아온 그는 매튜 파커 대주교의 서임에도 관여했고, 1563년 성직자회의에도 참여한 개혁주의 대표였다. 그런 그가 1564년부터 66년까지 이곳 마그누스 교회에서 사역한 것이다. 대륙의 영향을 받았던 그는 당연히 예복을 거부했고 매튜 파커를 중심으로 한 교회 지도부의 결정을 우려했다. 그는 성직자 회의 전후로 예복 문제로 갈등했고, 교회가 목회자들에게 순응을 요구하면서 사임(면직)했다.

그가 사역했던 교회에 들어섰다. 교회 역사를 살피니 교회는 1666년 런던대화재로 파괴된 87개 교회 중 하나였고, 현재 건물은 새로 복원된 것이다. 그곳 한 곁에서 그를 기념하는 기념비를 만났다. 교회 기록에는 커버데일이 묻혔던 교회가 철거되면서 그의 '흔적'을 이곳으로 옮겼다는 내용이 있었다. 아마도 그의 무덤 덮개돌이나 기념비가 옮겨진 것 같다. 현재의 기념비

마그누스교회의 커버데일 기념비

가 당시의 것인지는 불분명하지만 그의 기념비 글귀를 읽으며 그가 생각했던 영국교회의 모습은 어떤 형태였을지 떠올려 본다. 그는 대륙을 오가면서 영국교회가 좀 더 자유로운 교회가 되는 것을 꿈꿨고, 모든 교회와 성직자들이 평등한 교회, 그리고 형식보다는 성서의 말씀과 회중의 의사가 자유롭게 반영되는 교회를 꿈꿨던 것은 아닐까? 하지만 중도적 입장을 택한 영국교회가 전통에 치우치자 실망감을 가졌고, 자신의 나이를 고려해 조용히 은퇴한 것은 아닐까? 당시 그의 은퇴를 불러온 국교회의 순응 강요와 순응을 거부한 이들의 행보를 떠올린다.

1563년 성직자의 반발을 지켜본 왕실은 교회의 통일성 회복을 요구했고, 파커 대주교를 중심으로 주교들은 성직자 예복 반대자들을 견제하며 1566년 '공고(The Book of Advertisements)'를 출간했다. 이 책을 통해 주교들은 '성

직자는 모든 예배에서 서플리스를 착용하고 대성당은 대례복을 입도록 하며 성체는 무릎을 꿇고 받는 습관을 지키도록 한다'고 강조하고 순응할 것을 요구했다. 파커 대주교 시절 순응을 강조한 대표적인 사례는 그 해 런던 교구 성직자회의를 통해 나타났다. 램버스 궁전으로 소집된 런던 성직자들은 '사각형 모자, 수도복, 티펫, 서플리스를 입고 나올 것'과 함께 그 자리에서 '공동기도서의 규정과 여왕 폐하의 명령, 총회의 공고를 무조건 준수할 것'(inviolably observe the rubric of the Book of Common Prayer, and the Queen majesty's injunctions: and the Book of Convocation.)을 'volo or nolo'(예 또는 아니오)로 답변토록 했다. 교구 성직자들 중 61명은 순응했으나, 37명은 비순응하며 '부적합' 판정을 받았다. 이들은 정직과 함께 3개월의 유예기간을 거쳐 14명이 면직되었다.

면직된 인물 중에는 로버트 크롤리(Robet Crowley, 151~1588)가 있다. 그는 정직된 이후 장례식을 위해 서플리스를 입고 교회에 온 세인트 자일스 교회 성도들과 마주쳤고, 문 앞에서 막아섰다. 크롤리는 이들에게 "로마의 미신적인 누더기들이(를 입고) 교회에 들어오는 것을 허용하지 않을 것"이라고 말했다. 가택 연금을 거쳐 그는 면직되었다. 그는 이 시기 'A Briefe Discourse Against the Outward Apparel and Ministring gramentes of the Popishe Church(가톨릭교회의 외형적 복장과 성직 예복에 대한 간략한 담론)'을 출판하며 성직자 예복을 비판했다. 이에 맞서 교회는 '런던의 일부 목사들의 이름으로 최근에 인쇄된 어떤 선언문에 대한 간략한 검토'(A Brief Examination for the Tyme of a Certaine Declaration Lately Put in Print in the name and defence of certaine ministers in London.)를 통해 '이들의 주장이 여왕의 권위에 도전하고 반란에 해당한다'고 반박했다.

엘리자베스 여왕 초기 예복 논쟁은 뜨거웠고, 이를 시작으로 교회에 대한 비판은 더 많은 영역으로 확대되었다. 1970년대는 결국 주교제를 폐지하고 성직자가 자유롭게 예배 형태를 정하도록 하자는 목소리가 터져 나왔다. 교회 정치에서 장로제 도입을 주장한 대표적인 인물은 케임브리지 학자였던 토마스 카트라이트(Thomas Cartwright, 1535~1603)였다. 그는 1570년 대학교에서 일련의 강의를 했는데, 국교회의 위계와 헌법을 비판하고 이를 원시 그리스도교 조직과 비교했다. 그는 장로교 정치제도, 즉 성직자와 평신도로 구성된 지역협의회(노회)에 의한 교회제도가 대주교, 주교 임명의 현 제도보다 더 낫다고 제안했다. 하지만 그의 주장은 당시 대학 트리니티 칼리지 학장이던 존 휘트기프트(John Whitgift, 1530~1604)의 비판을 받았고, 케임브리지 대학 부총장이 된 그는 카트라이트를 해임했다.

그의 주장을 계승하여 1572년 런던의 성직자인 존 필드(John Field)와 토마스 윌콕스(Thomas Wilcox)가 'Admonition to Parliament(의회를 향한 권고)'를 발간했다. 이는 39개 신조가 의회에서 확정된 상황에서 나왔다. 그들은 엘리자베스 여왕에게 신약 교회의 순수성을 회복하고 영국 교회에 남아 있는 로마 가톨릭 요소와 관행을 제거할 것을 요구했다. 나아가 상위 계급으로서 주교가 아닌 성직자와 장로가 성서의 권위와 교회 치리를 해야 한다면서 사실상 장로제도로 전환을 권고했다. 하지만 여왕은 분노했고, 이들은 감옥에 수감되었다. 1574년에 출간된 월터 트래버스(Walter Travers)의 '교회론'(Disciplina Ecclesiastica)도 이런 주장의 연장선상에 있다.

당시 이러한 개혁적인 목소리 확산에는 '성서 집회'(Prophesying)가 큰 역할을 했다. '성서집회'(예언모임)는 평일 아침 평신도와 성직자가 참여하는 성서 연구와 토론, 기도를 위한 자발적 모임으로 취리히에서 츠빙글리가 시작한 모임이다. 영국에서는 대륙 망명자들이 돌아와 자리를 잡은 1560년대 후반이나 1570년경 시작된 것으로 보인다. 1571년에 쓰인 한 글에서 '예언이나 수행은 이제 대부분의 교구에 퍼졌다.(Prophesyings or exercises were much used now throughout most of the dioceses.)'고 언급되고 있는데 당시 목회자들의 교육과 질적 수준 향상을 위한 자발적 모임인 것 같다. 그런데 이 모임에서 청교도들의 목소리와 입장이 강하게 옹호되었고, 왕실은 왕실과 국가에 대한 불순한 입장이 이야기되는 것을 우려했다.

여왕의 중단 명령에 따라 파커 대주교는 중단을 각 교회에 지시했으나 이행되지 않았다. 나아가 1576년 청교도 입장에 우호적인 에드먼드 그린달(Edmund Grindal, 1519~1583)이 캔터베리 대주교가 되면서 예언 모임을 정규화하고 통제할 수 있는 규칙을 제시, 사실상 교회는 이 모임을 승인, 장려했다. 그린달은 취임된 후 장문의 편지를 통하여 설교의 중요성과 운동을 장려하는 것에서 얻을 수 있는 이점을 설명하며 여왕을 설득하려 했다. 그러나 여왕의 분노만 불러왔고, 대주교를 사실상 2선으로 은퇴되었다. 또 왕실은 주교들에게 편지를 보내 이 모임을 억제하기 위한 즉각적인 조치를 취하도록 명령(1577)했다.

커버데일은 예복 논쟁과 순응을 거부한 이들이 면직된 2년 후 죽었기에 주교제 폐지 논란을 직접 마주하진 않았다. 하지만 누구보다 대륙 종교개혁에 민감했던 그는 앞으로의 교회 방향과 제도를 고민했을 것이다. 만약 그가 좀 더 살았다면 이런 논쟁에서 어떤 입장을 취했을지 궁금해졌다.

교회를 나서다 본당 한 쪽에 놓인 런던 옛 도시와 강남(서더크, Southwark)을 잇는 런던 다리(런던브릿지) 모형을 만났다. 지금은 장식 없는 단조로운 다리로 다시 재건됐지만 1200년대 옛 나무다리를 이은 최초 돌다리는 튼튼했고 아름다웠다. 이 다리는 런던과 남부 잉글랜드를 잇는 유일한 다리로, 많은 상인들과 순례자들이 오가는 통로였다. 다리 주변이 런던 경제의 중심지가 되었음은 당연했다. 그래서 다리는 매우 복잡했고, 다리 위에는 상점

마그누스교회에서 옛 런던브리지 모형을 만났다.

과 상인, 순례자를 위한 교회 등이 자리 잡았다. 또 런던 출입을 통제하는 병사들이 진치고 오가는 사람들을 지켜보고 있었다. 다리의 중간에는 배가 지나갈 수 있도록 다리를 들어 올리는 부교도 설치되어 있었는데, 그림으로만 보던 다리를 실제 모형으로 마주할 수 있어 색다른 느낌이 들었다.

3) 순수한 개혁을 염원한 청교도들, 배관공 홀을 찾아서

1566년 비순응으로 면직된 성직자 일부는 그를 따르는 회중들과 함께 비공식예배를 드렸고 오늘날 '런던 지하교회(London Underground Church)'로 부르는 모임을 시작했다. 최초의 비(영)국교회가 만들어진 것이다. 그들은 때로는 들판에서, 때로는 배에서, 때로는 가정집에서 만났다. 이 중 하나가 1566년 말부터 런던 배관공 홀(Plumber Hall, 배관공으로 이루어진 길드 소유의 건물)에서 예배를 드린 공동체이다. 하지만 1567년 6월 배관공 홀에서 예배하는 100여명은 발각되었고 17명이 체포된다.

이 역사적인 장소를 찾아 나섰다. 기록에 따르면 옛 건물은 1666년의 런

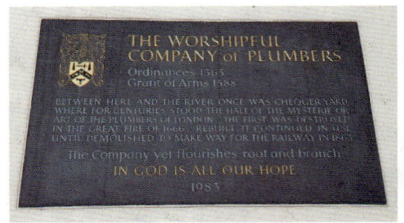

런던 캐논 스트리트역에 있는 배관공 홀 기념비와 배관공 동상

던대화재로 소실됐고 재건축된 건물도 캐논 스트리이트(Cannon Street) 역이 만들어지면서 철거되었다. 역에 도착해 주변 건물과 도로 등을 거닐며 건물이 있었던 자리를 찾았다. 하지만 건물 흔적은 보이지 않았고 동시대의 오랜 건물도 없었다. 그런데 역 한쪽 벽에 배관공 홀을 기념하는 작은 명판과 역사 내부에 '배관공 견습생' 청동상이 서 있었다. 이 두 흔적이 배관공들과 건물의 흔적을 기억하고 있는 것이다.

몇 차례 예배 모임이 진행되었는지, 어떤 사람이 참석했는지, 그리고 그 모임에 배관공은 얼마나 있었는지는 확인이 불가능하다. 또 이 모임은 불과 1년도 채 되지 않는 기간 모였을 뿐이란 점에서 교회 역사에 크나큰 관심이 없다면 의미 없는 장소일 뿐이다. 그러나 국교회에서 분리를 택한 첫 걸음, 아니 영국교회 분열 역사에서 첫 분리의 흐름이 이 이곳에서 시작됐다는 것은 결코 작은 사건이 아니다. 예배 모임에 대한 언급은 전혀 없었지만 '배관공'이라는 이름을 보며 1567년 무슨 일이 있었는지를 생각해 본다.

면직된 목회자들 상당수는 가정교사나 인쇄출판 분야에서 일한 경우가 많았다. 이들이 성도들과 함께 비밀스런 예배모임을 했을 가능성은 있다.

다만 탄압을 우려해 비밀리에 모인 이들 공동체는 자료를 남기지 않아 몇 개의 공동체가 있었는지, 어느 규모의 공동체였는지 알 수 없다. 배관공 예배는 발각되어 일부가 체포됐고 런던 주교의 심문을 통해 역사에 남겨졌다. 장소를 빌려주고 관리하는 이들, 즉 길드 임원 일부는 이 모임 구성원이거나 우호적 입장일 가능성이 있다. 예배 때 외부 움직임을 감시하는 것을 도왔을 수 있다. 그런 배관공이 있었기에 이 모임은 상당기간 유지될 수 있었다. 어떤 학자들은 이 모임을 국교회에서 분리를 택한 최초의 사람들, 즉 청교도 분리주의자들의 시초로 생각하는 것 같다. 그런 면이 없는 것은 아니지만 이 모임은 면직과 함께 사역지를 잃은 성직자들의 불가피한 선택으로 보는 것이 타당하다. 아직 상당수 목회자들은 국교회가 개혁이 불가능하다거나 별도 교회를 세워야 한다고 생각하지 않았다.

역사 주변을 거닐며 국교회로부터 분리를 고민한 인물들의 이야기를 떠올려본다. 그들은 영국교회의 진전된 개혁을 염원했고, 비순응을 통해 목사직을 박탈당했다. 이들 중 일부는 교회를 지리적 경계 구분에 따른 교구 사람으로 구성하는 것은 잘못됐고, 예배와 기도, 찬양과 교육을 위해 함께 모인 '참된 신자'로 구성된다고 생각했다. 그들은 그리스도를 머리로 인정하면서 외부 권위로부터 독립적인 교회를 운영하기 시작했다. 1567년 리처드 피츠(Richard Fitz)는 런던에 모인 100여명의 회중의 대표적 공동체였다. 하지만 그들은 분리주의자, 반대자로 평가됐고, 여왕의 권위에 대한 위협으로 판단했다. 그들은 체포되어 투옥됐고, 일부는 처형됐다. 이들 중 일부는 정부의 동의를 얻어 스코틀랜드로 갔고, 망명을 검토했지만 존 낙스로부터 '영국 국교회와 분리를 지지할 수 없다'는 말에 실망했고, 그렇게 하지 않기로 했다.

로버트 브라운(Robert Browne, 1550~1633)은 1581년 초에 로버트 해리슨과

함께 노리치에서 분리주의 회중을 조직했다. 당시 이곳에는 네덜란드 개혁 교인들이 있었고, 이들도 회중으로 참여했다. 그들의 움직임에 대해 노리치 지역 성직자들은 불평했고, 그와 회중들은 신앙의 자유를 찾아 1582년 네덜란드 미들버그로 망명했다. 브라운과 해리슨의 저작들은 이후 영국에서 출판됐고, 일부 노리지 회중들은 그들의 저술 판매를 이유로 체포되어 처형당했다. 브라운은 1579년부터 1585년까지 적극적인 분리주의 신앙을 드러냈으나 영국으로 돌아온 이후에는 국교회에 속하여 이전의 신앙으로 돌아가 조용하게 살았다.

　브라운의 입장을 계승한 이들은 헨리 배로우(Henry Barrow)와 존 그린우드(John Greenwood)다. 이들은 런던 지하교회에 합류했다. 회중들은 여름에는 들판에서, 겨울에는 집에서 새벽부터 모였고, 때로는 하루 종일 모임을 진행하기도 했다. 그들은 '교회는 헌신적인 신자들의 자발적인 공동체'로서, 모든 주민을 가입시킨 국교회는 진정한 교회가 아니라고 믿었다. 그러나 1587년 10월 예배가 당국에 의해 발각되어 그린우드를 포함해 21명이 체포되었다. 배로우 또한 감옥을 방문했다가 구금되었다. 1539년에 회원들은 '매일 학대, 괴롭힘, 희롱, 가장 불건전하고 추악한 감옥에 죄수로 가두어 놓는 일' 등에 항의했고, 재판 없이 구금된 것을 항의하기도 했다. 1590년 초까지 회원 52명이 런던의 6개 감옥에 수감되었고, 10여명이 감옥에서 사망했다. 이들을 교화하기 위해 런던 주교는 42명의 목사와 학자로 팀을 구성해 일주일에 두 번 이들을 방문, 신학적 토론을 벌이기도 했다. 이들을 뒤이어 프랜시스 존슨(Francis Johnson, 1562~1618)이 런던교회를 이끌었고, 이들은 결국 영국에서 추방되어 암스테르담으로 이주했다.

　이 시기 영국 교회를 이끈 인물이 바로 캔터베리 대주교가 된 휘트기프트(John Whitgift)다. 케임브리지에 있을 때 카트라이트를 압박했던 그는 그린

달이 사망한 후 1583년 대주교가 됐다. 그는 비순응 목사들을 압박하고 고등법원(Court of High Commission)의 권한을 강화했다. 그의 정책을 반대한 이들은 소책자(Martin Marprelate로 불림)를 만들어 유포했지만 대주교는 선동죄로 이들을 체포하여 재판에 넘겼다. 의회는 1592년 선동종파법(The Seditious Sectaries Act, 1592, 청교도에 대한 법으로도 불린다)을 제정하는데, 교회에 참석하지 않는 16세 이상의 사람은 투옥하고 불법종교집회에 참석한 이들은 영국에서 영구 추방토록 했다. 이 법에 따라 런던지하교회를 비롯한 비순응자들의 모임은 탄압을 받았고, 분리주의 운동은 사실상 종교의 자유를 찾아 다른 나라(네덜란드와 신대륙 등)로 떠나야 했다.

4) 셰익스피어와 글로브 극장

런던 다리를 건너 템즈강 남쪽, 서더크 지역(Southwark)을 둘러보았다. 자료에 따르면 면직된 한 목사가 이 곳에서도 비밀스런 예배 모임을 이끌었다고 한다. 그 모임이 있었다는 장소와 그 때 사역했던 한 목사가 묻힌 곳(지금은 공원)도 둘러보았다. 하지만 시민들이 앉아 잠시 쉬는 작은 공원 어디에도 역사의 흔적을 기억하는 물건은 없었다. 물어볼 이나 설명하는 이를 찾을 수 없어 그곳을 이곳저곳 기웃거릴 수밖에 없었다.

공원을 나서 서더크를 더욱 유명하게 만든 극장 지역을 거닐었다. 그 중에서 가장 유명한 곳이 바로 셰익스피어(William Shakespeare, 1564~1616)가 활동했다는 '글로브(The Globe 또는 Globe Theatre)'이다. 런던 브리지 끝자락부터 이곳을 찾는 관광객 대열에 합류해 극장 쪽으로 이동했다. 그리고 극장 건물에 들어가 살폈다. 글로브 극장은 1599년 개장했는데, 셰익스피어는 이곳에서 그의 유명한 희곡을 쓰고 상연했다. 대표적인 작품으로는 율리우

복원한 현대식 글로브 극장

스 카이사르, 햄릿, 오델로, 리어왕 등이다. 당시 런던의 문화를 바꾼 그의 공연은 새로 취임한 제임스 1세의 관심과 지원을 받았고 극단은 'King's Men(왕의 사람들)'으로 이름을 바꿨을 뿐 아니라 궁정에서 베니스의 상인 등 희곡 7편을 상연하기도 했다. 극장 입구에는 학생들이 단체관람을 위해 줄을 서서 대기하고 있었다. 문화예술에 청소년 접근을 확대하는 것은 미래 문화산업 발전에 큰 도움이 된다는 점에서 정부와 지자체의 적극적인 투자가 이뤄지는 것 같다.

최근 셰익스피어와 종교개혁에 관한 연구 중에 '셰익스피어 시기는 영국 사회가 종교개혁으로 인한 쓰라린 분열과 갈등을 체험한 후 그것들이 가져온 폐해와 부작용을 극복해 보려는 정치적, 종교적 노력이 경주된 때'로 보고 '그가 종교개혁의 시기에 이 문제를 문학 속에 반영했다'는 목소리를 낸 학자가 있다. '햄릿은 동요하는 종교개혁의 시대를 살며 셰익스피어가 몸소 체험한 갈등과 모순을 극에 반영, 타협하고 중재해 나가고자 한 노력의 산물로 이해할 수 있다'는 것이다. 가톨릭 가정에서 태어난 그가 종교개혁 입장에 선 왕들의 지원 속에 활동한 만큼 그런 면이 없지는 않는 것 같다. 하지만 폭 넓은 그의 작품 세계는 이를 넘어서 있다고 보아도 무방해 보인다.

그런데 셰익스피어는 연극과 문화 활동을 통해 왕실과 시민들의 관심을 받았지만 청교도들로부터는 비판을 받았다. 극에서 묘사한 유령이나 적대적 관계, 살인 등의 소재는 청교도와 결이 어긋나기 때문이다. 특히 당시 연극배우는 남성만 할 수 있었다. 남성 중심의 사회고 여성은 잠잠해야 하는 시대였으니 당연하다. 이런 모습도 청교도의 눈에 기괴하지 않았을까 생각해 본다. 당시 청교도는 안식일(주일)을 온전히 지키는 일에 관심이 컸고 주일 예배(미사) 후 오후에 스포츠를 즐기는 영국인의 관행에 태클을 걸었다. 연극이나 문화공연을 즐기는 것 또한 그러했을 것 같다. 당시 어떤 교구에서는 주말 오후 오락이나 스포츠 활동을 전면 금지시키는 경우도 있었다. 오죽했으면 왕실이 나서 어떤 오락 활동은 허용된다는 선언(1618, Declaration of Sports)을 만들어 배포해야 했을까.

그럼에도 오늘날 셰익스피어의 연극은 시대를 앞서간 것이고, 한국 드라마와 영화가 최근 세계의 주목받는 것을 넘어선 영향력을 가졌다. 실제로 셰익스피어의 나라 영국은 런던 중심가에 많은 극장과 공연장을 갖추고 있으며 항상 뮤지컬 공연이 열리고 있다. 이런 영국의 모습은 미국으로 이어져, 뉴욕 브로드웨이는 뮤지컬 공연의 본산이 되고 있고, 할리우드로 불리는 영화산업의 메카도 만들어졌다. 이런 모든 것이 영국으로부터, 셰익스피어의 연극, 공연으로부터 시작되었다면 너무 지나친 것일까?

이런 모습에 비판적인 청교도를 어떻게 봐야할까? 실제 1642년 청교도 정부는 극장을 포함한 모든 오락 시설을 폐쇄했고, 글로브 극장은 텅 비어 1644년 철거되었다. 하지만 계몽주의의 시대를 지나 역사는 셰익스피어에 대한 관심을 되살렸고, 20세기가 되어 극장이 있었던 곳에 과거의 자료를 참고해 새로운 글로브 극장이 건축되었다. 물론 청교도는 하늘을 향해야 할 주일에 자신을 향하는 사람들의 모습을 비판하며 문화에 대해 부정적인 시각을 드러낸 것이다. 또 현대 방송 드라마가 보여주듯 소재나 내용에서 폭력적이고 자극적인 것이 부각되는 것을 비판한 것이다. 어쩌면 문화가 주는 긍정성을 활용하기 보다는 부정성에 꽂혀 이를 반대하기에 급급했던 것을 아닐까 하는 판단도 해본다. 글로브 극장을 둘러보며 세계로 나아가고 있는 한국의 문화(영화, 드라마, 노래 등), 문화융성을 보는 그리스도인, 그리고 그리스도인들이 문화와 어떤 관계맺음을 해야 하는지 깊이 생각하게 된다.

5) 잉글랜드에 정착한 위그노, 완즈워드

완즈워즈 채플야드 클로어 빌딩

글로브 극장을 나서 완즈워드(Wand worth)로 이동했다. 완즈워드는 1573년 국교회에 비순응한 장로교인들이 처음으로 예배 드린 장소로 추정되며, 1686년 낭트칙령 폐지 이후 영국으로 망명한 위그노 일부가 정착, 교회를 설립한 곳이다. 그 장소 '채플야드(Chaple Yard)'와 '클로어 빌딩'(Clore Building)을 찾았다. 옛 건물은 1880년대 안전 문제로 철거되고 새 건물이 건축되었고 문화단체(The National Opera Studio)의 연습실과 스튜디오로 사용하고 있었다. 그곳 건물 앞에 역사의 흔적을 기억하는 하얀 대리석 명패가 있었다. 만들어진 시기가 다른 두 개의 기념비는 내용 차이가 있는데 종합하면 "1573년부터 기도의 집이 있었고, 처음에는 비순응자들에 의해, 나중에는 위그노에 의해 예배가 드려졌으며, 1809년 회중교회가 형성되어 1860년 이전까지 사용했다."는 내용이다. 이 건물은 2차 대전 전까지 500여명의 회중을 수용할

> THIS SITE WAS FIRST USED FOR WORSHIP
> IN 1573 BY PIONEER NONCONFORMISTS
> – LATER BY HUGUENOT REFUGEES –
> IN 1809 A CONGREGATIONAL CHURCH WAS
> FORMED WHICH MOVED IN 1860 TO EAST HILL
> CARRYING ON MISSION WORK HERE
> UNTIL THE OUTBREAK OF WAR IN 1939

> IN MEMORY OF THE FAITHFUL WITNESSES
> FOR THE TRUTH WHO ERECTED ON THIS SPOT
> A HOUSE OF PRAYER IN 1573, AND OF THE
> FLEMISH AND FRENCH PROTESTANTS
> WHO, WHEN REFUGEES FROM THEIR NATIVE LANDS,
> HERE MAINTAINED THE EVANGELICAL FAITH,
> AND BROUGHT TO THE COUNTRY OF THEIR ADOPTION
> SKILL AND ENERGY THAT HAD A MOST IMPORTANT INFLUENCE
> IN PROMOTING ITS INDUSTRIAL GREATNESS.

채플야드 건물 기념비는 이곳에서 드려진 비밀예배를 언급하고 있다.

수 있는 큰 홀에서 복음주의 협회 등 교회와 여러 단체가 자주 모였다고 한다.

하지만 1573년 청교도들이 장로교회 회중공동체를 형성했다는 것은 전승(구전)에 가까운 내용으로 보인다. 1570년대 카트라이터가 장로교회 제도 도입을 제안하고, 1572년 그의 영향을 받은 이들이 장로제 도입을 의회에 '권고'했다. 또한 이곳이 무역 활동을 적극 펼친 장소란 점에서 네덜란드 망명객이나 상인 일부가 예배공동체를 만들었을 수도 있다. 그런 점을 고려하면 이곳에서 장로교 공동체가 예배를 드리며 시작됐을 수 있다. 하지만 이곳에서 비밀예배가 있었다는 언급이나 기록은 현재까지 불분명하다. 현재 1685년 박해를 피해 영국으로 건너온 프랑스 망명자 그룹이 완즈워드라는 작은 마을로 향했고, 1713년부터 건물을 임대하여 프랑스교회를 운영하기 시작했다는 기록이 가장 오래된 내용이다. 그런 점에서 예배 모임이 있었을 수는 있지만, 위그노에 의해 첫 예배당이 만들어졌다는 것이 역사적 사실에 부합해 보인다.

채플야드를 나서 시청사 건물(Town Hall)과 초기 위그노들의 무덤이 있는 장소로 향했다. 시청사 건물은 1930년대 말 지은 것으로, 이곳에 완즈워드의 역사가 부조로 담겨 있다. 그 역사의 한 장면에 위그노 부부의 모습

완즈워즈 시청사와 위그노 모습이 담긴 부조

이 있었다. 완즈워드 지역 정치, 경제 지도자 중 위그노 후손이 있었고, 후대에 지방 정부는 역사를 이 부조에 담은 것이다. 시청 건물을 살핀 후 침례교와 장로교, 감리교와 가톨릭 등 여러 예배당이 자리한 이스트 힐(East Hill, 서쪽 언덕)을 걸어 위그노가 많이 살았던 위그노 플레즈에 도착했다. 그곳 한 곁에 위그노 공동묘지(Huguenot Burial Ground)가 있기 때문이다.

공동묘지에 있는 몇몇의 위그노 지도자들의 명패를 살폈다. 작은 안내판에 새겨진 이름과 생애를 통해 이들이 언제 어떠한 형태로 살았는지 생각

위그노 공동묘지 기념비

해 본다. 상당수 사람들이 지역 경제와 부흥을 위해 기여했다. 무덤과 명패를 살핀 후 그곳 한쪽 1911년 세워진 위그노 기념비를 마주했다. 1685년 프랑스 왕실의 개혁교회 탄압으로 '위그노'로 불린 프랑스 개혁교인들은 나라를 탈출해 영국과 독일, 남아프리카 등 여러 나라로 흩어졌다. 당시 영국에 5만여 명이 넘는 인원이 망명했고, 이 중에 5천여 명이 런던에 정착했다.(당시 런던 인

구가 10만여 명으로 위그노는 5%를 차지했다.) 당연히 이들의 신앙은 영국교회에도 적지 않은 영향을 미쳤을 것이다. 또한 처음에 이들 위그노는 언어 차이로 영국교회와 별도로 모임을 갖고 예배드렸지만 이들의 신앙을 이은 후손들은 점차 영국 사회 속에 편입됐고 영국교회에 출석하게 되었다. 이 모든 과정을 통하여 위그노는 영국교회 변화와 발전에 적지 않은 영향을 끼쳤을 것이다. 그곳에서 그들을 위해 잠시 기도했다.

6) 청교도의 요구 '천인청원', 햄튼 코트 궁전에서

완즈워드를 떠나 햄튼 코트 궁전(Hampton Court Palace)으로 향했다. 이곳은 헨리 8세 시절부터 사용된 왕실 궁전 중 하나로 그의 여섯 아내가 살았으며, 에드워드 6세와 메리 여왕, 엘리자베스 여왕, 그리고 제임스 1세와 찰스 1세 등이 거주

햄튼 코트 궁전에서 청교도의 청원이 논의됐다.

했다. 물론 항상 이곳에 머물렀다는 것은 아니다. 왕은 런던 여러 곳에 궁전(화이트홀, 웨스트민스터 궁전 등)이 있었고 이들 장소를 오가며 머물렀다. 그것이 왕의 안전에 유리했기 때문이다. 다만 왕의 가족들은 주 거주지가 있어야 했고 햄튼 코트 궁전은 그런 장소로 사용된 것이다.

그런데 이곳에서 헨리 8세와 그의 행정부 역할을 하는 추밀원이 자주 모였고 회의를 했으며, 엘리자베스 여왕을 계승한 제임스 1세도 중요 회의를 이곳에서 열었다. 그런데 제임스 1세 때 이곳에서 영국교회 역사와 청교도 역사에서 중요한 회의가 열렸다. 바로 청교도의 천인 청원(Millenary Petition,

햄튼 코트 궁전의 왕실예배당

1603)을 배경으로 왕과 주교, 청교도 지도자들이 함께 한 '햄튼 코트 회의'(Hampton Court Conference, 1604)가 그것이다.

앞서 언급했듯 엘리자베스 여왕의 중도적 개혁과 교회의 순응 강요에 청교도들의 불만이 폭발했고 영국교회와 지도부를 비방하기 시작했다. 일부 분리주의를 택한 사람들은 지하교회를 만들었고, 체포된 후 감옥에서 해외 추방이나 식민지 개척지로 이주할 것을 권고받기도 했다. 그렇게 추방된 영국인들 중 일부는 네덜란드 암스테르담에 정착하여 망명교회를 꾸렸다. 그러나 분리주의자들과 달리 대다수 청교도들은 국교회의 순응강요에 불만족하면서 다양한 형태로 영국 사회 속에서 자리 잡았다. 초기 일부는 국교회 개혁을 목표로 했고, 주교제를 장로제로 변경하려고 시도했다. 그러나 비순응을 이유로 면직된 후에는 귀족 자녀들의 가정교사와 대학에서, 출판업계에서 일하며 다음세대를 키우고 저술을 통해 청교도 확산을 일구고 있었다.

엘리자베스 여왕이 사망하고 제임스 왕이 왕위를 계승하기 위해 런던으로 오게 됐다. 청교도들은 스코틀랜드 장로교회의 영향을 받은 그에게 엘리자베스 여왕과는 다른 종교 정책을 기대했고, 더 진전된 개혁을 염원하며 '천인청원'(1603)을 제출한 것이다. 천인 청원으로 부르는 것은 당시 천 명의 목회자와 지도자들이 서명했다고 언급했기 때문이다. 1천명의 서명이 담긴 청원서가 확인되지 않기에 천여 명이 직접 서명한 것은 아니다. 다만 당시 청교도 입장에 우호적인 1천여 명의 지도자들이 형성될 정도로 네트

워크가 있었거나, 청교도 신앙이 널리 확산됐음으로 이해하면 충분할 듯하다. 아무튼 이 청원을 받은 제임스 왕은 그들의 입장을 듣기 위해 이듬해 햄튼 코트 궁전에서 회의를 열었다.

회의에는 휘트기프트 대주교를 비롯해 주교들과 여섯 명의 사제를 비롯해 청교도 입장의 대표들도 참여했다. 청교도를 대표한 인물은 옥스퍼드 코퍼스 칼리지의 학자인 존 레이놀즈(John Rainols, 1549~1607)였다. 첫 회의는 왕과 주교들이 참여했는데 토마스 빌슨과 리처드 뱅크로프트 주교 등이 '영국 국교회에서 아무 것도 바꾸지 말라고 간청'했으며 회의를 열지 말고 종교 문제는 전문가들에게 맡기라고 조언했다. 그러나 전문적인 식견을 가진 왕은 자신의 지적 능력을 사용하여 청교도의 청원을 직접 반박하고 나섰다.

제임스 1세는 스코틀랜드 왕위에 있으면서 자신을 압박한 개신교 귀족과 장로교회에 대해 부정적이었고 왕이 주교를 통해 교회를 통치하는 국교회에 긍정적이었다. 또한 수장으로서 국교회를 통치할 생각이었다. 이 때 햄튼 코트 회의에서 그 유명한 '주교 없이는 왕은 없다.(No bishop, no king)'는 언급이 나온다. 자신은 주교제를 고수하겠다는 것이며, 주교제에 기초해 영국교회를 다스리겠다는 뜻으로 읽혀진다.

아무튼 회의에서 왕은 청교도들의 건의 중 일부를 수용(면죄 등의 용어, 여성 조산사가 아이들에게 세례를 집행하는 것, 사소한 일과 12펜스 문제로 파문되는 문제 등)했고, 이는 개정된 공동기도서 출간(1604)으로 이어진다. 또 왕은 회의 중 존 레이놀즈가 '성서 번역본 하나를…정통으로 선언하고 교회에서 읽도록' 요청한 내용을 접하고, 이를 수용해 새로운 성서 번역본을 만들도록 했다. '제임스 왕 번역본 또는 흠정역(King James Bible, Authorized Version)'으로 불리는 이 성서 작업에는 고위 성직자와 청교도 성향 학자 등을 포함해 웨스트민스터, 옥스퍼드와 케임브리지의 학자 54명이 여섯 개의 위원회로 나뉘어

킹 제임스 버전 성서

참여했다. 이들은 4년여의 번역을 거쳐 1608년 초고를 완성했고, 수정보완을 거쳐 1611년 새로운 성서를 출판했다.

햄튼 코트 회의 직후 청교도에 맞서 주교 입장을 대변한 리처드 뱅크로프트(Richard Bancroft, 1544~1610)가 대주교로 임명됐다. 그는 청교도에 우호적인 입장이긴 했지만 왕과 국교회에 충실했다. 회의에서 왕은 '하나의 교리와 하나의 규율, 본질과 의식에 있어서 하나의 종교를 가질 것'이라고 말했고, 청교도 목사들도 영국교회의 39개 신조를 모두 준수해야 한다고 요구했다. 하지만 공동기도서 발간 이후 청교도 일부는 팸플릿을 통해 항의했고, 링컨 교구 목사들은 1605년 새 기도서에 반대하는 종교개혁자의 말을 인용한 청원서를 발표했다.

햄튼 코트 궁전에 들어서서 헨리 8세가 일하고 그의 가족이 살던 공간을 둘러보았다. 왕의 예배실과 왕이 고위 관료와 회의한 곳(그레이트 홀)도 있었다. 또 왕과 성에서 열린 큰 회의나 잔치에 올리는 음식을 만드는 큰 식당도 보았다. 궁전의 전시는 헨리 8세와 나중에 이곳을 주 거주지로 사용한 조지 2세 등을 중심으로 이뤄지고 있었다. 추밀원 회의 공간을 전시한 곳에 원형의 탁자와 의자들이 놓여 있었는데, 종교개혁 초기 헨리 8세가 크랜머 대주교 등과 함께 회의한 모습을 소개하고 있었다. 그곳에는 그들이 언급한 말들과 내용이 소개되어 있었다. 그러나 전시물에서 제임스 1세에 대한 기록은 찾을 수 없었다. 회의가 있었고 성서 발행이 결정됐다는 언급은 있었지만 청교도들의 요구와 관련된 내용은 찾기 힘들었다. 종교개혁 여정을 밟는 순례자에겐 안타까운 일이다.

이 회의에서 새로운 성서 발간이 결정된 성과는 있었지만 다른 부분에선 아쉬움이 가득하다. 회의 개최 이유인 국교회 개혁을 위한 청교도의 청원 내용이 대부분 왕에 의해 거부됐기 때문이다. 제임스 1세는 전반적으로 엘리자베스 여왕 시절 이뤄진 종교정책을 계승하면서도 반가톨릭 법률과 종교 논쟁에서 온건하고 포괄적인 접근을 했고, 이를 통해 자신의 지지 기반을 확대해 나갔다. 칼빈주의 국제회의인 도르트레이트 회의(1618~9)에 대표를 보내는 등 교리에서 개혁주의 입장을 강화했지만 교회 운영이나 형식, 제도에서 보수적인 태도를 견지했다. 다만 스코틀랜드 출신으로 런던 정치가 다소 조심스러웠고 장로교회의 고집스런 태도를 경험한 그는 우유부단한 태도를 보였다. 그래서 왕과 주교제, 예복과 예전에 순응하는 문제에서 청교도 성직자를 압박하면서도 강한 처벌(처형)은 하지 않는 태도를 취했다. 그럼에도 제임스 1세의 기도서 시행과 강요로 80여명의 목사가 성직을 박탈당했고, 국교회 반대편에 있었던 일부 종교 지도자는 희생양이 됐다.

헨리 8세와 추밀원 회의장

이런 제임스 1세의 정책은 청교도들에게 향후 행보를 깊이 고민케 했다. 결국 이들은 국교회 개혁에 한계를 느끼고 탄압을 피해 종교 활동이 자유로운 네덜란드로 망명을 시도했고, 스스로를 국교회로부터 분리해야 한다는 생각을 품게 된다. 그렇게 청교도 분리주의자, Pilgrim Vaters(순례자 선조들), 회중주의로 이어지는 흐름이 등장하게 된다.

3. 종교자유를 향한 여정, 필그림 선조들

앞서 언급했듯이 엘리자베스 여왕의 중도적인 종교정책은 더 진전된 개혁을 염원하던 이들의 불만족을 불러왔고 이들 가운데 '청교도'라 불리는 사람들이 태동했다. 순응을 강요하는 왕실과 교회 지도부로 인해 비순응자들은 목회지를 빼앗겼고, 일부는 불가피한 선택으로 분리주의 교회를 운영하게 되었다. 처음엔 '강요된 분리'였다면 점차 선택을 통한 적극적인 분리로 나아가는 움직임도 생겨났다. 대표적인 인물이 로버트 브라운(Robert Browne, 그의 이름을 따라 분리주의자들을 Brownist로 부른다)으로, 그는 1581년에 노리치에서 분리주의 교회를 설립했다. 그들의 영향을 받은 이들 중 1587년 헨리 배로우와 존 그린우드가 런던에 지하교회를 만들었다. 이들의 가르침을 이은 분리주의 회중들은 1597년 네덜란드 암스테르담으로 이주, 영국인 망명교회를 설립했다. 이런 움직임은 청교도들에게 영향을 미쳤고, 국교회로부터 분리를 택하는 사람들이 늘어나기 시작했다.

분리주의 그룹 중 1600년경 중부 잉글랜드 스쿠르비와 게인즈버러 등에 형성된 신앙공동체(교회)가 있었다. 이들은 신앙의 자유를 찾아 네덜란드로 망명했고, 1620년 메이플라워를 타고 신대륙(북아메리카)로 이주했다. 이들은 미국 땅에 플리머스 정착지를 세웠고, 이들을 뒤이어 많은 청교도들이 미국 땅으로 건너갔다. 분리주의와 이 흐름 속에서 네덜란드로, 그리고 나중에 신대륙으로 떠난 '필그림 파터스(Pilgrim Fathers)'를 만나기 위한 여정을 시작했다.

1) 윌리엄 브래드 포드와 오스트필드

런던을 떠나 새벽 셰필드(Sheffield)에 도착했고 1시간여 기다렸다가 돈카스

윌리엄 브래드포드와 그가 태어나고 어린 시절을 보낸 오스트필드 매너하우스

터(Doncaster)행 버스에 올랐다. 또 시내버스를 타고 한 참을 달려 첫 방문지 오스트필드(Osterfield)에 도착할 수 있었다. 작은 시골 마을은 필그림의 이야기를 오늘에 전한 윌리엄 브래드포드(William Bredford, 1590~1657)가 태어나고 자란 동네다.

오스트필드 매너하우스(Manor House)로 불리는 그의 집을 찾았다. 이 집은 그의 태어난 장소로 할아버지와 삼촌 등과 어린 시절을 보낸 곳이다. 자료에 있는 그림과 비교해 살폈지만 당시의 집은 아닌 것 같다. 브래드포드는 이곳에서 태어났고, 아버지가 돌아가신 후 할아버지와 살았다. 7세 때 어머니가 죽은 후에는 삼촌들과 함께 청소년 시기를 이곳에서 보냈다. 그가 1608년 네덜란드로 떠났으니 20여년 가까이 이곳에서 산 것이다.

브래드포드가 세례 받고 어릴 적 잠시 신앙생활을 했을 마을교회를 찾았다. 세인트 헬레나(St Helener Church)는 주변에 공동묘지를 갖춘 작은 마을교회다. 문이 잠겨 있고 어두운 창문으론 내부가 보이지 않았다. 조금이나마 내부를 보려했지

오스트필드의 헬레나 교회

제6장_개혁된 영국교회를 꿈꾼 청교도 (1) 357

브래드포트 창문 그림

만 불가능했다. 작은 시골 교회가 그렇듯 그는 어린 시절이면 삼촌들과 함께 교회를 찾았고 쓰고 있던 모자를 벗고 잠시 기도했을 듯하다. 그러나 그의 이곳 신앙생활은 그렇게 길지 않았다. 교회에는 1900년대 후반 필그림 선조들이 메이플라워호 협약에 서명한 장면과 브래드포드의 모습이 스테인드글라스에 새겨졌다고 한다. 교회를 한 바퀴 둘러본 후 협약 장면이 그려진 창문을 반대쪽에서 살펴본다.

어려서 브래드포드는 병약했다고 한다. 그런 그가 일곱 살에 고아가 됐고, 삼촌들에 의해 성장했다. 병약했던 그는 독서에 전념했고, 성서와 고전문학에 관심을 가졌다. 브래드포드가 쓴 글에 따르면 어렸을 때 그는 성서의 말씀에 깊이 빠져들었고, 이것이 그의 신앙을 새롭게 변화시켰다고 말했다. 그런데 그는 12살에 친구에 이끌려 10마일 떨어진 밥워스 올 세인츠 교회(All Saints)에 갔다가 리처드 클리프톤의 설교에 감명을 받았다. 당시 클리프톤 목사는 공동기도서를 내용으로 한 국교회의 방식이 아니라 자유로운 형태의 설교와 기도를 했다. 그의 설교에 은혜를 받은 브래드포드는 자주 그 교회 예배에 참석했다. 삼촌들은 가까운 세인트 헬레나 교회를 두고 그곳을 가는 그를 이상하게 여겼고 여러 번 말렸다고 한다.

그는 교회를 오가며 인근 마을 스크루비에 사는 윌리엄 브루스터를 알게 됐고, 나이가 많은 그로부터 영향을 받게 된다. 10마일 이상 떨어진 밥워스에 두 사람은 자주, 함께 갔고 나이차를 떠나 신앙 동지로서 돈돈한 관계를 형성했다. 1606년경 브루스터의 집에서 별도의 교회(회중교회)가 만들어지면서 성도가 된 그는 그들과 함께 네덜란드로 건너갔다. 또 1620년 더 자유로운 신앙생활을 위하여 메이플라워호에 올랐고 공동체의 리더 중 한 명으로 미국으로 건너갔다. 플리머스 정착지의 지도자(주지사, Governor)로 일했던 그는 자신들의 신앙여정, 필그림의 미국 이주와 정착과정 등을 'Of Plymouth Plantation(플리머스 정착지에 대하여)'라는 글로 남겼다. 이 기록은 후대에 많은 사람에게 알려졌고, 미국 역사에 '필그림 파터스'를 아로 새겼다. 또 100여명이 채 되지 않은 그들의 여정을 미국 탄생의 드라마틱한 이야기로, 자유를 보장하는 미국의 이미지를 형성케 했다.

브래드포드는 '순례자의 고향'(Pilgrim Country)이라 불리는 곳에서 영국 분리주의자들이 어떻게 두 개의 교회를 형성했는지 설명한다. 그에 따르면 하나는 밥워스에 모였던 그룹에서 출발한 스크루비 회중으로 클리프턴 목사가 이끌었고, 다른 하나는 게인즈버러에 형성된 교회로 존 스미스가 목사였다는 것이다. 이 두 그룹에서 출발된 회중이 네덜란드로 건너갔고, 암스테르담에 정착했다가 나중에 라이덴으로 옮겨 존 로빈슨 목사를 중심으로 성장했고, 브루스터를 지도자로 신대륙으로 이주, 플리머스에 정착한 것이다.

2) 윌리엄 브루스터와 스크루비

스크루비(Scrooby) 마을로 향했다. 버스를 타기 위해 30여분 시골 길을 걸었다. 시골 버스는 서너 시간에 한 대씩 오는데다 연결도 복잡해 시간에 맞춰 서둘러 뛰기도 했다. 버스는 서너 정거장을 이동해 스크루비에 도착했다. 걷는다면 1시간 이상이 걸릴 거리다. 생각해보니 브래드포드는 스크루비를 경유해 밥워스까지 예배를 드리기 위해 3시간 이상 걸었을 것이다. 10대 중반의 젊은 나이라 해도 왕복 여섯 시간은 쉽지 않은 길이다. 그럼에도

윌리엄 브루스터

그는 이 길을 자주 오갔다고 한다. 아마도 그런 신앙이 있었기에 고향과 친지를 떠나 네덜란드로, 또 다시 미국으로 나아갈 수 있었을 것이다.

규모 면에서 스크루비 마을도 오스트필드와 큰 차이가 없었다. 마을 중앙에 교회가 있었고, 주변에 농장과 주택 등이 형성되어 있었다. 이곳 마을에는 아버지 때부터 우체국장을 한 윌리엄 브루스터(William Brewster, 1566~1644)가 살았다. 그는 밥워드 교회를 다니면서 분리주의자가 됐고, 리처드 클리프톤이 교회에서 나온 후에는 자신의 집에서 회중과 함께 예배드렸다. 별도의 교회, 회중교회를 설립한 것이다. 네덜란드 이주 과정에 적극 참여한 그는 장로로서 존 로빈슨 목사와 함께 라이덴교회(영국인 회중교회)를 이끌었다. 또한 플리머스 이주 전체를 책임진 지도자로서 신대륙 이주 전반을 준비했고, 추진했으며, 직접 지도자가 되어 이들을 이끌었다. (로빈슨 목사는 정착지가 준비되면 다른 성도와 함께 신대륙으로 이동하기로 하고 네덜란드에 남았다.) 더욱이 브루스터는 신대륙에 정착한 후 그곳의 종교, 영적 지도자로서 일했다. 1629년 목사인 랄프 스미스가 도착하기 전까지 예배를 비롯해 정착민의 영적 지도자 역할을 했다. 이후에는 장로로서 교회의 치리를 맡아 일했고, 1644년 4월까지 때때로 설교를 통해 성도들의 신앙을 공고히 했다.

'스크루비 매너 하우스'(Manor House)로 불리는 그의 집과 영지는 브래드포드의 하우스와 마찬가지로 지금은 개인 소유가 되었다. 네덜란드와 신대륙 이주를 위해 매각하면서 다른 사람에게 팔렸기 때문이다. 주택 부지나 옛 그림을 통해 본 집은 큰 편이었고, 브루스터는 시골에 살았지만 경제적인 형편은 넉넉했던 것 같다. 대문 앞에서 한참을 서성이다가 인근 주민에게 집 안을 볼 수 있는지 물었더니 벨을 눌러보라고 권유해서 조심스럽게 벨을 눌렀다. 낯선 외국인 이방인이 아침 일찍 주택을 볼 수 있느냐고 묻는 것도 염치는 아닌 걸 알지만 두 번 방문이 쉽지 않기 때문이

브루스터의 주택 모습(레드퍼드 필그림 갤러리에서)

다. 응답이 없었고, 집에 아무도 없는 듯 했다. 가진 자료를 통해 그가 살던 집을 볼 수 있었다.

매너 하우스를 나서 마을교회인 세인트 윌프리드 교회(St Wilfrid's Church)로 향했다. 이 교회는 브루스터가 어려서 세례 받고 젊어서 신앙생활을 했던 곳이다. 문이 잠겨있었는데 교회 안내판에 열쇠를 가진 분들 연락처가 적혀 있었다. 다행히 한 분이 전화를 받았고, 그 분의 도움으로 교회 내부를 둘러볼 수 있었다. 사실 교회는 분리주의 회중과 관계있는 곳은 아니다. 회중은 브루스터 집에 모였고, 오히려 이곳 교회는 그들을(분리) 반대했기 때문이다. 그런데 그가 주일에 예배에 참석하지 않았고, 누군가가 고발했다고 한다. 교회법에 의하면 가까운 교구민은 교회 예배에 반드시 참석해야 했고, 지역 유지인 브루스터의 참석유무는 사람들에게 쉽게 드러났다.

세인트 윌프리드 교회

세인트 윌프리드 교회 내부와 미국에서 보내온 1620이 쓰인 돌

그런 교회는 언제부턴가 신앙의 자유에 공감했고, 지금은 고향출신인 그를 중요한 인물로 기억하고 있다. 또 메이플라워의 신대륙 이주와 그의 삶을 기억하며, 다른 사람들에게 전하기 위해 노력하고 있었다. 교회 성도는 브루스터 당시 사용됐을 오래된 의자와 신대륙의 신자들이 전해 온 '1620'이라는 글이 쓰인 돌을 소개했다. 400여 년 전 교회의 분리를 택한 그의 모습을 비판했지만 이제 이곳교회는 국교회와 분리주의 교회, 순응과 비순응을 떠나 그리스도 안에 한 형제로서, 공동의 신앙의 유산과 정신을 공유하고 있었다. 교회를 떠나면서 몇 년 전 메이플라워 신대륙 이주 400주년을 맞아 심은 사과나무도 만났고, 도로 옆에 있는 '필그림 파터스'라는 이름의 식당, 관련 장소들과 거리를 나타내는 표지판도 볼 수 있었다. 그렇게 브루스터의 이름을 간직한 스크루비는 필그림, 분리주의 청교도 역사의 가장 중요한 장소가 되었다.

스크루비 마을의 필그림 이정표

3) 리처드 클리프톤과 밥워스 교회, 레드퍼드

밥워스 세인츠 교회 전경

　스크루비 마을에서 버스로 밥워스(Babworth) 올 세인츠 교회(All Saints Church)로 향했다. 이 교회는 리처드 클리프톤 목사에 의해 청교도 신앙이 전파된 곳이다. 이곳에서 형성된 회중 일부가 그가 교회로부터 면직되었을 때 스크루비에 독립된 회중교회를 만들었다.

　리처드 클리프톤 목사(Richard Clyfton, ~1616)는 케임브리지 대학 출신으로 1586년 밥워드 교회에서 사역을 시작했다. 그런데 그는 언제부턴가 공동기도서에 없는 기도를 하고 예배를 자유롭게 집례하는 등 변화된 모습을 보였다. 그는 예배 때 예복을 입지 않고 세례 때 십자 표시를 하지 않는다는 이유로 '비순응자'로 기소되었고, 1605년 직위를 박탈당했으며, 교회에서 쫓겨났다. 그렇게 그를 중심으로 스크루비 회중교회가 만들어졌다. 독립 회중은 리처드 클리프톤을 목사로, 브루스터를 장로로 선출했다. 이 모임에는 나중에 라이덴교회를 이끄는 존 로빈슨도 참여했다.

　마을에서 좀 떨어진 곳에 교회가 있기에 내부를 볼 수 있을지 장담하지 못했다. 버스 정류장에 내려 교회를 향해 발걸음을 재촉했다. 그런데 하늘의 은혜일까, 마침 단체 방문객이 교회를 방문했고, 그들과 어울려 자연스럽게 교회 내부를 볼 수 있었다. 리처드가 설교했을 설교단과 강단 한편에 있는 메이플라워 모형, 예배를 드리려는 목사와 회중을 그린 그림 등을 만났다. 또 역대 목사 명단에서 '1586년 리처드 클리프톤'도 확인할 수 있었다.

올 세인츠 교회 내부와 예배를 드리러 가는 필그림 모습 그림

그곳에서 잠시 고개를 숙이고 기도했다. "열정적인 설교자 한 명이 사람들을 바꾸었고, 그들이 신앙의 선조로 불리는 공동체를 형성하게 되었습니다. 강단에서 외쳐진 설교와 기도는 듣지 못하지만 자신이 옳게 믿었던 그 가치를 가르치고 지켰던 그의 삶을 본받게 하옵소서. 아멘."

밥워드 교회를 나서 레드퍼드(Retford)로 행했다. 밥워드가 작은 마을이라면 레드퍼드는 밥워드를 포함한 지역의 중심지다. 이곳 바세트라우 박물관(Bassetlaw Museum)에 몇 년 전 필그림 전시관이 만들어졌기 때문이다. 그곳에서 스크루비에서 탄생한 회중 공동체가 어떻게 네덜란드로 이주했고, 다시 미국으로 이주했는지, 플리머스 정착지가 어떤 역사를 그려나갔는지 살피게 됐다.

1605년 말 또는 1606년 형성된 스크루비 회중공동체는 1607년 인근 게인즈버러에 형성된 회중들과 함께 네덜란드로 떠나기로 결정했다. 탄압도 피하고 신앙의 자유도 얻기 위해서였다. 1608년 암스테르담에 도착한 그들은 이듬해 라이덴에 정착했다. 존 로빈슨이 이끈 라이덴의 회중들은 영국 망명자들이 증가하면서 300여명 규모로 성장했다. 하지만 네덜란드 생활은 이들에게 쉽지 않았다. 생계를 위해 어떤 이는 막노동을 해야 했다. 생활이 안정되자 자녀들 교육 문제로 큰 고민이 됐다. 현지 언어에 익숙해진 자녀들은 그곳 문화를 받아들이며 영국인의 정체성을 잃어갔다. 이러다간 미래에 자신들의 뿌리조차 불명확해 질 것 같다는 생각이 망명자들의 마음을 흔들었다.

레드퍼드 바세트라우 박물관

이 시기 스페인과 네델란드 관계가 악화되면서 독립전쟁 분위기가 무르익었고 잘못하면 전쟁으로 인해 불가피한 피해를 당할 수도 있었다. 영국으로 돌아갈 수 없었던 회중들은 신대륙으로 이주를 결정했다. 당시 영국은 1607년 제임스타운을 건설하고 상당기간 유지하며 발전시켜오고 있었다. 또 신대륙에 대한 환상은 많은 영국인들에게 꿈과 기대를 심어주었다. 이런 분위기에 영향 받은 존 로빈슨 목사와 브루스터 장로가 이끄는 라이덴 영국인 공동체는 신대륙으로 선발대를 파견했다.

전시관에는 이주 전 과정이 그림과 자료, 사진 등을 통해 자세히 소개되고 있었다. 영국을 떠난 과정, 네델란드 생활, 메이플라워의 긴 항해와 신대륙 도착, 41명의 남성이 대표로 서명한 메이플라워 조약, 원주민과의 만남, 신대륙 생활, 그들의 생존과 정착을 도운 원주민들, 여성(Pilgrim Mothers)과 어린이들의 삶 등…. 너무 짧은 시간 많은 정보가 머릿속으로 입력되었고 뒤엉켰다. 내용이 복잡해지고 시간에 쫓겨 모두 읽기도 어려웠다. 시간이 필요했다. 언

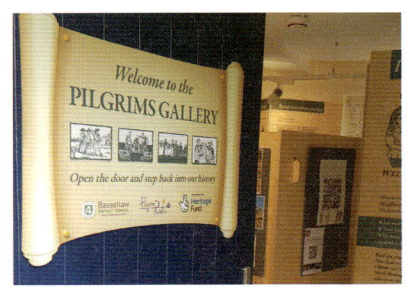

레드퍼드 박물관 필그림 갤러리

'어험 좋아'를 외치는 영상

젠가 자료를 통해 다시 꼼꼼하게 살펴야 할 것 같다. 자료를 읽다가 '필그림 아버지들' 표현에 가려진 '어머니들'에 대해서 깊이 생각하게 됐다. 개인적으로 'Pilgrim Fathers'를 '필그림 선조들' 또는 신앙의 자유를 찾아 떠난 '순례자의 조상들'로 번역하는 것이 좋겠다는 생각도 들었다. 남성들에 가려져 있지만 순례자들 중에 여성도 있었고, 여성이 없었다면 생존과 역사 계승이 불가능했기 때문이다. 그곳 영상에서 브루스터로 분장한 한 배우는 '어험, 좋아(Good)'라는 말을 반복한다. 무슨 의미인지는 모르겠다. 하지만 힘들고 어렵지만 신앙 안에서, 자유로운 신앙생활을 할 수 있어 모든 것이 좋다는 말로 들린다. 네덜란드에 이어 신대륙의 삶은 더욱 힘들었다. 추위와 배고픔, 질병으로 인해 많은 사람이 죽었다. 그렇지만 신앙의 자유가 있었기에 '어험, 좋아'라는 말로 모든 것을 이겨냈을 것이라는 생각이 들었다. 그런 자세가 오늘 우리에게 필요하다.

4) 존 스미스 목사와 게인즈버러 회중

레드퍼드에서 게인즈버러(Gainsborgh)로 향했다. 이곳에는 스크루비 회중과 함께 네덜란드로 이주한 신앙공동체가 탄생한 곳으로, 존 스미스 목사(John Smyth)가 이들을 이끌었다. 인근 마을 스토턴레스티플(Sturton-le-Steeple) 출신인 존 스미스는 케임브리지 대학을 졸업했으며 링컨 시에서 설교자로 사역하다가 제임스 1세 취임 초기 면직됐다. 이후 게인즈버러에 형성된 60~70여명의 회중들의 목사로 사역했다. 이들 가운데는 나중에 침례교 형성에 중요한 역할을 한 토마스 헬위스(Tomas Hwlwys)도 있었다. 게인즈버러 회중은 1606년부터 올드 홀(Old Hall)에서 모였다. 하지만 그들 또한 영국 교회에 의해 탄압받았고, 헬위스 등은 주교의 감옥에 수감된다. 그런 탄압을 피해 스크루비와 게인즈버러 회중은 종교적 관용을 허용하는 네덜란드로 이주한 것이다.

당시 이들 지역 성직자 중 일부는 1606년 리처드 뱅크로프트 대주교가 성직자들에게 공동기도서를 따르도록 강요하자 모임을 가졌다. 코번트리(Coventry)의 청교도 이사벨 보우스(Isabel Bowes)의 집에 모인 모임에는 게인즈버러 공동체의 존 스미스와 토마스 헬위스, 스크루비 공동체에 속한 존 로빈슨, 그리고 리처드 버나드(Richard Bernard), 아서 힐더샴(Arthur Hildersham) 등이 참여했다. 이들은 국교회에서 분리하는 문제를 논의했고, 스미스와 헬위스가 분리를 주장했다고 한다. 참석자들 상당수는 신중한 입장이었다. 하지만 이들 중 일부는 기존교회에서 분리되어 별도의 회중공동체를 만들게 된 것이다. 아마도 이 시기부터 수차례 분리 고민이 국교회 여러 지역에서 생겨났을 것이다.

게인즈버러에 도착한 후 올드 홀을 찾았다. 이곳은 오늘날 회중의 모임 장소보다 가장 잘 보존된 중세시대 저택으로 알려져 있다. 또 중세시대 리처드 3세와 헨리 8세 등 왕이 머문 장소로도 유명하다. 나무로 된 2층 건물은 매우 독특했고, 100여명 이상이 모일 수 있는 큰 홀과 수십 명을 위해 요리할 수 있는 부엌, 그리고 여러 명이 숙박할 수 있는 많은 방으로 구성되어 있었다. 그곳 저택에는 큰

게인즈버러 올드 홀

게인즈버러 올드 홀 내부 그레이트홀

홀이 있는데 게인즈버러 회중은 이곳에 모여 예배했을 가능성이 높다.

자료를 살피던 중 이곳에 웨슬리의 발길이 있었음을 알게 됐다. 감리회 설교자인 존 웨슬리가 1759년과 1786년 사이 그레이트 홀에서 여러 번 설교했다는 것이다. 웨슬리는 자신의 일기에서 "나는 올드 홀에서 일부 시민들과 일부 험악하고 상스러운 사람 등 복합적인 회중을 향해 설교했다"고 언급했다. 그가 이곳에서 설교할 수 있었던 것은 이 건물이 시민들을 위한 다양한 집회 장소로 사용되었기 때문일 것이다. 자치도시에서 부를 획득한 한 자본가가 자신의 주택을 통해 노블리스 오블리제를 실천한 것은 아닐까 하는 생각을 해 본다.

올드 홀을 나서 인근에 있는 올 세인트교회, 연합장로교회(United Reformed Church) 등을 둘러보았다. 건물 문이 잠겨 있어 내부는 볼 수 없었다. '존 로빈슨 기념관'로도 불리는 연합장로교회는 1층에 메이플라워 룸을 만들었다. 메이플라워 여정과 필그림의 네덜란드 생활, 미국 이주, 플리머스 정착지, 존 로빈슨 목사의 사역 등을 소개하기 위해서다. 그곳에 들리고 싶어 교회로 이메일을 보내 문의했지만 답변을 얻지 못했다. 방문 날도 문이 닫혀 있어 내부를 볼 수 없었고, 교회 왼편에 자리한 기념비를 보며 위안을 삼았다. 그곳에는 '하나님의 영광을 위하여, 존 로빈슨 목사와 망명자들을 기억하며

존 로빈슨을 기념하여 세운 연합장로교회

1896년 영국에 있는 미국 대사'라는 글귀가 적혀있었다. 존 로빈슨 목사와 망명 성도들의 정신이 이렇게 기억되고 있었다.

이주를 결정한 게인즈버러 회중은 당시 트렌트 강(River Trent)을 통해 험버(Humber) 강으로 나갔고, 이곳에서 바다를 건너 네덜란드로 이동했다. 아마도 이들 회중을 이끈 인물은 토마스 헬위스였을 것으로 추측된다. (한 자료에 존 스미스 목사는 네덜란드에 먼저 도착했고, 암스테르담의 영국인 망명자 공동체와 만난 것으로 언급된다.) 그들은 게인즈버러의 항구에서 배를 타고 출발한 것 같다. 이를 기념한 듯 시내를 흐르는 강 한 쪽 작은 여인상이 있었다. 여인상의 기단부에는 'Steering our furture informied by past'(과거에 의해 우리의 미래의 조향을 위한 정보를 얻는다) 글귀가 새겨져 있다. 조각상은 오래된 것은 아닌 것 같은데, 여성단체에 의해 세워진 것 같았다.

처음 메이플라워에 탄 여성 승객은 20여명 안팎으로 추정된다. 102명의 승객 중 51명의 성인 남성이 있었고, 어린이를 제외한 나머지가 여성이기 때문이다. 네덜란드로 향할 때 결정은 남성들의 몫이었지만 여성들은 자녀들을 이끌며 이동했고, 네덜란드에서 어린이들을 돌보며 가정 경제를 꾸렸다. 신대륙에서는 병마와 굶주림과 싸우면서 농사를 지었고 어린이를 양육하며 후세대를 키웠다. 가족을 돌보고, 자녀들의 교육을 책임졌으며, 남성과 함께 농사에도 힘썼다. 하지만 남성중심의 사회에서 여성은 항상 그늘에 가려졌다. 특히 그녀들은 출산 뿐 아니라 교

게인즈버러 시내 강가의 필그림 여인상

육, 가사노동과 농업 등을 통해 신대륙 정착지 플리머스를 든든히 세웠다. 그럼에도 'Pilgrim Fathers'라고 칭하는 것은 여성에 대한 모독에 가깝다. 레드퍼드에서 만난 'Pilgrim Mothers'란 문구와 함께 작은 여성 동상이 많은 것을 생각하게 한다.

4. 미국을 세운 청교도들의 고향, 보스턴

1) 자유 향한 필그림의 첫 걸음, 보스턴 강가에서

청교도의 고향 보스턴(세인트 보톨프교회)

밤늦게 링컨셔 지방의 보스턴(Boston)에 도착했고 다음날 아침 시내로 나섰다. 첫 방문 장소는 시에서 5마일 떨어져 있는 하벤 강(The Haven)의 한 장소로, 필그림 선조들이 처음 네덜란드 망명을 시도한 곳이다. 어부들이 사는 마을 외곽은 대중교통 편이 없는 외딴 곳으로 택시를 타고 이동키로 했다. 시청 광장에 주차되어 있는 차에 올라 기사에게 해당 장소 왕복과 비용, 중간에 10여 분 이상 기다려 줄 수 있는지 묻고 출발했다.

1607년 바닷가와 인접한 보스턴 외곽에 한 무리의 사람들이 도착했다. 그들은 스크루비와 게인즈버러에서 신앙의 자유를 찾아 장도에 오른 신자들이다. 미래에 필그림(Pilgrim)으로 불릴 그들은 자신이 가진 소유를 팔아 돈을 마련했고 이곳으로 향했다. 그들을 싣고 네덜란드로 향할 배를 만나기로 한 것이다. 하지만 그들의 꿈과 기대는 한 순간에 무너졌다. 그들을 기다린 것은 배가 아니라 군사들이었다. 당시 다른 나라를 갈 수 있는 사람은 대부분 정부 관계자(대사)나 상인으로, 정부(왕실)의 허락을 얻어야 했다. 일반 서민이, 그것도 가족단위로 이주하는 것은 불가능에 가까웠다. 그래서 이들은 '불법'으로 바다를 건너려 했다. 하지만 배의 선장은 당국에 신고했고, 회중들은 체포되었으며 물건은 압수됐다. 그곳, 그 역사의 현장을 찾아 가는 것이다.

보스턴 시 외곽에 있는 필그림 기념비

2009년 그곳에 'Pilgrim Fathers (and Mothers, Pilgrim Family) Memorial(필그림 선조 기념비)'가 세워졌고, 사람들은 이곳을 그 이름으로 부른다고 한다. 기념비는 미국 와우와토사(Wauwatosa)의 첫 회중교회와 그리스도회중교회협회의 '선물(지원)'로 세워졌다. 택시에서 내려 기념비가 있는 곳까지 걸었다. 그곳에서 마주한 기념비는 기단과 돌기둥으로 된 단순한 형태다. 기념비 아래에는 "이 장소 근처에서 1607년 9월 나중에 필그림 선조들로 알려진 이들의 신앙의 자유를 찾아 바다를 건너려는 항해의 첫 시도가 좌절되었다.(Near this Place in September 1607 those later known as the Pilgrim Fathers were thwarted in their attempt to sail to find religious freedom across the seas.)"는 내용이 적혀있었다.

그렇다. 그들은 신앙의 자유를 찾아 바다를 건너고자 했지만 좌절됐다. 하지만 그들은 실망하거나 좌절하지 않았다. 감옥에 갇혔다가 도시의 호의로 풀려나 고향으로 향했던 그들은 얼마 지나지 않아 다시 항해(탈출, 망명)를 시도했다. 이 때는 네덜란드 소속의 배를 섭외했고, 일부는 도보로, 일부는 배를 타고 이동했다. 장소 또한 실패한 남쪽 보스턴이 아니라 북쪽에 있는 험버 강 하류 이밍햄(Immingham)이라 불리는 곳으로 정했다. 성공 직전이던 탈출도 몇몇 사람들이 발각되면서 부분적인 성공에 그쳤다. 갯벌을 가로질러 배에 오르려 하자 감시병들이 몰려왔고, 남성들은 서둘러 배에 올랐지만 여성과 아이들을 배에 오르지 못한 것이다. 그렇게 남은 자들은 잠시 그곳 마을에 머물렀고(일부는 체포되고, 일부는 교회의 도움으로 잠시 머묾), 몇 개월 후 추방되어 가족이 있는 네덜란드로 이동했다. 그 때 한 성도가 그곳에서 사망했다. 어쩌면 그의 죽음은 네덜란드와 미국으로 이어지는 필그림의 험난한 길을 예시하는 사건인지도 모른다.

　기념비 앞에서 잠시 기도한 후 강가로 향했다. 강가를 조망할 수 있는 작은 시설물에도 1607년 사건을 언급하고 있었다. 강가를 내려다본다. 강물은 도시 쪽(상류)으로 흐르는데, 들물 시간인 것 같다. 당시 필그림들은 인적이 드문 이곳에서 썰물 시간을 이용, 바다로 나아가려 했고 좌절됐다. 당시 선장의 행위는 '배신'으로 기록되지만 밀항을 하려는 사람을 신고하는 것이 당연했던 당시 법에 따르면 정의의 행동이다. 우리 시대도 그렇지만 자유를 찾아 이주하는 사람이 많다. 청교도들이 도착하여 세운 미국으로, 서구 유럽으로 이주하는 경우가 많다. 물론 법적 테두리 안에서 시도하기도 하지만 때때로 필그림처럼 법을 위반해 무단으로 국경을 넘는 경우도 많고, 불법체류자로 살아가는 사람도 많다.

　최근 한국으로 이주하는 사람도 늘고 있다. 그런데 더 나은 삶과 미래를 향한 사람들의 이주는 오늘날 사회적 논란꺼리다. 어떤 나라는 불법이주민들을 체포하고, 조사한 후 고향 땅으로 추방한다. 또 인권을 존중해 한시적 조치로 제한적인 수용을 하기도 한다. 신앙의 자유를 찾아 떠난 이들의 후손, 그들의 행위를 추앙하며, 그들의 신앙자세를 배우려는 우리는 어떤 입장이어야 할까? 선장의 태도가 아니라면 이주민, 망명객을 받아들인 네덜란드 사람일까? 우리시대 곱씹어야 할 주제다.

2) 필그림이 갇혔던 길드홀

필그림 선조들이 체포된 강가를 떠나 시내로 돌아왔다. 광장 한 쪽 커피숍에 앉아 차를 마신 후 필그림들이 갇혔던 길드홀(Guildhall)을 찾아 나섰다. 1260년대 지어진 길드홀은 한 그리스도교회 신앙공동체(St Mary)의 영향 속에 지어졌고, 상인과 무역인을 위한 건물로 사용되었다. 현재는 도시 관광안내소 및 박물관으로 운영되고 있었다. 그곳에 도착해 오래된 건물의 향취를 느끼며 1,2층에 전시된 전시물을 하나씩 살폈다.

첫 전시물은 길드홀의 초기 역사에 대한 설명이다. 그런데 이곳에 10여명의 수도사(중보기도자, Beadsman)들이 거주했다는 내용을 접했다. 정확한 내용은 알 수 없지만 세인트 메리 교구에 속한 신자들이 4명의 사제와 12명의 수도자를 고용했고, 이곳은 사역자들을 위한 공간이었다. 일종의 수도원인 것 같았다. 하지만 종교개혁 이후 수도사들이 떠났고 이후 무역 상인을 위한 공간으로 사용되었다. 바닷가와 가까운 보스턴은 당시 네덜란드를 오

필그림이 갇혔던 보스턴 길드 홀. 과거에 이곳은 수도사들의 공간이었다.

필그림이 갇힌 감옥은 비좁고 작은 침대가 있었다.

가는 무역상인 근거지 중 한 곳 이었다.

길드홀 감옥에 1607년 필그림 선조들 몇 명이 갇혔다. 이는 당시 길드홀에 시를 관장하는 치안판사가 머물기도 했고, 도심 내에 그들을 가둘만한 공간이 없었기 때문일 것이다. 체포된 사람들 중 여성과 어린이들은 석방되었고 회중의 지도자인 브루스터를 포함해 일곱 명의 지도자는 상급법원이 있는 링컨(Lincoln)에서 재판받기 위해 감옥에 수감되었다. 전시물에는 그들이 감옥에서 재판받는 장면을 묘사한 작품이 있었다. 브래드포드의 기록에 따르면 그들은 감옥에 갇혔지만 도시 판사는 그들을 정중하게 예우했고, 큰 어려움이 없이 생활할 수 있었다고 한다. 도시의 호의 속에 그들은 몇 개월 후 석방됐고, 다시 탈출을 시도한 끝에 1608년 네덜란드에 도착했다.

청교도와 관련된 청동작품과 그림, 관련 글을 살핀 후 그들이 갇혔던 감옥 문 앞에 섰다. 창살이 있는 감옥은 작고 좁았다. 감옥 규모를 볼 때 그들은 한 방에 두 명씩 갇힌 것 같다. 그들은 그곳에서 어떤 생각을 했을까. 신앙의 자유를 얻기 위해 당해야 하는 박해, 그것을 피해 새로운 곳을 찾아 떠나는 여정을 생각하며 하나님의 도우심, 새 길을 열어주시길 소망하며 기도했을 것이란 생각이 든다. 그런데 이들이 우호적인 대우를 받고 왜 일찍 풀려날 수 있었는지 파악할 수 있는 내용이 2층 전시실에 있었다. 도시의 시장을 비롯해 지도자 일부가 청교도 신앙에 우호적이었다는 것이다. 이들은 서신교환을 통하여 청교도 인물과 소통하고 있었다. 그래서 몇 년 후(1612년) 시의 중심교회인 세인트 보톨프 교회에 이름 있는 설교자요, 청교도인 존 코튼 목사가 부임할 수 있었을 것이다.

3) 청교도의 리더 존 코튼 목사와 세인트 보톨프교회

청교도 성직자인 존 코튼

길드홀의 무역에 관한 전시물과 옛 부엌 등을 둘러본 후 세인트 보톨프 교회(St Botolphs Church)를 찾았다. 이 교회는 600여 년 전 수도사인 세인트 보톨프가 설교한 후 교회를 세운데서 유래했다. 현재 교회는 첫 교회의 토대 위에 1300년대에 대성당으로 건축됐다. 교회의 탑은 82미터 높이로 인근 지역 사람들에게 보스턴을 상징하는 이정표로서 역할했다. 그런데 이 교회는 1602년 존 코튼(John Cotton)이 목사가 되면서 널리 알려지기 시작한다. 케임브리지 출신인 존 코튼 목사는 설교자로 명성을 얻고 있었고 일부의 우려에도 이 도시에 부임했다. 사역하는 동안 그의 설교와 행동에 문제를 제기하는 사람들이 있었지만 관할인 요크 대주교와 지역 유지들은 코튼을 보호했고, 그는 1630년대까지 사역을 계속할 수 있었다.

세인트 보톨프 교회

제6장_개혁된 영국교회를 꿈꾼 청교도 (1)

존 코튼이 설교했다는 설교단

교회 소개 자료에는 그가 부임한 시점에 만들어진 설교단과 그의 이름이 붙은 작은 예배실이 있었다. 제일 먼저 설교단을 찾았다. 무역을 통해 도시는 재정이 넉넉해졌고, 그들은 코튼의 좋은 설교를 통해 신앙심을 고취하려 했다. 그래서 그의 부임과 맞물려 이 설교단을 만들었을 가능성이 높다. 그런데 우리가 생각할 것은 코튼의 설교가 현대 목회자의 설교와는 결이 다르다는 점이다. 현대인의 시각에서 보면 그의 설교는 지루하고 듣기에 벅찰 정도다. 내용은 둘째로 하고 설교가 다섯 시간 가까이 진행됐다고 한다.(설교 중간 쉬는 시간도 있었으며, 항상 그런 것도 아니었을 것이다.)

아무리 종교개혁 이후 말씀이 중요시되고, 성서 내용을 바르게 전하는 것이 중요해도 다섯 시간 가까운 예배와 설교는 사람들을 지치게 했을 것이다. 그럼에도 사람들은 그의 설교를 들으려 교회를 찾았고, 설교를 통해 신앙의 변화, 삶의 변화를 일구어 나갔다. 현대 목회자는 조금만 길면 지루해하는 성도를 위해 재미있는 설교, 졸음이 달아나는 설교를 위해 노력한다. 다섯 시간 설교도 문제지만, 기법에 집착하는 설교도 문제가 있다. 본질에 충실하면서도 현대인의 정서와 문화를 고려한 설교를 고민하는 목회자들이 늘길 기대한다.

설교단을 벗어나 존 코튼 예배실을 찾았지만 닫혀 있었다. 수리를 위해 잠시 문을 닫은 것 같기도 하고, 창고 공간으로 사용하는 것 같다. 교회를 둘러보다 교회 역사의 주요장면이 담긴 스테인드글라스를 만났다. 그곳 한

쪽에 코튼이 1630년 미국 메사추세츠 만 정착지 개척을 위해 떠나는 이들을 배웅하는 장면을 만났다. 그 그림은 1630년대 청교도의 대규모 이주와 존 코튼의 관련성을 담은 내용이다.

청교도 출항과 코튼의 배웅을 담은 스테인드글라스

1620년 필그림 선조들은 신대륙으로 떠났고 플리머스 정착지를 설립했다. 그런데 이들은 100여명, 소수에 불과했다. 신앙의 자유를 향한 본격적인 신대륙 이주는 1630년대 시작됐다. 첫 이주민은 11척의 배에 700여명이 넘는 인원이 이주에 나섰다. 또 한 번에 끝나지 않고 매해 새로운 인원이 신대륙을 찾아 이주했고, 이들은 메사추세츠 만에 새로운 정착지를 개척, 새 도시를 일궜다. 이들은 나중에 고향 이름을 그대로 따서 '언덕 위에 도시'로 불리는 보스턴을 세웠다.

왜 대규모 이주가 일어났을까? 엘리자베스 1세와 제임스 1세 시기 성장한 청교도 신앙인들은 1625년 찰스 1세의 취임과 왕권신수설에 근거해 의회를 해산하는 독선적인 정치와 국가 운영에 실망했다. 특히 찰스는 왕의 교회 통치를 강조하고 주교제 중심의 통일적인 운영을 추구, 목회자에게 순응을 강요했다. 상당수 청교도들은 더 이상 왕에게 기대할 것이 없다고 판단했고 탄압 속에 살거나 분리주의자들처럼 영국을 떠나야 하는 선택에 내몰렸다.

이 시기 새로운 정착지를 만들기 위한 '메사추세츠 만 정착지' 회사가 세워졌다. 1629년 6월 정착지 개척을 위한 선발대 350명이 신대륙에 도착, 이들은 살렘(Salem)으로 불리는 곳에서 정착준비를 했다. 그리고 이듬해 1630

년 4월 존 윈스롭(John Winthrop)이 이끄는 아라벨라(Arabella) 호를 포함한 11척의 배로 구성한 대규모 이주민 함대가 출항했다. 이 배에는 모두 700여명의 청교도들이 승선했는데, 이들은 메사추세츠 만에 도착하여 새로운 정착지를 세웠다.

이 때부터 1641년 의회와 왕실의 전쟁(영국 내전)이 시작되기까지 대규모 이주민들이 신대륙을 향해 떠났다. 이 시기 대이동으로 8만여 명이 영국을 떠났는데 이들은 북아일랜드, 뉴잉글랜드(신대륙), 서인도제도(중남미), 네덜란드에 정착했다. 그리고 이들의 정신적 리더였던 코튼도 찰스 1세가 의회를 해산하고 종교적인 압력을 강화하면서 교회를 사임한 후 1633년 미국 메사추세츠 만 정착지로 향했다. 그리고 그곳에서 교회 지도자로서 새로운 도시 '보스턴' 건설에 참여했다. 신대륙에 정착한 이주민의 영적 지도자로 학문과 설교능력으로 널리 알려진 그는 '유일한 교회는 자율적이고 개별적인 회중이며 합법적인 상위교회 권력은 없다'는 입장, 즉 회중주의를 명확히 했다. 이 시기 그는 종교적 자유와 교회와 국가의 분리 등을 주장한 침례교 로저 윌리암스나 반율법주의, 가족주의 입장을 비롯해 다양한 신앙적 흐름에 맞서 신대륙의 신앙 기초를 놓는 일에 힘썼다. 물론 신대륙은 영국에서 건너온 많은 다양한 신앙적 흐름, 즉 회중주의, 침례교회, 가톨릭교회, 영국국교회(성공회), 재세례파 등이 정착했고 각기 자신의 신앙공동체를 만들며 터잡았고, 이런 흐름은 후대에 '자유의 나라' 미국의 이미지를 만들게 되었다.

존 코튼을 그린 그림 옆 두 인물이 관심이 갔다. 한 사람은 코튼의 후임이 된 안토니 터크니(Antoony Tuckney)다. 그는 보스턴 도시 설교자로 있다가 코튼을 뒤이어 사제가 됐다. 그런데 그는 청교도로서, 나중에 웨스트민스터 회의에서 중요한 역할을 했다. 그는 1634년 교회 2층에 도서관을 만들었는데, 이 도서관 개관에 대한 이야기가 그곳에 담겨 있었다. 그런데 그 이야기 속에 켄터베리 대주교 로드(Laud)가 등장했다. 아마도 대주교의 지원으로 도서관이 만들어졌기 때문으로 보인다. 로드는 찰스 1세 시기 영국 국교회 내에 고교회 입장을 강조한 인물이며 스코틀랜드에 국교회를 강요했고 장로교 탄압에 나선 일등 공신이다. 또 교회의 통일성을 추구하면서 비순응파인 청교도를 탄압했다. 어쩌면 코튼이 신대륙으로 이주를 결정한 배경에는 로드의 대주교 임명에 대한 실망과 이어진 탄압도 있었을 것이다. 그런 점에서 코튼의 신대륙 이주 그림과 도서관 개소 그림은 묘한 대비로 느껴졌다.

4) 몽크스트롭의 침례교회 비밀예배당

보스턴 방문을 계획하면서 꼭 한 곳을 들려야겠다고 마음 품은 곳이 있었다. 그곳은 몽크스트롭(Monksthrope)이라는 곳에 있는 1700년경에 세워진 침례교 예배당이다. 침례교회는 일반적으로 '세례'가 아니라 '침례'를 행하는 것으로 생각하지만 이는 형식적인 구분이며, 본질적으로는 '유아세례를 반대하고 신자 본인의 신앙고백을 근거로 침례를 행하는 교회'이다. 또한 신자들(회중)에 의해 교회의 지도자를 선출하고, 운영하며, 개별교회가 자율성을 갖고 동등한 위치에서 지역별, 국가별 협의회를 운영하는 형태라 할 수 있다. 이러한 침례교회의 흐름은 1608년 네덜란드 영국인 공동체에서 시작되었고, 영국과 미국으로 확산되었으며 한국에도 전해졌다. 이런 흐름을 알기에 침례교회 초기의 역사와 모습을 간직한 침례교회가 이곳에 있음을 알게 되면서 이곳을 찾으려 한 것이다.

보스턴을 떠나 1700년경 세워진 침례교 예배당을 찾아 나섰다. 교회는 아주 작은 시골마을에 있는데 보스턴에서 버스로 1시간여 이동한 후 다시 시골버스로 갈아타고 20여분 달렸다. 들판 숲속에 숨겨진 예배당은 인근에 인가가 없고 인근 내셔널 트러스트 기관에서 열쇠를 관리하고 있다는 이야기를 들었다. 그곳을 찾아 직원에게 문의했다. 하지만 직원은 특별한 행사가 있지 않으면 열쇠를 내어주지 않는다고 했고, 창문을 통해 볼 수 있다는 말로 안내를 대신했다. 그 말을 의지해 신발과 가방끈을 조이고 걷기 시작했다.

사실 침례교회를 언급하면 사람들은 대륙 종교개혁 과정에서 발생된 스위스 형제단(재세례파)을 떠올리는 사람이 많다. 신자의 세례나 초기에 재세례를 행한 점, 성도간의 평등성을 강조한 점 등이 비슷하기 때문이다. 개인적으로 대륙 종교개혁을 공부하며 가톨릭과 종교개혁진영으로부터 탄압받은 재세례파에 애정이 갔다. '재세례'라는 말이 주는 느낌과 나중에는 '천년왕국'을 주장했던 뮌스터 재세례파 비극 때문에 부정적인 시각이 있었다. 하지만 이들은 '본인의 신앙고백이 없는 유아세례는 유효한 세례가 아니라는 신념'으로 '재세례'를 행한 것이다. 이러한 재세례파의 흐름은 스위스에서 라인강의 흐름을 따라 퍼졌고 개혁 시기 영국 땅에도 전파됐다.

어떤 이는 부인하지만 침례교회는 재세례파의 영향을 받았음이 역사적으로 확인된다. 네덜란드로 망명한 게인즈버러 공동체 사람들은 재세례파와 교류했고, 그들로부터 영향을 받았다. 그들의 영향으로 존 스미스 목사와 토마스 헬위스는 '교회 회원은 신자들로 이뤄지며, 세례는 유아가 아니라 신앙고백을 담은, 즉 신자를 위한 것'이라고 생각했다. 이들은 1609년 1월 스미스가 스스로에게 세례를 준 후 헬위스를 시작으로 구성원들에게 세례를 베푼다. 그런데 얼마 후 스미스는 자신의 행동에 대해 갈등했고, 메노파 성직자에게 믿음의 세례를 다시 받았다. 이 문제로 헬위스와 10여명의 성도들은 스미스와 갈라서며 27개 조항의 신앙고백(1611)을 바탕으로 독립적인 공동체가 됐다. 이들은 해외로 이주한 것이 잘못된 것이라 생각했고 1613년 영국으로 돌아와 런던 스피탈필드(Spitalfield)에 영국 최초로 침례교 회중교회를 설립했다.

비슷하지만 좀 다른 입장의 침례교회로, 칼빈주의 입장의 침례교회(Paticular Baptistsm, 특수침례교회)로 불리는 그룹이 1640년대 등장한다. 이 모임은 헨리 제이콥(Henry Jacob, 1563~1624)이 목회를 시작한 제일 회중교회(Jacob-Lothropp-Jessey church, The First Congregational church)에서 시작됐다. 런던 남부(서더크)에 설립된 이 교회는 1640년대 일곱 개 교회가 됐고, 1644년 첫 신앙고백(런던신앙고백, 정식 명칭은 '부당하게 재침례파로 오인된 일곱 교회의 신앙고백, A Confession of Faith of Seven congregations')을 발표했다. 내용에는 '유아세례 반대'와 '믿음을 공개적으로 고백하는 이들에게 베푸는 세례(신자의 세례, Believer's Baptism)'을 담았다. 그런데 이 교회는 1642년 침수, 즉 온 몸을 물에 담그는 것이 세례를 집행하는 올바른 방식이라고 선언하고 침례를 거행하기 시작했다.

중간에 짧은 숲길로 걸었다가 철망을 만나 우회해야 했다. 옆으로 차가 지나갈 때마다 손을 들어 히치하이킹을 하려는 마음도 일었지만 단념하고 걷고 또 걸었다. 태양이 따갑게 내려쬐는 날씨로 더욱 힘든 길이었다. 그렇게 걷는 순례의 고통은 1시간 가까이 지나 숲속에 숨겨진 비밀예배당을 만나면서 사라졌다. 농가 주택 같은 교회는 옆에 작은 창고가 있었고, 예배당 문에는 1701년 이곳에 침례교회 예배당이 세워졌다는 알림패가 있었다. 장식 없는 투명 창문을 통해 교회 내부가 한 눈에 들어왔다. 과거 시골 교회처럼 설교단과 회중을 위한 장의자가 놓여 있었다.

마을도, 민가도 없는 곳에 예배당이 세워진 것이 믿기지 않았다. 하지만 인근 몇 개 마을에서 오는 회중이 함께 모일 수 있도록 중간에 건물을 지

몽크스트롭 침례교회는 숲 속에 숨겨진 교회로 1701년 세워졌다.

은 것 같았다. 아마도 성도들은 논과 밭으로 일하러 가거나 잠시 마실 나가는 모습으로 교회에 왔고, 그곳에서 설교를 들으면서 신앙생활을 일구었다. 1600년대 말 관용법으로 비국교도들에게도 종교의 자유가 주어졌다고는 하지만 눈에 보이지 않는 탄압까지 없어진 것은 아니었다. 그런 점에서 이곳 예배당은 공식적인 침례교회이긴 했지만 일정한 비밀이 유지되었을 것이다.

교회를 둘러본 후 마치 쓰레기장 같은 모습의 침례탕도 볼 수 있었다. 교회 옆으로 작은 시내가 흐르는데 그 곳 한 쪽에 벽돌로 만든 계단과 탕이 있었다. 시내를 흐르는 물은 잠시 흐름을 멈추고 이곳으로 모였고, 교인들은 이곳에서 새 신자를 환영하는 침례를 행했을 것이다. 내부 자료를 볼 수 없었기에 정확히 언제부터 언제까지 공동체가 활동했는지는 불분명하다. 그럼에도 이 교회는 한 세기 가까이 자신의 역할을 충실히 수행했을 것이라 생각된다. 주변에 교회 개척 이후로 보이는 무덤들이 있었기 때문이다. 홀가분한 마음으로 그곳을 나서며 교회당 출입문 앞에서 잠시 고개를 숙였다.

"오랜 옛 침례교회당을 마주하고 종교적 통일성과 자율성을 생각하게 하신 것을 감사합니다. 지상의 교회가 하나님의 교회로서, 하나의 교회여야 하는 것은 분명한 사실입니다. 인간이 자신들의 판단과 생각으로 하나를 수십 개로, 수백 개로 만들었습니다. 그런 분열 가운데 다양성 속에서 일치를 찾게 하시고, 서로를 관용하고 하나 되게 하실 것임을 믿습니다. 자율적으로 운영하며 하나의 통일성을 만드는 길을 깊이 성찰하게 하시고 좋은 방향으로 결실 맺도록 우리를 인도하여 주옵소서. 아멘."

런던으로 돌아오면서 침례교회 역사를 생각했다. 처음 영국의 침례교회는 재세례파의 흐름 속에 있었던 신앙공동체를 배경으로, 또 청교도 입장의 그룹 중 분

몽크스트롭 침례교회의 침례탕

리주의를 배경으로 네덜란드에서 형성되었고, 토마스 헬위스 등이 런던에서 시작했다. 웨스트민스터 신앙고백 작성과정에 참여한 그룹(독립파 대표 7명)의 일부는 장로교회와 대비되어 회중주의와 유아세례 반대, 신자의 세례, 침례 방식 등으로 침례교회로 자리매김 되었다.

이들은 1644년 1차 런던 신앙고백을 발표했고, 장로파 중심의 이의를 제기하며 청교도 정부의 지원 속에 1658년 사보이 궁전에 모여 사보이 신앙고백(The Savoy Declaration)을 발표했다. 이 고백 작성자는 존 오웬(John Owen, 1616~1683)과 토마스 굿윈(Thomas Goodwin)으로, 이들은 웨스트민스터 신앙고백을 바탕으로 교회정치에 대한 부분을 재검토, 수정했다. 이들은 장로제가 사실상 주교제(감독주의)의 온건한 형태로, 크게 다르지 않으며, 그리스도를 머리로 하는 교회로 개혁해야 한다고 주장했다. 이 입장에는 120개 교회가 서명하며 지지를 나타냈다. 회중주의적 입장과 함께하던 침례교인들은 1677년 새 신앙고백을 준비(1689년 공식 발표, 제2차 런던 신앙고백)했고, 관

용령이 발표된 이후 영국 전역과 웨일스에서 온 100여개 넘는 교회 대표들이 채택했다. 그렇게 침례교회는 영국 땅에 자리매김되었다.

5. 필그림이 머문 땅 끝 항구, 플리머스

런던으로 돌아온 후 밤 버스를 타고 주일 아침 6시 플리머스(Plymorth)에 도착했다. 플리머스는 영국의 남서쪽 끝에 위치한 항구도시로, 런던에서 350킬로 떨어져 있으며 차로 여섯 시간 가까이 달려야 도착할 수 있다. 이 도시는 1620년 네덜란드로 망명했던 필그림 선조들이 메이플라워호를 타고 북아메리카 신대륙으로 향한 마지막 영국 땅이다. 도시가 깨어나기 전 그들이 떠난 항구로 나왔고 옛 항구의 거리를 거닐며 스크루비와 게인즈버러에서 형성된 회중이 네덜란드를 거쳐 신대륙 미국으로 떠난 과정을 다시 생각했다.

1) 신대륙 개척과 네덜란드 회중의 꿈

잉글랜드 중북부에서 1605년경 형성된 '분리주의'(독립교회) 회중은 1608년 두 차례 시도 끝에 네덜란드 망명에 성공했다. 암스테르담에 머물던 그들은 라이덴(Leiden)에 이동, 그곳에 정착했다. 이 때 그들을 이끈 목사는 존 로빈슨이었고, 장로는 브루스터였다. 하지만 종교적 자유가 있는 네덜란드의 삶은 경제적인 면에서 어려움이 컸다. 여기에 자녀들이 자라면서 네덜란드의 언어와 문화에 동화되었다. 청교도 입장인 이들은 주일을 온전히 지켜야 하기 때문에 기도하며 조용하게 보냈지만 당시 네덜란드 사람들은 '먹고, 마시고, 즐기는 날'이었다. 다가오는 네덜란드와 스페인 전쟁(네덜란드 독립전쟁)은 난민의 처지를 더욱 힘들게 만들 수 있었다. 결국 그들은 새롭게

플리머스 항구에는 과거 필그림이 탄 메이플라워와 스피드웰이 정박했다.

개척되던 뉴잉글랜드(신대륙)로 이주를 결정하고, 그 첫 선발대로서 브루스터 장로를 대표로 한 일단의 사람들을 보내기로 결정했다.

'콜롬버스의 신대륙 발견'으로 유럽 사회에 알려지기 시작한 땅은 16세기 중반부터 스페인이 탐험과 현지 정착지 건설에 나섰다. 영국도 엘리자베스 여왕 시절 이 일에 참여했고, 이후 스페인의 무적함대를 대파한 힘으로 신대륙 개척을 주도하기 시작했다. 영국의 북아메리카 정착지 개척의 첫 사례는 1584년 개척자들을 파견해 시도한 버지니아 지역 정착지 건설이다. 하지만 '로어노크 섬'에 세워진 첫 정착지는 실패했다.

본격적인 영국의 정착지 개척은 제임스 1세가 1603년 잉글랜드와 스코틀랜드 등을 아우르는 왕이 되면서 시작되었다. '새로운 왕'은 '새로운 땅'을 개척하기 원했고 새 땅(뉴잉글랜드) 건설을 위한 왕실 허가를 내어주었다. 그렇게 설립된 회사들이 런던과 플리머스 회사다. 이들은 재정을 모아 주식회사를 설립하고 신대륙에 정착민을 보내 개척한 후 이곳에서 얻은 수익을 분배하는 방식을 꿈꿨다. 플리머스 회사가 1607년 포햄(Popham) 정착지를, 런던 회사가 1607년 제임스타운(Jamestown)을 설립했다. 포햄은 실패했지만 제임스타운은 어려운 상황에도 정착이 이뤄졌고, 1620년경에는 1000여명이 넘는 주민을 가진 도시가 됐다. 도시의 성공에는 현지에서 재배한 담배가 품질이 좋아 영국에서 인기를 끌었고, 무역으로 투자자들에게 이익을 주었기 때문이다. 제임스 타운과 새 땅에 관한 책이 인기를 얻었고 현지 원주민 출신인 포카혼타스의 영국 방문은 사람들에게 환상을 심었다. 네덜란드로 망명했던 영국 사람들도 고단한 일상 속 새 소망을 품게 됐고 신대륙으로 이주를 결정했다.

원래 정착지를 표현하는 영어 단어는 'Colony'이다. 한국은 이 단어를 식민지로 번역한다. 하지만 신대륙에 이 단어는 맞지 않다. 우리에게 식민지는 일본제국주의의 한반도 지배와 통치 형태를 의미하기 때문이다. 물론 신대륙으로 이주한 유럽인-영국, 프랑스, 네덜란드, 스페인과 포르투갈-들이 원주민의 땅을 빼앗고 지배하고 통치했다는 점에서 식민지로 표현할 수도 있다. 그러나 초기 신대륙으로 이주한 이들은 새로운 삶을 찾아 떠나 온 '정착민' 이었고 그들이 개척한 마을은 이주민들의 '정착지'로 보아야 한다.

존 로빈슨 목사가 이끄는 라이덴의 영국인 회중(교회)은 1617년부터 신대륙 이주를 생각했고, 준비를 시작한다. 영국으로 교회 집사를 보내 런던 회사와 자금과 지원 등에 관한 협약을 작성했다. 네덜란드의 회중은 델프트(Delft) 항구에서 간단한 예식을 가진 후 스피드웰(Speedwell) 이라는 배에 올랐다. 당시 출항에 대해 브래드포드는 이렇게 설명한다. "서로 포옹하고 많은 눈물을 흘렸으며 서로에게 작별인사를 했다.…그들은 자신들이 순례자라는 것을 알았고(they knew they were pilgrims) 그것을 별로 신경쓰지 않았다. 그러나 가장 사랑하는 조국인 하늘을 바라보며 마음을 달랬다."

필그림은 네덜란드에서 스피드웰 호를 타고 출발했고, 영국에서 모집된 이주민과 보급품을 실은 메이플라워 호(Mayflower)는 1620년 8월 런던에서 출발했다. 이들은 남쪽 항구도시 사우스햄프턴에서 만났고 신대륙을 향해 함께 항해했다. 하지만 스피드웰 호가 물이 세면서 다트머스에 정착했고, 수리한 후 다시 출항하여 300 마일 정도 대서양을 항해했다가 문제가 생겨 영국으로 돌아왔다. 그렇게 두 배는 플리머스에 도착했고 수리를 위해 1주일 정도 머물렀다. 하지만 스피드웰은 더 이상 여행이 어렵다고 결정했고, 메이플라워 단독으로 신대륙으로 떠나기로 한다.

플리머스 항구 벽화 지도

스피드웰에 있었던 일부 순례자의 선조들은 여정을 포기해야만 했다(수용인원의 한계 등 18명 귀환).

이른 아침 옛 시내를 거닌다. 메이플라워 400주년(2020)년에 새롭게 만들어진 필그림 루트를 따라 배가 정착했다는 바비칸과 서튼(Sutton) 항구(내항), Quay road, Looe Street(옛 거리), Merchants House(상공회의소), 그리고 동시대 건물인 플리머스 진(Plymouth Gin) 등을 살폈다. 400여 년 전 플리머스는 지금보다는 작았고 어부들이 생활하는 항구 중심 도시였다. 주일 아침 이른 시간이라 사람들이 없어 천천히 거닐며 1시간여 여러 생각을 할 수 있었고 찻집에서 빵과 커피로 아침식사를 했다.

2) 메이플라워 기념 조형물

스피드웰의 문제에 대해 일부는 선원의 태업 때문이라고도 하고, 원래부터 스피드웰은 네델란드와 영국을 오가는 작은 규모의 배기 때문에 대양을 건너는데 어려움이 있었다는 의견도 있다. 어떻든 영국에서 신대륙으로 가기 위한 상선으로 규모가 큰 메이플라워호는 102명의 승객과 30여명의

메이플라워 출항 기념 조형물

선원을 태우고 1620년 11월 6일 홀로 플리머스를 떠난다. 메이플라워호에 승선한 102명의 정착민 중에는 51명 남성, 18명 여성, 어린이가 33명(남 22, 여 11)이다. 이들 중 19명이 가족단위였고, 일부는 하인들이었으며, 개도 2마리 있었다고 한다. 또한 필그림 공동체에 속한 사람이 41명, 하인을 포함하면 53명이고 런던 상인에 의해 모집된 사람이 40명(하인 5명), 1년 고용된 이들이 5명이다. 승선자의 인원 차이가 있는 것은 배에서 필그림 1명이 죽고 아이 한 명이 태어났기 때문이다. 스피드웰을 수리하는 동안 승객들은 잠시 배 밖으로 나왔고, 시내 어딘가에 머물렀을 수 있다. 그들이 거닐었을 옛 시내, 그 시기 건물들을 다시 살핀다.

도심을 거닌 후 마지막에 선 곳은 항구 끝자락에 있는 '메이플라워 걸음 기념비'(Mayflower Steps Memorial)이다. 바비칸의 끝자락 내항(배가 정박하는 항)과 외항이 구분되는 지점에 세워진 기념비는 출입문 같은 형태로 만든 조형물이다. 메이플라워 300주년 시점인 1930년대에 세워진 기념비는 문을 통해 102명의 승객들이 신대륙을 향해 발걸음을 내딛었음을 상징한다. 기념비 옆 벽에는 여러 청동판이 붙어 있었다. 그곳에는 메이플라워 300년, 350년, 400주년 등을 기념한 것도 있었고 인근에서 발생된 다른 사건 추모 명판도 있었다. 기념문 앞에 자리를 잡고 앉아 남겨진 사람들의 배웅을 받으며 떠난 그날을 떠올렸다.

당시 대서양은 거칠었고 위험했다. 큰 상선이라고 하지만 배 한척의 단독 여정은 힘이 들고 출발이 다소 지연되면서 늦가을 변덕이 심한 날씨를 맞닥뜨려야 했다. 플리머스 항구에서 어업으로 생계를 꾸리는 사람들은 이를 걱정스럽게 바라봤을 것이다. 일부 어부들은 신대륙 동부 해안까지 물고기를 잡으러 갔었기에 더 그러했을 것이다. 어부와 함께 그들을 배웅하는 스피드웰 선원과 18명의 라이덴 공동체 가족들도 이들의 안전을 걱정하기는 마찬가지였다. 비록 꿈을 찾는 여정이 좌절됐지만 다음에 다른 일행과 함께 떠날 것을 결심하며 그들은 향해 손을 흔들며 배웅했다. 메이플라워는 그렇게 3000마일 떨어진 신대륙을 향해 나아간다.

배에서 생활은 우리가 아는 것이 별로 없다. 브래드포드가 쓴 '플리머스 플랜테이션'에는 "9월 6일 플리머스를 출항했고 … 거친 폭풍 속에서 많은 어려움을 겪은 후 마침내 신의 섭리로 11월 9일 새벽녘 케이프 코드로 생각되는 땅을 발견했다."(Wednesday, the sixth of September we loosed from Plymouth … and after many difficulties in boisterous storms, at length, by God's providence, upon the ninth of November following, by break of the day we espied land which was deemed to be Cape Cod,)는 내용이 기록되었다. 두 달의 대서양 항해가 결코 쉽지 않았지만 브래드포드는 '거친 폭풍'과 '많은 어려움'으로 압축해 표현했다. 그리고 '신의 섭리'로 신대륙에 도착할 수 있었음을 고백했다. 실제로 그러했다. 노련하고 경험있는 승무원이 있었지만 선장과 메이플라워는 신대륙을 처음 운항(노르웨이, 프랑스, 스페인, 독일 함부르크 등 운항)했기에 두려움이 없었다면 거짓말이다. 거기다 출항 자체가 늦어졌고 늦가을 바다는 위험할 수 있었기 때문이다. 그러나 큰 사고없이 메이플라워는 신대륙에 도착할 수 있었다. 날이 밝아오고 땅을 본 사람들은 '좋은 땅과 바다가 보이는 숲 등에서 큰 위로를 받았고 함께 기뻐했고, 하나님을 찬양했다.'(And the appearance of it much comforted us, especially seeing so goodly a land, and wooded to the brink of the sea. It caused us to rejoice together, and praise God that had given us once again to see land.)

3) 메이플라워 박물관에서

플리머스 핵심 방문지인 메이플라워 박물관(Mayflower Museum)에 들어섰다. 3층으로 된 박물관은 최근 리모델링을 했고 메이플라워 회중들이 영국 교회에서 분리된 역사부터 네덜란드 망명, 메이플라워를 타고 미국에 도착하기 까지, 그리고 이후 정착, 오늘날 후손의 모습까지 종합적으로 알려주고 있었다. 무엇보다 3층에서 시작해 1층으로 이동하며 전시물을 만날 수 있는 방식이 좋았다.

3층에 올라 플리머스 항구와 메이플라워가 출항한 장소를 조망했다. 양쪽에 있는 육지를 따라 물길이 형성되어 항구(내항)는 큰 파도 없이 오랫동안 배들이 정박할 수 있었다. 그곳에 머물며 배를 점검한 메이플라워는 대서양을 건너는 항해를 시작했다. 당시 배들은 대부분 돛단배로 북해에서 불어오는 바람을 이용해 신대륙으로 나아갔다. 이미 뱃길은 많은 배들이 오갔고 별자리를 보며 나아가는 선원들에겐 어려운 항로는 아니었다. 그러나 예기치 못한 바람과 폭풍우는 메이플라워만으로 감당하긴 쉽지 않았다. 그런 이유로 첫 전시물에선 대서양을 건너는 여행의 어려움이 소개되고 있었다.

또한 박물관은 '400여 년간 문화적 충돌이 있었고, 전쟁과 분쟁이 있었으며, (유럽인에 의한) 식민지화는 아메리카 원주민 공동체를 파괴했고, 공유된 역사가 두 공동체를 연결하고 있다'는 말로 후세대가 성찰할 내용을 제시했다. 이어 메이플라워를 받아준 원주민의 후손, 메이플라워 이주민 후손의 사진이 전시되어 있었다. 전시물과 함께 적힌 글에는 '102명 중 50여명이 살아남았지만 그들의 후손을 포함해 이들과 연결된 사람들이 3천만 명에 이른다'는 문구가 있었다. 그 옆으로 '수세기에 걸쳐 영국에 의한 미국 식민지화는 질병, 전쟁, 극적인 변화를 대륙에 가져왔고, 원주민 인구와 그들의 삶의 방

메이플라워 박물관 첫 전시.
원주민들과 메이플라워 후손들.

식을 파괴했다'면서 '오늘날 메이플라워 승객을 만나 생존을 가능케 도왔던 왐파노아그(Wampanoag) 원주민의 후손은 오늘날 5000여명이 있다'는 말로 고통스러운 유산을 소개했다. "뭐, 이런 박물관이 다 있나?"라는 생각이 들 정도다. 처음 원주민은 그 수를 헤아릴 수 없을 정도로 많았고 이주민은 100여명에 불과했다. 하지만 지금 원주민 후손은 5천명이 된 반면 이주민 후손은 3천 만 명에 이른다. 이주민이 만들어버린 파괴다. 박물관은 원주민의 고통과 아픔에 대해 먼저 이해한 후 메이플라워의 여정을 생각해 주길 당부하고 있었다.

"They(English settlers) were not the first to create colonies in America, nor were they the last"(그들은 미국에 정착지를 만든 최초의 사람도 아니고 마지막도 아니었다.)라는 문구도 있었다. 왜냐하면 그곳에 원주민, 왐파노아그를 비롯한 많은 부족들이 자유롭게 살아가고 있었기 때문이다. 물론 그들이 마지막도 아니다. 미국에는 그들을 이어 아시아와 남미 이주민들이 들어갔고, 지금도 이주는 계속되고 있다. 그런데 새 땅의 주인이 된 미국인들 일부는 선조들이 유럽서 온 이주민이었음을 잊어버리고 'America First'(미국 우선, 순수 미

메이플라워 박물관 내부 전시

국인 우선)을 외치며 새 이주민을 막는 장벽을 쌓고 있다. 원래 주인도 아니면서 그렇게 한다. 그들은 자신들을 환영하며 굶주리던 그들에게 먹을 것을 주었던 원주민을 기억하면서도 그런 이율배반 행동을 한다.

그곳에서 여러 생각을 한 후 메이플라워 여정을 따라 나섰다. 1492년 콜럼버스에 의해 신대륙이 발견된 때부터 메이플라워가 항해에 나서기까지 사건이 소개되고 있다. 영국인들에게 '모험의 시대', '개척의 시대'라 부를만한 때다. 그곳에 살던 원주민들의 삶과 각 지역을 대표하는 주요 부족의 이름도 있었다. 메이플라워가 상륙한 해안가에는 왐파노아그로 불리는 원주민들이 있었는데, 이들의 영토 한 곁에 이방민족, 영국인 정착지를 건설하도록 허락했다. 로어노크(Roanoke), 제임스타운(Jamestown), 버뮤다(Bermuda), 포햄(Popham) 등의 개척지와 메이플라워에 탔던 필그림 선조들이 세운 새 정착지 플리머스(New Plymorth) 개척 역사도 있었다.

전시 한 곁에 'Tertle Island(거북 섬)'이라는 짧은 영상이 있었다. 무엇을 전하려는지 불분명했지만 섬의 이름과 많은 부분이 물속에 담긴 거대한 빙산과 겹쳐 있었다. 당시 영국인들의 정착지는 신대륙의 매우 작은 부분이다.(1770년대 발생한 미국 독립전쟁 당시 13개 식민지는 모두 신대륙 동부 해안가에 한정되어 있었다. 오늘날의 미국이 형성된 것은 캘리포니아 금광 발견과 이어진 서부개척 시대, 원주민 학살과 점령을 통해서다.) 마치 바다거북의 등에 있는 섬처럼, 빙산의 일각처럼 작았다. 그런데 청교도들이 뒤를 이었고, 이후 더 많은 유럽인이 자유와 번영을 꿈꾸며 신대륙으로 나아왔고, 나중에 미국이라는 나라가 만들어진 것이다. 그래서 미국의 정치, 사회, 종교 지도자들은 메이플라워와 필그림 선조들이 자신들의 시작이요, 자유와 번영이 그들의 배경 이념이라고 생각하는 것이다. 틀린 말은 아니다. 그러나 시작은 '신앙의 자유'였을지 모르지만 황금 발견 등을 모티브로 한 서부 개척, 원주민 학살과 원주민 거주구역(Indian reservation, 유대인 게토와 동일하다) 설치 등 자신들의 이익을 위해 인권을 억압하고 탄압했던 것 또한 미국의 본 모습이다. 그것이 오늘날 미국의 역사와 사회에 모두 녹아 있다.

다음 전시실에서 제임스 1세와 신대륙 개발, 그리고 메이플라워의 이야기를 자세히 만날 수 있었다. '새 왕, 그리고 신세계'(A new King and news worlds)라는 말이 이곳의 시작을 알렸다. '진실한 교회'라는 큰 주제 아래 네덜란드 탈출 시도와 그곳의 삶이 '자유를 향한 돌진(Break for Freedom)'이라는 제목 아래 소개되었다. 메이플라워와 스피드웰, 두 척의 배와 여정이 일정별로 자세히 언급되고 있었다. 글을 보다가 율리우스력과 그레고리력의 차이를 자세히 알게 됐다. 박물관은 배의 운행 일정을 율리우스력으로 소개하겠다는 것이다. 이는 영국이 1752년 9월 그레고리력을 채택했고, 기존 날짜 9월 3일이 14일이 된다. 11일이 갑자기 더해진 것이다. 아마도 이런 점을 고려한 배려인 것 같다. 메이플라워호는 1620년 9월 6일 플리머스를 출항했고, 66일간의 항해를 거쳐 미국 케이프코트의 프로빈스 항구에 11월 11일 도착했다. 이곳에서 겨울을 난 그들은 이듬해 3월 21일 플리머스 해안으로 이동해 정착했고, 4월 5일 메이플라워호는 잉글랜드로 되돌아갔다.

다음은 신대륙 도착 후 선내의 생활을 소개한 전시공간으로 배 내부와 선실에서의 생활, 삶과 죽음에 대한 내용 등이 언급되고 있었다. 신대륙에 도착해 선발대가 작은 배로 하선하여 정착지를 찾는 과정, 정착지 장소를 정한 후 종교의 자유를 찾아 온 필그림과 새 삶을 꿈꾼 이주민이 함께 서명한 '메이플라워 서약(Mayflower Compact)' 체결 내용도 볼 수 있었다. 메이플라워 서약에는 41명이 참여하는데 모두 남성이다. 이들 중 필그림에 속한 사람이 16명, 신대륙에서 미래를 꿈꾼 개척자들이 17명으로, 이들은 가족을 대신해 서명에 참여했다. 또 1년 계약직(기술을 가진 이들은 주택 건축과 정착을 돕는 사람들이었을 것이다.)인 3명, 하인 중 성인 4명도 참여했다.

메이플라워 서약

서명 내용은 '왕에 대한 충성서약'과 함께 '개척지에서 질서와 유지를 촉진하기 위해 하나님과 서로 앞에 엄숙하게 서로 계약하며, 민간 정치체제를 결성할 것'을 언급하고 있다. 또 '정착지의 사정에 가장 잘 맞는 정당하고 평등한 법률과 조례, 헌법이나 직책을 만들고, 이에 모두 순종할 것을 약속'하는 내용도 담았다. 이는 일종의 사회계약으로, 신대륙으로 온 두개 성향의 사람들이 하나의 질서아래 생활하려는 의지를 담은 것이다. 또한 단일 리더십을 가진 필그림이 다른 사람들로부터 인정받았고 이런 배경 속에 필그림 출신인 존 카버와 윌리엄 브래드포드가 플리머스의 지도자(governor, 주지사)로, 브루스터가 종교지도자로 역할할 수 있었다.

그러나 첫 겨울은 정착민들에게 고통의 세월이 되었다. 102명 중 44명이 죽었다. 메이플라워 선원들 또한 봄이 되면서 4월 초 50여명을 남기고 영국으로 출항했다. 어쩌면 남은 사람들도 배에 승선하여 잉글랜드로 돌아가려 했을 수 있다. 정착지를 찾으며 배에서 보낸 겨울은 추위와 부족한 식량(메이플라워호 한 척에는 충분한 식량을 싣는 것이 한계가 있었다.)으로 견디기 힘든 상황이었다. 다행히 따뜻한 봄 날씨와 함께 플리머스 정착지가 그들의 눈에 희망을 주었기

메이플라워 승선자들에 대한 소개

때문에 그들은 남았다. 그렇게 필그림 선조들은 자신들의 신앙과 미래를 기대하며 그곳 정착지를 일군다.

 원주민과 플리머스 개척자의 접촉은 봄에 이뤄졌다. 신대륙에 온 어부들로부터 영어를 배운 한 원주민이 정착지를 방문해 대화했고, 그의 안내로 3월 왐파노아그 원주민 60여명이 정착지를 찾았다. 그들은 몇 가지 사항을 합의하는데 상대방을 해치지 않을 것, 훔친 물건을 돌려주고 범죄 한 사람은 형벌을 받기 위해 동족에게 보내지며, 전쟁이 일어나면 서로를 도울 것 등이다. 그 만남을 시작으로 이주민은 원주민들의 도움으로 작물을 심고 수확하게 되었고, 옥수수를 심는 곳과 청어를 잡는 방법도 배웠다. 여름이 끝날 무렵 정착민들은 농작물을 수확했다. 첫 해 한 두 채의 건물(공공주택)만 지었던 그들은 배가 떠날 즈음 모든 주민이 거주할 수 있는 시설(7척의 집과 4채의 공공건물)을 완공했다. 날씨와 식단의 개선, 환경의 변화로 인해 건강이 회복된 주민들은 원주민들이 참석한 가운데 3일간의 감사축제(Tanksgiving)로 성공적인 첫 수확의 감격을 나누게 되었다. 그해 말 두 번째 배가 플리머스에 도착하고, 37명이 새롭게 정착하면서 식량부족 상황도 우려됐지만 이들의 도착은 새로운 활력을 정착지에 불어넣었다.

 사람들은 플리머스 정착지가 오랜 기간 고립되었을 것이라 느끼지만 매

년 어업을 위해, 인근에 오는 정착민 방문으로 고립된 생활은 아니었다. 하지만 네덜란드 라이덴의 신앙공동체 성도들의 일부 개별적 이주는 있었지만 처음 계획했던 전체 성도 이주는 이뤄지지 못했다. 1625년 존 로빈슨 목사가 사망하면서 이주에 대한 추진력이 약화되었기 때문일 것이다. 하지만 그들은 대신해 1630년 1000여명에 이르는 청교도들이 대규모 선단을 이끌고 매사추세츠 해안가에 정착지를 건설하면서 신대륙은 보다 안정적인 모습을 갖추었다. 제임스타운에 이어 플리머스 정착지가 성공적으로 자리 잡으면서 가능해 진 일이다.

박물관 1층 메이플라워 호 모형 주변에는 잊힌 필그림 선조들의 이야기가 역사 속 다시 주목을 받기 시작한 과정과 새로운 전설로 아로새겨진 과정이 소개되었다. 미국의 독립전쟁과 이후 서부개척 상황이 필그림의 이야기, 청교도의 이주 이야기를 부각시킨 것이다. 정치적, 사회적 필요에 맞물려 필그림 선조들이 가진 개척정신, 도전 정신이 곧 자신들의 정신인양 서부개척 시대에 불어 넣어진 것이다. 오늘 미국의 역사는 그렇게 필그림과 청교도의 정신이 국가의 기본 가치로 받아들여졌다.

5) 세인트 앤드류 교회 주일예배

박물관 전시에 집중하다 주일예배 시간에 늦었다. 플리머스에 도착하기 전 주일예배를 어느 교회에서 드릴지 고민했고, 자료를 조사했다. 한국에도 잘 알려진 플리머스 형제단 교회에서 드릴까 고민도 했다. 하지만 항구에서 가까운 옛 도심 교회에서 예배드리기로 하고 세인트 앤드류 교회(11시 15분 주일예배)를 찾기로 했다. 서둘러 교회로 향했고 성서봉독이 이뤄지고 있었다. 예배당 뒤쪽에 앉아 성도들과 함께 주일예배를 드렸다. 국교회의 전통 속에 있는 교회는 찬양도 크게 부르고 영상도 사용했으며, 설교도 목회자가 말씀을 자유롭게 선포하는 모습이었다. 한 분 목회자는 설교를 했는데 자유로운 복장을 입었고, 예배 사회와 성찬을 인도한 목회자는 로만 칼라 셔츠를

플리머스 세인트 앤드류 주일예배

입었다. 국교회(성공회)지만 복음주의적 전통 속에 있는 교회로 보였다.

설교는 이사야서 49장을 본문으로 했는데 'Servant(종)'에 대한 내용이다. 목사님은 '종은 모든 민족을 위해서 하나님께로부터 오며 사람을 주에게 이끈다'고 설교했다. 여기서 종은 예수 그리스도에 대한 이야기이며 동시에 우리에 대한 이야기이기도 하다. 설교를 듣다가 필그림 선조들 또한 그런 사람이었음을 생각하게 됐다. 신앙의 자유를 위해 떠난 그들은 다른 사람들을 섬겼고, 그들과 함께 공동체를 일궜다. 그런 이유로 그분의 설교는 나를 향한 선포이기도 했다. 설교 후 성찬에 참여해 빵과 잔을 받았다. 그리고 자리로 돌아와 잠시 기도하고, 예배 후 커피 한잔의 여유도 누렸다.

계획된 일정은 마무리됐고, 버스로 런던으로 돌아가기 전까지 시간이 남아 시내도 거닐고, 플리머스 역사가 담겨있는 'The Box'(자료 및 전시, 역사박물관 등)를 찾았다. 그곳 한 쪽에서 필그림의 역사도 만났다. 하지만 충분히 역사를 느끼고 경험했기에 여유로운 관람객의 모습으로 돌아왔다. 1940년대 2차 세계대전 기간 나치독일이 해군의 군사 항구 중 하나이던 플리머스를 공중 폭격했고 도시의 상당수가 파괴되었다는 내용도 보았다. 역사는 그렇게 흘러간다.

의회가 주도한 웨스트민스터 회의는 개혁주의 신앙과 장로교회 제도를 채택했다.

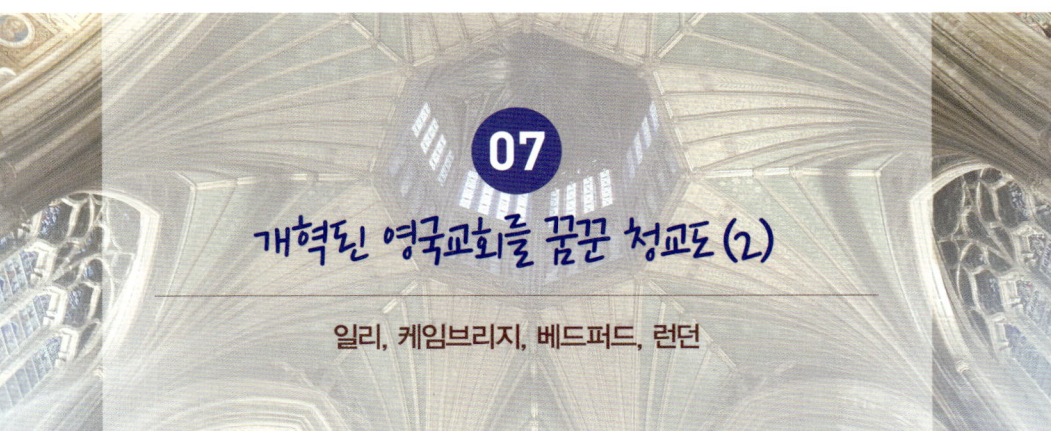

07
개혁된 영국교회를 꿈꾼 청교도 (2)

일리, 케임브리지, 베드퍼드, 런던

앞장에서 살폈듯이 청교도 운동은 잉글랜드 종교개혁이 중도 입장으로 정립되자 더 진전된 개혁을 외치며 전개되었다. 엘리자베스 여왕 시절부터 예복폐지, 주교제 폐지와 함께 노회-총회 제도 도입, 자유로운 예배 운영과 설교 방식 등을 요구했다. 비순응하는 이들을 국교회는 면직했고 이들 중 일부는 별도의 교회를 시작했으며, 점차 분리를 통한 회중 중심의 교회를 세워나갔다. 제임스 1세가 취임하자 청교도들은 자신들의 개혁 목소리를 담은 천인청원을 통해 국교회 개혁을 다시 요청했고, 찰스 1세의 탄압에 저항하며 영국 내전 시기 웨스트민스터 회의를 통해 장로제도 도입을 결정했다.

하지만 이는 실패했다. 1660년 왕정복고가 이뤄지면서 국교회는 웨스트민스터 신앙고백과 의회 결정사항을 거부(1662년 통일법)했고 영국교회는 오늘날 왕을 최고 수장으로, 주교제 형태로 복귀, 다시 운영된 것이다. 주류가 됐던 장로교회는 비국교도로 분리되었고, 회중주의와 침례교회, 퀘이커 등 자유로운 신앙 그룹이 형성되면서 영국 교회는 1600년대 후반 관용령, 명예혁명과 함께 자유로운 교파체제로 나아갔다.

청교도 흔적을 찾아 두 번째 여정을 준비하고 추진했다. 오후 시간 영국에 도착한 후 케임브리지로 향했고, 그곳에서 하루를 묵은 후 새벽 5시, 간단한 식사와 커피로 하루를 시작한다. 하루 일정은 일리(Ely)에 갔다가 케임브리지로 돌아와 몇 대학을 둘러보는 일정이다. 일리를 왜 가느냐고 궁금해 하는 사람이 있을 것이다. 일리는 중세 케임브리지 지역을 관할하는 주교가 머문 도시이며, 현재 영국교회(성공회) 일리 주교의 거주지다. 그런데 지역 종교의 중심지인 이곳에 올리버 크롬웰(Oliver Cromwell)이 살았다. 그를 만나기 위해 일리를 방문키로 한 것이다.

1. 청교도 혁명과 올리버 크롬웰, 일리와 케임브리지

올리버 크롬웰

청교도 역사에서 영연방 시기를 어떻게 풀어갈까 고민했고, 청교도요, 독립파인 크롬웰을 떠올렸다. 올리버 크롬웰은 케임브리지에서 가까운 헌팅턴(Huntingdon) 출신으로 세인트 아이브스(St Ives)에서 자랐다. 그리고 나중에 가족과 이사하여 일리에서 10여년을 살게 된다. 헌팅턴에는 그가 어렸을 때 공부한 문법학교가 있는데, 1950년대 후반 크롬웰 박물관이 세워졌다. 일리는 1988년 크롬웰이 살았던 집을 구입, 관광센터 겸 박물관을 만들었다. 그곳 중 한 곳을 찾기로 하고 방문지에 대한 자료를 조사했다. 방문자 입장에서 헌팅턴이 매력이 크다. 일반적으로 오래된 박물관은 자료가 풍부하고, 케임브리지에서 상대적으로 가깝기 때문이다. 하지만 안타깝게 방문을 계획했던 날 헌팅턴 박물관은 문을 열지 않았다. 그렇게 올리버 크롬웰을 만나기 위해 일리를 택했다.

1) 일리 대성당

일리를 방문키 위해 조사하다 겨울 크롬웰 하우스는 11시부터 문을 연다는 것을 알게 됐다. 그래서 오후 방문을 생각했다. 그런데 일리 대성당 아침기도회(Morning Prayer)가 7시 30분에, 공동기도서를 기초로 한 예배와 성찬식이 8시에 드려진다는 것을 알게 됐다. 또 일리 대성

케임브리지를 품은 일리 대성당

당이 종교개혁 역사와 인물을 품고 있음도 알게 됐다. 그렇게 6시 50분 케임브리지를 떠나 아침 일찍 일리를 찾게 됐다.

7시 25분쯤 대성당에 도착했고 강단 의자에 앉았다. 참석 인원은 10여명, 줌 참석자도 있으니 인원은 조금 더 많을 듯하다. 본당 주임신부(Dean of Ely, 주교는 다른 업무를 처리하므로 사실상 담임목사)가 준 예배 책자를 받아들고 함께 기도했다. 담당 부목사(Canon)가 전체 순서를 진행했는데 공동기도서와 시편을 회중과 대화하는 형태로 이끌었다. 기도회는 15분 정도였고, 8시에 또 한 번의 예배와 성찬식이 30분 정도 진행됐다. 예배와 성찬 인도 때 주임 신부는 예복을 입고 성찬 빵과 잔을 높이 들며, 무릎을 꿇거나 고개를 숙였다. 회중은 기도 중 특정 표현에 십자가를 긋고 강단 앞에 나가 무릎을 꿇고 빵과 잔을 받았다. 아마도 일리 교구는 종교개혁 후 고교회 영향이 크

게 작용한 것 같다. 그곳에서 성도들과 예전에 맞춰 함께 성찬을 나눴다.

제임스 1세와 찰스 1세 때 청교도 입장은 더욱 확산되었고, 이들은 의회의 주류가 되었다. 이들 상당수는 장로파로 알려져 있다. 그런데 찰스 왕은 의회와 갈등했고, 왕당파와 의회파의 내전으로 확대되었다. 이 기간(영국내전, 1641~49년 찰스 1세 처형까지) 잉글랜드 의회는 찰스 왕에게 대항하기 위하여 스코틀랜드 의회(언약파)와 동맹(엄숙한 동맹과 언약, Solemn League and Covenant)을 맺었다. 당시 스코틀랜드는 주교전쟁을 통하여 왕이 임명한 주교제를 폐지하고 장로교로 복귀한 상태였다. 의회는 잉글랜드 내 장로교 입장 확산과 스코틀랜드를 요구를 수용하는 과정에 영국교회 개혁을 위한 웨스트민스터 회의를 열었다.

회의는 1643년 '학식이 풍부하고 경건하며 사려 깊은 신학자들' 121명을 영국 교회의 예배와 교리, 조직 및 규율에 대한 조언을 제공하기 위해 소집됐고 웨스트민스터 사원에서 회의를 열었다. 39개조 개혁을 논의하기 시작한 의회는 5년여의 회의를 통하여 신앙고백과 대요리문답, 소요리문답, 예배규칙서 등(의회에서 채택한 신앙고백과 교리문답서, 장로교회 정치 형태, 예배 규칙서 등을 종합하여 'Westminster Standards'라고 부른다.)을 채택했다. 회의 초반 의회의 요청으로 교회 정치제도 논의를 시작한 회의는 논란 속에 '장로교회 정치 형태'(The Form of Presbyterial Church Government)를 결정했다. 이 문서에 따르면 교회는 목사, 교사/박사, 장로, 집사의 직분으로 운영되며 개별교회는 목사가 최소 1명 이상으로 운영하되 지역에 장로회(현재는 노회나 지방회), 전국적인 총회를 운영하는 틀을 제시했다. 한마디로 영국교회를 장로교회(노회제도)로 전환하겠다는 뜻을 제시한 것이다. 물론 회의 중에 이에 반대하는 흐름, 즉 장로파에 맞선 독립파도 존재했다. 이들은 종교의 자유를 강조하고 회중에 의한 교회 운영을 주장했다.

아무튼 의회 결정에 근거하여 영국에서 주교제는 폐지됐고, 장로제 시행은 성직자와 교회의 결정에 따라 자율적으로 진행되었다. 회의 이후 런던 108개 교회 중 64개 교회가 장로교회가 됐고, 영국 40개 지역 중 14개 지역에서 '장로회(노회)'가 만들어진다. 다만 계획된 잉글랜드 전체 차원의 총회는 열리지 못했다. 이는 군대와 올리버 크롬웰이 의회를 사실상 장악하면서 영국 연방과

일리 대성당 내부

호국경 시대(1649~1660)로 흐름이 넘어갔기 때문이다. 당시 군대와 크롬웰은 종교의 자유를 강조하는 독립파에 속했고, 교회 운영에서 장로파보다 독립파(회중주의)의 영향력을 확대시켰다.

하지만 크롬웰이 죽은 후 장로파는 1660년 왕정복고에 동의하며 국교회 중심의 교회 질서를 받아들였다. 이는 정치에 참여한 종교지도자들의 결정이지만 성직자의 공감도 작용했다. 이들은 왕이 될 찰스 2세가 장로교회을 인정키로 약속했고 자유주의자, 즉 회중주의자의 활동이 영국교회를 더 나쁜 길로 이끌 것이라 우려했기 때문이다. 왕정복고 후 주교제가 복원되고, 비국교도 성직자와 지도자 2300여명이 대추방(1662) 되었다. 이후 영국교회는 승인된 국교회(성공회)와 비국교회(장로교와 회중주의/침례교 등)으로 나뉘었다. 100여년 후에 국교회 내에서 일부 목회자들이 이탈, 웨슬리를 중심으로 감리교회가 탄생했다.

영국교회 역사는 분리로만 마무리된 것은 아니다. 종교개혁 이후부터 지금까지 국교회(성공회) 내에는 예배와 예전을 강조하는 고교회(High church)

일리 대성당 내부 팔각형 천정

그룹, 복음주의적 신앙을 강조하는 저교회(low church)그룹, 그리고 영국교회의 주류로서 자유와 포용을 강조하는 광교회(Broad church) 그룹이 존재한다. 일리 대성당(교회)에서 예배를 드리면서 일리의 전통이 고교회에 있다는 느낌을 강하게 받는다. 케임브리지 지저스 칼리지 설립자가 이곳 주교였고, 프랑크푸르트에서 존 낙스 등과 논쟁하며 영국교회 전통을 강조한 리처드 콕스 주교가 이곳에 있었다는 점에서 충분히 설득력이 있다.

예배 후 대성당 내부를 살폈다. 이 교회는 앵글로색슨 시대 노섬브리아(7왕국 중 하나) 때 처음 세워졌다. 672년 세인트 에셸드레다(St Etheldreda)에 위해 세워진 수도원을 모체로, 노르만 시대에 오늘과 같은 대성당이 되었다. 하지만 종교개혁 이후 수도원이 폐쇄된 후 대성당 건물만 남았고, 성인상과 성화상이 철거되고 스테인드글라스가 파괴되는 등 어려움을 겪었다. 내전 시기 올리버 크롬웰 군대에 의해 청교도 방식의 예배가 강요된 교회는 왕정복고 후 로마네스크 양식의 설교단, 본당과 성직자 공간을 나누는 구조, 예배당 장식 등이 복원되었다.

이른 아침 방문의 주 목적이 대성당이 아니기에 대충 살핀다. 규모있는 대성당의 면모는 충분히 느껴졌다. 옥타곤(The Octagon)이라 불리는 팔각형 천정이 특히 아름다웠다. 종교개혁시기 이름을 알린 콕스 주교의 종과 명판도 잠시 살폈다. 하지만 큰 감흥이 일지 않았다.

2) 크롬웰 하우스

대성당을 나선 후 인근 작은 커피숍에서 차 한잔의 여유를 누린 후 크롬웰 하우스(Oliver Cromwell's House)에 들어섰다. 1층에서 짧은 영상을 시청한 후 부엌과 크롬웰 부인의 방, 시민전쟁과 호국경(Lord Protector, 과거에 이렇게 표현했지만 의미상 국가 원수, 최고지도자가 맞는 것 같다)

올리버 크롬웰 하우스

시기, 그리고 내부가 비어 있는 그의 집무실 등을 둘러봤다. 사실 이 건물은 크롬웰과 가족이 1636년부터 1647년 또는 50년 초까지 살았던 장소라는 의미 이상은 없다. 그 이후 다른 사람들이 살았고, 400여년이 넘는 기간 다양한 형태로 변화되었다. 당연히 크롬웰과 가족의 흔적은 사라졌다고 보는 것이 타당하다. 시는 역사적인 의미를 고려해 건물을 매입했고, 크롬웰을 기념하는 장소로 만들어가고 있는 것이다.

준비가 덜된 듯 2층으로 된 박물관은 전시는 훌륭했지만 자료나 유물이 부실했다. 또 크롬웰의 삶과 그의 흔적을 종합적으로 느끼기엔 부족함이 있었다. 그럼에도 2층에 있는 크롬웰 당시 청교도의 복장과 이어진 시민전쟁에 대한 공간은 알차게 꾸려져 한 눈에 들어왔다. 그곳에는 당시 의회군의 모습과 삶, 그리고 국왕 처형이라는 내용, 이 시기 다양한 그리스도인 공동체의 분류 내용이 눈길을 끌었다. 전시된 자료는 1647년 '영국과 다른 나라의 여러 종파와 주장에 대한 카탈로그'(A Catalogue of the Severall Sects and Opinions in England and other Nations)에 실린 그림으로, 당시 종교상황과 관

올리버 크롬웰 하우스 내부

련해 여러 가지 생각을 하게 한다. 그림 속에는 예수회, 아르미니우스파, 아리우스파, 아담파, 재세례파, 가족주의자, 구도자(초기 퀘이커) 등이 등장한다. 이를 볼 때 장로교회나 칼빈주의 입장이 반영된 것은 아닐까 하는 생각이 든다. 한참 그림을 보다가 '우리는 다 양 같아서 그릇 행하여 각기 제 길로 갔거늘…(이사야 53:6)'이라는 말씀과 함께 '오늘날 교파적 분열과 분리는 영국에서 출발, 시작되었다'라는 생각이 들었다. 그곳에서 하늘은 '우리 무리의 죄악을 그에게 담당시키심'으로 분열과 분리 속에도 교회가 하나의 길을 찾을 수 있는 끈을 갖게 하셨음을 고백한다.

전시 자료에 '청교도는 겸손한 삶을 살았고 단순하고 평범한 옷을 입었다'는 내용의 글귀가 적혀 있었다. 청교도들은 금욕적 생활을 강조했고 화려한 옷보다는 흰색과 검은색으로 된 검소한 복장을 선호했다. 당시 부유한 시대는 아녔지만 청교도는 상공업계에 종사하며 부를 획득했고, 중소귀족 출신들도 어느 정도 경제적 부유함을 누렸다. 그들이 말씀을 보며 삶의 변화를 모색했고 일상의복도 단순화 한 것이다. 성직자 예복을 반대했던 지도자들의 가르침과 삶이 일상속에 스며든 것이다.

그곳 전시실 한 쪽에서 왕을 도끼를 사용하여 처형한 내용과 결정문에 서명한 59명, 그리고 왕정복고 후 그들이 어떻게 처리됐는지 알리는 내용도 있었다. 그들은 보복을 당했고 상당수는 죽임을 당했다. 특히 그들의 지도자였던 올리버 크롬웰은 매장된 시신을 발굴해 처형했고, 시체는 웨스트민스터 홀에 전시되었다. 또 오랫동안 효수됐던 그의 머리는 떠돌다 1960년에야 땅에 안장됐다는 내용에서 복수의 섬뜩함이 느껴졌다. 찰스 2세는 왕정복고 후 자신의 아버지를 죽인 자들을 용서할 수 없었고 복수의 칼을 휘둘렀던 것이다.

크롬웰은 케임브리지 시드니 서섹스 대학(1616~7)에서 공부했다. 하지만 아버지가 사망하면서 1년 만에 학교를 떠났고 이후 법을 공부하여 고향에서 의회의원(국회의원)이 된다. 논쟁에 휘말린 그는 인근 마을로 이사했고 경제적 어려움으로 인해 다른 사람의 땅을 소작하며 살았다. 다행히 삼촌의 유산 상속자가 되어 1536년부터 일리에 살면서 케임브리지 지역을 대표한 의회의원으로 정치적 활동을 하게 된다.

나름대로 경력을 쌓은 그는 의원들 가운데서 이름을 알리게 되었다. 1641년 의회와 왕당파간 내전이 벌어졌을 때 지역에서 군인을 모아 지도자(장교)로 참전했다. 그렇게 경력이 쌓이고 전투에 공헌한 그는 의회가 만든 신모델군의 부사령관이 됐고, 전쟁 승리를 일궜으며 이후 군대의 얼굴이 되었다. 그래서 그가 이곳에 실거주한 기간은 짧았다. 전쟁에서 승리한 후 그는 영연방의 중추로서, 1653년부터는 국가 최고지도자(호국경)로서, 왕이 살던 런던의 햄튼 코트 궁전으로 옮겨 살았다. 거칠 것 없던 그는 1658년 런던 화이트홀 궁전에서 병으로 사망했다. 그를 이어 아들이 호국경 지위를 이었으나 지도력이 없던 그는 퇴임했고, 찰스 2세가 의회의 결정에 따라 왕으로 복귀하며 청교도 정권은 끝났다.

크롬웰의 삶은 양극단의 평가를 받는다. 의회를 중심으로 왕권에 맞서 종교 자유에 헌신한 청교도라는 평과 군사독재를 펼치며 시민 자유를 억압한 독재자라는 평가다. 이를 보여주듯 크롬웰하우스는 '그가 종교적 급진주의자인지 아니면 광신자인지(Religious Liberal or Bigot?), 영웅인지 악당인지(Hero or Villain?)' 묻고 있었다. 방문자들은 '영웅'이라는 쪽에 더 많은 점수를 주고 있었다. 하지만 이방인 입장에서 선뜻 답할 수 없었다. 그는 훌륭

크롬웰은 영웅인가, 악당인가?

한 장군으로 의회군을 이끌고 왕당파에 맞서 승리하는데 기여했다. 또 왕이 되라는 주변의 권유를 거부하고 호국경으로 남았다. 집권기간 발도파 등이 탄압을 받을 때 적극 목소리를 내어 개신교의 자유를 옹호하는 활동도 했고 경건한 청교도의 삶을 살았다. 하지만 왕의 처형을 주도했고 아일랜드 가톨릭 진영의 항쟁을 잔인하게 진압했으며 군대를 동원해 의회를 해산했다.

영국 역사에서 스코틀랜드와 북아일랜드를 포함한 현재 영국 영토는 그로부터 시작된 점(나중에 아일랜드는 분리되지만)과 의회 중심의 영국을 만든 것은 그의 공헌이다. 반면 사실상의 군사독재에 대한 실망으로 왕이 복귀할 수 있는 길을 연 것 또한 그의 공(?)이다. 권위는 부여받지만 행사하지 않는 왕, 권한을 행사하면서도 왕에게 명예를 돌리는 의회, 즉 오늘날 영국 제도는 크롬웰 집권 결과로서 탄생했다고 해도 과언이 아니다.

3) 청교도 양성, 시드니 서섹스와 임마누엘 대학

크롬웰 하우스를 나서 케임브리지로 돌아왔고, 크롬웰이 다녔던 시드니 서섹스 대학(Sidney Sussex College)을 찾았다. 청교도 입장을 유지한 이 대학은 크롬웰이 1년여 대학생활을 한 곳으로, 그의 청교도 사유 형성에 일정한 기여를 했을 것으로 추정된다. 그런데 왕정복고 이후 부관참시 당했고, 세상을 떠돌며 방치됐던 크롬웰의 시신 일부(머리)가 1960년대 묻혔다. 크롬웰은 최고의 권력자였던 시절 사망했고, 왕들이 묻힌 웨스트민스터 사원에 안장됐다. 그를 따르던 사람들이 그를 사실상 왕으로, 국가 지도자로 여겼던 것이다. 하지만 사망한 지 2년 만에 왕정복고가 되면서 그의 시신은 파내졌고 목이 잘렸으며 시신은 불태워졌다. 시간이

시드니 서섹스 대학교

지나면서 그는 잊혔고, 이곳저곳을 떠돌던 그의 머리는 한 가문이 오랫동안 보관하다 1950년대 후반 모교에 돌려주었다. 그렇게 그를 잠시 품은 시드니 서섹스는 예배당 한 곁에 그를 쉴 수 있도록 했다.

학교에 들려 예배당을 찾았다. 안내자 없이 그의 흔적을 찾느라 한참을 헤맸다. 그러다 예배당 입구 쪽 문 왼편에 작은 기념판을 만났다. "1960년 3월 25일 영연방공화국의 호국경, 이 대학의 학생 올리버 크롬웰이 이 근처에 묻혔다"는 문구였다. 청교도로, 나라를 위해 자신의 열심을 쏟았던 그는 그렇게 안식의 자리에 들어선 것이다. 그곳에 앉아 호흡을 가다듬었다.

과거 런던 웨스트민스터 궁전(의회의사당) 정원에 세워진 그의 동상과 웨스트민스터 궁전(의회건물)을 보며 그의 삶과 영국 내전을 생각한 적이 있다. 왕은 누구며, 국가 지도자는 어떤 사람일까? 국가를 수호한다는 것이 무엇일까? 어떻게 일하는 것이 바람직한 것일까? 처음에 올리버 크롬웰은 군사지도자로 케임

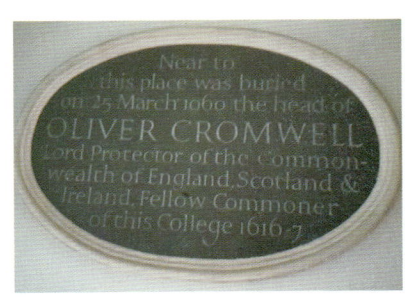

대학 예배당 올리버 크롬웰 기념비

제7장_개혁된 영국교회를 꿈꾼 청교도 (2) **409**

세인트 존스 칼리지

브리지 지역 민병대를 조직해 왕당파에 맞섰고, 새롭게 조직된 군대를 이끌며 내전을 승리로 이끌었다. 그로 인해 의회파는 승리할 수 있었고 그를 중심으로 한 군대는 왕을 폐지하고 영연방을 세웠다. 그러나 갈피를 잡지 못하고 갈등하는 의회를 해산한 그는 독재자로서 의회를 수족으로 부리며 나라를 통치했다. '왕 중의 왕' 예수를 믿는 그리스도인으로서 어떤 지도자의 모습을 가져야 할까? 2022년 취임선서에서 '국민을 섬기는 왕'을 다짐한 영국 왕 찰스 3세의 모습을 보며 이런저런 생각을 해본다.

시드니 서섹스를 나서 세인트 존스(St. John's College)를 찾았다. 이 대학은 엘리자베스 여왕 때 명재상인 윌리엄 세실(William Cecil, 1521~1598)과 노예제 폐지운동을 펼친 윌리엄 윌버포스(William Wilberforce, 1759~1833)가 공부한 곳으로, 청교도 운동 초기 장로교 도입을 주장한 토마스 카트라이트가 교수로 있던 곳이다. 그는 1570년대 '장로제 도입에 관한 최초의 요청'을 하면서 초대교회와 비교하며, 영국교회의 위계질서, 교회법을 비판했다. 그러나 대학 지도부(휘트기프트 등)와 논란을 벌이던 그는 대학에서 추방됐고 망명자로 이곳저곳을 떠돌아야 했다.

그의 영향을 받은 이들이 케임브리지와 런던 등에서, 교회와 의회에서 활발한 활동을 펼쳤다. 이들은 예언(Prophesying)으로 불리는 성직자 모임을 통해 청교도 사상을 확산시켰고, 강력해진 영국의 국력과 정치 안정, 소비사회 등장과 함께 다양한 영역의 시민 모임(Society)을 통해 자신들의 지지 세력을 얻었다. 성장한 시민사회는 청교도 입장을 기반으로 의회를 통해 왕권을 견제했고 왕의 편에 선 영국교회를 우려하며 교회 개혁에도 힘을 실었다.(당시 등장한 커피하우스는 중산층 사람들이 차, 커피, 초콜릿 등 음식과 음료를 즐기면서 신문과 새 책을 살펴보고 수다를 떨고 의견을 공유하는 장소가 됐고, 신문은 사회적 담론의 주요 도구가 되었다.)

하지만 대학은 방문객을 받지 않았고, 열린 문 앞에서 사진만 찍을 수 있었다. 생각해보니 윌리엄 세실은 여왕을 대신해 정치하면서 합리적이었고 청교도에 대해 우호적인 태도를 보였다. 그로 인해 처형될 수 있었던 카트라이트나 몇몇 성직자들도 영국을 떠나는 조건으로 추방될 수 있었다. 아마도 케임브리지에서 공부했던 그는 영국 사회의 미래를 보며 젊은 학자들을 아꼈고, 추방이란 형태로 그들의 살리려 했던 것이다. 아무튼 그런 정책은 다른 이들에 의해 계승되어 영국은 네덜란드와 신대륙에서 자신의 영향력을 확대하였다. 이를 배경으로 영국 내전 때에 신대륙에 있던 성직자와 많은 영국인이 돌아왔고, 의회 편에 서서 왕실과 왕당파 군대에 맞서 싸웠다. 왕정복고 후 이들은 국교회의 차별에 맞서 싸우면서 비국교회, 종교적 자유를 위해 자신들의 목소리를 높였다. 16세기 후반에서 17세기 초반까지 케임브리지는 학자와 지식인, 성직자들 가운데 청교도 사상을 확산시키는 모체 역할을 했다.

임마누엘 칼리지(Emmanuel College)를 찾았다. 임마누엘 칼리지는 케임브리지에서 가장 유명한 청교도 대학이었다. 대학은 1584년 엘리자베스 여왕의 추밀원에서 재정을 담당한 월터 밀드웨이(Walter Mildmay, 1523~1589)가 설립했고, 초대 학

임마누엘 칼리지

임마누엘 칼리지 예배당

장은 로랜스 채더튼(Laurence Chaderton, 1536~1640)이 맡았다. 두 사람이 의기투합해 대학을 만든 것이다. 채더튼은 당시 크라이스트 칼리지 교수로 청교도를 대변하는 학자로 이름을 알렸다. 그는 1603년 청교도 천인청원과 이듬해 열린 햄튼 코트 회의에서 청교도 대표로 참여했으며 제임스 왕 성서의 번역자로도 활동했다. 그가 임마누엘 대학을 설립할 때 초대 마스터로서 펠로우(3명)과 학자(4명)를 이끌었고, 청교도 신앙으로 많은 제자를 양성하였다. 미국 하버드 대학의 설립자인 존 하버드(John Harvard, 1607~1638)도 이 대학 졸업자 중 한 명이었으며, 뉴잉글랜드(미국)에 설립된 하버드 대학(1638년 설립) 첫 졸업생 100명 중 3분의 1이 임마누엘 출신이라는 말이 있을 정도로, 그의 영향력이 매우 컸다.

대학 설립이 여왕에게 알려진 후 엘리자베스는 추밀원 회의 때 "월터 경, 당신이 청교도 대학을 설립했다는 말을 들었다"고 질문했다. 이에 월터는 "제가 작은 도토리를 두었는데, 그것이 상수리 나무가 될 때 그것이 무엇일지 알게 될 겁니다. 하나님만이 아십니다."라고 답변했다. 우려를 품은 여왕의 질문에 대한 지혜로운 답변은 임마누엘 대학이 케임브리지를 대표한 대학으로 청교도 신앙을 확산시키는 역할을 감당하도록 이끈 힘이 됐다.

대학에 들어서서 예배당을 찾았고, 예배당 입구에 자리한 채더튼의 무덤에 무릎을 굽혔다. 사망 후 옛 채플에 묻힌 그를 새 예배당 완공 후 옮겨온 것이라고 한다. 잠시 그를 추모한 후 넓고 밝은 새 예배당을 둘러본다. 시선이 향한 곳은 당연히 창문 그림(스테인드글라스) 이다. 예배당 창문에는 여러 인물들이 그려져 있었는데, 대학과 관련된 종교개혁 시기 인물로 존 피셔, 토마스 크랜머, 로렌스 채더튼, 존 하버드 등이 그려져 있었다. 그들이 곧 케임브리지와 임마누엘 칼리지를 만든 인물이며, 이 대학을 오늘에 있게 했기 때문이다.

대학을 나서 케임브리지 시내를 거닐며 킹스 칼리지, 트리니티 칼리지, 코퍼스 크리스티 칼리지, 트리니티 홀, 클레어 홀 등도 잠시 들렸다. 도시를 떠나기 전 가장 오래된 세인트 베네트 교회(St. Benet)에 들려 고개를 숙였다. "하나님, 한 나라, 한 민족의 삶과 미래를 새롭게 할 위대한 꿈을 품은 지도자와 일꾼들이 우리나라 대학에서 양성되고 세워지게 하소서. 아멘"

2. 존 번연과 '천로역정', 그의 고장 베드퍼드와 엘스토우

케임브리지에서 다시 하루를 묵은 후 베드퍼드(Bedford)로 향했다. 청교도였고, 나중에 회중교회, 침례교인이 된 존 번연의 삶과 그의 신앙행보를 추적하기 위해서다. 또한 그가 사역하고 그의 흔적을 계승한 베드퍼드 번연 미팅 교회를 방문하기 위함이다. 존 번연(John Bunyan, 1628~1688)은 '천로역정(The Pilgrims Progress)'의 저자로 잘 알려진 인물이다. 그는 베드퍼드 인근의 엘스토우라는 시골동네에서 태어났고 마을에 있는 수도원교회에서 유아세례를 받았으며 아버지의 직업인 땜장이(금속수리공)가 되어 무거운 가방을 메고 인근 지역을 다니며 일했다. 내전 시기 3년간 의회 군대에 입대해 활동한 그는 고향에 돌아와 결혼한 후 조용히 살았다.

하지만 결혼 초기 청교도인 아내로부터 신앙적 도전을 받은 그는 1653년 비순응자들이 함께 모여 예배하던 베드퍼드의 성 요한 교회(St. John) 교인이 되었다. 이 교회는 존 기포드 목사(John Gifford)가 이끌었는데, 그가 죽은 후부터 후임 목사가 오기까지 존 번연이 설교하며 회중을 이끌기도 했다. 그가 활동하던 당시는 영연방과 호국경 올리버 크롬웰 집권 시기로 다양한 종교적 교파 활동이 보장된 때이다. 당시 존 기포드 목사와 그의 회중은 독립파, 침례교 입장을 수용했다.

그러나 1660년 왕정복고가 결정되고 찰스 2세가 왕이 되면서 종교 자유는 위축된다. 존 번연은 설교하던 중 체포되었고, 사적모임에서 설교를 하지 않겠다고 약속하면 석방될 수 있다는 말을 듣는다. 하지만 그는 타협하지 않았고 12년을 도시 감옥에서 보내야 했다. 이 기간 그가 감옥에만 있었던 것은 아니다. 감옥은 시에서 운영했고 오늘날 모범수가 며칠간 감옥 밖을 나올 수 있는 것처럼 자택 방문과 신앙공동체 방문이 가능했다. 감옥에 머문 시기에 새로운 자녀가 태어난 것은 이 결과다. 그렇게 12년 감옥 생활을 한 번연은 찰스 2세의 관용 선언(1672)으로 석방되었고 가족 품에 돌아왔다. 그리고 목사로서 독립교회, 회중교회인 베드퍼드 교회(현재의 번연 미팅)를 위해 사역한다. 하지만 얼마 못가 다시 감옥으로 향한 그는 6개월간 수감되었고, 이 때 '크리스천의 순례여정'을 담은 '천로역정'을 저술했다.

1) 존 번연 동상과 번연교회, 박물관

베드퍼드에 도착한 후 도시 입구 광장에 있는 존 번연 동상(John-Bunyan-Statue)을 찾았다. 주일 예배 전까지 30여분 정도의 시간이 있었다. 사거리 한 쪽 작은 광장에 세워진 존 번연 동상은 하늘을 바라보는 모습으로, 1874년 건립됐다. 동상의 무게는 3톤이고 높이는 9피트라고 한다. 동상을 만드는데 사용한 재료는 '중국에서 노획한 대포'라고 하는데, 시기를 고려하면 아편전쟁 시기 중국으로부터 빼앗은 것으로 생각된다. 이 때 중국(청나라)은 그리스도교 공인을 약속했는데, 그렇게 획득한 것으로 동상을 만든 것은 아이러니다. 종교 자유로 박해받아 감옥에 간 인물 동상을 종교적 자유를 강요받은 중국 무기를 녹여 만들었기 때문이다. 동상의 세 개 면에는 천로역정 장면이 부조되어 있었다.

번연 미팅 교회(Bunyan meeting)에 들어섰고 기다리던 분은 만나 인사했다. 교회 주일예배는 누구나 참석할 수 있지만 교회 옆 건물에 있는 존 번연 박물관은 주일에 문을 닫았다. 그래서 한 달여 전에 이곳을 둘러볼 수 있는지 박물관 담당자와 교회에 메일을 보냈고, 협조를 요청했다. 다행히 박물관 담당 큐레이터는 성도 중 한 명을 소개하며 '당신을 위해 기다리겠다'는 메일을 보내왔고, 그렇게 주일 예배 참석과 박물관 관람이 가능케 됐다.

존 번연 동상

예배는 한국교회처럼 찬양과 말씀, 설교, 봉헌 등으로 진행됐다. 유럽 교회가 그렇듯 참석하신 분들은 대부분 연로해 보였고, 젊은 사람은 거의 없었다. 담당 목사님도 출타 중인 듯 은퇴하신 한 침례교회 목사님이 강단에서 말씀을 전했다. 미국 회중교회는 대부분 침례교회 공동체에 속했다는 말을 들었던 터라 번연미팅교회가 회중교회(자유교회)로서 침례교회와 긴밀한 관계를 갖고

번연미팅 교회 주일예배 장면

번연 미팅교회 천로역정의 장면

있음을 의미하는 듯 했다. 그는 '교회력의 마지막 주일을 맞으며 성탄을 맞이한 준비가 되었는지' 우리에게 되물었고, 사랑의 왕, 낮고 천한 곳에 오신 예수에 대해 말씀하셨다.

예배 후 차 한잔하며 교회 안팎을 살폈다. 설교단은 종교개혁 전통을 계승해 예배당 중간에 약간 높이 자리했고 좌우 작은 창문에는 여덟 개의 천로역정 장면이 그려져 있었다. 안내자가 크리스천에게 좁은 문으로 가도록 가리키는 장면도 있었고 존 번연이 천로역정을 저술하는 장면도 그려져 있었다. 유리창 주변에는 이 교회의 역대 목회자들의 이름도 새겨져 있는데 존 기포드 목사가 1대 목사로, 존 번연은 5대 목사로 기록되어 있었다. 예배당 정문 청동판에도 천로역정 속 여러 장면이 담겨져 있었다. 모두 순례자의 발걸음을 통하여 오늘날 우리 신앙인이 걸어가야 할 장면을 보여주고 있는 것이다.

존 번연 박물관은 옆 건물에 위치했고 예배당 앞쪽에 연결된 통로(예배당과 박물관 건물은 지하로 연결됐고, 원 출입구는 옆 건물에 있다)를 통해 이동, 2층 공간 박물관을 찾았다. 여러 개의 전시실로 구성된 박물관은 넓지는 않았지만 번연의 삶과 천로역정에 관한 내용으로 알차게 구성돼 있었다. 담당자는 친절하게 전시실 곳곳을 설명했고, 그의 설명을 들으며 전시물을 살펴 나갔다. 엘스토우에서 태어난 번연, 그리고 아버지의 뒤를 이어 땜장이가 된 그, 금속의 두드리기 위해서는 무거운 쇳덩이를 아래에 놓는데 번연은 그것을 등에 짊어지고 이웃마을을 다녔다고 한다. '이 무거운 쇳덩이를 든 자신의 모습에서 번연은 무거운 짐을 진 순례자의 모습을 떠올리게 됐다.'는 말에 '그렇구나.'하는 탄성이 절로 나왔다.

처음 독립교회, 회중교회에 출석한 존 번연은 의회군대에 속했고, 회중교회를 이끈 존 기포드는 왕당파였다는 말도 놀랍게 들었다. 1650

존 번연 박물관 내부 감옥 장면을 묘사한 전시물

년대 청교도가 집권한 시기이기 때문에 이것은 큰 문제는 아니지만 두 사람은 가끔 종교적 자유와 관련해 논쟁했을 수도 있다는 생각이 들었다. 감옥생활을 언급할 때 안내하는 분이 존 번연이 옛 베드퍼드 다리 위 감옥에 갇혔다고 말씀하셔서 알던 내용과 달라 질문도 했다. 개인적으로 아는 내용은 첫 번째 12년은 카운티 감옥에, 두 번째 6개월은 다리 위 감옥에 있었던 것으로 알려졌기 때문이다. 그리고 두 번째 감옥 기간에 존 번연이 천로역정을 저술했다.

감옥 생활을 보여주는 작은 공간에는 번연을 형상화한 모습도 만났다. 허락을 얻어 사진 몇 장을 찍을 수 있었다. 전시실 마지막 천로역정 책을 모아둔 작은 책장을 마주했다. 그곳에서 대여섯 권의 한국어 번역본을 볼 수 있었다. 특히 만화로 번역된 한국어 번역본을 보는데, 안내해 주신 분이 글자가 참 독특하다고 말씀하셨다. 천로역정은 전 세계에서 '성서 다음으로 많이 번역된 책'(이는 영국인이 가진 과장법인 것 같다. 그만큼 많이 번역되고 소개된 책이라고 이해하면 될 듯하다)이라고 한다. 이 책들을 보관하기 위해 교회는 별도의 도서관을 운영하고 있고, 이곳 책장에는 그 중 일부만 전시용으로 남겨둔 것이다.

2) 존 번연이 갇힌 감옥과 세례터

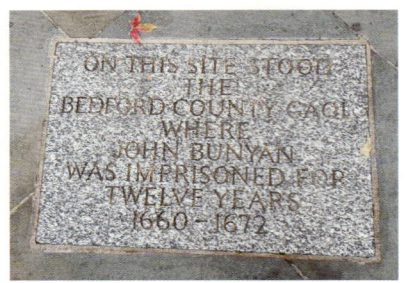

첫 번째 감옥 터 위치에 새긴 기념비

다른 성도의 도움으로 존 번연이 갇혔다는 감옥과 세례터의 흔적을 방문했다. 먼저 그가 갇혔던 두 감옥 모두 지금은 없어졌고, 작은 기념판으로만 그의 흔적이 기억되고 있었다. 시내 중심가에 있는 카운티 감옥 흔적은 한 상점의 출입문 바닥에 놓여 있었다. 수많은 사람들이 밟고 지나다니는 길 위에 '베드퍼드 감옥이 있었던 곳, 존 번연이 20년간 죄수로 있었다. 1660~1672"는 문구가 적혀 있었다. 이 도시 사람들 상당수는 존 번연이 이곳에서 살았고 활동했다는 사실을 안다. 그래서 이곳을 드나드는 사람들도 바닥에 쓰인 글귀를 보며 '존 번연과 관련된 흔적'임을 느꼈을 것이다. 하지만 언젠가 수많은 사람들에 의해 바닥 글귀가 닳아 없어지는 것은 아닐까 우려된다. 그렇다고 번연의 기억이 사라지진 않겠지만.

두 번째 감옥이 있었던 옛 다리에는 새로운 다리가 섰고, 그곳 한 곁에 기념패가 붙어 있었다. '1675~1676년 번연이 이곳에 있었다. 그는 자면서 꿈을 꿨고 순례자의 첫 부분을 썼다.' 그렇다. 존 번연은 이곳 감옥에서 천로역정 첫 부분을 썼다. 크리스천이 순례 여정을 시작했고, 많은 것을 보고 경험하며 천

두 번째 감옥 터 위치에 새긴 기념비

국에 이르는 과정을 서술하기 시작한 것이다. 이미 첫 감옥생활과 풀려난 이후 신앙공동체 사역 경험이 있던 번연은 자신의 삶과 성찰을 책에 담았다. 그는 자신의 삶과 신앙을 '순례의 길을 걷는 자'로서 형상화하려 했다. 또한 그리스도인은

존 번연 침례터

책 속 주인공처럼 그 길을 걸어가는 사람들임을 보여주려 한 것이다.

존 번연이 침례를 받은 장소로 향했다. 도시 안내 자료에 정확히 언급되지 않았기에 찾을 수 있을까 고민했는데 안내를 자청한 성도의 도움으로 그곳에 설 수 있었다. 도심을 흐르는 강을 따라 걸으며 안내해주신 성도에게 '존 번연은 회중주의자입니까? 아니면 침례교인입니까?' 질문했다. 국교회와 스코틀랜드 사람들이 모인 장로교회는 합법적 교회의 틀 안에 있었다. 그러나 비순응한 청교도들에 의해 설립된 교회는 엘리자베스 여왕 시절 지하교회로 치부됐다. 1600년대 초반 재세례파의 영향을 받은 네덜란드 망명자 교회에서 일반 침례교회가 형성되었고 이 흐름이 영국교회에 등장했다.

처음 회중교회와 침례교회는 구분되지 않았다. 국교회와 장로교 성직자들은 기존 교회에서 자신들의 신앙을 지켰고, 분리된 회중교회는 건물을 지을 수 없어서 회중공동체 형태로 별도 건물에서 모였다. '회중(교회)'로 불린 이유다. 이들 중에는 침례를 시행한 교회도 있었다. 번연은 유아세례를 받은 것으로 추정되고 나중에 회중교회에서 침례도 받았다. 그런 점에서 궁금증이 생겼던 것이다. 또 한국인 입장에서 회중주의는 낯설기 때문이기도 하다. 그는 번연 미팅교회가 '독립교회'로서 회중교회 연합과 침례교 연맹과 관계 맺고 활동, 협력하고 있음을 설명했다. 아직 침례교회가 명

세인트 존스교회 목사관과 교회

확한 체계로 세워진 시기가 아니기 때문에 번연의 위치는 그 어디쯤 아닐까 하는 생각이 들었다.

그와 헤어져 엘스토우를 향해 가기 전 존 번연이 처음 회중교회에 참여한 세인트 존스교회를 들렸다. 그곳 목사관에서 1650년 회중교회로, 침례교회로 '번연 미팅'(회중)이 시작되었고, 이 교회는 1670년대 중후반 시내 중심가에 새 건물을 구입, 이전했다.(현재의 번연 미팅교회는 1849년에 새로 신축된 건물이다.) 세인트 존스 교회 옆 옛 목사관에는 '이 집에서 존 번연이 1650년대 존 기포드 목사에게 영적 도움을 구했다.'는 기록이 있었다.

3) 번연의 출생지, 엘스토우

번연이 태어난 엘스토우

버스에 올라 엘스토우(Elstow)로 향했다. 엘스토우를 가는 이유는 딱 한 가지다. 존 번연의 태어난 생가터를 보고 싶었기 때문이다. 물론 그 마을에는 그의 생가터 뿐 아니라 결혼해서 살았던 집터, 그가 어렸을 때 유아세례를 받고 가끔 출석했던 마을교회도 있다. 작은 시골마을 정류장에 내려 그가 결혼해서 살았던 집터와 오래된 건물들, 현재까지도 사용되는 공원묘지 중간에 자리한 교회 등도 둘러봤다. 교회 문은 닫혀 있었지만 중세시대 이 마을이 수도원을 중심으로 형성되고 발전했음을 알게 됐다.

비록 헨리 8세 시대 수도원은 폐쇄됐지만 예배당은 지역주민을 위한 영적 길잡이 역할을 했고 존 번연 시대까지 이어져 왔다. 존 번연은 기억하지 못하지만 어려서 이

번연이 어려서 다녔을 엘스토우 교회

교회에서 세례를 받고 아버지를 이어 땜장이 생활을 시작했다. 또한 의회군에 복무한 후에 고향에 돌아와 결혼했다. 그의 아내는 청교도 가정 출신이었고, 결혼 때 아버지로부터 물려받은 두 권의 책을 가져왔다고 한다. 아서 텐트(Arther Dent)의 '평범한 사람의 천국으로 가는 길(Plain Man's Pathway to Heaven)'과 루이스 베일리(Lewis Bayly)의 '경건의 실천'(Practice of Piety)이다. 존 번연은 그 책들을 읽었고 예수 그리스도에게 헌신하기로 다짐했다. 이후 열정적 신앙을 갖게 된 그는 이 교회를 자주 찾았을 것이다. 하지만 이곳 교회의 주일 설교는 그에게 큰 감동을 주지 못했고, 신앙 열정으로 뜨겁던 베드퍼드 회중교회에 출석하기 시작했다. 땜장이로 일을 다니던 어느 날 문간에서 영적 문제에 대해 이야기 하는 여성들의 이야기를 듣다가 깊은 인상을 받았고 1653년부터 베드퍼드 회중교회에 출석하기 시작한 것이다.

교회와 작은 마을을 살펴본 후 번연 생가터를 향해 걸었다. 엘스토우에서 한참 떨어진 생가터는 작은 시내를 따라, 또 도로와 밭길을 지나 40여분 걸어야했다. 순례의 여정은 복잡하지만 시골길을 걷다보면 생각은 단순해지고 오직 걷는 일만 집중하게 된다. 이슬비 같은 늦가을 비를 맞으며 걷는 것은 쉽지 않았다. 작은 시내 옆에 형성된 습지를 보면서 이 경험이 수렁에 빠진 모습에 반영됐음을 생각해 본다. 천로역정의 다른 내용을 떠올리

번연의 생가 터

지만 걸을수록 생각은 사라져간다. 아침 일찍 숙소를 나선대다 1시간이 넘는 버스 여정, 예배 참석, 그것도 익숙한 언어가 아닌 말의 성찬에 집중한 부담이 육체를 피곤하게 한 것 같다. 그래도 목적지가 가까워지면서 설렘이 가슴 한 곁을 찾아온다. 생가터(Birthplace)를 안내하는 글귀와 그림(순례자의 모습)이 가방을 맨 내 모습과 닮아 보인다.

 질척대는 옥수수 밭 한쪽을 걸어 도착한 생가터는 길게 자란 풀로 우거져 있었고, 그곳 가운데 1951년 새워진 기념비가 있었다. 또 작은 안내판이 기념비의 의미를 설명하고 있었다. 빗물을 씻어 내고 설명을 읽는다. 번연의 책, '천로역정'의 내용이 중요하지 생가터가 무슨 의미가 있을까? 그럼에도 왜 그 책을 다시 보고, 시간과 돈, 정성을 드려 이곳을 찾고 있을까? 그의 마음을 알고, 그의 생각을 느끼고, 그것을 통해 그의 글을 제대로 이해하려는 노력이다. 머리로는 그렇게 답하면서도 한 곁에 다른 답이 있지는 않을까 생각이 든다.

 10여 년 전 독일에 올 때 가져온 책 중에 토마스 아 켐피스의 '그리스도를 본받아'와 존 번연의 '천로역정'이 있었다. 이들 책을 다시 읽었고, 독일 생활 초기에 토마스 아 켐피스가 살았던 네덜란드 수도원 흔적을 방문했다. 10년이 되어가는 지금 또 다시 존 번연의 흔적을 찾아 잉글랜드에 왔다. 많은 생각이 든다. 10년의 삶은 나에게 무슨 의미일까? 스스로 지위와 역할을 내려놓고 떠나왔고 이방인으로 유럽 한 곳에 살며 등짐지고 유럽을 정처 없이 떠돌고 있다. '장애인을 섬기고 종교개혁지를 찾아 공부한다'는 말은 핑계일 수 있다. 나는 무엇을 향해 움직였고, 무엇을 향해 가는가? 나에게 '하늘을 향한 길'은 무엇이며 어디 쯤 와 있는가? 천로역정 속 크리스쳔의 고민과 생각이 마음에 전해져 울컥했다. 가슴 한 쪽이 아리다.

베드퍼드를 떠나 케임브리지를 경유해 런던으로 왔고, 하룻밤을 보냈다. 잠에 쉬 빠져 들지 못했다. 피곤함 때문이기도 하려니와 순례지에서 든 여러 가지 상념이 머리를 복잡하게 만들었기 때문이다. 그렇게 헤매다 많은 여행객이 단잠을 자는 작은 방 침대 한 곁에 머리를 누인다.

3. 런던의 청교도 흔적을 찾아

지난번 런던에 왔을 때 의회 방문을 추진했지만 의사일정 기간이라 불가능했다. 이번엔 의회가 없는 기간을 파악해 일정을 잡았고, 사전에 방문예약도 하는 등 준비를 거쳤다. 그렇게 아침 10시 첫 시간을 예약했고, 이른 아침 숙소를 나서

웨스트민스터 궁전은 의회의사당이다.

영국 의회가 있는 웨스트민스터 궁전(The Palace of Westminster)에 들어섰다.

그런데 집을 나온 지 한 참이 지났고 땀에 젖은 옷과 여정 중 획득한 자료로 가방이 두툼했다. 의회는 시위 가능성을 고려해 모든 짐을 철저히 조사했으며 의복에 대한 철저한 검사(그림이나 문구 등)도 실시한다. 맡길 곳 없는 입장에서 가방을 들고 의회를 찾아야 했다. 입구에서 짐을 모두 꺼냈고 '한국인으로 여행 중에 의사당에 들렸다'고 말했다. 검사를 마친 직원을 밝은 웃음으로 나를 들여보냈다.

1) 의회와 장로교 신앙고백, 웨스트민스터 궁전에서

종교개혁 여행자면서 왜 국회의사당을 찾는지 궁금해 할 것이다. 우선 웨스트민스터 궁전은 종교개혁 직전(1100년경~1529년, 헨리 8세 시기) 영국 왕이 살았던 궁전 중 하나로 튜터 왕가의 종교개혁, 이후 영국 역사의 한 획을 긋는 청교도혁명(1642~1651, 공식 표현은 English Civil War, 영국 시민전쟁)과 관련된 장소이기 때문이다. 또한 의회는 영국 정치의 중심이며, 역사적 다양성에 기초해 잉글랜드, 웨일스, 스코틀랜드, 북아일랜드를 하나로 묶으려는, 그것도 수장인 왕(왕실)과 의회를 중심으로 한 국민 통합 장소이기도 하다.

웨스트민스터 궁전에서 만난 첫 인물은 올리버 크롬웰(Oliver Cromwell)이다. 방문객이 입장하는 입구는 '크롬웰 가든'으로, 그곳 정 중앙에 그의 동상이 서 있다. 알다시피 크롬웰은 원칙적인 청교도였고 군사지도자로서 왕실과 왕당파에 맞서 의회파의 승리를 이끌어낸 시민전쟁의 영웅이다. 하지만 그는 왕실 편을 든 아일랜드와 스코틀랜드 항쟁을 잔인하게 진압했고 혼란스런 의회를 해산하고 독재를 한 인물이다. 그가 혼란한 상황 속에 그렇게 할 수밖에 없었다고 변명하는 사람도 있지만 의회 동상에 대해 반대 여론도 적지 않다고 한다. 그럼에도 그의 동상이 이곳에 계속 있는 것은 의회 '우선'의 영국의 정치제

웨스트민스터 궁전 정원의 크롬웰 동상

도를 만드는데 그가 결정적인 기여를 했기 때문이다.

웨스트민스터 홀(Wesminster Hall)에 들어섰다. 이 홀은 궁전이 처음 지어진 12세기부터 있었는데 당시 유럽에서 가장 넓은 홀이었다. 나무를 사용해 기둥 없이 지붕 무게를 견디도록 한 건축은 동시대 가장 혁신적인 방식이었다. 19세기의 화재와 2차 대전 폭격으로 궁전 여러 곳이 파괴됐음에도 1000여년 가까운 시간을 버틴 것이 놀라울 따름이다.(물론 14세기 리모델링과 이후 수차례의 보수는 불가피했다.)

웨스트민스터 홀

당시 이 홀은 연회나 대관식 등 많은 사람이 모이는 행사에 사용됐다. 특히 스코틀랜드 독립 영웅 윌리엄 월러스와 시민전쟁 이후 찰스 1세 왕이 재판받았으며, 최근에는 엘리자베스 2세 여왕의 시민 조문 장소로도 사용되었다. 의회 공식 책자 어디에도 '이곳에서 의회가 열렸다'는 내용이 없기에 의회는 다른 장소에서 열린 것 같다. 당시 의회 의원이 200여명 미만이었기에 가능했다.

원래 영국 의회는 정치사회적 문제에 조언을 듣기 위해 왕이 남작과 주교들을 소집한 회의에서 시작되었다. 앵글로색슨 왕국 시절인 7세기부터 11세기까지는 '위탄(Witan, 현인들의 모임이라는 옛 영어 Witenagemot이라는 단어로부터 파생된 말)'으로 불리는 회의가 있었다. 다만 현대식 의회는 노르만 왕조가 성립된 11세기 이후 형성되었다. 대표적인 의회 관련 문서가 '마그나 카르타(Magna Carta)'이다. 이 문서는 귀족들이 왕의 권한을 제한할 것을 강요했고 1215년 왕의 서명을 얻어냈다. 하지만 소집권자로서 왕은 끊임없이 자신의 권한을 강화하려고 시도했고, 의회와 갈등, 대립했다. 중세 이후 시민사회가 성장하고 인문주의와 종교개혁으로 고등교육을 받은 지식인이 늘면서 변화가 도래한다. 하지만 왕실은 시대의 변화를 몰랐고 제임스 1세에 이어 '왕권신수설'을 주장하던 찰스 1세가 등장, 시민사회를 대변한 의회와 대립하다가 결국 처형되는 비운을 겪었다. 최종적인 형태는 50여년이 지난 후 이뤄지지만 영국은 찰스의 처형과 청교도 혁명을 기점으로 의회 중심 국가로 방향전환을 하였다.

이런 영국의 역사와 의회 관계는 웨스트민스터 홀 다음에 들어선 스테판 예배실(St Stephen's Chapel)에서 확인하게 됐다. 의회 지도자들의 동상이 선 스테판 예배실에는 영국의 역사를 담은 여덟 개의 벽화가 그려져 있었다. 그곳에는 877년 바이킹 침략을 막아낸 영국 왕의 그림부터, 사자왕 리처드의 십자군 전쟁, 마그나 카르타를 강요하고 서명하는 장면, 토머스 모어가 대법관 울지 추기경과 헨리 8세 앞에서 무언가를 설명하는 장면, 신대륙과 관련된 엘리자베스 1세 여왕 등의 이야기가 담겨 있었다.

그 그림들 중 한 장면에 유독 눈길이 갔다. 한 인물이 무언가를 읽고

스테판 예배실은 의회를 굳건히 한 지도자 동상과 영국 역사의 여덟 장면이 그려져 있다.

주변에 있는 사람들과 이야기하는 장면이다. 아래의 설명을 읽어보니 위클리프에 대한 이야기였다. "이단에 대한 많은 편견에도 불구하고 영국인들은 성서에 대한 위클리프 영어 버전을 읽기 위해 모이기를 고집했다."는 내용이다. 아마도 화가는 가운데 앉은 인물을 위클리프

위클리프와 성서에 관한 그림

의 제자 또는 설교자로, 주변 사람들은 그의 성서 낭독을 듣기 위해 모인 사람으로 그린 듯했다. 그만큼 화가는 위클리프 성서가 영국 역사와 문화 영역에서 차지하는 비중을 중요하게 생각한 것이다. 그의 성서와 글이 시민들에게 퍼져 나갔고, 그의 영향이 시민사회, 의회의 형성에 크게 기여한 점을 그린 것은 아닐까?

다음 방은 중앙 로비로 불리는 곳으로 양쪽 상원과 하원 회의장으로 통하는 통로가 만나는 장소다. 이곳에서 주목한 것은 4개의 통로 위쪽에 그려진 모자이크 벽화다. 잉글랜드, 스코틀랜드, 웨일스, (북)아일랜드라는 4개의 문화와 전통이 대영제국(Groß Britanien)을 이룬다는 생각이 담겼기 때문이다. 각 지역의 수호성인들이 주요 인물을 좌우에 두고 새겨져 있었다. 수호성인은 잉글랜드는 성 조지(St George), 웨일스는 성 데이비드(St David), 스코틀랜드는 성 앤드류(St Andrew), 아일랜드는 성 패트릭(St Patrick)이다. 이는 4곳을 모체로 오늘날의 영국이 탄생됐고, 그들에 의해 이 땅이 수호되고 있음을 상징하는 것이다. 중세에서 근현대로 이어진 영국인들의 신앙이 이곳에 고백되고 있는 것이다.

상원을 향해 가는 복도에서 또 한 이야기에 눈길을 두었다. 어두운 복

도 양쪽에 걸린 그림은 찰스 1세의 왕실(왕당파)과 의회파가 대립한 시민전쟁 이야기가 그려져 있었다. 의회 한 가운데 왕과 대립한 장면이 그려진 것은 의외다. 그러나 영국은 의회와 왕실이 서로 싸웠고, 왕을 처형해 공화국이 되었다. 비록 시민의 선택으로 왕을 복귀시켰지만 명예혁명(Glorious Revolution)과 권리장전(Bill of Rights)으로, 영국은 의회 입헌주의를 통한 근대화의 길을 열었다. 그래서 어두운 복도의 그림처럼, 부각시키지는 않지만 중요 역사로서 의회 한 곳을 장식한 것이다.

복도를 지나면 상원 회의실(House of Lords Chamber)이 나오고 그 뒤편에 왕자의 방(Prince's Chamber), 로얄 갤러리 등이 있다. 왕자의 방은 사실상 튜터 왕가의 방 또는 종교개혁 역사의 방이라 불러야 할 것 같다. 엘리자베스 1세 여왕 동상을 중심으로 헨리 7세부터 헨리 8세, 에드워드 6세, 메리 1세(피의 메리), 엘리자베스 1세를 비롯해 아라곤의 캐서린, 앤 블린과 제인 시모어 등 왕실 인물의 전신 그림이 있었다. 그림을 보면서 장미전쟁을 끝내면서 견고해진 왕실의 힘과 로마에 맞선 헨리 8세, 그리고 시작된 영국 교회의 성립, 엘리자베스 1세에 의해 마무리되는 영국 종교개혁 역사를 떠올렸다. 그들 왕실 사람들 뒤편에 많은 사역자들이 있었지만 튜터 왕가의 굳건한 의지는 영국 종교개혁을 일으키고 지탱해 온 힘이다. 그래서 일부 역사학자는 이 시기 영국 종교개혁을 '튜터 왕가의 종교개혁(The Tudor Reformation)'이라 부르기도 한다.

튜터 왕가 인물들이 있는 왕실의 방

로얄 갤러리를 지나 왼편으로 빅토리아 타워 입구를 만난다. 자료에 따르면 의회에 왕이 오는 경우에 타워 아래에 마차가 도착하고 이곳 계단을 통해 상원의사당에 들어섰다고 한다. 하지만 왕이나 왕실 인사들은 전통적으로 하원의사당으로는 가지 않는다고 한다. 맞는 말인지 모르지만 중앙 로비를 중심으로 오른편은 왕실과 상원의 공간으로(상원 회의실 한쪽 여왕의 의자를 중심으로 뒤편은 왕실과 관련 있는 장소), 왼편은 하원과 서민의 공간으로 대비를 이루고 있는 것으로 보였다.

상원 회의실에서 왕의 보좌 등을 살폈고, 상원 벽에 있는 각 지역 또는 중요 도시를 상징하는 동상을 살폈다. 화려한 황금색으로 장식된 의자와 좌석은 왕실의 권위를 드러내는 것 같다. 아울러 상원의원이 앉는 붉은 색 의자는 하원의원의 녹색의자와 대비된다. 영국 국회의원의 권한이나 대우가 어느 정도인지는 모르지만 좁고 불편한 의자(상원과 하원 모두)에서 의정활동을 하는 것을 보면 한국보다 대우가 낮은 것은 아닐까 궁금해진다. 개인적으로 국회의원은 국민의 중간정도 직급의 급여와 대우를 받는 것이 바람직하다고 생각한다. 다만 의정활동을 위한 비용(보조관 규모나 정책적 연구, 의원의 정책적 활동 지원 등)은 국내 최고 수준으로 해야 한다. 그런 첫 걸음이 국회 대회의실 책상과 의자, 공간을 영국 수준으로 변화시키는 것은 어떨까? 상상만 해도 재밌다.

상원을 나서 맞은 편 처칠과 대처 등 총리의 동상이 있는 방, 하원 회의실 등을 둘러보았다. 하원회의실은 상원보다 단순했다. 의장석과 기록을 위한 서기석, 그리고 의원들의 장의자가 전부였다. 교회 장의자 같은 좌석은 오랜 시간 회의하기엔 불편함이 뒤따른다. 하지만 작은 회의가 모여 큰 회의를 만든다는 점에서, 모든 의원이 모여 장시간 회의를 할 필요는 없지 않느냐는 생각도 했다. 오히려 어깨를 마주하고 긴 의자에 함께 회의하는

하원 의사당

것이 더 실용적일 수 있기 때문이다. 이곳 대회의실은 공간이 협소해 650여명 하원 의원 중 420여명만 앉을 수 있다고 한다. 모든 의원이 항상 회의에 참석하는 것은 아니며, 총리의 질문과 중요한 업무로 인해 참석이 늘 경우엔 의원들이 서 있는 경우도 많다. 이는 1834년 화재로 건물 대부분이 파괴된 후 1850년대에 '고딕 양식'으로 다시 지었기 때문이다. 당시 의회 인원이 지금보다 많지도 않았고, 큰 건물을 짓는 고전주의는 프랑스식이라면서 지금과 같은 형태가 재건한 것이다.

2시간에 걸친 투어('멀티미디어 투어'는 75분에 걸쳐 녹음된 오디오 가이드와 함께 국회의사당을 둘러볼 수 있다.)를 마치고 국회의사당을 나선다. 사람들은 런던의 상징인 빅벤과 런던 아이를 말하지만 영국의 역사와 오늘을 느끼려면 국회의사당에 들려봄직하다. 왕과 의회의 적절한 균형, 그러나 무게중심은 '빅벤'이 있는 엘리자베스 타워 쪽 하원에 실려 있다. 영국과 영국교회의 수장으로서 여왕과 왕실이 있지만, 실제적인 권한과 내용은 하원과 교회 지도자들에게 맡겨진 것이다. 그렇기에 왕실은 수장으로서 권위를 얻고 있고, 하원은 역할을 하되 자신들의 목소리를 높이지 않는 것이다. 권위는 부여받았지만 행사하지 않고, 권위를 누리지 않지만 실질적인 역할을 하는 것, 그것이 오늘날 영국 정치제도에서 우리가 본받아야 할 점 아닐까.

국회의사당(웨스트민스터 궁전)을 나서 걷다가 작은 공원을 만났다. 템즈강가의 공원에는 로댕의 '칼레의 시민'이라는 동상(원작은 12개의 에디션이 있는데 첫 번째는 프랑스 칼레시청 앞에 있다.)과 **노예제폐지협회**(The Anti-Slavery Society)

설립 150주년 기념물, 그리고 여성의 참정권을 위해 일했던 에밀린 팽크허스트(Emmeline Pamkhurst) 동상이 있었다. 특히 노예제폐지 관련 기념물은 마치 교회의 종탑 모습으로, 어느 교회에서 옮겨 온 것 아닌가 하는 착각을 갖게 했다.

'칼레의 시민'은 논란은 있지만 '노블리스 오블리제(프, Noblesse oblige)'란 말이 나온 사건을 담은 작품으로, 이곳에 설치된 것은 아마도 영국 에드워드 3세

칼레의 시민 동상

의 자비를 드러내기 위한 것으로 보였다. 노예제 폐지 운동은 윌리엄 윌버포스 등을 중심으로 시작되었고 1809년 노예무역 폐지에 이어 1833년 영국 내 노예제 폐지로 이어졌다. 이 운동을 미국과 전 세계로 확산시키기 위해 1839년 노예제폐지협회가 결성되었음을 알게 했다. 팽크허스트의 동상은 20세기 초반 여성의 참정권에 힘쓴 그녀를 기념하기 위한 것으로, 영국은 1928년부터 21세 이상 여성 모두에게 참정권을 허용했다.

'노블리스 오블리제', '노예제 폐지', '여성참정권'. 어쩌면 민주주의의 가장 중요한 내용 중 하나로, 19~20세기 핵심 이슈였다. 지도층 인사(정치, 경제, 사회문화, 종교 지도자)는 무한한 책임을 가지고 사회에 대한 의무를 다해야 하고, 사회는 피부색이나 외모, 신분, 소유 등의 차이로 인한 어떠한 차별도 행해서는 안된다. 특히 여성이 어떤 일을 함에 있어서 남성과 차별이나 차등대우가 없어야 한다. 그것은 인간 사회를 유지하는데 가장 중요한 문제이며, 오늘 우리가 직면한 시대적 과제다. 그런 중요한 의미를 담은 동상들을 영국 국회의사당 옆 공원에서 만난 것이다.

2) 회중주의자들의 행보, 사보이 궁전 및 예배당

템즈강을 따라 한참을 걷다보면 나오는 장소에 사보이 궁전(Savoy Palace)이 있다. 그곳을 향해 걸었다. 이곳은 청교도 역사, 영국교회 역사에서 중요한 회의가 두 차례에 열렸던 곳이다. 첫 회의는 1658년 회중주의를 표방했던 120여개 교회 대표들이 모여 '사보이 선언'을 채택한 것이며, 다른 회의는 왕정복고 이후 1661년 국교회 주교 12명과 비국교회 대표 12명이 하나의 영국교회를 위해 '사보이 회의'를 연 것이다. 그 역사의 현장을 확인하고, 흔적을 찾기 위해 나섰다.

하지만 역사의 현장을 직접 경험하는 것은 불가능하다. 18세기 후반 화재와 19세기초 철거 등으로 옛 건물은 대부분 파괴됐고, 궁전이 있었던 지역 전체가 새로 개발되었다. '사보이 궁전'이란 이름을 물려받은 건물에는 엔지니어링과 기술 연구소가 들어섰고, 다양한 전시와 컨퍼런스 공간으로 사용되고 있었다. 주변에는 사보이 이름을 단 호텔과 극장도 있었다. 그래도 유일하게 옛 역사의 풍취를 느낄 수 있는 곳은 과거 사보이 병원 예배당으로 사용된 사보이 채플(the King's Chapel of the Savoy)이다. 1500년경 세워진 건물은 매우 낡고 오래되어 보였고 교회 내부도 두 줄로 된 회중석 등 작고 단순했다. 그런데 천정과 스테인글라스는 최근 새롭게 리모델링한 듯 화려했다. 한 창문은 2012년 엘리자베스 여왕 취임 60주년을 기념(다이아몬드 주빌리 창)해 만들어졌다고 한다.

사보이 궁전 예배당

원래 궁전(대주택)에는 예배당 규모의 넓은 공간이 많이 있었기 때문에 정확한 회의 장소를 알 수 없다. 또 작은 위원회 회의는 궁전의 여러 장소에서 이뤄졌을 것이다. 역사는 프랑스 개신교와 독일 루터교, 퀘이커교도 등 다양한 비국교도 회중이 사보이 궁전의 작은 예배당을 사용했음을 증언한다. 그런 점에서 현재의 사보이 예배당이 두 중요 회의와 어떤 관련이 있는지는 알 수 없었다. 그럼에도 사보이 예배당은 당시의 역사적 사건을 떠올리기엔 충분했다.

사보이 궁전 예배당 내부

중도적인 교회의 개혁을 열망했던 청교도들 가운데는 대주교를 정점으로 한 주교제 대신 온건한 감독제를 주장하는 사람도 있었고, 주교제를 대신해 장로제로 전환한 것을 요구하는 목소리도 있었다. 소수긴 했지만 왕을 수장으로 한 주교와 성직자 임명이 아니라 신자로 구성된 회중을 중심에 둔 교회 운영(독립파 또는 회중주의)을 요구하기도 했다. 찰스 1세 때 영국내전이 벌어지면서 기존 국교회는 왕당파에 속했고, 장로파는 의회의 중심이 되었다. 의회에 의해 웨스트민스터 총회가 소집되었고 39개 신조를 대체해 웨스트민스터 신앙고백을 만들었다. 교회제도도 주교와 교구 중심의 국교회를 장로회(노회)-총회 형태로 변경을 결정하고, 시행에 나섰다. 하지만 주도권을 장악한 군대와 올리버 크롬웰은 독립파 입장을 수용했고, 회중 중심의 자율성을 강조한 이들에 의해 장로교회 전환은 가로 막힌다.

웨스트민스터 총회 때 다수인 장로파와 소수 독립파 사이에 논쟁이 있었다. 독립파인 토마스 굿윈(Thomas Goodwin, 1600~1679), 필립 나이(Philip Nye, 1595~1672) 등은 '변증적 서술(An Apologeticall Narration)'을 써서 의회에 제출, 장로제 전환에 문제를 제기했다. 회중주의 첫 선언문으로도 평가받는 이 문서는 교회가 형제적 관계를 유지하면서도 독립적으로 조직되어야 한다는 입장을 제시했다. 또 내전 기간 네덜란드와 신대륙으로 망명했던 목회자와 성도들이 돌아와 참전했는데, 이 흐름이 독립파, 회중주의 신앙을 확대하는 계기가 됐다. 이런 가운데 1658년 10월 독립파와 회중주의 대표 100여명이 사보이에서 총회를 열었다.

선언문 작성은 웨스트민스터 총회에 참석했던 토마스 굿윈과 존 오웬 등 6명의 신학자로 구성된 위원회에 맡겨졌고, 이들은 회의를 통하여 사보이 선언문(The Savoy Declaration, 전체 명칭은 A Declaration of the Faith and Order owned and practised in the Congregational Churches in England이다.)을 총회에 제출했다. 10여 일의 회의기간 참석자들은 웨스트민스터 신앙고백의 교리적 정의를 약간 수정하고, 교회 조직과 관련된 부분을 대폭 수정(Of the Institution of Churches, and the Order appointed in them by Jesus Christ—교회의 기관, 그리고 예수 그리스도에 의해 교회 안에 정해진 질서)해 새로운 교회 방향을 제시했다. 서문, 고백, 규율 강령으로 구성된 선언문을 통해 대표자들은 각 교회의 자율성을 강조했고 교회직분(목사, 교사, 장로, 집사)과 함께 이들이 교회의 선거와 투표에 의해 선택되거나 동의를 거쳐야 한다는 점을 강조했다. 어떤 이들은 이 문서가 10여 년 전 뉴잉글랜드 회중교회가 만든 케임브리지 플랫폼(Cambridge Platform)의 입장을 반영했다고 평가한다.

또 하나의 중요한 회의는 2년 후 열렸는데, 찰스 2세 복귀 이후 영국교회의 새로운 방향을 모색하기 위한 회의였다. 사보이 회의(The Savoy Conference, 1661)는 런던 주교 길버트 셸던(Gilbert Sheldon, 1598~1677, 캔터베리 대주교가 병약한 상황에서 그가 역할을 대신했고, 1663년 대주교가 됐다)이 소집한 회의로 12명의 주교와 청교도 12명(9명의 대리인 또는 보조관도 참여)이 참여했다. 요크 대주교를 의장으로 한 이 회의는 새로운 왕의 취임 이후 공동기도서를 개정하기 위한 목적으로 열렸다. 하지만 내전 이후 정치적 분열과 대립이 심화됐고 영연방 시기 주교제와 장로제도, 회중주의 입장이 명확히 형성되고 네트워크를 갖춘 상태였다. 영국교회는 하나의 교회로 통일성을 만들기 어려웠다. 이런 분열을 치유하고자 시도 했지만 결과는 실패였다. 4개월간 지속된 회의에서 주교들은 새로운 공동기도서를 만들려고 시도했고, 장로교를 대표한 온건한 입장의 리처드 백스터(Richard Baxter, 1615~1691)는 새로운 예배예식을 제안하기도 했다. 그러나 2개월 시간이 지난 시점 견해가 통일되기 어렵다는 것이 분명해졌고, 회의는 결론 없이 마무리되었다. 이후 1662년 통일령이 의회에서 통과되고 캔터베리 대주교를 중심으로 주교들은 새로운 공동기도서를 만들고, 성직자들에게 의무화했다. 이어 2300여명의 성직자들을 추방, 영국교회는 국교회와 비국교회로 분리되었다. 어쩌면 사보이 회의는 여러 흐름으로 나뉜 영국 교회의 현실을 부정하고자 시도했으나 철저히 분열된 현실을 체험한 회의였다. 가슴 아픈 현실을 인정해야 했던 성직자들처럼 안타까운 마음을 추스르며 다음방문지 퀘이커 정원으로 향했다.

3) 청교도 소수자들의 행보, 퀘이커

퀘이커(Quakes, 공식 명칭은 religious Society of Friends)는 영국내전(시민전쟁과 남북전쟁) 이후 1650년대에 형성된 신앙공동체이다. 이들은 요한복음 15장 14절을 따라 서로를 친구라고 부르고, 모든 신자의 사제직을 공언했으며, 신조와 계층구조에 대해 부정적인 입장을 드러냈다. 그들은 국교회의 순응 강요에 비순응했지만 처음에는 독자적인 예전이나 신학적 입장을 명확히 드러내지 않았다. 다만 계획되지 않은 예배(순서 없는 예배, 주로 침묵하며 기도하며 묵상하다가 참석자 중 준비된 이가 자연스럽게 일어나 말씀을 선포하는 형태), 그리스도에 대한 개인적 종교적 체험(직접적 체험, 성서를 읽고 연구함으로 얻는 신앙체험) 등을 강조했고, 전쟁 거부와 평상복 강조, 맹세 거부, 금주 실천, 노예제 반대 입장을 나타냈다.

초기 지도자는 조지 폭스(Geroge Fox, 1624~1691)로, 퀘이커라는 이름은 '모임에서 이들이 몸을 떠는 행동(신앙체험의 결과로)을 한 것'에서 유래했다. 퀘이커는 잉글랜드와 웨일스 등에서 지지자를 얻었으며, 1680년대에 6만여 명의 회원으로 성장했다. 그러나 영국 교회는 퀘이커를 정치적, 사회적인 질서에 모독과 도전을 행하는 이들로 보았고 1662년 퀘이커법('퀘이커라 불리는 이들이나 기타 합법적으로 맹세를 거부하는 사람들에 의해 발생되는 해악과 위험을 방지하기 위한 법')과 1663년 비밀집회 방지법에 따라 박해했다. 하지만 퀘이커들의 신앙은 확산됐고 신대륙 미국으로도 퍼졌다.

런던 '퀘이커 정원'(Quaker Gardens)으로 불리는 곳은 조지 폭스와 함께 많은 퀘이커 신자들이 묻힌 곳이다. 올드 스트리이트(Old Street) 역에 내려 작은 정원으로 향했다. 이 정원은 1661년 퀘이커 교도들이 자신들의 매장지로 사용하기 위해 30평방 야드(2.74km2)의 땅을 매입하며 시작되었고 나중에 확장되어 1850년까지 사용했다. 비석과 무덤이 조금을

퀘이커 정원

남아 있을 것이라 생각하고 찾았지만 거의 없었고 '묘원'보다는 시민이 거닐 수 있는 작은 공원이었다. 기록을 통해 병으로 사망한 교인들과 일반적인 죽음, 감옥에 갇혔다가 순교한 인물 등이 묻혔다는 내용을 알 수 있었다. 또 공원 한쪽에서 조지 폭스를 기리는 기념비와 역사를

퀘이커 정원 조지 폭스 기념비

설명하고 있는 낡은 기념비를 만날 수 있었다.

작은 공원은 퀘이커의 신앙 입장과 닮아 있다. 탄압을 받은 퀘이커들은 이름 없이 묻혔고, 우상숭배를 반대하며 무덤에 이름조차 새기지 않았다. 조지 폭스 또한 사망 이후 이곳에 묻힌 후 제네바의 칼뱅이나 스코틀랜드 낙스처럼 작은 서판에 'G.F'라는 글귀만 새겼다. 그러나 많은 신자들이 그의 무덤을 찾기 시작하자 이 표식도 없애버렸다. 형상을 쫓는 것이 사람이고 작은 유적과 유물을 신앙의 대상으로 숭배했던 과오를 범하지 않기 위해서다. 그것이 후대 퀘이커들이 그를 기억하고 추모하는 방식이었다. 다행히 중세의 사고는 계몽주의를 지나면서 극복됐고 후대에 역사를 전하기 위해 조지 폭스 이름을 새긴 기념비를 만들 수 있었다. 퀘이커 정원의 역사를 새긴 낡은 비석, '이 근처에 조지 폭스가 매장되었고, 이전에 에드워드 버로우와 런던 교도소에서 사망한 90여명의 다른 퀘이커 순교자들이 이곳에 묻혔다'(Near this Spot George Fox was interred in 1690, previously Edward Burrough and some Ninety other Martyr Friends, who died in London Prisons)는 글귀를 보며 묵념했다.

퀘이커의 교리나 신앙, 역사, 교회 운영에 대해선 경험한 적 없어서 잘 모르지만 그들은 영국교회의 질서에 비판적이었고 비순응했으며, 자신들의

독특한 신앙 입장을 유지하고 지켰다. 마치 프랑스 땅의 발도파처럼 '맹세하지 말라'는 성서말씀을 그대로 실천했고, 경건을 통해 자신들에 주는 하늘의 신앙적 체험과 말씀을 나눴다. 자유로운 예배를 추구하고 절제와 소박한 삶을 살고자 한 것은 청교도 영향임이 분명해 보인다.

4) 번힐 필드 묘원

비국교도들이 묻힌 번힐 필드 묘원

퀘이커 정원 옆에는 더 넓고 많은 비석이 있는 장소가 있다. 바로 번힐 필드 묘원(Bunhill Fields)로 불리는 곳이다. 이곳은 천로역정의 저자인 존 번연을 비롯해 많은 영국교회 비순응자, 즉 비국교도들이 묻혀 있다. 영국 종교개혁 과정에 비국교도는 철저히 권리와 자격을 박탈당했고, 기존 교회 묘지에 묻힐 수 없었다. 그래서 그들은 시 외곽에 있는 부지를 마련했고, 그곳에 자신들을 묻기 시작한 것이다.

엘리자베스 여왕 이후 청교도는 비순응했고, 교회에서 쫓겨났다. 영국 내전과 영연방 기간 장로교와 회중주의 입장이 부상했지만 10여년 영향력을 행사했을 뿐이다. 1660년 왕정복고로 찰스 2세가 새 왕이 되면서 주교제는 복원됐고 클라랜던 코드와 시험법으로 불리는 종교법에 의해 비순응자는 모든 공직과 영국교회에서 추방되었다. 나아가 비밀집회(비공식집회) 금지와 함께 이전 사역 및 거주지에서 5마일 이내 접근도 금지 당했고 자녀의 대학 입학 및 학위 취득을 금지 당한다. 이로서 영국교회는 대우받는 국교회와 '차별받는' 비국교회로 철저히 분리된 것이다.

번힐 필드는 이 시기(1665) 교회나 교구에 묻힐 수 없었던 성직자와 성도를 위한 묘지로 조성한 곳이다. 당연히 그 시기 이름이 알려진 중요 성직자와 함께 평신도 지도자들이 이곳에 묻혔다. 대표적 인물로는 천로역정의 저자인 존 번연(John Bunyan), 로빈슨 크루소의 저자로 유명한 다니엘 디포(Daniel Defoe), '기쁘다 구주 오셨네', '십자가 군병 되어서', '천성을 향해 가는 성도들아' 등의 찬송가를 작사한 아이작 와츠(Isaac Watts)가 있다. 또 초기 청교도 인물로 회중교회 지도자였던 존 오웬(John Owen)도 이곳에 묻혔고 존 웨슬리의 어머니 수산나도 이곳에 안식하고 있다.

묘원은 출입이 자유롭지만 철창으로 일부 지역은 출입이 제한되었다. 그래서 수산나와 존 오웬, 아이작 와츠 등의 무덤은 멀리서 볼 수밖에 없었고 가까이 마주할 수 있는 번연 무덤과 디포의 기념비를 꼼꼼히 살폈다. 대추방에도 불구하고 그들은 출판물을 통해 설교하고 자신들 입장을 사람들에게 전했다. 때때로 비밀집회를 열어 말씀은 선포했다. 번연과 오웬과 함께 대추방 시기 리처드 백스터(Richard Baxter, 1615~1691) 등이 작가로 널리 알려진 것은 바로 이런 이유에서다.

이 시기 대표적인 청교도 설교자요 작가였던 리처드 백스터는 키더

존 번연의 무덤

웨스트민스터 회의에서 활동한 존 오웬 무덤

민스터의 세인트 메리 앤 올 세인츠 교회 목사로 19년간 사역했다. 그는 사역기간 지역 목회자 협의회를 구성하고 장로교, 국교회, 무소속 신자를 차별 없이 하나로 묶는데 집중했다. 이런 사역의 원칙과 방향을 '개혁된 목사'(The Reformed Pastor, 1657, 한국에선 '참된 목자'란 제목으로 번역됨)'란 책으로 출간했다. 왕정복고 후 런던으로 온 그는 왕실 목사와 헤리퍼드 주교직을 제안 받지만 거부했고 다른 목회자들과 함께 국교회에서 추방됐다. 때때로 비밀집회, 설교를 했다는 이유로 감옥을 오가면서도 저술에 매진, 그는 160여 편의 작품을 통해, 자신의 신앙과 신앙원칙을 사람들에게 전달했다. 한국에 '성도의 영원한 안식'(The Saint's everlasting Rest, 1649), '회심으로의 초대'(A Call to the Unconverted to turn and live, 1658) 등도 소개돼 있다.

왕정복고 이후에 추방된 목회자들은 비공식 모임과 비밀집회를 통해 말씀을 전했고, 지역 주교 성향에 따라 어떤 때는 교회나 예배당 공간을 임대해 정기예배를 드리기도 했다. 하지만 많은 청교도 목회자들은 합법적으로 설교할 수 없었기에 백스터처럼 글과 출판물을 통해서 말씀을 전했다. 이러한 출판을 위해 활동한 인물 중 한 사람이 존 웨슬리의 외할아버지 사무엘 아네슬리다. 그를 만나기 위해 추방 전까지 사역한 '세인트 자일스 그리플게이트 교회'를 찾았다.

5) 사무엘 아네슬리와 수산나, 세인트 자일스와 스피탈필드

런던 중심가에 자리한 세인트 자일스 그리플게이트 교회(St Giles Cripplegate)는 1000년 역사를 가진 교회로 사무엘 아네슬리(Samuel Annesley, 1620~1696) 외에도 많은 유명한 인물과 관계 있었다. 교회 소개 자료에는 영국교회 순교자들의 이야기를 저술한 존 폭스(John Foxe), 유명 시인인 존 밀턴(John Milton)과 연결된다고 소개하고 있었고, 올리버 크롬웰이 이곳에서 결혼했으며, 다니엘 디포 등이 세례를 받았다고 전했다. 한때 윌리엄 셰익스피어와 존 번연도 이 교회에 속했다고 한다.

웨슬리의 외할아버지인 사무엘 아네슬리는 1658년부터 1662년 추

세인트 자일스 그리플게이트 교회

방되기 전까지 이곳에서 Vicar(목사)로 일했다. 하지만 교회에서 사무엘 아네슬리의 흔적은 찾는 것은 실패했다. 짧은 기간 일한데다 작은 상반신 동상이 세워진 올리버 크롬웰, 존 번연, 다니엘 디포, 존 밀턴 등의 유명세에 가려졌기 때문이다. 그러나 사무엘 아네슬리가 행한 역할은 결코 작지 않았다.

장로교회 입장을 가진 사무엘은 켄트 지역에서 목회하다가 찰스 1세 처형에 반대했다는 이유로 직위를 잃었고, 올리버 크롬웰 사망 이후에 이 교회의 목사가 됐다. 하지만 몇 년 후 왕정이 복고되고 비국교도 성직자들이 대추방되면서 이곳에서 쫓겨났다. 추방된 후에도 그는 비밀리에 설교하면서 1640년대부터 시작된 'Morning Exercises(아침 모임)'에서 행한 청교도 성직자들의 설교를 출판(The Morning-Exercise at CrippleGate)하는 등 청교도 목소리 확산에 힘썼다. 추방 이후 그는 리틀 세인트 헬렌스에서 비밀집회를 열었고, 스피탈필즈에서도 800여명의 회중 앞에서 설교했다.

추방된 목회자로서 몇 차례 비밀집회를 했음에도 당국의 탄압을 피한 것은 아마도 찰스 1세 처형을 반대한 때문일 것이다. 1672년 면죄선언으로 잠시 장로교 '교사'로 허가를 받기도 한 그는 상당한 재산을 압류당했음에도

런던에서 비국교도를 지원하는 활동을 할 수 있었다. 관용령에 따라 설교가 가능해지면서부터 그는 자신의 집이 있는 스피탈필드에서 집회를 열어 말씀을 선포했다. 그의 신앙적 고집이 딸 수산나를 통해 웨슬리에게 이어졌음은 분명하다. 존 웨슬리가 그의 외할아버지를 만나진 못했지만 그로부터 배운 어머니로부터 받은 가정교육은 외할아버지로부터 유래했기 때문이다. 어머니로부터 배운 교육방식으로 웨슬리는 나중에 옥스퍼드에서 신성클럽을 이끌었고, 예배당이나 건물 내에서만 설교하던 전통에서 벗어나 야외에서 회중에게 설교하며 메도디스트운동을 일으켰다.

교회를 나서 사무엘 아네슬리가 살았고, 그의 딸 수산나가 태어난 장소를 향했다. 처음 찾는 곳이라 좀 헤맸다. 주소를 들고 집을 찾아 나섰지만 딴 생각을 하다가 지나쳤고, 자연스럽게 스피탈필드 시장(Spitalfields Market)을 둘러보게 됐다. 서울의 현대화된 시장들과 닮아 있다. 건물 안쪽에 상점들도 있었고 가판대에서 물건을 팔기도 했으며 먹거리를 살 수 있는 매대도 있었다. 그곳을 둘러보던 중 사무엘 아네슬리가 이곳 시장 어딘가에서 설교를 한 것은 아닐까 생각이 들었다. 물론 설교자들의 인식과 설교 스타일을 고려할 때 그는 야외설교는 하지 않았다. 또 런던이란 도시에서 야외설교는 당국의 감시와 탄압으로 중단될 수밖에 없다. 그렇기에 집회는 이곳 시장 어딘가의 건물에서 이뤄졌을 가능성이 높다. 그래도 이곳을 거닐었을 사무엘 아네슬리는 회

수산나 아네슬리가 태어난 집

중으로 넘쳐나는 시장을 보며, 그들 속에서 말씀을 전하고 싶다는 생각을 했음직하다. 그런 마음이 이어져 손자인 웨슬리가 야외설교를 통하여 많은 사람을 깨우는 설교자로 거듭나게 된 것은 아닐까 생각해본다.

수산나가 태어난 집 기념판

길을 되돌아와 골목 안 수산나가 태어난 집에 도착했다. 그리고 후대에 만든 작은 기념판을 살폈다. 기록된 내용은 간단했다. '이 집에서 존 웨슬리의 어머니 수산나 아네슬리가 1669년 1월 20일 태어났다.(In this house Susanna Annesley, mother of John Wesley was born January 20th 1669.)'는 것이다. 너무나 간단하다. 그러나 그것 이상 무엇을 담을 수 있을 것인가? 그 문구를 읽으며 수산나의 삶과 아버지 사무엘로부터 받은 신앙 유산, 그녀가 아들 존과 찰스 웨슬리에게 미친 영향을 생각, 묵상할 수 있다면 충분하다. 아는 만큼 보이고, 배운 만큼 느끼며, 생각한 만큼 성찰하게 된다. 골목 안 수산나 웨슬리가 태어난 건물 앞에서 한참을 생각하며 머물렀다.

스코틀랜드 종교개혁은 낙스, 멜빌에 이어 언약도들의 운동으로 전개됐다. 스털링에 있는 존 낙스와 앤드류 멜빌, 알렉산더 핸더슨 등 종교개혁자 동상.

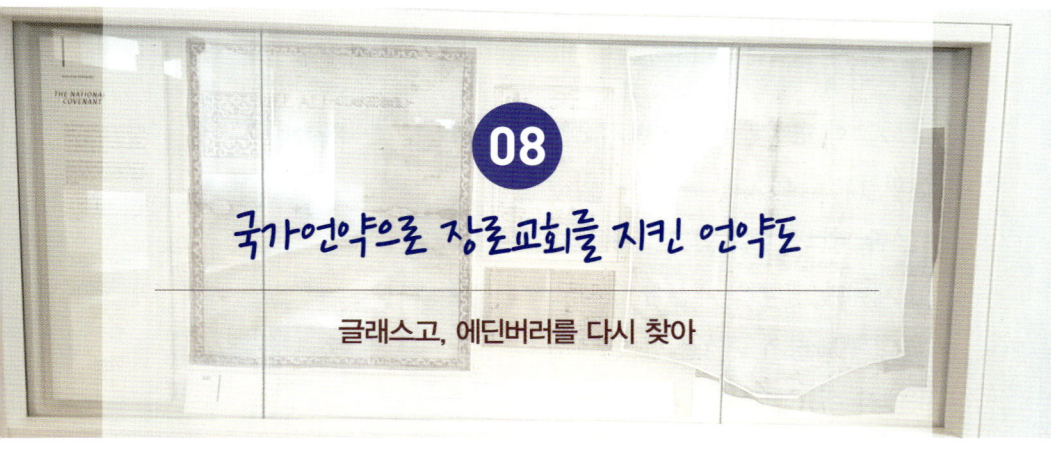

08
국가언약으로 장로교회를 지킨 언약도
글래스고, 에딘버러를 다시 찾아

　존 낙스를 중심으로 전개된 스코틀랜드 종교개혁은 제임스 1세 시절 앤드류 멜빌 주도로 주교제 대신 장로교 제도를 선택, 발전시켰다. 하지만 찰스 1세는 왕권신수설에 근거해 교회 수장임을 강조했고 주교제와 국교회 예전을 스코틀랜드에 강요한다. 이에 맞서 의회와 교회 지도자들은 언약운동(National Covenant)을 통해 저항했고, 주교전쟁과 영국 내전을 거치며 장로교회를 정착시켰다. 그러나 스코틀랜드 장로교회를 인정하겠다고 약속한 찰스 2세는 왕정복고 후 이를 무시했고, 저항하는 언약도를 처형장으로 내몰았다.

　왕을 존중하며 따르면 스코틀랜드인들은 자신들의 신앙을 지키기 위해 다시 왕에 맞섰고, 죽음을 통해 자신들의 신념을 증명했다. 그들이 있었기에 이후 명예혁명을 통해 스코틀랜드 장로교회는 지켜질 수 있었다. 이들이 스코틀랜드 종교개혁의 진정한 완성자인 언약도(Covenanters)이다. 자신들의 신념, 순수한 신앙을 지키기 위해 목숨을 내걸고 싸운 진정한 신앙의 승리자가 이들이다.

언약도를 만나기 전 낙스의 죽음 이후 왕실의 움직임과 스코틀랜드 장로교회 형성과정을 구체적으로 살피려고 글래스고(Glasgow)를 찾았다. 존 낙스를 계승한 앤드류 멜빌이 제네바 생활을 마친 후 글래스고 대학 학장의 중임을 맡았고, 이곳에서 스코틀랜드 첫 사역을 시작했기 때문이다. 그는 이곳에서 활동하며 스코틀랜드교회 총회 의장이 되었고 스코틀랜드 장로교회의 틀을 구체화했다.

제임스 6세(영국 전체로는 제임스 1세)

1. 앤드류 멜빌과 장로교회, 글래스고에서

에딘버러 공항에 도착한 후 글래스고로 향했다. 버스 안에서 낙스의 죽음 이후 스코틀랜드의 종교개혁 전개과정을 생각했다. 1560년 종교개혁이 시작 된 후 존 낙스와 가톨릭 입장인 메리 여왕의 대립이 1막(1561~1572)이라면 낙스 사후 종교개혁으로 탄생한 스코틀랜드 개혁교회와 제임스 6세, 찰스 1세와 갈등이 종교개혁의 제2막(1573~1638)이다. 다음에 살필 언약도 이야기는 스코틀랜드 종교개혁의 제3막으로 불러야 할 것 같다.

제임스 6세(1566~1625)는 종교개혁이 시작된 후 태어났고, 갓난아기 때 왕위(1567)에 올라 종교개혁 편에 선 섭정의 지원을 받았다. 그가 왕의 자리에 나아간 것(1578)은 12살이 되었을 때였고 10대 후반이 된 1580년대 중반부터 자신만의 색깔로 정치를 하기 시작했다. 그는 교회의 리더가 된 앤드류 멜빌과 주교제와 장로회, 교회에 대한 군주 권한 등을 놓고 쟁론을 벌였다.

1) 제임스 6세와 앤드류 멜빌

제임스 6세는 태어난 직후 어머니 메리에 의해 가톨릭 영세를 받았다. 하지만 왕이 된 이후 인문주의자요, 종교개혁자인 조지 뷰캐넌(George Buchnan) 밑에서 엄격한 교육을 받으며 성장했다. 뷰캐넌은 교육 과정에 매를 들고 왕을 때릴 정도로 엄격한 교육을 했고, 왕은 다방면에 대한 지식과 함께 종교에 대해 풍부한 지식을 습득했다. 그는 1603년 영국 전체 통치자가 되어 런던으로 떠나기 까지 개혁교회 예배에 정기적으로 참석하고, 어떤 때는 설교하던 목사와 신학 논쟁도 했다. 그의 개혁주의 면모를 보

앤드류 멜빌(스털링 종교개혁자 동상 중)

여주는 행동은 1581년 그가 서명한 'King's Confession(왕의 고백)'이다. 사람들은 실질적 왕의 자리에 앉은 제임스 6세가 가톨릭 영향을 받을까 우려했다. 이를 알게 된 왕은 존 크레이그(John Craig)에게 약속 문서를 작성하도록 한 후 서명, 공표했다. 이를 통해 왕은 "진정한 종교를 받아들이고 로마 가

톨릭을 반대 하겠다."고 하나님 앞에 서약한다.

개혁주의 입장은 분명했지만 왕은 엄격한 교육, 귀족과 목회자로부터 받았던 압박으로 개혁주의, 장로교회에 대해 부정적 시각을 갖게 됐다. 스코틀랜드교회는 1570년대 중후반부터 왕의 권한을 제한적으로 보는 입장이 뚜렷했고, 앤드류 멜빌은 설교를 통해 왕이 주장하는 절대적 권위를 비난하기도 했다. 나아가 개혁주의 영주들은 1582년 왕을 자신들의 영향아래 두기 위해 10개월간 강제 연금(Raid of Ruthven)하기도 했다.

멜빌이 왕과 주교 앞에서 연설하는 장면

이런 신하를 보며 제임스는 교회의 독립 운영을 비판하며, '신성한 왕권'에 기초해 왕이 종교에 대해 완전한 권한을 가져야 한다고 생각한다. 당연히 수장령과 주교제를 택한 잉글랜드 제도에 호감을 갖지 않을 수 없었다. 왕이 모든 목사를 상대하는 것보다는 대주교와 주교를 상대하는 것이 효율적이기 때문이다. 또 엘리자베스 1세 여왕의 유력한 후계자가 되면서부터 정치적 지지를 얻기 위해 잉글랜드 교회제도(주교제 등) 도입이 필요했다. 영국의 왕이 된 이후에는 스코틀랜드와 잉글랜드의 통합 교회를 만드는 것이 연합 국가를 만드는데 유리하다는 점도 작용했다.

그런데 제임스 6세가 스코틀랜드를 직접 통치하기 시작한 시기 당회-노회-총회로 이어지는 새로운 장로교회 제도가 구체화됐고, 종교개혁의 전진을 위해 주교제를 폐지하는 문제가 주요 이슈가 됐다. 또 교회 안팎에서 주교제, 장로제의 대립과 함께 왕당파와 의회파가 치열하게 맞섰다. 왕실은 주교들, 고위 귀족들(왕당파)는 왕권을 강화하고자 노력했고 이에 맞서 의회 권위를 강화하려는 사람들(지방 영주와 지주, 상공인들)이 서로 대립했다.

주교제 논란에는 종교개혁 초기 영향력이 있던 낙스가 구체적인 교회 제도를 명확히 제시하지 않은 것도 한 원인이다. 낙스는 종교개혁 포문은 열었지만 주교제 폐지나 '왕이 교회의 수장'이라는 잉글랜드 제도에 대해 모호한 입장이었다. 이는 종교개혁 초기 현실에서 불가피했다. 중세교회 때 임명된 주교 일부는 개혁에 동참했고, 개혁주의 목회자 부족으로 '시찰감독'처럼 교회를 순회하며 돌보는 감독(주교)의 역할도 필요했다. 국가 차원의 종교개혁이 진행되며 (전체 성직자와 회중의 영주, 즉 장로가 참여하는) 총회 구조는 만들어졌지만 1560년대까지 개 교회 구조(당회)와 '노회'를 포함한 장로교회 정치 제도는 등장하지 않았다. 메리 여왕을 지지하던 가톨릭 귀족과 맞서 싸우며 개혁교회 제도를 논의하는 것은 시기상조였던 것이다. 여기에 당시 교회의 수장이 누구냐의 문제는 스코틀랜드와 관련 없는 잉글랜드에 해당되는 문제였다.

하지만 낙스가 죽은 시점에 종교개혁은 대세가 됐고, 이제는 종교개혁 진영 내에서 제도와 예배예식 등의 문제가 중심 과제로 떠올랐다. 더욱이 스코틀랜드는 대륙에서 활동한 이들이 종교개혁을 주도하면서 칼빈주의 영향을 강하게 받았다. 반면 수장령과 전통적인 주교제를 유지하는 잉글랜드의 정치적 압력도 받고 있었다. 왕은 왕이 교회의 수장이며 주교를 통해서 교회를 통치하는 잉글랜드 방식을 우호적으로 주장했고, 스코틀랜드 성직자들은 앤드류 멜빌(Andrew Melville, 1545~1622)을 중심으로 장로교 제도를 스코틀랜드 교회의 바람직한 형태로 만들고자 했다.

2) 글래스고 시내와 대학

글래스고에 도착한 후 시의회(City Chamber)와 광장(George Square) 등을 거닐며 도심의 정취를 느꼈다. 하지만 앤드류 멜빌이 사역했던 글래스고 대학교(University of Glasgow)는 도심 서쪽에 좀 떨어져 있었다. 글래스고를 방문하기 전 앤드류 멜빌과 대학 관련 자료를 찾던 중 대학이 설립(1451년)된 초기에 글래스고 대성당과 그 부근, 즉 도심의 동쪽(하이스트리트 올드 칼리지)에 있었다는 것을 알게 됐다. 대학이 길모어힐 지역으로 이전한 것은 1870년이다. 당시 대학은 돌 하나하나를 기존 건물에서 떼어냈고 말과 수레에 실어 옮겼다. 옛 건물을 닮은 듯 새 건물이 지어진 것이다. 자료를 검색하며 그 역사의 흔적 어딘가에 멜빌과 관련된 흔적을 찾으려 노력했다. 하지만 안타깝게도 대학에게 멜빌은 더이상 중요한 인물이 아니었다. 대학 출신인 경제학의 아버지인 애담 스미

글래스고 대학. 멜빌은 스코틀랜드로 돌아온 후 첫 과제로 대학 개혁에 힘썼다.

스(Adam Smith, 1723~1790)와 증기 기관을 발명한 제임스 와트(James Watt, 1736~1819) 같은 인물이 더 중요하게 언급되고 있었다. 그런 이유를 핑계 삼아 도심 서쪽(대학 방향)이 아닌 동쪽 방향(대성당 방향)으로 길을 잡았다. 과거 도시는 대성당을 중심으로 형성됐다. 6세기 스코틀랜드 교회 역사에 중요인물인 성 켄팅턴(St Kentigen, St Mungo로도 불림, 518/528~612)은 픽트족에게 선교하던 세르바누스(St Servanus)의 제자로, 클라이드 강 지역, 오늘날 글래스고 지역에서 선교 활동을 했다. 그는 지역을 통치하던 스트래스클라이드 왕의 지원 속에 이곳에 터 잡은 후 13년간 작은 방에서 금욕적 삶을 살며 주민을 개종시키고 교회(수도원)를 세웠다. 하지만 다른 왕에 의해 추방된 그는 웨일스 Llanelwy(현재의 St Asaph)로 가서 사역했고, 새 왕의 취임과 함께 되돌아와 581년부터 글래스고에서 다시 사역했다. 죽음 이후 그의 무덤 터 위에 교회가 세워졌고 그를 찾아 수많은 순례자들이 이곳을 찾았다. 바로 대성당의 역사적 출발점이다. 그 대성당을 모체로 대학이 설립되었고, 종교개혁 이후 앤드류 멜빌이 대학을 새롭게 만들기 위해 힘을 보탠 것이다. 또 성직자로서 스코틀랜드 교회를 장로교회로 만들기 위해 노력했다.

멜빌이 활동하던 시기 개혁교회는 성서를 근거로 목사, 교사, 장로, 집사 등 4개 직분을 교회 직분으로 여겼고, 큰 무리 없이 수용되었다. 그런데 신자(당시 신자는 곧 시민과 동의어라고 할 수 있다)를 치리하는 문제는 성직자회의와 시의회(위원회)가 자신의 권한을 주장하는 등 다툼이 있었다. 신자와 시민(백성)의 지위와 역할, 그리고 중세의 끝자락, 시민사회가 미성숙한 상태였기에 교회와 행정당국이 갈등한 것이다. 하지만 개혁교회가 점차 틀을 갖추면서 종교개혁자들은 시민사회와 분리된 교회를 생각했고, 1560년대 후반부터 교회를 구성하는 신자 치리 권한은 교회(목사와 장로, 노회)에게, 그리고 교회 행정을 위한 틀로서 노회-지역대회-총회로 이어지는 교회 제도를 만든다. 이 제도는 1571년 개혁주의 교회들이 참여한 엠덴 시노드(Synod of Emden)에서 채택됐고, 주교제(감독제)를 대체하는 제도로서 스위스, 네덜란드, 스코틀랜드에서 지지를 얻었다. 멜빌 또한 제네바에 머물렀기 때문에 이 논의를 누구보다 잘 이해하고 있었다.

스코틀랜드에서 주교제와 장로교(총회-노회)제도 갈등은 1572년 낙스 사후 본격화 된다. 가톨릭, 메리 여왕 지지자의 반란을 진압한 후 섭정 모튼을 중심으로 리스에서 회의가 열렸다. 이 때 리스 협약(Concordat of Leith)을 통해 1560년 종교개혁 결의(제1치리서)를 승인하였다. 당시 협약 문구에 '왕은 교회의 승인 아래 주교를 임명할 수 있다'는 내용이 있었고, 이 문제가 논란이 된다. 이 시기(1574년) 앤드류 멜빌이 스코틀랜드에 돌아왔고, 글래스고 대학 총장직을 맡아 후진 양성과 교회 개혁에 앞장섰다. 세인트 앤드류스와 파리 대학에서 공부한 그는 제네바 대학에 머물며 칼빈의 후계자 베자(Theodore Beza)와 협력, 개혁주의 장로교회를 자신의 신념으로 받아들인 상태였다. 대륙 개혁자들의 논의를 잘 알던 그는 스코틀랜드 내의 주교제 유지 흐름에 맞서 장로교회를 굳건히 하는 일에 집중했다.

멜빌은 주교제로 돌아가려는 사람들에게 '주교제가 사역자간 평등 원칙을 무너뜨린다'고 비판했고, 낙스가 기초한 제1치리서를 보완하여 '제2치리서(The Second Book of Discipline)' 작성에 힘을 쏟았다. 교회는 1576년 22인 위원을 선정하여 문서 작성을 시작했고, 10월 총회에 초안을 제시했다. 이후 수차례 회의를 통해 1578년 4월 멜빌이 의장이 되는 시점에 '제2치리서'를 결의했다. 제2치리서는 총회, 대회, 노회, 당회의 역할과 함께 교회 내 직분으로서 목사, 장로, 집사의 역할에 관한 규정을 명확히 했다. 스코틀랜드 교회의 미래를 '주교제'가 아니라 '장로교회'로 분명히 한 것이다.

글래스고 시청사와 광장. 이곳에서도 많은 언약도들이 처형됐다.

　물론 당시 의회는 제임스 왕이 어렸던 시절로 섭정과 귀족들 중심으로 운영되었고, 의회는 총회 결의를 오랫동안 승인하지 않았다. 이러한 갈등 속에 개혁주의 영주들이 왕을 연금했고, 그가 풀려난 이후인 1584년 의회는 루스벤(Ruthven)의 영주들과 급진적인 목사들을 잉글랜드로 추방했다. 당연히 교회의 리더였던 멜빌도 스코틀랜드를 떠나야 했다. 추방 당시 멜빌은 '자신은 그보다 훨씬 높은 왕, 예수 그리스도의 메신저'라고 말하면서 자신의 설교를 판단하는 정부의 권위를 받아들이지 않았다. 추방 전 멜빌은 히브리어 성서를 탁자에 내려놓고 '(이것이) 자신에게 권위를 부여한 것'이라 말했다고 한다. 이후 의회는 주교를 두고 국왕이 교회를 통치한다는 내용을 담은 암흑법(Black Acts, 1584)을 통과시켰고, 목회자들의 서명을 압박하기도 했다. 일부 목회자들이 망명하기도 했지만 교회의 반대가 격렬해지면서 왕과 의회는 1592년 황금법(Golden Act, 1592)으로 이전 법을 무효화하고, 제2치리서의 원리를 인정, 장로교회 제도를 스코틀랜드의 국가 제도로 받아들인다. 이는 의회 내 양측 세력이 비등했기 때문이기도 했고, 제임스 6

세 왕이 정치적으로 우유부단 했기 때문일 것이다.

다시 스코틀랜드로 돌아온 앤드류 멜빌은 1596년 '스코틀랜드에는 두 개의 왕과 두 왕국이 있다'는 유명한 연설을 한다. "왕국을 다스리는 제임스 왕과 교회의 왕이신 그리스도 예수가 계시며, 제임스 6세는 그의 신하이며 그분의 왕국에서 왕도 주인도 머리도 아니며 회원이라는 것"이다. 그런 멜빌의 말을 들으면서도 제임스 왕은 자신의 신념과 원칙을 포기하지 않았다. 자신의 뜻대로 1599년 몇 명의 주교를 임명했다. 1603년 엘리자베스 여왕을 이어 영국 왕으로 런던에 머물 때는 원격으로 스코틀랜드 귀족과 의회를 통제했다. 1608년에는 글래스고 주교로 존 스포티스우스(John Spottiswoode)를 임명했고, 1611년에도 주교제 회복을 위해 3명의 주교를 임명했다. 1610년부터는 총회 소집을 하지 않는 등 스코틀랜드 장로교회를 압박한 왕은 멜빌을 런던으로 소환하고 구금했다가 설득이 안되자 1611년 영국에서 추방했다.(멜빌은 프랑스에서 성서를 가르치다가 1622년 사망했다.)

멜빌이라는 큰 걸림돌을 제거한 제임스 6세는 1617년 스코틀랜드(세인트앤드류스)를 방문하여 자신의 뜻과 의지를 의회와 주교들에게 전했고, 1618년 대주교와 주교, 의회를 통하여 퍼스 5개 조항(Five Articles of Perth) 도입을 요구했다. 이 조항은 성찬을 받을 때 무릎을 꿇고, 성탄절과 부활절과 같은 축일의 준수, 사적인 성찬, 필요한 경우 개인적 세례 집행, 주교에 의한 입교식 등을 시행하는 것이다. 영국 국교회 제도를 시행토록 강요한 것이다. 그러나 스코틀랜드 개혁교회는 성찬 때 무릎을 꿇는 것은 가톨릭의 미사와 같다고 믿었고, 세례는 구원을 위해 (긴급히 실시해야 할) 필요가 없을 뿐 아니라 주교의 확인(견진 또는 입교)이 필요 없으며, 교회의 유일한 성일은 매주 주의 날을 지키는 것이라며 거부했다. 교회의 반대에도 의회는 왕의 요청을 수용해 1621년 5개항을 승인하였고, 이를 거부하는 목사(David Dickson

등)를 교회에서 쫓아내거나 구금한다. 왕의 끈질긴 노력, 시도가 멜빌을 중심으로 뭉친 스코틀랜드 교회의 의지, (국가)교회로서 장로교회의 방향성을 꺾은 것이다.

그래도 제임스 6세(또는 제임스 1세) 때는 노련한 정치적 수완으로 극단적인 대립으로 나아가지는 않았다. 어쩌면 교회는 긴장 관계에도 개혁주의 입장이 분명한 왕을 믿으려했고 대화로 해결할 수 있다고 생각한 것 같다. 하지만 왕권을 강화하려는 왕은 교회의 저항을 교묘히 피하면서, 자신의 의지를 천천히 관철시킨 것이다. 이런 노련한 정치력은 어릴 때 조지 뷰캐넌 등과 같은 교사로부터, 매를 맞으며 배운 것이라면 틀린 말일까.

3) 네크로폴리스 언덕 위에서

네크로폴리스 언덕은 낙스 상을 중심으로 많은 글래스고 시민이 묻힌 묘원이다.

대성당 앞에 도착했고, 대성당 입장까지는 시간 여유가 있었다. 교회 외부를 천천히 살폈다. 어두운 색깔 교회당은 오랜 세월의 흔적을 품고 있었고, 종탑은 수리가 한창이었다. 글래스고 대성당은 1136년 건축을 시작해 1484년 마무리했다. 완공까지 350년이 걸린 것이다. 예배를 위한 본당은 12세기말 봉헌, 사용되었고, 그 이후 종탑, 강당, 날개부분 등 추가 공사가 시행되었다. 대성당 옆에 있었던 수도원 건물도 이 시기 세워졌을 것이다. 이곳 대성당은 현재 스코틀랜드에서 가장 큰 대성당이라고 한다. 규모면에서는 중세 말 추기경이 있던 세인트 앤드류 대성당이 가장 컸지만 그곳은 종교개혁 후 쇠락의 길을 걸어 유적으로만 남았기 때문이다. 이곳 어딘가에서 앤드류 멜빌이 가르쳤고, 종교개혁 이후 새로운 대학 방향을 고민했다. 아마도 그곳은 대성당 부속 건물이었을 것 같다.

시간이 남아 대성당 뒤편 언덕에 세워진 공원묘지, 네크로폴리스(Necropolis)를 찾았다. 그곳 정상에 존 낙스 기념비(John Knox Monument)가 있고, 아래쪽에 특이한 윌리엄 월러스 기념비(William Wallace Memorial)가 있다는 말을 들어서다. 그런데 공원 입구에서 의미있는 기념비를 만났다. 바로 태극마크가 새겨진 한국전쟁 참전용사 추모비다. 3년간 영국군의 일원으로 글래스고 젊은 이들이 참전했고 일부는 죽음을 맞았다. 추모비는 이들을 기억하며 동료나 가족, 후손들이 세운 듯 보였다. 비문을 쓰다듬고 그 내용을 읽었다. 마지막 한 문구가 가슴에 남는다. "하나님 앞에서 그들 한 명

한국전쟁 참전용사 기념비

도 잊히지 않는다.(Not one of them is forgotten Before God)". 2차 대전 후 한반도는 전쟁의 참화를 겪었고 수많은 외국 군인이 전쟁에 참전, 고귀한 희생을 했다. 이런 전쟁이 다시는 한반도에서, 아니 전 세계에서 발생하지 않기를 소망한다.

산 정상의 낙스 기념비는 언덕에 조성된 공원묘지에 잠든 자를 대표하는 모습이다. 그런데 기념비는 공원묘지 조성 전(1825년)에 세운 것이다. 낙스 상은 70피트의 제단과 12피트의 기념상으로 구성되어 있어, 결코 작은 편은 아니다. 기단 네 면에는 존 낙스의 삶과 그의 영향과 의미가 서술되어 있었는데 글씨를 제대로 읽기 어려웠다. 처음에 이곳에 기념비를 세운 것은 누구였으며, 그들은 무슨 생각으로 이 기념비를 세운 것일까? 낙스와 멜빌의 정신을 기리기 위해 종교개혁 후예들이 이곳에 동상을 세웠을 것이란 생각이 든다. 그 동상이 선 이후 묘지들과 기념조형물이 낙스 기념탑 주변에 세워졌다. 마치 낙스 상을 둘러싸고 있는 듯한 모습이니다.

묘지는 빅토리아 시대(1800년대 중후반)에 조성된 것으로, 산 정상 전체를 가득채우고 있었다. 기념비를 둘러본 후 내려오다가 대성당과 마주한 언덕 위 무덤이 예루살렘의 모습을 닮았다는 생각을 하게 됐다. 유대인은 성전을 바라보며 언젠가 오실 그리스도를 기다리며 언

언덕 중심에 선 존 낙스 상

약백성으로서 잠들어 있다. 그들처럼 스코틀랜드인들도 언약백성으로 그리스도의 다시 오심을 기다리며 잠들었다. 이러한 모습은 성서 속 언약 사상을 강조했던 존 낙스와 그의 후예 언약도의 신앙이 배어있는 것이 분명했다.

윌리엄 월러스 기념비

언덕을 내려왔고 윌리엄 월러스를 기념하는 작은 기념비를 만났다. 기념비는 특별했다. 돌로 된 2미터 정도의 기념비는 인물동상이 아니다. 기념비는 얼굴을 가리는 투구와 긴 칼이 조각된 형태였고 양 옆에는 켈트 문양이 새겨져 있었다. 창조적인 문화 감각이 반영된 작품인 것 같다. 그곳에 많은 사람이 행운을 기리며 동전을 올려놓았고, 두 눈에도 동전이 들어있었다.

기념비 뒤에는 월러스의 말에서 인용된 문구가 적혀 있었다. '나는 스코틀랜드의 수호자. 나의 몸은 망가졌을지라도 나의 영혼은 자유의 외침에 다시 일어난다.(I am Scotlandas Guardian. Though my Body has been broken, my spirit will rise again to the sound of Freedom.)' 'Freedom(자유)'이라고 외친 그의 외침이 들려오는 듯하다.

4) 글래스고 대성당에서

언덕을 내려와 잠시 기다렸고 대성당 문(High Kirk of Glasgow 또는 St. Mungo's Cathedral)이 열리자 맨 먼저 내부에 들어섰다. 외부도 특별한 장식이 없었지만 본당 또한 텅 비어 있었다. 성인 동상(성상)이나 성화도 찾기 어려웠고, 심지어 의자도 없었다. 나무로 된 천정은 새롭

글래스고 대성당 내부

게 만들어진 듯 깔끔했고, 일부 후대에 만든 스테인드글라스를 빼고는 마치 사용되지 않는 듯 착각에 빠져들게 했다. 그러나 대성당은 중세시대 글래스고 시민들의 신앙의 중심이었고, 종교개혁 이후에는 개혁주의 장로교회로, 글래스고 시민과 신앙인의 공간으로 사용된다. 본당 부분을 지나 강단 예배당에 들어서자 제단과 양쪽 통로(회랑)에 장의자가 놓여 있었다. 중앙엔 성찬을 위한 탁자와 왼편에 설교단, 오른편에 성서낭독용 독서대, 그리고 소박한 주교의 의자가 놓여 있었다. 이곳에서 글래스고 공동체는 예배드리고 있었다.

지하 예배실에 들어섰다. 중세시대 이곳엔 켄팅턴 주교(성 뭉고)의 무덤이 있었고 대성당이 지어진 후에는 시신과 유물이 담긴 성유물함이 놓였다. 하지만 종교개혁과 함께 성유물함은 사라졌고, 무덤 자리에는 신앙공동체를 위한 성찬대와 설교단이 놓였다. 글래스고 대성당은 1492년 대주교구가 되었고, 종교개혁 당시에는 제임스 비튼(James Beaton)이 대주교였다. 그는 메리 여왕 편이었고 1560년 종교개혁 직전 교회의 문헌과 기록, 보물

을 가지고 파리로 도피했다. 그의 도피 이후 종교개혁이 이뤄지면서 대성당은 성상과 성화 등이 대부분 제거되었다. 잠시의 사역자 공백기에 파괴와 약탈이 이뤄진 것이다. 1562년 데이비드 웨미스(David Wemyss)가 첫 개신교 목사가 되었다. 성실히 사역하였지만 1584년 시의회는 그를 자리에서 물러나게 했고, 주교제 지지자의 지원 속에 왕에 의해 임명받은 로버트 몽고메리(Montgomerie)가 대주교로 부임했다.(데이비스 웨미스는 1615년까지 대성당 목사였다.)

그곳 한 곁에서 종교개혁 세력에 의해 파괴된 한 주교(Robert Wishart)의 무덤을 만났다. 석관을 덮던 돌에 새겨진 주교 동상은 얼굴이 없었다. 종교개혁 시기에 파괴된 것이다. 대성당 기록에 따르면 종교개혁 기간 성상은 파괴되고 내부를 장식했던 다양한 그림들은 덧칠해졌으며 스테인드글라스도 파괴됐다. 십자가상, 소경당과 성유물, 장식과 성직자 예복 등도 제거되었으며 '대성당'이란 이름도 'The High Kirk'로 바뀌었다. 약탈과 파괴 흐름이 지속되자 시의회는 '혼란의 시기 파괴된 위대한 기념물이 영원히 무너지고 파괴될 것'이라고 우려했고, 1579년에 시 무역협회가 성당 방어에 나섰다. 제임스 6세 또한 이듬해 성당 유지관리를 위해 재정을 지원했다. 그렇게 더 이상 파괴는 없었지만 중세의 아름다운 대성당은 회복할 수 없었다. 현재 대성당은 1830년대 후반 본당 내부가 정리되며 일부 옛 모습을 회복했다고 한다.

대성당의 역사를 살피던 중 종교개혁과 관련된 특별한 내용도 알게 됐다. 이 교회 내부에 3개 교

대성당 내부 전시물

글래스고 대성당에서 스코틀랜드 교회는 주교제를 폐지하고 장로교회 제도로 전환을 채택했다.

회(회중)가 종교개혁 이후 있었다는 것이다. 종교개혁 직후 단일한 교구교회는 1596년부터 지하예배당을 사용하는 Barony라 불리는 교회(1596~1801년, 대성당 인근에 새 교회 건축한 후 이전), 본당을 예배당으로 사용하는 Outer High(1587~1835, 1647년에 본당 동쪽 공간을 사용했다고 한다), 강단 예배당을 사용하는 Inner High(1635년경 강단 예배실을 사용하기 시작했고, 이 그룹이 현재의 교회 역사를 잇고 있다.) 등이다. 자세히 언급되지 않기에 왜 본당교회가 3개의 회중 교회로 나뉜 것인지는 정확하게 알 수 없다. 교구(교회) 분할에 따른 문제일 수도 있고 그룹의 종교적인 성향과 입장 차이에 따른 분리일 수도 있다. 아무튼 교회분할로 대성당 내부는 과거 모습을 오랫동안 잃어버렸고 1835년 High Kirk를 'St Mungo'로 개칭하면서 오늘에 이르게 되었다.

그런데 대성당의 종교개혁 역사에서 제일 중요한 사건은 1638년 찰스 1세의 국교도 강요와 장로교회 갈등 상황에서 스코틀랜드교회 총회가 이곳에서 열린 것이다. 국가언약을 주도했던 이들이 이끈 이 총회는 1606년과 1618년 사이 국왕과 주교 주도로 열린 모든 총회 행위와 선언을 무효로 하고, 주교제를 폐지했으며, 총회를 매년 열 권리를 재확인 했다. 왕권에 맞서 자신들의 권리를 주장한 총회 대의원들의 목소리는 스코틀랜드 교회의 독립선언과도 같은 행위였다. 이를 시발점으로 스코틀랜드 교회는 왕을 존중하면서도 독립적 권리를 주장했고, '장로교회=스코틀랜드교회'라는 도식을 공고히 했다.

그런 교회 움직임에 맞서 절대군주를 지향했던 제임스 6세와 찰스 1세는 회중의 영주나 입바른 말만 하는 목사들의 말, 의회의 압박을 따르는 나약한 왕이 되기 싫었다. 제임스는 장로교 제도가 광범하게 자리 잡지 못한 상황과 왕이 교회의 수장이라는 점을 근거로 주교를 하나둘씩 임명하고, 그들을 통해 교회를 통치했다. 1625년 찰스 1세 때는 13개 모든 교구에 주교가 세워졌다. 런던에서 성장하여 스코틀랜드 정서를 몰랐던 찰스 1세는 아버지의 정책을 계승하면서도, 자신이 보고 느낀 대로 잉글랜드 국교회(주교제와 예복, 빵과 잔을 높이 드는 성찬방식, 공동기도서의 적용 등)를 스코틀랜드 교회에 강요, 시행하기 시작했다. 퍼스 5개 조항을 강요한 아버지에 이어 1637년 캔터베리 대주교인 윌리엄 로드와 함께 '스코틀랜드 공동기도서'를 만들어 스코틀랜드 교회에 강요했다.

결국 스코틀랜드 장로교인들의 분노가 폭발했고, 국가언약을 통하여 왕에 맞서 전쟁을 시작했다. 이것이 바로 주교전쟁이다. 이 전쟁은 왕실과 왕당파를 한 축으로 청교도와 의회파를 다른 축으로 한 내전으로 확대됐고, 영국과 스코틀랜드, 아일랜드 3개 국가가 얽힌 전쟁으로 이어졌다. 그 시발점에 이곳 대성당에서 총회가 열린 것이다.

5) 세인트 뭉고 박물관

대성당 앞 세인트 뭉고 박물관(St. Mungo Museum)에 들렸다. 3개의 특별 전시실을 갖춘 박물관은 일반적인 교회 박물관과 다르게 다양한 종교를 알 수 있도록 구성되어 있었다. 마치 미래세대에게 유대교와 그리스도교, 힌

세인트 뭉고 박물관은 다양한 종교와 문화를 소개하고 있다.

두교와 시크교, 이슬람과 불교 등 세계 종교의 신앙과 예배에 대해 소개 하는 것 같다. 그리스도교가 절대적이지 않는 지역, 불교나 유교 등의 영향을 받은 아시아 문화를 배경으로 한 사람, 그리고 다 종교 상황을 사는 사람에겐 큰 관심을 얻기 어려울 것이다. 하지만 그리스도교회가 다수였고, 이후 무슬림의 영향력이 확대되는 상황과 힌두교와 불교와 같은 소수종교를 알기 시작한 유럽인에겐 좋은 교육 장소다. 종교개혁으로 파괴된 대성당의 유물이 많이 없기도 했겠지만 박물관을 만들고 운영을 시작한 이들이 독특한 생각을 품었던 것 같다.

2층 '종교적 삶과 예배문화'를 주제로 한 전시는 출생에서 결혼, 직업, 전쟁과 평화, 죽음 등 사람의 인생과 종교의 관계를 생각하도록 했다. 현대인은 이미 종교사회 속에 살고 있고, 어떤 형태로든 하나의 종교와 연관성을 맺게 된다. 종교인이라면 신앙생활과 함께 종교적 예식에 적극 참여할 것이며, 비종교인일지라도 종교적 배경을 토대로 형성된 단체에 속하기도 하고, 그 가치에 공감하여 후원 활동에 참여한다. 그런 시대에 종교는 일반 시민이 반드시 알아야 할 주제이며 기본적인 이해와 사유를 가져야 한다. 시민교육으로서 '종교박물관'의 역할을 생각해 본다.

다음층에는 스코틀랜드 종교의 역사를 서술했는데 간략했지만 그동안 공부한 내용을 스코틀랜드인의 시각에서 정리하도록 이끌었다. 전시는 처음 스코틀랜드에 사람이 거주하기 시작한 석기와 청동기 시대 사후세계에 대한 시각이 싹튼 때부터 드루이드가 종교적 지도자로 활동하던 시대, 로마와 픽트인의 시대가 첫 장을 장식하고 있었다. 이어 그리스도교가 전래되고 국가종교로서 그리스도교가 정립되어 발전하던 시기, 종교개혁, 가톨릭과 개신교회의 발전, 구호와 선교와 교육 등 전 세계적으로 확산된 교회 사역, 그리고 오늘날 타종교의 유입 등의 역사가 요약되어 있었다.

사진 자료와 유물 일부라는 한계는 있지만 전시 공간은 오늘날 스코틀랜드인들의 종교 역사를 보다 폭넓게 이해하도록 이끌었다. 작고 아담한 전시 공간에 오래 머물고 싶어졌다. 시간만 많다면 좀 더 꼼꼼히 읽고 기록, 정리하고 싶었지만 다음 일정을 위해 일어서야 했다.

2. 언약도의 헌신과 고통, 다시 에든버러로

글래스고에서 밤늦게 에든버러로 왔고, 하루를 묵으며 스코틀랜드 종교개혁의 마지막 장을 연 언약도 활동을 생각했다. 언약도는 찰스 1세 취임 이후 강요된 국교회 방식의 예배, '공동기도서'를 중심으로 한 정형화(형식화)된 예배에 대한 항의로부터 시작됐다. 1637년 스코틀랜드 공동기도서가 발행되고, 이에 분노한 성직자와 시민들이 왕에게 저항하기 시작했다. 항의 과정에 1638년 목사와 회중들은 그레이프라이어스 교회와 마당에 모였고 '국가 언약'에 서명한다. 하나님의 백성으로 하나님의 뜻과 의지에 따른 언약 백성으로, 종교개혁 사상에 따라 살겠다고 선언한 것이다. 찰스 1세는 이들을 향해 칼을 빼들었고 주교전쟁, 영국 시민전쟁(내전, 남북전쟁), 청교도

혁명 등이 일어났다. 언약도의 항쟁, 국가 언약 운동이 스코틀랜드를 뜨겁게 달구기 시작했다.

1) 그레이프라이어스 교회(Greyfriars) 마당에서

언약도를 만나고 그들의 삶을 톺아보기 위해 이른 아침 숙소를 나섰다. 처음 찾은 곳은 언약도들이 국가언약을 맺은 그레이프라이어스 교회(Greyfriars Kirk)이다. 중세시대 프란치스코 수도원이 있던 이 곳은 넓은 마당이 있었고, 종교개혁 시기 시민의 휴식 공간 중 하나였다. 종교개혁 시기 성 자일스 교회 마당(묘지)이 공간 부족의 어려움을 겪자 에든버러는 이곳에 시민을 위한 묘원을 조성했다. 그런데 그곳에서 언약도들은 조직적인 항거를 시작했고, 탄압과 고통을 받았으며, 순교의 길을 가야 했다. 교회 문이 열리기 전까지 교회 마당과 제임스 뷰캐넌 등 유명인들의 묘지를 둘러보며 당시 언약도가 처한 현실과 '국가 언약'을 체결한 과정을 떠올렸다.

그레이프라이어스 교회에서 스코틀랜드 사람들은 '참 종교'를 향한 국가언약을 시작했다.

1625년 제임스 1세에 이어 찰스(Charles 1세)가 잉글랜드-스코틀랜드-아일랜드 왕위에 오른다. 찰스는 취임 직후 여러 전쟁(1625~29년, 30년 전쟁 기간 일어난 영-스페인, 영-프랑스 전쟁, 전쟁은 네덜란드와 프랑스 위그노 등 개혁파 지원을 위해 시작했으나 큰 성과 없이 끝났고 영국에 손실만 가져왔다)을 펼쳤고, 이 과정에 의회와 갈등관계가 형성됐다. 왕은 의회를 자금 모금의 결의기구로만 대했고, 불만을 드러내는 의원을 투옥했으며 의회 해산을 반복했다. 잉글랜드 의회는 이에 맞서 1628년 6월 '권리청원 또는 권리 장전(Petition of Right)'을 통과시키며 왕에게 맞섰다. 왕이 정당한 이유 없이 개인의 재산이나 자유를 박탈할 수 없도록 한 것이다. 그런데 전쟁이 끝나자 왕은 1629년 의회를 다시 해산했고 11년간 의회 소집 없이 귀족대표와 대주교를 중심으로 스타 챔버(Star Chamber)를 구성, 통치했다. 왕권신수설 입장을 가진 왕은 엄숙함을 강조한 종교를 선호했고, 교회의 수장인 자신의 지위를 이용, 대주교와 주교 중심의 교회정책을 밀어붙였다. 당연히 자유로운 신앙을 추구하는 청교도, 스코틀랜드 장로교인과 갈등이 확산된다.

특히 종교적 갈등은 장로교 영향력이 큰 스코틀랜드에서 극단적인 대립으로 나타났다. 찰스 1세는 스코틀랜드에서 태어났지만 어렸을 때 런던으로 이주해 자랐고 스코트인의 정서를 몰랐다. 그래서 주교제로 운영되는 잉글랜드 방식의 국교회를 스코틀랜드 교회에 '강요'했고, 스코트인들의 불만을 폭발시켰다. 1633년 고향 땅을 방문한 그는 에든버러(홀리루드 궁전 예배당)에서 스코틀랜드 왕관을 쓴다. 당시 예식은 화려한 의복과 서약 등 엄숙한 국교회 절차로 진행됐고, 회중석에 있던 스코틀랜드 목사와 장로들은 우려 가득한 표정으로 지켜보았다. 취임 이후 자신의 땅(잉글랜드, 스코틀랜드, 아일랜드 등)에 통일적 교회를 만들기 원했던 찰스 1세는 1635년 세인트 자일스 교회를 대성당으로 하는 에든버러 교구를 새로 만들며 윌리엄 포브스(William Forbes)를 초대 주교로 선임했다. 또한 1636년 교회법(Book of Canons)을 통하여 '왕이 교회문제에 권한이 없다'고 말하거나 '왕의 허가 없이 교회의 규칙을 만든 사람'은 파문할 수 있도록 했다. 또 '목사가 다른 지역에서 설교하려면 주교의 허락을 받아야 한다'고 공포했다. 여기에 더하여 1637년 잉글랜드교회 방식의 예배예전을 스코틀랜드에 확산시키기 위해 스코틀랜드 공동기도서(Book of Commen Prayer)를 만들도록 지시, 모든 교회가 사용하도록 명령했다.

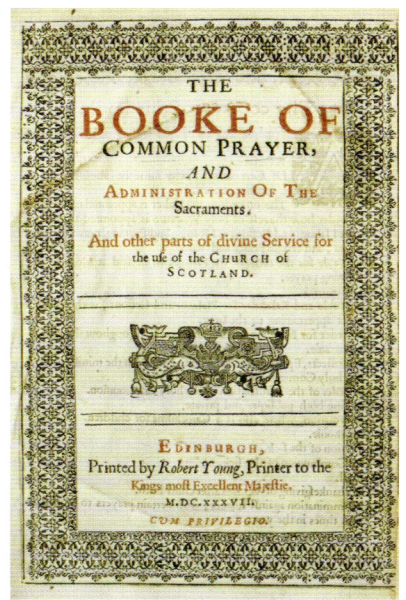

1637년 스코틀랜드 공동기도서 표지

원래 스코틀랜드 개혁교인들은 존 낙스가 만든 대륙 개혁전례에 기초한 예식서(프랑크푸르트 망명자 교회)를 사용했고 1556년부터는 낙스가 출간한 새 예식서를 사용했다(제네바 망명자교회). 종교개혁 이후 1562년 스코틀랜드교회(총회)는 성례전 집행 등에서 이를 사용했고 1564년에 '새롭게 확대된 판(Book of Common Order, 개정증보판)'이 출간되면서 모든 예식에서 이를 사용하도록 결정했다. 그런데 왕은 이러한 스코틀랜드 교회의 흐름과 총회 결의를 무시하고 국교회 방식의 공동기도서를 전체 교회에 강요한 것이다.

이러한 찰스 1세의 정책은 목사와 시민들의 반발을 불러왔다. 대표적인 사건이 1637년 7월 발생한 세인트 자일스교회의 폭동이다. 전해지는 이야기는 제임스 하네이라는 목사(부제)가 공동기도서를 읽기 시작할 때 제니

게데스(Jenny Geddes)라는 여성이 '내 귀에 미사를 말하지 말라(Dinna say Mass in my lug)'고 소리치며 자신이 사용한 접이식 의자를 그의 머리에 던진다. 회중들도 그녀를 뒤따라 무엇인가를 던졌고 에든버러 주교가 이를 진정시키려 했을 때 성난 폭도들은 교회 밖에 모여 유리를 부수고 문을 두드렸다.(이를 기념해 19세기에 기념판이 세워졌고, 1992년에는 한 스코틀랜드 여성 그룹이 3개의 발이 달린 청동 의자를 교회에 기증했다.)

이 사건 이후 왕실과 공동기도서에 불만을 가진 이들이 에든버러로 모여들었고 왕실은 군중에게 24시간 이내에 도시를 떠나도록 명령한다. 그러나 귀족과 지주들은 도시에 머물렀고, 11월에는 귀족, 지주, 시민, 목회자로 구성된 조직을 구성, 지속적인 항의를 펼치기로 했다. 당시 정치 지도자들은 런던에 있는 왕에게 사신을 보내 관련 입장을 직접 들으려 했지만 그들은 왕으로부터 아무런 말도 듣지 못했다. 결국 목사들과 영주, 지주들은 1638년 2월 찰스 1세의 정책에 항의하는 국가 언약(National Covennant)을 작성, 서명했다. 국가 언약문은 1581년 제임스 6세가 서명한 신앙고백을 시작으로 스코틀랜드 교회가 인정하는 의회법의 목록, 그리고 왕에 대한 깊은 충성을 맹세하며 그들이 '진정한 종교'라고 믿는 것을 수호하겠다는 결의를 담았다. 특히 이들은 '교회 회의나 총회에서 먼저 심사되어야 한다'(즉 왕이 일방적으로 결정할 수 없다)면서 사실상 왕의 권한은 절대적이 아님을 분명히 했다. 이 문구는 알렉산더 핸더슨(Alexander Henderson) 목사와 판사인 아치볼드 존스턴(Archibald Johnson)이 작성했다고 전해진다.

국가언약의 첫 서명식은 1638년 2월말 에든버러 그레이프라이어스 교회에서 주요 귀족과 남작(몬트로스 후작, 로테스 백작, 카실리스 백작 등 저명인사)을 필두로 거행됐다. 또한 서명한 양피지 사본은 스코틀랜드 모든 자치구와 교회에 배포, 18세 이상의 스코틀랜드 국민들이 참여하는 서명운동으로 확산되었다. 왕당파와 주교들의 중심지인 애버딘(Aberdeen)과 밴프(Banff) 등을 제외하고 대다수 도시, 교회에서 서명이 진행되었다. 에든버러 대학과 트리니티 교회에서도 3월 2일 문서가 낭독되고 시민 서명이 진행됐다고 한다. 과장 섞인 이야기이긴 하지만 3주 만에 대다수 국민이 서명에 동참했다는데 그 열기가 뜨거웠던 것은 분명하다.

그레이프라이어스교회 마당에서 열린 국가언약 서명식 장면 (자료그림)

이러한 서명 열기는 1638년 11월 글라스고에서 열린 스코틀랜드 교회 총회(왕실의 연기 결정에도 교회와 성직자들이 총회로 모였기에 교회 역사가들은 첫 번째 자유 총회로 생각한다.)로 이어졌다. 이 총회에서 참석자들은 2명의 주교를 파문하는 것으로 사실상 주교제와 단절을 선언했고, 왕이 도입한 기도서를 폐지하기로 한다. 이로서 스코틀랜드 교회는 감독제(주교제)가 아니라 장로제(노회–총회)로 운영될 것임을 분명히 했다. 또한 총회는 왕이 동의할 때만이 아니라 매년 (스스로) 모임을 가질 권리를 확인하고 독립적으로 운영할 것임을 천명했다. 총회의 이런 결정에는 국가언약을 주도한 알렉산더 핸더슨 목사와 사무엘 러더퍼드(Samuel Rutherford) 등이 영향을 미쳤다. 몇 년 후(1643) 이들은 웨스트민스터 회의에 스코틀랜드 감독관으로 참석, 웨스트민스터 신앙고백 등을 만드는데 영향을 미치기도 한다. 이들 중 러더퍼드는 낙스와 멜빌의 전통에 따라 시민불복종 사상을 발전시켰으며, 찰스 1세의 왕권신수설을 배격하고 군주의 통치권 한계를 분명히 했다.

2) 그레이프라이어스 교회 내부

그레이프라이어스교회 내부

그레이프라이어스교회 설교단

그레이프라이어스 교회에 들어섰다. 교회 내부는 평범했다. 입구에서 받은 안내문을 보며 언약 서명이 이뤄진 설교단. 예배당 뒤편의 작은 박물관 등을 찾아 그날의 의미를 되짚었다. 설교단 아래에는 'Hire was signed the national covenant, 1638(1638년, 여기에서 국가언약이 서명됐다.)'는 문구가 새겨져 있었다.

설교단은 400여 년 전 것으로는 보기 어려웠다. 언약도와 관련된 그림이나 자료를 보면 교회 마당에서 연설이 이뤄진 것으로 그려지고 있기에, 마당에서 서명했을 가능성도 있다. 하지만 회중의 규모를 고려해 마당에서 연설과 모임이 진행되고, 교회 내부에 책상과 서명용지와 마련되어 사람들이 줄을 지어 서명했을 가능성도 있다. 예배당에 개혁교회 공동체가 1620년에 세워졌다는 점도 그 가능성을 높인다.

교회 뒤쪽 박물관은 작았지만 교회 역사를 사진과 자료, 중요 서적과 전시물로 간략히 소개하고 있었다. 수도회로 시작한 교회 역사에서 '국가 언약'은 중요한 위치를 차지했다. 그곳에서 '국가 언약 서명문'(이 문서는 많은 곳에 배포되고, 많은 사람이 서명했기 때문에 왕립박물관, 성 자일스교회 등에서 원본을 만날 수 있다)과 함께 간략한 문구를 덧붙여 문서 의미를 우리에게 알리고 있었다. "그것은 왕과 주교의 뜻에 복종하기보다는 교회 통치 문제에서, 나아가 전체 사회로 확대해 자기 결정권을 가진 사람들의 권리를 주장한다. 그것은 현재 서구 세계 전역에서 당연하게 여기는 민주적 권리에 대한 최초의 주장 중 하나였다.(It claims the right of the people to be self determining rather than submitting to the will of kings and bishops, in particular in matters of church governance, but by extension in sociaty as a whole. It was one of the first assertions of the democratic rights which are now taken for granted across the western world.)" 언약도가 처음 추구했던 가치가 무엇인지를 새롭게 재해석하고 있음을 느끼며 많은 생각을 하게 됐다.

전시물을 보다가 이 교회에서 1649년부터 1660년까지 목회한 로버트 트레일 목사(Rober Traill)가 찰스 2세의 왕정복고 후 편지를 보내 축하와 함께 언약에 따른 의무를 상기시켰던 사건을 알게 됐다. 하지만 그는 그 행위로 인해 체포되어 수감되었고, 왕에 대한 충성맹세에 서명을 거부하다가 네덜란드로 추방되었다. 한 목회자가 자신의 신념과 가치를 지키기 위해 어떻게 살았는지 깊이 성찰하게 된다. 그런데 또 다른 목사는 19세기 교회의 내부 장식과 복원 등에 관심을 갖고 이를 시행하다 총회 지도부와 갈등을 벌이기도 했다고 한다. 아마도 예전이나 고교회 입장의 목회자가 이 교회에서 목회했었음을 드러내는 것 같다. 역사는 항상 다양한 면을 품고 있다.

교회를 나서기 전 의자에 앉아 국가언약에 대한 왕실의 대응, 의회를 중심으로 한 스코틀랜드 사회 분위기를 생각했다. 언약도의 움직임을 지켜보던 왕실(찰스 1세)은 초기에는 법령을 통해 사태에 대처하지만 더 이상 효과가 없자 군사행동을 결정했다. 오늘날 '주교전쟁'(Bishop's War, 1639년과 1640년 두 차례)으로 불리는 찰스(왕당파)와 스코틀랜드(의회, 언약도)의 전쟁이 벌어진 것이다. 전쟁의 시작은 왕실이 동원한 잉글랜드 군대가 국경마을 베윅에 도착하고, 애버딘에는 왕당파 군대가, 아일랜드에서 가톨릭 군대가 출정하며 시작되었다. 스코틀랜드 의회는 1만 6천여 명의 군대를 보내 베윅의 맞은편에 진을 쳤고 잉글랜드 왕실군대에 맞섰다. 다행히 1차 전쟁은 소규모 전투를 벌인 후 휴전에 돌입하며 끝났다.

승기를 잡지 못한 찰스 왕은 보다 강력한 군사적 힘이 필요했고, 11년 만에 잉글랜드 의회를 소집했고 아일랜드 의회에 자금 지원을 요청한다. 하지만 잉글랜드 의회(Short Parliament)는 왕의 요청, 즉 자금 지원 보다 왕실과 행정부의 잘못을 지적하고 시정을 요구하는 목소리를 높인다. 이에 왕은 의회를 다시 해산했고 의회 도움 없이 전쟁을 벌이기도 했다. 스코틀랜드는 휴전 기간 30년 전쟁에서 스웨덴군과 함께 일한 노련한 알렉산더 레슬리(Alexander Leslie)를 군 지도자로 선임하고, 2만 명의 군대를 정비했다. 준비가 끝난 스코틀랜드는 국경을 넘어 선제공격에 나섰고, 뉴캐슬을 점령하면서 승리했다. 주교전쟁에서 찰스와 왕당파 군대가 패한 이유는 의회(귀족이나 지주 등)의 도움이 없었고, 군사 장비 부족과 재정 문제(급여 지급의 어려움)로 인한 병사의 사기 저하 때문이다. 주교전쟁의 승리로 스코틀랜드 언약파는 자신의 땅에서 마음껏 종교적, 정치적 지향을 펼칠 수 있었다.

전쟁에서 패한 찰스 1세는 전쟁비용 충당 등 재정법안 통과를 위해 어쩔 수 없이 다시 의회를 소집했다. 그러나 1641년 12월 소집된 잉글랜드 의회(Long Parliament)는 '의회의 동의가 있어야만 해산될 수 있다'고 결의함과 동시에 왕의 잘못된 행태를 비난하기 시작했다. 의회는 왕을 대신해 정치를 해온 스트래포드와 윌리엄 로드 대주교를 처벌하고, 1만 5천여 명의 런던 시민이 서명한 주교제 폐지를 촉구하는 'The Root and Branch Petition(루드 앤 브랜치 청원)'를 논의했으며 일련의 헌법조치(Triennial Act, Star Chamber 폐지, 의회 동의 없이 세금부과 중단, Bishops Exclusion Bill 등)를 결정, 왕을 압박했다. 결국 이듬해 1월 왕은 의회 주도세력을 체포하기 위해 군사를 동원했고, 1642년 8월부터 왕실과 왕당파, 의회파의 대립으로 1차 영국 내전이 일어났다. 언약도와 그들을 중심으로 한 스코틀랜드 의회가 찰스 왕실과 벌인 주교전쟁이 영국의 모든 세력이 참여하는 내전으로 확대된 것이다.

전쟁 초기 왕실과 의회는 병력과 무기 확보, 지원군을 얻기 위해 다양한 정치적, 외교적 노력을 전개했다. 왕실은 가톨릭 입장인 아일랜드의 지원을 얻기 위해 노력했고, 전투 초기 왕당파에게 패한 잉글랜드 의회군(존 핌 등 의회 지도자들의 사망 등)은 1643년 스코틀랜드 언약파 의회(Kirk Party로 알려진 언약도)와 '엄숙한 동맹과 언약(Solemm League and Covenant)'을 맺는다. 당시 잉글랜드는 군사적 연합을 원했고 스코틀랜드 언약파 의회는 스코틀랜드 교회 시스템(장로교회)을 채택한다는 조건으로 도움을 약속한다.(스코틀랜드의 왕당파는 찰스를 지지하기 때문에, 의회 내 온건파는 민족적인 이유에서 이에 반대, 잉글랜드 독립파 또한 국가 중심의 교회 운영

전시실에 있는 국가언약 서명지

에 반대). 이 협정은 스코틀랜드 군대가 잉글랜드 의회 편에 서서 참전하는 계기가 되었고 삼(왕)국전쟁(잉글랜드-스코틀랜드-아일랜드)으로 확대되었다. 초기에 왕당파에게 밀리던 의회파는 스코틀랜드의 참전과 함께 상비군인 '새로운 형태의 군대(New Model Army)'를 조직하며 승기를 잡았고, 1646년 왕당파는 잉글랜드 군대에, 찰스 1세는 스코틀랜드 군대에 항복했다.

재미있는 사실은 이 전쟁 기간 전 세계 장로교회의 근간이 되는 '웨스트민스터 신앙고백(Westminster Confession of Faith)'이 탄생됐다는 점이다. 이 신앙고백은 왕실과 주교를 포함한 왕당파 세력이 철저하게 배제된 상황에서, 스코틀랜드의 지지를 얻어야 하는 수세적인 잉글랜드 의회에 의해, 더하여 스코틀랜드 의회의 감독 속에(스코틀랜드는 1643년 7월 조언을 명분으로 5명의 목사와 장로 3명을 웨스트민스터 회의에 파견했다) 만들어졌다.

구체적인 과정을 살펴보자. 잉글랜드 의회는 1643년 6월 영국 교회의 예배, 교리, 정부 및 규율 문제에 대한 조언을 위해 '학식 있고 경건하며 사려 깊은 신자들'을 웨스트민스터 사원으로 모이도록 요청(왕의 동의 없이 자체적으로 회의를 개최하는 조례를 통과시킨 후 회의 소집)했고, 121명의 목사와 30명의 투표권 없는 의회 참관인을 지명했다. 의장은 신학자인 윌리엄 트위스(William Twisse, 1578~1646)가 맡게 되었고(그의 건강문제로 코넬리우스 버지스, Cornelius Burges가 임시 감찰관으로 일했다) 이후 5년간 수차례 회의를 통하여 신앙고백서와 함께 대교리문답과 소요리문답 등을 만들었다. 이중 가장 중요한 웨스트민스터 신앙고백은 1646년 8월부터 39개 신조를 대체하는 과정으로 시작됐고 그해 말 초안이 완성되어, 의회에 제출된다. 스코틀랜드 의회는 이를 그대로 채택(1647)했고, 잉글랜드 의회는 성서 인용문 추가 후 수정을 거쳐 채택(1648)했다. 내용은 예외로 하더라도 문서의 채택 과정만 보면 잉글랜드 의회가 논의 주체였지만 스코틀랜드 장로교회의 뜻과 의지가 강하게 작용한 문서라고 할 수 있다. 또 대주교와 12명의 주교 등이 구금, 탄핵절차를 밟는 등 논의에서 철저히 배제되었다는 점에서 영국교회 장로파의 신앙고백(국교회 입장은 배제)이 되고 말았다.

아무튼 왕당파와 찰스의 항복으로 내전이 끝났다면 더 큰 갈등은 없었을 것이다. 그런데 전쟁은 2차, 3차 내전으로 이어졌고, 스코틀랜드와 아일랜드가 잉글랜드 의회의 군대에 점령된 후 영국연방이 성립되며 끝난다. 그 시발점을 스코틀랜드 의회가 제공한다. 당시 스코틀랜드 언약도 일부는 찰스와 협상을 진행했고 잉글랜드에 장로교회를 도입하는 조건으로 그를 왕위에 복귀시키기로 했다. 당시 잉글랜드와 스코틀랜드 의회 주류는 독립파가 통제하는 군대를 왕당파보다 더 우려했고, 찰스 왕의 복귀를 타진한 것이다. 이에 따라 1648년 6월 스코틀랜드 군대(왕당파와 일부 의회 군대)는 잉글랜드로 진군했고 2차 영국 내전이 벌어졌다. 그러나 분열된 스코틀랜드는 경험 많은 장교와 병사들이 없었고 잉글랜드의 신모델군(토마스 페어팩스와 올리버 크롬웰)에게 패배했다. 이 결과로 잉글랜드는 왕당파 지도자 처형과 함께 찰스 1세를 '폭군, 반역자, 살인자 및 공공의 적'이란 이름으로 재판한 후 1649년 1월 참수했다. 스코틀랜드 의회는 그의 아들인 찰스 2세와 협약(브레다 조약, Treaty of Breda)을 맺고 다시 전쟁(3차 내전)에 나섰지만 또 다시 참패했고, 영국 연방에 흡수되었다. 이후 스코틀랜드 에든버러 성에는 1만 명의 잉글랜드 군대가 주둔하며 사실상 군사통치가 이뤄졌다.

이 결과는 스코틀랜드 지도자들 스스로 자초한 일이다. 왕당파 인물들도 있었지만 언약도 중심의 의회는 영국 땅 전체에 장로교 신앙을 확산시키길 원했고, 처음에는 잉글랜드 의회와 엄숙한 동맹과 언약을 맺은 후 왕당파에 맞섰고 나중에는 찰스 왕과 협력해 잉글랜드 독립파 중심의 연방에 맞섰다. 또한 찰스 1세가 처형된 후에는 찰스 2세를 스코틀랜드 왕으로 받아들이고, 그가 잉글랜드 군대와 싸우는데 참여했다. 개인적으로 스코틀랜드 지도자들의 태도가 이해되지 않았다. 그들은 주교전쟁에서 승리해서 스코틀랜드를 자신들의 뜻대로 이끌었고, 장로교회의 자유를 획득했다. 또 잉글랜드 의회와 연대하여 잉글랜드 내에 장로교회의 지분도 인정받았다. 그런데 그들이 다시 왕(찰스 1세와 2세) 편에 서서 잉글랜드 의회(독립파)와 전쟁을 벌인 것이다. 물론 종교적인 문제뿐 아니라 세 왕국(잉글랜드-스코틀랜드-아일랜드)의 정치 문제가 복잡하게 얽혔고 왕을 중심으로 국가통치를 생각하는 정서가 작용한 것도 사실이다. 하지만 적당한 선에서 멈췄다면 정치적인 이득도, 종교적인 자유도 누릴 수 있었다. '잉글랜드를 포함한 영국 전체의 장로교회 제도 도입'은 장로교 정치가의 그럴싸한 명분이라는 생각이 머리를 스친다.

3) 언약도가 갇혀 있던 감옥

언약도들이 갇혀 있던 감옥

교회를 나서 언약도들이 갇혀 있던 감옥으로 향했다. 이곳에 언약도들이 갇힌 것은 1660년 왕정복고 이후의 일이다. 그들은 찰스 2세의 국교회 강요와 탄압에 맞서 항쟁하다가 체포되었고, 일부는 처형대 위에 올랐다. 감옥의 한 쪽에 '언약도 감옥(Covenanters Prison)'로 불리는 장소가 있었다. 그곳을 둘러보며 스코틀랜드 언약도들이 찰스 1세에 맞서 시행한 언약과 이후 행보, 특히 왕정복고 후의 언약도의 삶을 떠올렸다.

성서에서 이스라엘 백성은 모세의 지도력을 바탕으로 하나님과 언약을 체결해 언약백성이 되었다. 그들처럼 스코틀랜드 국민도 '회중의 영주들의 언약'과 낙스와 멜빌을 비롯한 종교개혁자들의 지도력으로 개혁교회 백성이 됐고, 찰스 1

언약도 감옥의 역사를 기록한 안내문

세의 국교회 강요에 맞서 하나님 앞에 '언약 백성'으로 설 것을 약속했다. 하지만 자유를 누리던 그들은 그들의 지지 속에 복귀한 왕에 의해 다시 탄압의 칼날 앞에 세워졌고, 죽음의 길에 내몰렸다.

1649년 찰스 1세가 처형된 후 잉글랜드 연방이 시작되었고 올리버 크롬웰은 아일랜드와 스코틀랜드 봉기를 진압한 후 호국경으로서 영국 연방공화국(Commonwealth of England, Scotland and Ireland)을 다스렸다. 그러나 그의 사망 이후 정치는 다시 불안해졌고, 군부(조지 몽크)는 새로운 의회를 소집, 1660년 왕정복고를 결정했다. 그렇게 찰스 2세는 잉글랜드와 스코틀랜드, 아일랜드의 왕으로 즉위했다. 왕이 되기 전 찰스 2세는 브레다 선언(Declaration of Breda, 1660)을 통해 자신을 합법적인 왕으로 인정한 사람들에게 전면 사면을 약속(왕 살해에 관여한 소수 제외)했고, 종교적 관용을 베풀 것과 의회와 협력하여 통치할 것은 선언했다. 하지만 찰스 왕의 약속은 거짓말임이 드러났다. 그는 찰스 1세의 처형에 관여한 사람뿐 아니라 자신을 반대하는 많은 사람을 처형했고, 종교적 관용 또한 국교회에 해당됐을 뿐이다.

그는 1660년과 1665년 사이에 의회를 통하여 클라렌던 법(Clarendon Code)으로 알려진 네 가지 법률을 제정, 청교도와 장로교회를 탄압했다. 비국교도를 공직에서 배제했고, 기도서를 의무적으로 사용토록 했으며, 이를 거부한 성직자들을 교회에서 추방했다. 또한 5명 이상이 모인 비공식 예배모임을 금지했고, 비국교도는 군사직책과 케임브리지와 옥스퍼드 대학에서 학위를 받을 수 없도록 만들었다. 자신의 아버지를 처형했던 독립파 뿐 아니라 영연방에서 영향력이 커진 장로교인들, 비국교도의 권리를 제한하고 국가 및 사회에서 배제하려고 한 것이다.

이러한 정책은 자신이 왕으로 인정하고 처음부터 지지한 스코틀랜드에도 마찬가지였다. 찰스 2세는 맨 먼저 1639년 주교전쟁 전후부터 의회가 결의된 법안을 폐지하는 '폐지법(Recissory Act)'를 통과시켰고, 이듬해에 자신이 서명한 언약을 불법이라고 선언한다. 또한 1662년 왕이 교회 조직을 결정할 권리가 있다고 주장하며 장로교 제도를 폐지하고 주교제를 부활시켰으며 1649년 이후 임명된 모든 목사들은 후견인과 주교에게 확인받되 그렇지 못하면(1637년 이후의 모든 교회와 성직에 대한 새로운 허가와 확인의 권한을 대주교와 주교에게 부여함) 교회를 떠나야 한다고 공포했다. 이 때 스코틀랜드 전체 목사의 3분의 1에 가까운 270여명이 직위를 잃고 교회를 떠났다. 이들은 교회에서 쫓겨났지만 설교의 사명과 성도를 돌보는 역할을 포기하지 않았다. 그들은 프랑스 위그노처럼 들판과 집에서 비밀집회(Conventicles)를 열었고, 성도들은 그들의 설교를 듣기 위해 모였다. 이러한 비밀집회 때문에 왕실은 '주일에 가장 가까운 교회를 가지 않는 사람은 벌금을 내고 설교한 목사는 선동자로 추방하거나 처벌'할 것을 선포한다.

이 과정에 많은 교회 지도자들은 고통을 당했다. 찰스는 이미 죽은 알렉산더 핸더슨 목사의 묘에 군인을 보내 묘비에 총을 쏘도록 했고, 사무엘 러더포드 목사는 반역죄로 소환 받았다. 찰스를 왕으로 대관시켰던 아치볼드 캠벨(Archibald Campbell)은 반란에 나섰다가 참수되었고, 아치볼드 존스톤

(Archibald Johnston)은 프랑스로 탈출했다가 돌아와 교수형 당했으며, 제임스 거스리(James Guthrie, 1612~1661) 목사 또한 교수형 당한 후 성문에 머리가 매달렸다.

탄압과정에 '당근(The Carrot)'으로 불리는 온건정책도 시행됐다. 1669년 왕실은 문제를 일으키지 않겠다고 서약(왕이 교회에 대해 권한을 가지고 있지 않다는 설교와 같은 행동을 하지 않을 것)한 목사는 '면죄'와 함께 복귀시키려는 것이다. 더욱이 찰스는 1672년 관용선언(Declaration of Indulgence)을 발표하며 가톨릭 신자와 다른 종교적 반대자에 대한 모든 형법을 중단한다고 선언했다. 물론 비국교도와 가톨릭 신자들에 대한 종교자유를 확대하려는 시도는 의회의 반대 속에 철회됐다.

왕실의 탄압으로 쫓겨난 성직자들은 계속해서 야외집회를 열었고, 이들은 정부 기병대에 의해 해산됐다. 정부의 행태에 분노한 언약도들은 결국 항쟁의 깃발을 들었고 1666년 펜틀랜드 저항(The Pentland Rising)이 일어났다. 윌리엄 비치(William Veitch)와 존 웰시(John Welsh) 같은 성직자, 하급 지주와 제임스 월리스(James Wallace) 등 군인 1000여명이 항쟁에 참여해 에든버러를 향해 진군했으나 정부군에게 진압됐다. 펜틀랜드 전투에서 100여명이 사망했고 탈출을 시도하다가 300여명이 더 사망했으며 120여명이 체포되어 사형을 선고받았다. 체포된 사람들은 에든버러로 옮겨져 처형됐고 일부는 글래스고와 에어(Ayr) 등에서 처형됐다. 또 상당수가 노예로서 바베이도스로 이송, 정착지 건설에 투입됐다.

탄압에도 항쟁은 계속되었고 언약도들은 교회의 수장인 세인트 앤드류스 대주교 제임스 샤프(James Sharp)를 암살하며 항거했다. 이를 계기로 1679년 드럼클로그(Drumclg)와 보스웰 다리(Bothwell Bridge)에서 언약도들은 정부군과 싸우게 됐다. 첫 전투에서 승리한 언약도들은 대등한 병력에도 포병과 탄약의 부족, 군사적 규율의 한계, 종교적 불화로 하나되지 못하고 패배한다. 보스웰 다리 전투에서 6~700여명이 사망하고, 1200여명이 포로로 잡혔다. 1680년에도 언약도는 항거하는데 '센콰하 선언(Sanquhar Declaration)'을 통해 왕의 권위를 받아들일 수 없다고 선포한 이들은 리처드 캐머런(Richard Cameron) 목사를 중심으로 에어즈 모스(Airds moss)에서 정부군에게 끝까지 항거했다.

항쟁 시기 보스웰 다리 전투에서 잡힌 1200여명이 에든버러로 이송됐고, 이들은 그레이프라이어스교회 언약도 감옥에 갇혔다. 도시 내에는 이들을 수용할 장소가 없었고, 성 내부에 격리하는 것도 바람직하지 않았다. 결국 군대는 임시로 그레이프라이어스 교회 남쪽 들판에 감옥을 만들었다. 아마도 성벽과 성을 방어하는 요새가 인근에 있다는 점이 고려된 것으로 보인다. 다만 옛 모습은 지금과 달랐을 것이다. 기록에 보면 18세기에 들판 일부가 아치형 무덤으로 교회 마당에 합쳐졌다고 한다. 또 비슷한 시기에 시체 도둑(해부나 의료 목적으로 시체 훔치는 것이 수익성이 있었다고 함)을 막기 위해 벽과 철창이 만들어졌다고 기록되어 있기 때문이다.

언약도들이 갇혀있던 감옥 안쪽

언약도 감옥의 안쪽을 살펴본다. 입구는 철장으로 막혀 안쪽에는 들어갈 수 없지만 내부는 볼 수 있었다. 좌우에 10여개 이상의 방이 있었는데, 규모를 볼 때 1000명이 되는 인원을 수용하기엔 비좁아 보인다. 지붕도 없기 때문에 포로들은 비가 오면 비를 맞고, 밤의 추위와 싸워야 했을 것 같다. 감옥 앞에 당시 역사, 전쟁 포로의 삶을 알리는 작은 안내판이 설치되어 있었다. 그곳에 새겨진 글귀를 천천히 읽었다. "억류되었던 언약도들 중 일부는 (열악한 환경 속에) 이곳에서 죽었고, 일부는 반역죄로 처형되어 죽었으며, 일부는 탈출했으며, 일부는 왕의 권위에 순종할 것을 보증(다시는 반란을 일으켜 무기를 들지 않겠다고 약속)하고 석방됐다."는 내용이다. 너무 담백하고 솔직한 고백이다.

언약도 깃발과 비밀 야외예배 설교단
(왕실박물관 전시물)

그런데 그 글귀 뒷부분에 가슴 아픈 역사의 한 기록을 보게 됐다. 1679년 11월 257명의 죄수들이 아메리카 식민지로 이송되던 도중 오크니 섬 인근에서 배가 침몰하여 사망했다는 것이다. 이들은 5개월 감옥 생활에도 타협하지 않았고, 나중에는 배에 실려 영국 식민지인 카리브해 섬 바베이도스(Barbados)로 이송되기 시작했다. 아마도 당시 신대륙 개척지에 노동이 필요했고 이들을 노예로 부리기 위해 이송된 것 같다. 하지만 항해 도중 배가 침몰했고, 병사들은 살려고 갑판으로 나오는 이들을 바다로 밀어 넣었다. 그렇게 이송되던 사람들 중 50여명만 살아남았다. 역사적 평가를 보면 군인과 선원들이 포로를 죽이려고 배를 침몰시킨 것도 아니고 의도적으로 바다에 밀어 넣은 것은 아닌 것 같다. 탈출선의 수용인원 때문이었을 것이다. 아무튼 짧고 간결한 글귀를 마주하고 가슴이 먹먹해졌다. 잠시 숨을 고르고 명패를 손으로 쓰다듬으며 언약도의 헌신에 고개를 숙였다.

4) 언약도 기념비

언약도 감옥을 둘러본 후 반대쪽에 있는 언약도 기념비(Covenanters' Monument)를 찾았다. 기념비는 1706년에 처음 세워졌는데, 찰스 2세와 제임스 7세 시기인 1661~1688년, 'Killing Times(학살의 시대)'로 불리는 시기 처형된 언약도를 추모하는 비다. 처음 기념비를 보수하여 오늘과 같은 모습으로 만들었다. 아래쪽에는 성서 인용구가 새겨진 성서 조각상이 있고, 위쪽에는 추모의 글과 함께 이 추모비의 의미가 새겨져 있었다.

추모의 글 문구는 읽는데 어려움이 있었지만 '언약과 율법을 지키고 세우며 생명을 제물로 바친 … 그들에게서 죽을 죄를 찾을 수 없으며 … 그들만이 그리스도를 꾸준히 확고하게 열성적으로 증거했고 … 진실이 적의 분노, 비난, 고통, 죽음, 부상을 견뎠고 환난을 당했으며 … 이제 그들은 어린 양과 함께 영광 중에 승리했다'는 내용이다. 그 아래에는 '1661년 5월 말 귀족 아가일 후작이 참수당하면서부터 1688년 2월 17일 제임스 렌윅이 화형당할 때까지 약 1만 8천여 명이 살해, 처형당했다. 그 중 100여명의 귀족, 신사, 목사와 예수 그리스도를 위한 고귀한 순교자들이 여기에 누워있다.'는 내용이 적혀 있었다.

기록된 것처럼 1만 8천여 명의 언약도들이 왕과 정부에 의해 죽임을 당했다. 이들 중에는 리처드 캐머런 목사처럼 저항하다 희생(1680)당한 이들도 있었고 말씀을 전하다가 체포되어 처형(1688)된 26살의 제임스 렌윅 목사도 있었다. 주교의 예배 참석을 거부하고 비밀예배에 참석했다가 바닷가 말뚝에 묶여 익사(1685)한 여성 신자 마가렛(Margaret)도 있다. 농부였던 존 브라운(John Brown)은 아내와 자식이 보는 앞에서 죽임(1685)당했고, 16세 소년인 조지 우드(George Wood)는 성서를 들고 다녔다는 이유만으로 총에 맞아 죽음(1688)을 맞았다.

이들 언약도의 최후 순교 장면과 그들의 마지막 외침은 후대의 저술에 생생히 담겼다. 그들은 성서의 말씀을 노래하고(시편 25편, 오 주여, 나의 죄와 젊음의 잘못을 잊으소서, 하나님은 선하시고 정직하시며—마가렛), 자신의 신앙을 고백하며(예수 그리스도는 나의 생명과 빛, 의요, 힘이요 구원이며 모든 것 되신다—거스리 목사), 가족들에게 이별 인사를 하고(아버지, 어머니, 친구들, 친척들, 안녕히—맥케일), 자신의 신념을 밝힌다(나의 기쁨은 이제 시작

순교한 언약도를 기리는 추모비

되었고, 결코 중단되지 않을 것—도널드 카킬). 후대에 그들에 대한 헌사를 포함한 내용이지만 순교자들이 어떤 마음으로 저항했으며 어떻게 죽음을 맞았는지 생각하도록 이끈다. 자신의 신앙과 신념을 위해 저항하고 싸우다가 당당하게 순교의 길을 걸은 그들에게 고개가 숙여진다.

글귀를 읽다 이 기념비는 단순히 기념비가 아님을 깨닫게 된다. 스코틀랜드 전역에서 언약을 지키기 위해 목숨을 걸었던, 이름도 빛도 없이 자신의 목숨을 내어놓았던 수많은 희생자들, 저항자들, 언약도들의 묘비라는 생각이 들었다. 그들을 대표한 1만 8천여 명의 삶과 죽음, 희생의 역사가 이곳이 담긴 것이다. 스코틀랜드 땅 전역에 묻힌 그들의 이름을 모아 이곳에 비를 세웠기 때문이다. 비문을 읽으며 꿇었던 무릎을 펴지 못하고 묘비 앞에 놓인 꽃과 함께 몇 걸음 물러서 고개를 숙였다. "하나님. 신앙과 자신의

신념, 하나님 앞에 언약한 것을 지키려다 고통당한 이들, 희생당한 이들을 기억하여 주옵소서. 죄 없는 주님처럼 그들은 죽을 죄 없었지만 죽임을 당했습니다. 그들이 있었기에 오늘의 스코틀랜드 교회, 우리들이 존재합니다. 그들의 삶의 자세와 태도를 배우게 하옵소서…"

5) 언약도의 처형장, 그라스마켓

언약도 기념비가 있는 그레이프라이어스교회 마당을 나서 그라스마켓(Grassmarket)으로 나왔다. 이곳은 옛 에든버러 도시를 감싸는 성벽 아래쪽 광장으로, 많은 시민들이 모이는 곳 중 하나였다. 시민들이 모이는 광장에는 처형대가 놓였고, 언약도는 이곳에서 자신의 목숨을 내어놓았다. 지금 그곳은 시민들이 자유롭게 거니는 공간이 됐고, 주변에는 음식점과 카페, 술집 등이 자리하고 있다. 따뜻한 햇볕이 내려쬐는 날에는 차 한 잔의 여유를 즐기고, 저녁시간에는 여행자들이 삼삼오오 어울려 여유로운 시간을 보내는 장소이다.

그곳 바닥에 언약도를 추모하는 조형물이 있었다. 1937년 세워진 조형물

언약도들이 처형된 그라스 마켓에는 순교자를 추모하는 조형물이 세워졌다.

은 검은색 암반 위에 둥근 형태로 만들어졌으며 내부는 사각 돌로 채웠고 가운데에 스코틀랜드를 상징하는 붉은 십자가가 새겨져 있다. 금속으로 만든 원형 테두리에는 'On this spot many Martyrs and Covenanters died for the protestant faith.(이곳에서 많은 순교자와 언약도가 프로테스탄트 신앙을 위해 죽었다)'라는 글귀를 적혀 있었다.

조형물 옆 안내판에는 1661년부터 1688년까지 에든버러 교수대에서 처형된 104명의 명단이 새겨져 있었는데, 1988년에 만들었다고 한다. 안내판에는 이들이 '종교개혁과 언약을 고수한다는 이유로 1661년부터 1688년 사이에 이곳과 스코틀랜드 다른 곳에서 처형되었다'고 기록되어 있었다. 그런데 희생자를 언급하며 '남성과 여성, 귀족과 평민, 목사, 군인'이라는 문구를 사용하고 있었다. 신앙을 지키는 것은 남성과 여성을 구분하지 않고, 귀족과 평민을 나누지 않으며, 성직자나 비성직자, 무기를 들고 싸우는 전투원과 비전투원을 가리지 않는다. 그들은 끝까지 왕에 대한 충성맹세를 거부했고 이곳 그라스마켓에서 '하나님께 영광 돌리기를 선택'했고 죽음을 맞았다. 그곳에서 '그들의 희생을 딛고 선 개혁교회가 개혁된 교회로 바로 서게 하시고 개혁된 교회의 길을 계속 걷게 하소서.'라고 기도하며 마음을 모았다.

기념 조형물 옆에 마련된 나무 의자에 앉아 언약도의 항쟁과 순교 이후 스코틀랜드 교회를 생각했다. 찰스 2세(1685)가 사망한 후 가톨릭교인이 명확한 동생 제임스 7세(영국 전체로는 제임스 2세)가 취임했다. 그가 왕위계승자로 떠오르자 의회 일부에선 그를 왕위계승에서 제외하려는 배제법안(Exclusion Bill)을 도입하려 했고, 의회는 토리당(Tories, 법안 반대)과 휘그당(Whigs, 법안 지지)으로 나뉘어 대립했다. 제임스는 취임 직후 남부 잉글랜드 반란과 스코틀랜드의 반란을 진압했고, 상비군을 확대하며 왕권 안정을 추구했다. 1685년에는 스코틀랜드 의회에 편지를 보내 반항적인 장로교도에 대한 새로운 형법 제정을 요구, '실내나 야외 비공식집회에서 설교하거나 참석하는 자는 사형과 재산 몰수로 처벌해야 한다'는 법률을 제정토록 했다.

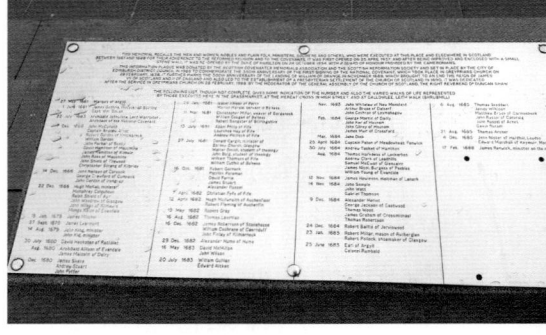

순교자들의 명단이 적힌 안내판

그런데 제임스는 1687년 관용령(The Declaration of Indulgence)을 발표했다. 이를 통해 집이나 예배당에서 자유롭게 예배드리도록 허용했고 정부 관직을 맡기 전 종교적 서약을 하는 것도 없앴다. 국교회를 강요한 형법을 폐지하고 왕국 내 비국교도와 가톨릭에 관용을 부여한 것이다. 왕의 조치는 당연히 가톨릭을 위한 것이 분명했고 잉글랜드 국교회와 스코틀랜드 장로교회는 반발했지만 퀘이커와 침례교도 등 비국교도는 환영했다. 이듬해 왕이 이 선언을 모든 교회 설교단에서 낭독하도록 명령하자 캔터베리 대주교를 포함한 일곱 명의 주교는 종교정책 재고를 요청하는 청원서를 왕에게 제출했다.

가톨릭 관용정책에 이어 제임스가 왕위 계승자로서 아들을 낳으면서 의회와 국교회 지도부는 더욱 우려했다. 미래에 가톨릭 왕이 탄생할 수 있기 때문이다. 이를 우려한 지도자들은 딸 메리의 남편인 네덜란드 오렌지 공작 윌리엄에게 편지를 보냈고 영국에 들어와 왕위를 계승하도록 요청한다. 그는 이 요청을 받아들였고 군대를 이끌고 런던에 입성, 메리 여왕과 함께 윌리엄 3세로 영국의 왕이 됐다. 역사는 이를 명예혁명(Glorius Revolution, 1688)으로 기록한다.

당시 스코틀랜드 정치계는 제임스를 지지하는 입장이었다. 스튜어트 왕가, 즉 뿌리가 스코틀랜드였기 때문이다. 하지만 왕의 도피 소식이 알려지면서 일정한 혼란이 생겨났다. 스코틀랜드 사람들은 의회(Convention of Estates)를 소집했고 '제임스는 실정으로 왕위를 몰수당했음'을 선언한 후 새 왕좌를 메리와 윌리엄에게 부여했다. 윌리엄이 왕위를 승낙한 후 정식 의회를 연 의원들은 정착법(Act of Settlement 1690)을 통해 (옛)왕의 교회 정책, 즉 주교제를 폐지, 28년간의 언약도 박해를 끝내고 스코틀랜드 교회를 다시 세웠다.

당시 스코틀랜드 교회는 장로교와 국교회가 비슷한 영향력을 가지고 있었다. 하지만 명예혁명 이후 1690년 열린 총회는 장로교인들이 압도적인 가운데 진행됐다. 영연방과 왕정복고 시기 열지 못했던 총회는 주교를 폐지하고 변화를 거부하는 200명의 성직자(주교제 옹호 입장)를 추방했다. 또 테이강 남부와 북부를 나눠 두 개의 위원회를 만들어 치리에 나섰다. 왕은 1693년 관용령을 내려 왕에게 충성서약을 한 70여명을 용서했고, 1695년에도 관용령을 통하여 116명을 받아들였다. 이러한 조치로 1700년대 초 스코틀랜드 성공회는 796개 교구 중 200여개 교회 규모를 유지할 수 있었다. 1707년 스코틀랜드가 영국으로 통합되면서 영국 전례를 사용한 성공회는 1711년 스코틀랜드 성공회법을 제정, 독립교회로서 자신의 지위를 공고히 한다. 이렇게 스코틀랜드 교회는 장로교회 중심으로 다시 운영되었고, 성공회는 독립된 교회로서 자신들의 모습을 지킬 수 있었다.

언약과 전쟁, 왕정복고와 탄압에 맞선 피의 항쟁, 명예혁명 등을 통하여 스코틀랜드 장로교회는 자신들을 지켜냈고, 되살렸으며, '스코틀랜드 국가교회'로서의 자신의 위상을 공고히 할 수 있었다. 물론 자유와 평등, 다양성의 시대에 '국가교회'는 사실도 아니고 의미 없는 수사일 뿐이다. 그럼에도 장로교회는 스코틀랜드로부터 시작된 교회로, 스코틀랜드의 중심 교회로서 지금까지 자리매김되고 있다.

웨슬리 채플과 하우스(오른쪽). 이곳에서 존 웨슬리는 메도디스트 운동을 펼쳤다.

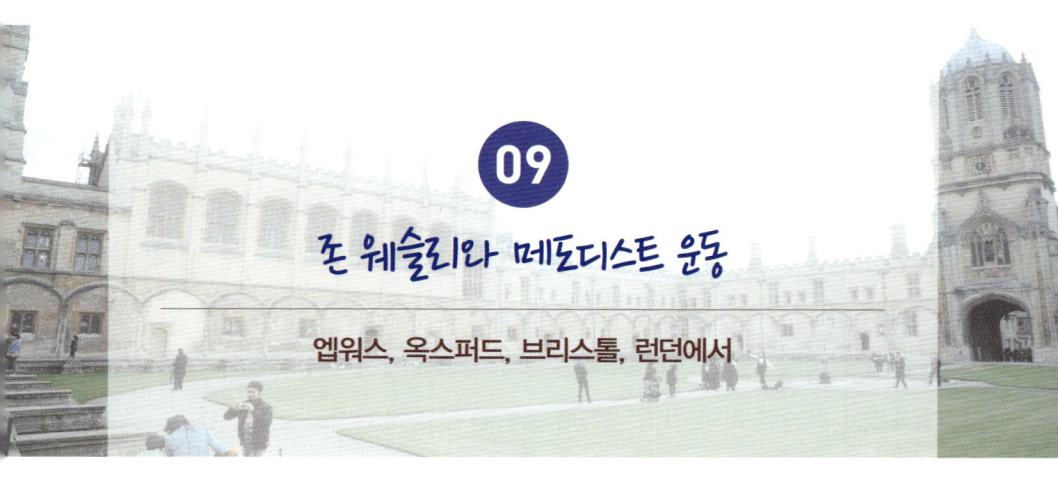

09
존 웨슬리와 메도디스트 운동
엡워스, 옥스퍼드, 브리스톨, 런던에서

존 웨슬리

영국에서 복음주의 운동(대각성 운동)을 일으킨 존 웨슬리(John Wesley, 1703~1791)는 형식에 갇힌 국교회(성공회)의 변화와 함께, 영국 사회, 문화, 종교 전반의 변화를 일으켰다. 부모로부터 청교도 신앙 정신을 물려받은 그는 영국 국교회 목사로 머물렀지만 중생 체험을 통한 은혜로운 설교와 깨끗하고 경건한 생활(성결한 삶)을 강조했다. 사람들의 변화와 갱신을 촉구한 그의 사역은 어린 시절 부모의 신앙 교육과 청년 시절 일기(기록, 성찰)를 통한 경건한 삶의 실천으로 가능했다.

웨슬리 시대 영국은 명예혁명 이후 정치적 안정과 신대륙에서 유입된 자원과 무역 활동에 기초해 경제 성장(산업혁명)을 시작했다. 그러나 이 과정에 사회적 부의 불평등이 심화되고 도시나 산업지대로 몰려든 빈민층(도시 서민)이 확대됐다. 웨슬리와 메도디스트들은 가난한 사람을 사랑했고, 그들을 위한 친구로, 복음전도자로 헌신했다. 옥스퍼드에서 대학생활을 하면서 웨슬리는 가난한 자들, 병든 자들과 감옥 죄수를 돌보는 생활규칙을 실행했다. 직접 가난한 광부들을 찾아가 브리스톨 들판에서 설교했고, 그들이 함께 모여 말씀을 나눌 수 있는 예배당을 세웠다. 그의 런던 집회소는 신앙훈련 장소임과 동시에 가난한 사람들의 친교, 도움과 정보를 얻는 센터, 가난한 집 자녀들의 학교, 약국과 병원, 그리고 영세 상인들을 위한 신용협동조합 역할을 했다. 그의 사역은 영국 사람들에게 신앙체험의 중요성을 일깨웠고 가난한 자와 소외된 자의 온전한 구원에 나서도록 도전했다.

웨슬리의 삶과 활동 흔적을 찾는 여정을 웨슬리가 태어나고 자란 엡워스에서 시작하기로 했다. 이곳을 출발점 삼아 그가 대학 공부를 하며 신성클럽을 통해 신앙 실천에 나선 옥스퍼드, 처음 야외설교를 통하여 복음을 선포했고 예배당을 세우는 등 활발한 활동을 했던 브리스톨, 그리고 그의 사역 중심지였던 런던을 방문키로 했다.

1. 웨슬리의 고향 엡워스

웨슬리의 고향 엡워스

엡워스(Epworth)는 웨슬리가 태어나 자란 곳이며, 아버지 사무엘 웨슬리가 죽기까지 사역한 목회지다. 이른 아침 논과 밭이 펼쳐진 들판 사이를 가로질러 버스를 타고 달렸다. 마을 이름이 적힌 입간판을 마주한 후 버스에서 내려 작은 시골 마을 이곳저곳을 거닐며 작은 마을의 향취를 느낀다. 언덕 위에는 교회가 있고, 그곳 아래쪽으로 집들이 펼쳐져 있었다. 마을 한 쪽에는 광장이 있었고, 그곳 주변에 작은 가게들이 자리 했다.

가는 날이 장날이라고 '엡워스 뮤직 데이(Music Day)가 열리는 날이다. 10회 째(2023년)라 다른 해보다 더욱 규모 있게 진행되는 행사는 하루 종일 100여개 넘은 음악공연이 전문 가수와 음악동호회, 연주팀에 의해 이뤄졌다. 짧게는 10여분에서 길게는 30~40분에 걸쳐 진

엡워스 뮤직데이 행사가 곳곳에서 열리고 있다.

행되는 공연은 밤늦게까지 이곳에 머물고 싶은 충동을 느끼게 했다. 하지만 웨슬리의 여정을 쫓는 순례자로서 본 목적을 잊을 수 없었고, 방문지를 찾아 이동하며 잠시 여유를 누리는 것으로 만족해야 했다.

존 웨슬리는 1703년 이곳에서 태어났고 1714년 런던 차터하우스(Charterhouse)에 입학할 때까지 10여 년 간 살았다. 그는 어렸지만 아버지 사무엘의 목회를 보았고, 목사관에서 어머니 수산나로부터 엄격한 교육을 받았다. 부모를 통해 신앙의 길을 배우고 자란 웨슬리는 이후 런던 차트하우스 기숙사 생활을 거쳐 옥스퍼트 크라이스트 처지와 링컨 칼리지에서 공부했다.

웨슬리의 성장 배경에는 청교도 목회자 집안 출신인 부모의 신앙이 큰 영향을 미쳤다. 존 웨슬리의 할아버지와 외할아버지는 1662년 비순응을 이유로 교회에서 추방됐고 죽기까지 비국교도로 사역했다. 하지만 그들의 자녀는 국교회 소속이 됐고, 국교회 목회자와 사모로서 활동했다. 당시 비국교도는 공립학교 교육을 받을 수 없었고, 대학 진학에 어려움을 겪었다.

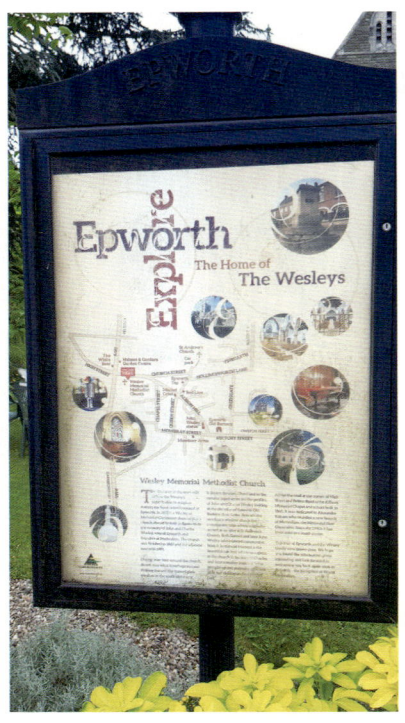

엡워스는 '웨슬리의 집'이다.(감리교회 홍보 간판)

대학 진학을 위해서는 국교회의 39개 신조에 동의해야 했기 때문이다. 사무엘은 아버지가 사망(1678)한 후 엑서터 칼리지(Exeter College)에 입학하여 공부를 시작했다. 비국교도들이 다니던 아카데미에서 교육받던 그가 옥스퍼드로 간 것은 공부에 대한 욕구가 컸기 때문인 것 같다. '가난한 학자'로 엑서터 칼리지에 등록한 그는 오늘날 근로장학생처럼 부유한 학생들을 위한 '하인(servitor)'역할을 하며 대학 공부를 마쳤다.

그는 대학시절이던 1682년 런던에서 열린 한 결혼식에서 수산나를 만났고, 사귀기 시작했으며 6년 후인 1688년 결혼했다. 그들이 처음 만났을 때 수산나는 13살로, 아직 어릴 때다. 하지만 그녀는 아버지의 서재에 있는 책들을 통해 학문적 관심이 커가던 시기로, 대학생이던 웨슬리에게 호감을 느낀 것으로 보인다. 사무엘 때문인지는 불분명하지만 13살 때 수산나는 아버지에게 국교회에 가입할 뜻을 밝혔고 허락을 받았다. 그렇게 두 사람은 1688년 사무엘의 졸업, 목사 안수와 함께 결혼했다. 몇 년 간 런던에 거주하던 두 사람은 사무엘이 엡워스 교구에서 사역하게 되면서 1697년 엡워스로 오게 된다.

국교회 신자가 됐지만 사무엘과 수산나는 분명 경건한 청교도(사무엘의 아버지는 독립파, 수산나의 아버지는 장로교 입장) 신앙을 부모로부터 이어받았다. 이런 가풍은 그들의 자녀들에게 전해졌고, 가정교육을 통해 존과 찰스 웨슬리는 청교도 신앙과 삶을 유산으로 물려받았다. 또한 그들의 리더십에 바탕을 둔 메도디스트 운동이 영국 사회 속에서 펼쳐지게 된다.

1) 웨슬리 가족의 집, 올드 렉토리

웨슬리 가족의 집(Home of the Wesley Family)인 엡워스 올드 렉토리(Epworth Old Rctory)를 찾았다. 이곳은 사무엘이 엡워스 교회에 부임한 1697년부터 그가 사망한 1735년까지 살았던 곳이다. 처음 사무엘 부부가 왔을 때는 초가지붕이 있었던 목조로 된 건물이 이곳에 자리했다고 한다. 그렇다고 작은 건물은 아니었다. 기록에 따르면 집에는 주방, 저장실, 응접실, 홀이 있고, 위층에는 큰 방이 세 개 있었다. 또한 사제관은 농장, 헛간, 가축장, 건조용 가마 등이 있는 3에이커(12,140m2)의 땅으로 둘러싸여 있었다. 이 땅은 교구 목사의 수입을 위해 사용되었다.

하지만 그의 집은 1702년 화재로 2/3 정도 피해를 입었고, 1709년에 다시 화재가 나서 완전 전소되었다. 결국 사무엘은 벽돌로 된 건물을 새로 짓기로 했고, 자신의 돈 400파운드와 후원자와 부유한 친구들의 재정지원으로 과거보다 더 크고 튼튼한 건물을 완성했다. 현재의 올드 렉토리가 바로 그 건물이다. 사무엘 개인의 재산과 후원으로 지어

웨슬리 가족이 살던 올드 렉토리

올드 렉토리 입구

진 이 건물은 국교회 소유로 남아 있었고, 그가 죽은 후 여러 명의 후임 목사들이 사용했다. 당연히 방의 배치가 바뀌고 문과 창문이 옮겨졌으며, 중요한 변화가 많이 이루어졌을 것이다. 1954년 영국 국교회는 사제관을 감리교회에 매각했고, 이후 이 건물은 복원되어 웨슬리 가족을 위한 박물관으로 사용되고 있다. 건물 내부의 가구 또한 사무엘이 죽은 후 웨슬리 가족이 빚을 갚기 위해 가구 대부분을 팔아야 했고, 지금 있는 것은 후대에 복원하거나 새로 만든 것이다. 그럼에도 올드 렉토리는 웨슬리 초상화, 편지 등 여러 중요 유물이 보관되고 있다.

방문날 문화해설사를 통한 건물 내부 안내가 진행되고 있었다. 서너 명이 함께 둘러봤으면 했는데 그 시간 방문자는 혼자였고, 해설사와 건물을 둘러보게 됐다. 해설사는 먼저 '방문 시간을 어느 정도 고려하는지' 물었고, 1시간 정도 여유를 가지고 있다고 답변했다. 그는 40여분에 걸쳐 1층과 2층의 전시실을 돌며 웨슬리 가족의 삶과 하우스에 대해 설명하기 시작했다. 빠르게 말하는데다 영국식 억양의 영어이기 때문에 이해하는데 어려움이 있었다. 그래도 웨슬리안으로서 웨슬리의 삶과 신학을 이해하고 있기 때문에 기대 이상으로 많은 내용을 이해할 수 있었다.

1층 왼편의 첫 방은 서재로 이 집이 갖는 의미가 정리되어 있었다. 사무엘과 수산나, 존 웨슬리의 얼굴 그림을 비롯해 웨슬리 당시에 사용된 옛 시계 (시계 바늘이 하나로 시간 중간에 30분을 알리는 눈금이 있는 독특한 형태였다.) 등도 볼 수 있었다. 그는 이 방에서 전체적인 집의 역사와 웨슬리 가정에 대해 설명했다.

사무엘 웨슬리는 1697년부터 40여년간 엡워스의 목사로 사역했다. 하지만 그의 목회는 지역 주민들과 갈등으로 점철됐다. 국교도로서 옥스퍼드에서, 런던에서 목회하면서 사무엘은 순응자로서 자기 위치를 명확히 했다. 비순응자와 편지를 통해 논쟁을 벌이기도 했다. 아마도 이런 배경에는 그가 칼빈주의 교리보다 하나님의 선재 은총을 강조하는 입장(일각에선 이를 알미니안으로 부르기도 한다)을 가졌던 것이 한 이유일 수 있다. 그런데 그가 엡워스에 부임해 목회를 시작하면서 지역 주민과 갈등했다. 갈등이 시작된 이유는 불분명하다. 하지만 주민들은 그의 부임을 반기지 않았고, 목사관 주변 작물을 불태우고 가축을 다치게 하는 일들이 생겨났다. 두 번의 큰 화재 또한 지역 주민들에 의해 일어났다는 의심이 들 정도였다.

어쩌면 사무엘이 왕권을 강하게 옹호하는 왕당파에다 토리당의 정치적 견해를 드러냈고, 지적인 학자의 면모를 자주 드러낸 때문으로 보인다. 엡워스는 왕실에 대해 비판적인 입장을 가지고 있었기 때문에 왕당파에 토리당 입장인 사무엘을 좋아하지 않았다. 또 사무엘은 국교회 교리를 엄격히 고수하도록 강요했고 지역 주민들을 더욱 소외시켰다. 교구민이 잘못을 범했을 때 사무엘은 공개적으로 죄를 고백하도록 요구했다. 당연히 주민들 상당수는 사무엘이 교회를 떠나기를 바랐다.

이런 주민의 반발을 알기에 사무엘은 화재로 전소된 집을 새로 건축하면서 재정적인 부담을 떠안으면서 벽돌로 된 견고한 건물을 지었다. 그는 죽기까지 이 땅을 떠나지 않을 것이라는 사실을 사람들에게 보이려 한 것이다. 하지만 사무엘은 사제관을 짓고 나서 더 깊은 빚더미에 파묻혔다. 수산나는 불평했고, 그의 집을 찾았던 사무엘의 형은 가구가 별로 없는 텅 빈 집과 아이들이 낡은 옷을 입은 것을 질책했다고 한다.

어린시절 웨슬리는 목사관 화재에서 구함 받았다

2층으로 올라가는 계단에는 화재로 목사관이 소실된 장면과 불길 속에서 구함 받는 존의 모습이 그려져 있었다. 흑백으로 된 옛 그림과 색을 입힌 최근 그림이 함께 걸려 있었다. 1709년에 발생한 이 화재는 밤 시간에 발생했는데, 존 웨슬리를 제외하고는 모든 사람이 밖으로 나올 수 있었다. 존은 나중에 '불 밖으로 꺼내진 죄인(a brand plucked out of the fire)'이라는 단어를 사용해 그날의 사건을 기억했다. 해설사는 그림을 보며 사무엘과 수산나의 모습을 설명했고, 사무엘이 소리 높여 하늘의 도움을 구했음을 설명했다. 또 한 명의 주민이 다른 사람의 어깨 위에 올라타서 웨슬리를 불길에서 구했다는 말도 이야기했다. 존 웨슬리는 부모들의 기억을 전해 들었고, 자신의 기억과 함께 이를 평생 간직했다. 그래서 설교할 때 그는 '우리가 죄에서 꺼내진 사람들'이라는 사실을 기억할 것'을 강조했다고 한다.

2층에는 웨슬리 부부의 방, 사무엘 웨슬리의 집무실, 존 웨슬리가 머물렀던 방(목사가 되기 위해 아버지 밑에서 2년여 활동함), 아이들의 방이 있었다. 부부의 방은 침대와 함께 수산나의 하루 일상을 설명하는 방으로 꾸며졌다. 그곳에서 그녀의 하루 일과표를 볼 수 있었고, 당시 여성들의 평상복, 그리고 수산나의 일감이 있었다. 해설사는 수산나가 약초를 가꾸며 향낭을 만들었다고 설명했다. 당시 사람들은 옷을 자주 빨거나 자주 씻을 수 없었기 때문에 여성들은 몸에서 나는 냄새를 중화시키기 위해 작은 향낭을 차고 다녔다. 수산나를 이를 만들어 가정 경제에 도움 되도록 한 것이다. 또 해설사는 당시 사무엘의 목회자 급여와 재정 상황,

수산나는 가정 생계와 자녀교육에 헌신했다.

존과 찰스가 옥스퍼드에서 공부할 때 재정적인 내용도 설명했다. 아내의 부업이 불가피했다는 것이다. 아무튼 수산나는 어려운 가정 경제를 꾸려간 어머니로서 이 방에서 일하고 새벽과 밤 시간을 활용, 기도하고 묵상하며 신앙을 일궜다.

　사무엘 웨슬리의 방으로 꾸며진 곳도 검소하기는 마찬가지였다. 집필용 책상과 작은 전시물, 사무엘의 초상화가 그곳에 있었다. 시인이면서 목사였던 사무엘은 이곳에서 글도 쓰고, 설교도 작성했다. 사무엘은 학문적 지식이 풍부한 사람이었고 많은 시와 글을 쓴 작가였지만 뛰어난 작가로 인정받지 못했다. 엡워스에 있는 동안 사무엘은 일에 대한 논문을 썼다고 한다. 라틴어로 쓰인 그의 논문은 조지 2세의 아내인 카롤린 여왕에게 헌정되었다. 하지만 논문을 본 여왕은 '제본이 아름답다'는 말만 했다고 한다. 열심히 노력하는 목회자였지만 사무엘에 대한 평가는 박했다.

　사무엘의 방에서 머릿속에 한 가지 궁금증이 일었다. 사무엘과 수산나 부부는 엡워스에 정착한 초기 상당기간 별거를 했다. 사무엘은 확고한 왕당파로, 당시 왕위에 있던 군주를 지지했다. 그러나 수산나는 아버지로부터 동의하지 않는 견해에 도전하라는 가르침을 받았고, 1694년 메리 2세 여

왕이 죽은 후 윌리엄 3세(오렌지)를 왕으로 인정하기를 거부했다. 수잔나는 제임스 2세와 그 뒤를 이은 찰스 에드워드 스튜어트(보니 프린스 찰리) 왕자를 합법적인 군주라고 믿었다. 그녀는 신이 정한 군주는 폐위될 수 없다고 생각한 것이다. 1702년, 가족 기도를 하던 사무엘이 윌리엄 3세를 위해 기도했을 때, 수산나는 '아멘'을 거부했다. 사무엘은 군주에 대한 모욕을 용서할 수 없는 일로 여겼고, 부부의 분리가 유일한 해결책이라고 생각했다. 그는 "너와 나는 헤어져야 한다. 우리에게 왕이 두 명 있다면, 침대도 두 개가 있는 셈이니까(You and I must part; for if we have two kings, we have two beds.)"라고 아내에게 말했다. 다행히(?) 그해 윌리엄 3세가 죽었고 얼마 지나지 않아 사무엘은 수산나와 화해했다. 그 화해의 결실이 바로 이듬해 태어난 존 웨슬리이다.

존의 방으로 꾸며진 곳에 젊었을 때의 웨슬리의 초상화가 전시되어 있었다. 매우 앳돼 보이고 야윈 모습은 경건생활을 유지하는 젊은 시절 신앙이 몸에 배었기 때문으로 보인다. 그곳에서 아버지의 무덤 위에 올라 설교하는 두 개의 그림이 있었다. 한 개는 교회가 무덤과 가까웠지만 다른 그림은 좀 멀리 떨어져 있었다. 해설사는 '일찍 도착해 교회에 잠시 들려 무덤을 보았다'는 말을 듣더니 '무덤이 교회 벽 바로 옆에 있기 때문에 한 개의 그림은 19세기 작가가 이곳에 오지 않고 상상력을 발휘했을 것'이라고 말했다.

옥스퍼드 신성클럽에서 웨슬리가 설교하는 그림과 설교자인 휫필드를 만나는 그림, 그리고 존 웨슬리의 마지막 날의 모습도 있었다. 해설사는 그 그림이 담고 있는 이야기를 통해 웨슬리의 삶과 활동을 설명했다. 존 웨슬리는 이곳에서 성장했지만 1714년 기숙학교인 런던 차터하우스를 거쳐 옥스퍼드에서 공부를 했다. 방학을 제외하곤 고향을 방문하는 것이 쉽지 않앉을 것이다. 그런 그가 1727년부터 2년간 목사가 되기 위해 아버지가 목회하던 엡워스에서 가까운 루트(Wroot)에서 사역하였다. 이 시기 존은 엡워스의 집에 머물렀을 것으로 추정되며, 아버지의 지도 속에 목회자로서 교육을 받았다. 아마도 지금의 방은 그가 이곳에 머물렀음을 보여주기 위한 것으로 생각된다.

2층의 마지막 방은 아이들의 방으로 꾸며져 있었는데 어른용과 아이의 침대가 함께 놓여 있었다. 아마도 수산나가 아이를 돌본 것을 알려주려는 것 같다. 사무엘과 수

아버지 사무엘 웨슬리가 일한 방

산나는 19명의 자녀를 가졌지만 성인이 된 아이는 10여 명 뿐이다. 유아사망률이 높았기 때문이다. 10여명의 아이들은 목회에 바쁜 아버지 대신 어머니의 보살핌과 교육 속에서 성장했다. 아이들이 잠시 흩어진 적도 있었다. 1709년 화재로 사제관이 전소된 후 10개월 가까이 아이들은 친지와 다른 가족들 품에 맡겨야 했다. 당시에 그녀는 "아이들이 자신의 시야에서 벗어나 주일을 엄격히 지키는 것을 잊고 무례한 습관과 '광대 같은 악센트'를 배웠다."고 비판하기도 했다. 그만큼 그녀는 자녀들에게 강한 기독교 교육을 펼치고자 했다. 또 오전 9시부터 12시까지, 오후 2시부터 5시까지를 아이들 교육 시간으로 정해, 자녀들에게 교육을 실시했다.

수산나는 5세부터 자녀들을 교육하기 시작했고, 첫날 알파벳을 가르쳤

다. 딸 몰리(Molly)와 낸시(Nancy)는 알파벳을 읽는데 하루 반 걸렸는데, 수산나는 느린 진도에 좌절하기도 했다. 알파벳을 배운 후 아이들은 그리스어와 라틴어를 배웠고, 헤티(Hetty)는 8세가 되어 신약성서의 일부를 그리스어로 읽을 수 있었다. 이런 홈스쿨링 방식의 자녀교육은 당시 엡워스에 학교가 없었기 때문이기도 했고, 수산나가 자녀교육에 높은 관심을 가졌던 때문이기도 했다.

계단을 내려와 부엌 공간에 들어섰다. 부엌은 요리를 하는 장소와 식사를 하는 공간으로 구분되어 있었다. 요리 공간에서 해설사는 당시 약초들과 함께 수산나의 아이 교육의 규칙과 그 원칙이 존 로크(John Locke)의 '교육에 대한 몇 가지 생각들'에서 배운 것이라고 소개했다. 이야기를 듣던 중 어릴 때 중학교 문턱에 머무셨기에 누구보다 자식들 교육에 열심을 내던 부모님이 떠오른다. 그분들은 그렇게 먹을 것 못 먹고 입을 것 못 입으며 자식들을 위해 헌신했고, 대학까지 보내셨다. 어떤 이들은 적극적인 부모들 모습을 '치맛바람'이라고 비판하지만 그런 부모의 관심과 노력으로 우리는 이렇게 설 수 있었던 것 아닐까.

문화 해설사는 식사공간에 들어서자 이곳에서 있었던 수산나 일화를 설명했다. 1712년 사무엘이 런던으로 장기간 출장을 갔고, 교회에 임시로 설교목사가 왔다. 그런데 그의 설교를 미숙하다고 생각한 수산나는 주일 오후 자녀들을 모아 시편을 노래하고 남편이나 아버지의 설교 노트를 읽은 후 다시 시편을 읽는 별도의 예배를 드렸다. 일부 성도들도 새 설교자를 좋아하지 않았고, 수산나를 설교자로 선택했다. 이 예배의 회중은 200여명이 넘었다고 한다. 화가 난 설교자는 사무엘에게 '여성의 음란함'을 들어 불평했다. 사무엘 또한 편지를 써서 그만둘 것을 설득했다. 하지만 수산나는 거부했다. 그녀는 남편에게 '자신이 하나님께서 원하시는 일을 하고 있다고 믿으며, 자신이 설교하지 않으면 지역 주민들을 적절한 종교교육을 받을 수 없을 것'이라고 말했다. 그녀는 사무엘이 분명히 그만두라고 명령할 경우에만 그만하겠다고 말하면서 '(사무엘이 그녀를 그만두게 하면) 이 문제가 심판의 날 하나님 앞에 제기될 것'이라는 경고를 덧붙였다.

물론 사무엘이 돌아오고 그녀의 사역은 더 이상 이어지진 않았다. 그 자리에서 우리는 수산나가 강인한 여성이며, 설교자이며, 교육자라고 공감했다. 그녀가 공식적으로 설교하거나 책을 출간하거나 교회를 설립하진 않았지만 남편 사무엘을 도와 사역했고, 아들 존과 찰스 웨슬리를 위대한 설교자요, 찬송 작사작곡가로 키웠기 때문이다. 어쩌면 웨슬리의 메도디스트 운동을 어머니의 교육과 조언에서 출발된 것인지도 모른다.

실제로 존은 어머니 수산나에게 그녀가 그와 형제들을 어떻게 교육했는지 조언을 구했고, 존은 이 아이디어를 1748년 킹스우드 학교를 운영하는 데 사용했을 가능성이 높다. 가난한 아이들에게 글과 독서를 가르쳤던 킹스우드 학교를 통해 존은 소녀들도 교육했다. 존이 평신도 설교자를 메도디스트 운동에 적극 참여시킨 것도 수산나의 영향이다. 이곳 목사관에서 어머니의 설교를 지켜본 아들은 나중에 평신도의 설교, 여성들의 설교를 적극 옹호했던 것이다. 엡워스 목사관에서 어머니의 강력한 교육과 영향이 존을 위대한 설교자로 재탄생케 한 것이다. 그래서 사람들은 수산나를 '감리교 운동의 어머니(The Mother of Methodism)'로 부른다.

하나 더 말해야 할 것 같다. 수산나는 아이들의 상담사로도 활동했다는 사실이다. 신앙과 교육 상담은 자녀들의 성장에 매우 중요한 것 중 하나다. 그녀는 남편이 집을 떠나 있는 기간 편지를 썼는데 '매일 밤 각 자녀에게 시간을 할애하여 따로 이야기 한다'고 말한다. 이 때 존(아명은 Jacky)과 찰스는 목요일과 토요일 밤 시간을 배정받았다. 이 시간 그녀는 아이들과 무슨 이야기를 했을까? 교육 문제 뿐 아니라 신앙과 삶 전반에 대한 이야기가 이뤄졌을 것 같다. 이런 어머니의 교육이 있었기에 자녀들이 위대한 인물이 될 수 있었다. 그런 시간을 만들지 못했던 삶에 아쉬움이 밀려온다.

2) 웨슬리가 설교한 시 광장

올드 렉토리 인근에 있는 웨슬리 동상

올드 렉토리를 떠나 마을 중심에 있는 광장(Market Place)으로 향하다가 '웨슬리하우스'라고 이름 한 건물과 존 웨슬리의 동상을 만났다. 웨슬리 동상은 2003년 그의 사망 300년의 해를 맞아 세운 것이고, 건물은 웨슬리와 관련이 없었다. 이 집을 지은 사람들이 그 이름을 붙인 것이다. 영국에 처음 왔을 때는 이런 이름에 무슨 사연이 있는 것은 아닌가 하고 혹한 적이 많았다. 하지만 영국인들에게 들으니 보통은 자신의 이름을 붙여 'ooo 하우스'라고 하지만 때론 의미 있는 다른 이름을 가져다 붙인다고 한다.

세계를 향한('모든 세계를 나의 교구처럼 바라본다') 웨슬리의 말이 적힌 동상 앞에서 여러 생각을 했다. 고향을 사랑했던 그는 세계를 바라보았다. 고향에서 아버지와 어머니를 통해 배운 신앙과 가르침을 잊지 않고 그것을 품고 영국, 세계로 나아갔다. 미시적이고 거시적인 것, 내면과 외면, 뿌리와 확장 등…. 이들은 대립 개념이 아니라 하나의 틀 안에 있는 것은 아닐까 하는 생각에 까지 미쳤다. 생각을 중단하고 웨슬리 동상의 모습을 주목해 살폈다. 나이든 모습이고 성서를 들고 있는 것 같다. 그리고 한 손은 회중을 가리키고 있는 느낌이 든다. 순례하는 자에게 무엇인가 말하려한다는 느낌이 머리에 스친다. 하지만 회피하듯 그곳을 떠나 광장으로 향했다.

마을 중심에는 작은 광장이 있는데, 정기적으로 장이 서는 곳이다. 그곳 또한 수많은 사람들로 북적대고 있었지만 번잡하고 복잡한 도시에 비할 바 아니다. 사람이 많은 마켓플레이스 옆에도 작은 무대 공간이 마련되어 있었다. 공연이 끝나기를 기다려 가까이 다가갔고 마켓 중앙에 놓인 작은 기념비를 살폈다. 그곳에는 '존 웨슬리, 이 층계에서 여러 번 설교했다'는 내용이 적혀 있었다.

당시 세인트 앤드류 교구 교회는 국교회 소속으로, 메도디스트 운동을 하던 웨슬리는 교회에서 설교할 수 없었다. 아버지 후임으로 온 목회자는 웨슬리를 달가워하지 않았다. 또한 존 웨슬리가 야외 설교에 나서고, 성령 체험과 성결한 삶(성화)을 강조하자 국교회는 그에게 설교 강단을 허락하지 않았다. 고향을 방문한 웨슬리 또한 교회 강단에 설 수 없었고, 이곳 광장에서 회중들을 만나 설교, 연설을 했다. 지적이고 예전을 강조한 아버지의 설교 스타일과 자유분방하면서도 감성적인 아들의 설교는 달랐을 것이다. 두 사람을 설교를 들은 마을 사람들은 누구에

웨슬리가 설교한 엡워스 시 광장

게 더 높은 점수를 줬을까? '청출어람(靑出於藍)'이라는 말처럼 아들에게 더 높은 점수를 줬을 것이다. 동시대 마을 주민들의 지적 수준은 높지 않았고 아들 존 웨슬리는 아버지와 비교해 상대적으로 쉽고 평이하게 말씀을 전했기 때문이다. 그래서 후대에 이곳에 감리교회가 세워질 수 있었던 것은 아니었을까?

3) 사무엘이 사역한 세인트 앤드류 교회

사무엘 웨슬리가 목사로 사역한 세인트 앤드류 교회(St Andrews Church)를 찾았다. 축제일이라 교회도 손님맞이로 분주했다. 케익과 커피, 과자 등 다과를 준비해 놓았고, 유럽 교회들이 그러하듯 한 쪽에는 책과 음악 CD, 수공예 제품 등을 전시해 놓았다. 교회에 도착해 잠시 기도한 후 차를 마시고, 교회 내부를 천천히 둘러봤다.

교회는 그리 크지 않았고, 설교단은 작았으며, 스테인드글라스도 특별한 내용은 없었다. 웨슬리의 여정을 따라 이곳에 들렸다는 것을 말씀하니 한 성도가 강단 한 쪽에 있는 의자에 대해 아는지 물었다. 그는 그 의자가 '수산나 웨슬리가 교회에 기증한 것'이라고 설명했다. 남편이 죽은 후 수산나는 목사관을 후임 목회자에게 넘겨줬고, 자신은 아들 존 웨슬리가 살던 런던으로 이주했다. 그 때 수산나는 남편의 빚을 청산하기 위해 집안 가구 대부분을 팔아야 했다. 그런데 그 중 의자 하나를 교회

사무엘이 사역했던 세인트 앤드류 교회

사무엘 웨슬리가 말씀을 전하고 사역한 세인트 앤드류 교회 내부

에 기증한 것이다. 평범한 의자였지만 한참 바라보게 된다.

 교회 왼편 성서 속 씨 뿌리는 사람 이야기를 모티브로 한 유리 창문을 보았다. 방문자의 눈에는 그가 성서 이야기 속 농부가 아니라 사무엘 웨슬리를 형상화한 것을 아닐까 하는 생각을 해 봤다. 그는 엡워스 주민을 위한 목회자로 평생을 살았고, 그곳에서 그들의 삶을 위해 봉사했다. 창문 주변에 다양한 나무 방패에 색칠을 하고 문장을 새겨 넣은 작품과 그림을 그려 구운 아트 타일 작품이 교회 한 쪽 벽을 장식하고 있었다. 장식은 교회 벽에 고정된 것인지 행사 때문에 잠시 전시한 것인지는 불분명했다. 하지만 전문가의 작품으로 보기는 어렵다는 점에서 성도들이 공동작업을 통해 만들고, 전문가에 맡겨 타일로 만든 것으로 생각된다. 문화작업, 창작활동이 이곳 엡워스에서 진행되고 있었다.

 교회를 둘러보던 중 들려오는 종소리에 고개를 돌려 2층을 올려다봤다. 2층은 작은 기도실과 같은 공간으로 유리 창문으로 막혀 있었다. 그곳에는 종탑에 달린 종의 줄을 당겨 연주하는 공연팀이 있었다. 아마도 오후에 있을 공연을 준비하는 듯했다. 잠시 그들의 공연에 귀를 기울였고, 그들이 연주를 마친 후 2층에 올라 그곳을 살폈다. 종탑과 연결된 줄이 그곳에 있었고 연주자들은 그 줄을 당겨 다양한 크기의 종소리에 화음을 입혔다. 전통과 현대를 잇는 교회에서만 만날 수 있는 귀한 연주다.

그런데 교회를 찾는 순례자에게 의미 있는 장소는 교회 내부가 아니라 밖에 있었다. 바로 사무엘 웨슬리 무덤이 교회 마당에 있기 때문이다. 사무엘은 1735년 40여년 사역을 한 엡워스에서 사망했고, 이 교회에 묻혔다. 교회 건물 가까운 곳에 자리한 사무엘의 무덤을 살펴본다. 철로 된 보호대가 돌로 된 무덤을 둘러싸고 있었고, 세월의 흔적으로 인해 그림이나 글귀는 읽을 수 없었다.

음악가들이 줄을 당겨 연주하고 있다.

그런데 이 무덤과 관련해 존 웨슬리의 재밌는 일화가 있다. 존 웨슬리가 순회설교자로 활동하던 1742년 고향 엡워스를 방문했다. 하지만 사무엘 밑에서 사역했던 후임 목사는 그의 교회 출입(설교)을 거부했다고 한다. 당시 국교회 지도부는 예배당과 교회 소속 땅에서 설교하는 것을 허락하지 않은 것이다. 그래서 웨슬리는 '그렇다면 자신의 아버지가 묻힌 곳, 그곳을 자신의 영역이기에 그곳에서 설교하겠다'고 말하며 주일 저녁 아버지의 무덤에 올랐고, 방문 기간 세 번 이곳에서 설교했다고 한다. 한국인에게 부모의 무덤에 올라서는 것은 벌초할 때도 피해야 할 행동이다. 그러나 웨슬리는 교회의 거부에 항거하듯 그곳에서 당당히 말씀을 전했다. 그 때의 이야기는 그림으로 남겨졌고, 후대에 설교자 웨슬리의 면모를 알려주는 한 일화가 되었다.

무덤 주변을 둘러보며 아버지 사무엘은 이 모습을 어떻게 생각했을까 의문을 던져봤다. '이런 호로자식!' 이라고 했을까? 아니면 '그래. 나를 밟고 오르거라.'고 했을까? 또 주변사람들의 반응은 어땠을까? 한국이라면 '저런 몰상식한 놈'으로 치부하거나 당장 그곳에서 내려오

사무엘 웨슬리의 무덤

라고 소리쳤을 것이다. 어머니 수산나의 반응 또한 궁금해진다. 그녀는 웨슬리의 설교가 있던 그 해 죽음을 맞았고 런던 번힐필드 묘원에 묻혔다.

4) 웨슬리 형제 기념 감리교회

아침 일찍 잠시 들린 웨슬리 기념 교회(Wesley Memorial Methodist Church)는 바빴다. 10시 교회 마당에서 첫 공연이 있었고 찬양팀이 이를 준비하고 있었다. '찬양팀'을 젊은 사람이라 생각할 수 있지만 악기를 다루는 2명을 빼곤 대부분 60~70대 이신 성도들이었다. 서 있는 모습

웨슬리기념 감리교회

도 다소 어정쩡했고 목소리에 힘도 실리지 않았지만 15분 찬양하는 모습에 존경심이 일었다. 공연이 끝난 후 웨슬리 가족의 집과 세인트 앤드류 교회 등을 둘러본 후 다시 웨슬리 기념교회를 찾았다. 좀 느긋하게 교회를 둘러

강단에 있는 웨슬리 형제를 기리는 스테인드글라스

보기 위해서다.

입구에는 존과 찰스 웨슬리 형제의 얼굴 부조가 있었고, 1888년에 교회가 건립됐다는 명패가 있었다. 교회 내부는 나무로 된 천장이 무척 아름다웠고, 웨슬리 기념판과 강단 위 스테인드글라스에 웨슬리 형제의 얼굴이 눈길을 끌었다. 이 기념교회는 웨슬리 형제가 죽고 감리교회가 태동한 이후 건축되었다. 교회 자료에 따르면 웨슬리는 아버지 무덤과 마켓 플레이스 등에서 설교했고, 한 건물에서도 말씀을 전했다(1745, 1758년). 하지만 이 때 성도들 앞에서 행한 설교는 사무엘의 아들, 국교회 목사 존 웨슬리의 설교였다. 그의 설교로 엡워스에 메도디스트 회중이 만들어졌다는 언급은 찾을 수 없었다. 이를 볼 때 처음에 별도의 교회(감리교 회중)는 없었던 것 같다.

아버지로부터 신앙을 배운 존 웨슬리는 죽기까지 국교회에 남아있었고 교회 분리를 원하지 않았기 때문이다. 당시 그는 런던과 브리스톨에 성서 공부와 말씀 사역(소모임), 봉사와 구호사역을 위해 건물을 세웠다. 하지만 감리교회가 국교회에서 분리되면서 엡워스에도 자연스럽게 교회가 '태동'(기록엔 1803년)한 것 같다. 이후 어느 시점에 별도의 건물(1821년)을 세웠고, 1889년 이곳 예배당에 입당하게 됐다.

그곳 강단 앞 의자에 앉아 기도했다. "엡워스에서 사무엘과 수산나 웨슬리의 삶과 신앙을 배우고 느낍니다. 그들이 존과 찰스 웨슬리를 가능케 했음을 알게 되었습니다. 좋은 부모가 좋은 자녀를 만들고, 좋은 신앙공동체를 일구게 됨을 느낍니다. 좋은 사람이 되고, 좋은 부모가 될 수 있도록 이끄시옵소서. 교회 공동체를 위한 좋은 일꾼이 될 수 있도록 하옵소서. 아멘."

2. 웨슬리와 신성클럽, 옥스퍼드에서

웨슬리의 흔적을 찾아 기차를 이용, 이른 아침 옥스퍼드에 도착했다. 옥스퍼드는 위클리프와 크랜머의 종교개혁을 다룰 때 방문한 바 있다. 옛 대학 도시인 옥스퍼드는 웨슬리를 비롯해 수많은 영국의 지도자, 유명 인사들이 공부한 곳이다. 웨슬리는 1714년 엡워스를 떠나 기숙학교인 런던 차터 하우스에서 공부하였으며 1720년 옥스퍼드 크라이스트 처치에서 공부를 시작했다. 이 대학을 마친 후 링컨 칼리지의 펠로우가 되었고 목사 안수를 위해 고향 엡워스로 가서 아버지 곁에서 2년간 목회를 배웠으며, 다시 옥스퍼드로 돌아와 신성클럽을 이끌며 메도디스트 운동을 준비했다.

1) 옥스퍼드 크라이스트 처치(Christ Church)

옥스퍼드에서 제일 먼저 찾은 장소는 크라이스트 처치(Christ Church)다. 이 대학은 감리교회를 탄생시킨 존 웨슬리가 공부한 곳이며 영화 '해리포터'의 촬영지로 매년 많은 방문객이 찾는 장소다. 대학에 들어서서 건물로 둘러싸

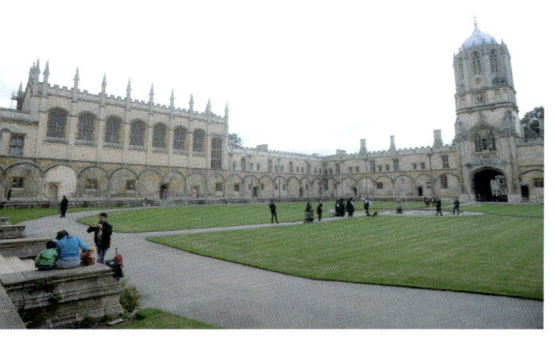

옥스퍼드 크라이스트 처치는 웨슬리 형제의 모교이다.

헤리포터의 촬영 장소인 그레이트홀

인 넓은 잔디밭과 탑(Tom Tower)을 살핀 후 해리포터 마법학교의 식당 '더 그레이트 홀(The Great Hall)'을 찾았다. 이곳에서 열리는 학교 공식 행사(저녁식사) 때면 교수 중 한 명이 성서대에서 라틴어 기도문을 읽은 후 학생들의 식사가 진행된다고 한다. 가운을 입은 학생들이 함께 기도하고 식사하는 모습은 장관일 것 같다는 생각이 들었다.

줄 지어 움직이는 관광객들과 함께 식당과 건물 내부에 걸린 많은 사람들의 초상화와 사진을 살폈다. 식당 벽 중앙에 종교개혁 시기 영국을 이끈 헨리 8세와 재위 초기 핵심 참모 중 한 명인 울지 추기경의 모습을 발견했다. 두 사람의 초상화가 이곳에 걸려 있는 것은 대학 설립자이기 때문이다. 원래 크라이스트 처치는 울지 추기경에 의해 'Cardinal's College'(추기경 대학)로 설립됐고, 그가 죽은 후 헨리 8세에 의해 'King's College'(킹스 칼리지, 왕의 대학)로, 다시 '크라이스트 처치'라는 이름을 얻게 됐다.

존 웨슬리는 1720년 크라이스트 처치(Christ Church)의 장학생으로 입학했다. 옥스퍼드 내에서 가장 큰 대학인 이곳은 의학, 법학, 신학을 주요하게 가르쳤고, 웨슬리는 고전문학, 라틴어, 성서, 신학서적을 탐구했다. 논리적 재능과 문학 소질을 인정받은 웨슬리는 1724년 학사 학위(B.A)를 받았다. 그런데 웨슬리는 이듬해 성직자가 되는 것이 맞는 것인지 갈등하기 시작한다. 자신이 느끼기에 가슴 속 하나님의 불꽃이 희미하고 영적 경험을 사모하는 마음이 적었기 때문이다. 이 시기 웨슬리는 자신의 영적 성장을 위해 중요한 결단을 하는데 1725년 4월부터 매일 영적 상태를 점검하는 일기를 쓰기 시작했다. 또 매시간 대학에서 종을 칠 때 시편을 찬양하고 명상기도를 하는 경건의 연습을 시작한다. 어느 날 그는 학교에서 일하는 노동자와 대화하는 가운데 '먹을 것, 입을 것, 잘 곳이 없어도 하나님께 감사하다'는 고백에 감명 받고 사제가 되기로 결심한다. 그렇게 1725년 9월 사제(Deacon, 당시 성공회는 두 단계 사제 안수 절차가 있었다. Deacon과 Elder)가 되었고, 2년간 아버지가 목회하던 엡워스 인근 루트에서 목회한다.

식당을 나서 크라이스트 처치에 속한 건물들을 둘러보았다. 오래된 수도원의 회랑과 작은 마당 등 이곳이 과거 수도원임을 알게 됐다. 실제로 크라이스트 처치는 수도원 장소에 설립된 대학이다. 수도원은 710년경 성 프라이드와이드 수도원으로 설립됐고 1122년 아우구스티누스 수도회에 의해 재건되었다. 그런데 종교개혁 직전 울지 추기경 명령으로 폐쇄 되었고 그곳에 대학이 세워진 것이다.

크라이스트 처치의 예배당에 들어섰다. 이곳 예배당은 대학예배 때에 사용되기도 하지만 옥스퍼드 교구의 주교좌 성당으로, 매일 아침 7시에 예배와 성찬식이 진행되고 주일에 네 번의 예배가 드려지고 있었다. 안내서를 들고 예배당 내부를 둘러본다. 예배당은 1100년대 수도원 교회로 출발되었지만 중세시대 흔적은 많지 않았다. 네 명

크라이스트 처치 예배당

크라이스트 처치 예배당 벨주교 제단 　　크라이스트 처치 웨슬리 기념비

의 기사와 한 명의 수도자 사이에 있는 순교자 토마스 베켓 상은 1320년대에 만든 것으로 16세기 종교개혁 시기에 얼굴 부분이 훼손된 채로 남아 있었다. 혹시나 왕의 신하나 종교개혁자들에 의해 저질러진 것은 아닐까 생각했는데 교회의 기록은 '헨리 8세의 토마스 베켓의 모든 그림을 파괴하라는 명령으로부터 보호하기 위해 외관을 일부러 훼손시킨 것'이었다. 얼굴을 훼손하여 전체 작품을 보호하려 한 것이다. 또 하나의 중세 흔적은 성 프라이즈와이드(St. Fridewide)의 흔적, 유골함(The Shrine)이다. 옥스퍼드에 수도원을 처음 세운 그녀는 현재 옥스퍼드의 수호성인으로, 사망 이후 수도원에 묻혔다고 한다. 중세시대 수도원 예배당이 건축되면서 새롭게 조성된 그녀의 무덤은 종교개혁 시기 파괴되었다가 19세기(1889) 복원되었다.

　예배당에서 눈길을 끈 것은 '벨 기념 제단(The Bell Alter)'이다. 2000년에 만들어진 이 제단은 독일 도시 폭격을 반대했던 조지 벨 주교(Geoge Bell)를 기념하기 위한 것이다. 에큐메니칼 운동에 앞장선 그는 히틀러 암살에 관여한 본회퍼 목사 등과 교류, 협력했다. 그런데 전쟁 때 벨 주교는 '독일 도시 폭격 반대'했다. 연합군은 우세한 공중폭격을 통하여 독일의 중요 도시를 폭격하여 기선을 제압하려 했고, 영국교회도 이를 지지했다. 그러나 그는 무고한 시민이 고통받는 도시 폭격이 아니라 다른 방법, 히틀러를 암살하려는 독일 프로테스탄트의 움직임을 지원하는 방향을 택한 것이다. 훼손된 베켓의 스테인드글라스와 조지 벨 주교의 제단을 둘러보며 우리 시대, 21세기, 무엇이 폭력이고 정의일까 고민하게 된다.

예배당을 나서기 전 설교대 앞에서 작은 기념판을 발견했다. 바로 존 웨슬리와 찰스 웨슬리를 기념하는 명판이었다. "John Wesley 1703-1791, Students of Christ Church, Leaders of the Methodist Revival, Ordained in this Cathedral, Charles Wersley 1707-1788(존 웨슬리와 찰스 웨슬리. 크라이스 처치의 학생들로 감리회 운동의 지도자, 이 예배당에서 사제로 임명됐다.)" 대학은 이 대학 졸업생의 흔적을 요약해 예배당에 새겨놓고 있었다. 말씀을 중요시 했던 웨슬리를 배려한 듯 설교단 가까이 설치되어 있었다. 그곳에서 잠시 종교개혁자들의 신앙과 웨슬리가 바꾸려 했던 영국 사회와 교회의 모습을 묵상했다.

2) 신성클럽과 링컨 칼리지

하지만 오늘 주요 방문지는 감리교회와 성결교회 신앙의 기초가 된 웨슬리가 공부한 링컨 칼리지(Lincoln College)이다. 링컨 칼리지는 누구나 자유롭게 방문할 수 있지만 '웨슬리 룸'(Wesley Room)은 미리 신청을 해야만 볼 수 있다. 웨슬리 룸은 오래된 교수 연구실 중 하나를 1927년 웨슬리의 옛 교수 연구실로 개조한 방으로, 그를 기념하는 여러 물건이 보관되고 있다. 그곳을 둘러보기 위해 대학에 이메일을 보내고, 허락을 얻어 오전에 대학을 방문키로 했다.

웨슬리는 1726년 링컨 칼리지의 교수(Fellow)가 되었고, 미국 조지아 선교

웨슬리가 펠로우로 사역한 링컨 칼리지는 신성클럽의 근거지였다.

를 떠나는 1735년까지 천문학과 논리학, 그리스어와 신약성서, 철학 등을 학생들에게 가르쳤다. 그런데 그는 이 대학에서 첫 메도디스트(감리교회)의 모임인 '신성클럽(Holy Club)'을 리더로서 이끌었다. 원래 신성클럽은 존 웨슬리의 동생인 찰스 웨슬리(Charles Wesley)와 그의 동료인 윌리엄 모건(William Morgan)이 시작했다. 1726년 동생 찰스가 크라이스트 처치에 입학했고, 언제부턴가 형과 어머니의 권면에 따라 매주일 성찬예배에 참석하고 규칙적인 기도와 경건생활에 힘썼다. 그는 동료와 성경공부와 경건 서적을 읽고 대화하는 작은 모임을 만들었다. 바로 '신성클럽'의 시작이다. 그런데 사제가 되면서 옥스퍼드를 잠시 떠났던 존 웨슬리가 1729년 돌아와 링컨 칼리지에서 사역하면서 그들을 이끄는 리더 역할을 하게 된다. 이 모임에는 존의 동료인 밥 커크햄(Bob Kirkham)도 참여했다. 처음에는 4명이었던 모임은 사람들이 하나둘씩 참여했고, 사역도 회원들의 제안으로 다양한 형태로 확장되었다.

 대학에 도착해 담당자의 안내로 웨슬리 룸과 대학 예배당을 둘러보았다. 웨슬리 룸(Wesley room)은 1928년 그의 교수 사역 200주년을 기념해 복원되었다고 한다. 책상과 의자, 그의 사진과 주요 저술 등이 그곳에 있었다.

그곳 건물 밖에는 웨슬리의 동상을 만들어, 이곳이 웨슬리를 기념하는 장소임을 분명히 했다. 2층에 있는 방을 향해 계단을 오르고, 낡은 문을 들어설 때까지 웨슬리 당시의 모습을 기대했다. 그러나 작은 방에 들어섰을 때 웨슬리 방이라는 느낌은 받을 수 없었다. 그의 작은 동상과 함께 얼굴 그림이 걸려있고, 책장과 의자, 추운 겨울 연구를 위해 장작을 태울 수 있는 화덕도 있었다. 하지만 무언가 부족해 보였다. 그럼에도 그곳에 있는

웨슬리 룸으로 가는 계단

웨슬리 동상과 관련 책자, 자료들을 살피면서 당시의 웨슬리의 모습을 떠올렸다. 그는 교수로서 이곳 작은 연구실에서 학생들을 위해 수업을 준비했다.

무엇보다 그는 연구실에서 신성클럽으로 모였고, 이 모임을 어떻게 이끌어 나갈 것인지 고민했다. 신성클럽은 매일 여섯시부터 아홉시까지 기도하고 시편과 그리스어 성서를 읽으며, 초대교회와 중세 성자의 신비주의적이고 종교개혁 시대의 경건한 인물의 작품을 읽고 토론했다. 초대교회 전통에 따라 수요일과 금요일 금식을 하던 그들은 1730년부터는 감옥에 있는 죄수와 가난한 사람들을 규칙적으로 방문하며 구제 또는 사회선교 활동을 시작했다. 1732년 웨슬리는 신성클럽 회원들이 사용할 수 있도록 '매일 기도집'(A Collection of Forms of Prayer for everyday in the week)을 만들기도 한다.

이런 그들의 규칙적이고 열정적인 모습을 본 동료나 학생들은 '규칙쟁이들(methodist)'나 '성경벌레들(Bibel Moths)'로 불렸다.

신성클럽에 참여한 인물들로는 찰스 웨슬리와 윌리엄 모건, 존 웨슬리와 밥 커크햄, 존 클레이튼(John Clayton), 벤자민 잉햄(Benjamin Ingham)과 조지 휫필드(George Whitefield) 등이 있다. 신성클럽에는 1734년 말까지 약 40여명이 참여했다고 한다. 교수로서 웨슬리는 학생들을 가르쳤고 자신들의 신앙 열

웨슬리 룸 내부. 신성클럽은 웨슬리의 연구실에서 자주 모였다.

심에 대해 나누었을 것으로 추정된다. 그래서 제자들 중 일부가 신성클럽의 회원이 되었다. 대학 기록에 따르면 1730년 6월 11명의 학생이 웨슬리에게 배정되는데, 그들 중 일부는 웨슬리의 신앙적 입장을 따르는 제자(메도디스트)가 되었다. 신성클럽은 이후 웨슬리의 사역, 감리교회 출발의 근간이 되었다고 말할 수 있다.

사실 웨슬리 연구실 위치는 정확히 알려져 있지 않다. 그가 1751년까지 교수 신분을 유지하긴 했지만 조지아 선교와 설교 사역을 하면서 대학을 떠났기 때문이다. 그래서 대학은 가장 오래된 옛 연구실을 웨슬리 연구실로 복원한 것이다. 그곳을 나서 예배당 안뜰에 있는 건물을 잠시 살폈다. 자료조사 과정에 '원래의 웨슬리 연구실은 예배당 안뜰 건물이라는 기록'을 본 듯해서다. 그곳 건물 한쪽에 작은 기념패가 부착되어 있었다. "존 웨슬리, 1726년부터 1751년까지 교수, 그의 대학교 초창기에 이 방에서 머물렀다. 신성클럽이 여기서 만났다."는 내용이다. 부착 시기는 알 수 없지만

어느 시점에 이곳이 웨슬리 연구실로 여겨진 듯 했다. 안내한 대학 직원에게 그곳 내부를 볼 수 있는지 물었지만 다른 교수가 사용하고 있다고 했다.

중요한 것은 웨슬리가 사용한 연구실이 아니다. 이곳 대학에서 웨슬리는 옥스퍼드에 있는 동료, 제자들과 함께 신성클럽을 만들었고, 경건과 신앙적 실천을 시작했다는 점이다. 이후 이 신앙과 실천은 메도디스트 운동으로 확산되어, 영국과 세계를 변화시키는 밑거름이 됐다는 점이다.

연구실로 추정되는 위치의 웨슬리 기념비

링컨대학에서 마지막으로 방문한 곳은 예배당이다. 과거 이곳에서 펠로우로 사역했던 존 웨슬리가 여러 번 설교했다. 원래 교수는 대학생들을 맡아 가르치는 역할을 주로 했고 주일에는 예배를 정기적으로 인도했다. 목사로 안수받은 웨슬리는 예배당에서 학생들 앞에서 설교하는 것이 당연했다. 그는 자신의 임무를 진지하게 수행했다.

존 웨슬리는 1751년에 결혼하면서 절차에 따라 펠로우직을 사임했고, 학교와의 관계가 공식적으로 끝났다. 물론 그 전에도 조지아 선교사로, 설교자로서 활동했기 때문에 펠로우 직함만 유지한 상태였다. 그럼에도 링컨 칼리지는 존 웨슬리에게 마음의 고향으로, 경건을 배우고 익힌 곳이며, 신성클럽을 통하여 옥스퍼드 사역을 펼친 근거지로 남았다.

3) 섬김과 봉사, 옥스퍼드 성과 감옥

옥스퍼드 성(감옥)은 신성클럽의 사역 장소였다.

옥스퍼드 성(Oxford Castle & Prison)은 감옥으로 사용됐고, '신성클럽(Holy Club) 회원들이 방문, 봉사와 선교 활동을 했던 장소다. 그곳을 찾아 웨슬리와 신성클럽 사역을 떠올린다. 옥스퍼드 성은 1066년 잉글랜드에 노르만 왕조가 들어서면서 건축되었다. 왕은 자신의 부하를 옥스퍼드에 보내 나무로 성채를 만들었고 성의 역사, 도시의 역사가 시작됐다. 성은 돌로 된 성곽과 건물을 세우며 확장됐고, 12세기 들어서면서 견고한 성과 성벽을 갖춘 도시가 되었다.

성에 도착해 주변을 둘러봤다. 흙으로 쌓은 봉긋하게 솟은 산 위에 나무가 세워졌고 그 주변에 탑과 옛 성의 건물이 있었다. 그런데 많은 건물이 호텔과 식당 등으로 사용되고 있었다. 이는 왕권이 안정되고 대학도시로서 옥스퍼드가 발전하면서 성의 군사적 가치가 하락했기 때문일 것이다. 실제로 1350년 이후 성은 감옥이나 행정, 법원의 중심지 역할을 했고, 이후에는 감옥으로만 사용되었다. 1990년대 후반에 옥스퍼드 시에 반환된 교도소는 이후 복합문화 단지로 개발(Oxford Castle & Prison, 옥스퍼드 성과 감옥)되고 건물 일부는 객실로 개조되며 호텔이 들어섰다.

인터넷을 통하여 가이드 투어 신청을 했고, 방문 당일 10여명의 방문자와 함께 성에 들어섰다. 성의 가장 오래된 부분인 조지 타워(George Tower)를 시작으로 감옥 내부, 지하에 있던 11세기 예배당 흔적(St. Geroge's Chapel),

성의 역사와 감옥에 대한 전시 공간 등을 둘러봤다. 1730년대 초 이곳 어딘가에서 존 웨슬리와 동료들은 봉사 활동을 했다. 대학생이던 이들은 매일 기도와 성서연구, 경건주의 서적 탐독, 매주일 성찬과 주 2회 금식 등을 실천했고, 1730년 8월부터 모건의 제안으로 감옥 죄수들을 규칙적으로 방문, 전도활동을 했다. 이들은 먹을 것과 입을 것을 준비하여 감옥을 방문했고, 겨울에는 석탄이나 나무를 제공하였다. 회원들은 심지어 빚을 못 갚아 들어온 죄수들을 대신해 빚을 갚아주어 석방을 돕기도 했다.

옥스퍼드 성 감옥 내부

 그런 역사적 기록을 현장에서 찾을 수 있을까 하는 생각에 방문했지만 그 흔적은 만날 수 없었다. 성과 감옥의 역사, 감옥의 삶이나 생활, 죄수들에 대한 기록 등은 있었지만 웨슬리의 이름은 감옥을 자주 방문한 인물 소개에서만 잠시 만날 수 있었을 뿐이다. (Other Reformers who regularly visited the county gaol included John Wesley and Charles Wesley, founders of Methodism : 카운티 감옥을 정기적으로 방문했던 다른 개혁자로는 감리교의 창시자인 존 웨슬리와 찰스 웨슬리가 있다.) 안타깝게도 '신성클럽', '대학생들의 봉사', 그리고 그들이 언제, 어떤 활동을 했는지는 알 수 없었다. 하지만 감옥에서 진행된 웨슬리와 신성클럽 회원들의 활동은 이후 메도디스트들이 가난한 이들을 위한 구호와 봉사활동을 지속적으로 펼치는 첫 모델이 되었다.

투어가 끝난 후 차분히 다시 감옥 전시실을 둘러보았고 구입한 안내 책자를 다시 읽어본다. 이곳 감옥에 사는 사람들을 웨슬리와 동료들은 방문했고, 상담했고, 지원했으며, 때때로 복음을 나누며 함께 기도했다. 이곳 어딘가를 나처럼 둘러보고, 잠시 멈춰 기도했을 300여 년 전 어느 날을 떠올린다.

4) 뉴 인 홀 거리와 웨슬리 기념 감리교회

점심식사 후 시내를 거닐며 이곳저곳을 둘러본다. 대학교회로 사용되는 메리교회와 보들리언 도서관, 그리고 순교자탑 등도 다시 찾았다. 옥스퍼드에 올 때마다 수차례 방문했던 장소들이다. 올 때마다 늘 같지는 않다. 모르던 것을 한 가지씩 더 알게 되고, 다른 생각을 하게 된다. 그런 이유로 온 곳을 두 번, 세 번 다시 찾는다.

대학교회인 세인트 메리교회(St. Mary's Church)에 잠시 들렸다. 이곳은 토마스 크랜머 대주교의 재판과 순교의 역사가 어린 장소로, 앞서 언급한 바 있다. 하지만 이곳은 존 웨슬리와도 뗄 수 없는 장소다. 그는 메리교회 설교단에서 여러 번 설교했는데, 'The Cricumcision of the Heart(마음의 할례, 1733), Salvation by Faith(믿음에 의한 구원, 1738), Scriptural Christianity(성서적 그리스도교, 1744) 등이 유명하다. 첫 번째 설교는 옥스퍼드에서 신성클럽 활동을 하던 시기 설교이고, 두 번째는 올더스게이트 신앙체험

세인트 메리교회에서 웨슬리는 몇 차례 설교했다.

을 한 직후의 설교이며 세 번째는 설교자로서 활발한 활동을 펼치던 시기의 설교이다. 이들 설교는 제목 뿐 아니라 설교본문을 통해 웨슬리 변화를 볼 수 있고, 지적인 옥스퍼드 동료와 후배를 향해 행한 설교란 점에서 의미가 크다. 웨슬리는 신앙의 형식에 갇혀 자유하지 못했던 옥스퍼드의 스승과 후학들에게 참된 개혁 신앙, 체험 신앙을 강조했다.

그곳에서 잠시 고개를 숙였다. "하나님. 세 개의 설교는 모두 열정있고, 열심을 가진 웨슬리의 삶이 묻어나는 설교입니다. 그 설교가 외쳐진 곳에서 잠시 고개를 숙입니다. 우리가 웨슬리의 열심과 열정, 경건과 그리스도의 완전을 향한 도전을 멈추지 않게 하옵소서. 그리고 우리의 마지막 때에 자신의 삶을 되돌아 감사할 수 있도록 하소서. 아멘."

뉴 인 홀 거리에서 옥스퍼드 감리교인들이 처음 모였다.(오른쪽은 기념패)

다시 웨슬리의 흔적을 찾아 '뉴 인 홀 거리(New Inn Hall Street) 32-34'를 찾았다. 웨슬리가 메도디스트 운동을 펼칠 때 옥스퍼드에 생긴 첫 회중이 모인 장소다. 물론 오늘날 건물은 다른 용도로 사용되고 있어서 들어갈 수 없다. 그런 아쉬움을 달래주는 듯 건물 벽면 한 쪽에 웨슬리와 관련된 기념패가 부착되어 있었다. "On 14th July 1783 and on several subsequent

Occasions John Wesley preached in this Building, the first Methodist Meeting House in Oxford."(1783년 7월 14일과 그 후 여러 차례 존 웨슬리는 이 건물에서 설교했다. 옥스퍼드에서 첫 번째 감리교 예배당).

웨슬리가 메도디스트 운동을 펼치면서 옥스퍼드에서도 운동에 참여하는 사람이 생겨났다. 이들 회중은 학생들이 상당수를 차지했을 것이다. 실제로 웨슬리는 링컨 칼리지 뿐 아니라 세인트 메리교회에서 몇 차례 설교했다. 또 회중이 조직된 이후부터 웨슬리는 그들을 격려하고 말씀으로 이끌기 위해 여러 번 방문했다. 하지만 1791년 존 웨슬리가 죽은 후 몇 년간 옥스퍼드 회중은 어려움을 겪었다. 회중의 수는 많지 않았고, 도시 주민 상당수는 대학과 관계되어 국교회와 연관성을 가지고 있었다. 특히 1792년에는 비국교회 예배의 위험을 경고하는 대학 관계자의 연설을 계기로 학생과 일부 주민들이 건물을 공격, 예배자를 구타하기도 했다. 그럼에도 회중은 자리를 지켰다. 이 첫 회중의 집회소, 예배당을 기념하기 위해 1968년 기념패가 설치된 것이다.

이들 회중은 감리교회가 조직되자 별도의 예배당을 짓기로 했다. 기존 집회소 인근에 땅을 구입하여 새 건물을 짓고 1818년부터 사용했다. 교회 옆에는 별도의 건물도 지었는데, 주간 학교와 일요 학교로 사용했다. 당시 영국은 국가 교육시스템이 없었고 교회는 초등 교육과 기독교 교리를 가르치는 학교를 운영했다.(일요 학교는 오늘날의 주일학교가 아니라 주중에 일해야 하는 어린이들을 위해 마련된 학교다.) 하지만 이 건물은 교회의 확장에 따라 1878년 기존 예배당 뒤편에 새로운 건물(웨슬리 기념교회)을 짓게 된다. 당시 새 건물을 지은 것은 옥스퍼드 감리교회가 성장했기 때문이다. 1854년 옥스퍼드 대학은 국교회 출신이 아닌 학생들도 받아들였고, 1871년에는 펠로우를 위한 종교 시험도 폐지된다. 이로 인해 전국 감리교회 목회자와 성도들의 자녀도 옥스퍼드 대학에 진학할 수 있었다. 또 교회와 대학의 관계도 많은 변화를 겪었다. 이 과정에 교회는 성장했고, 1878년 새 예배당을 짓게된 것이다. 현재의 웨슬리 기념교회(Wesley Memorial Church)가 그곳이다.

교회를 찾았다. 예배당 외부는 네오고딕 스타일로 전통적인 교회 모습이고 내부는 현대식 개인의자가 놓여있었다. 중층 구조를 가진 교회는 스테인드글라스가 독특했다. 영광의 그리스도를 중앙에 두고 사가랴와 엘리자벳을 그린 내용과 믿음과 사랑, 소망을 여성으로 형상화한 그림, 성경에 나오는 과일과 꽃(포도, 석류, 백합, 장미)으로 장식된 스테인드글라스도 있었다. 이들 중 백합에 관심이 가는 것은 '가시밭의 백합화'가 성결교회의 상징이기 때문이다. "들의 백합화가 어떻게 자라는가 생각하여 보라. 수고도 아니하고 길쌈도 아니하느니라"(마 6:28)

교회를 차분히 둘러본 후 그곳 한 곁에 앉아 옥스퍼드를 떠나는 웨슬리의 모습을 떠올렸다. 1734년 말 건강이 좋지 않던 아버지 사무엘로 인해 존 웨슬리는 엡워스를 찾았다. 아버지는 그가 자신의 사역을 잇기를 강력히 권고했다. 하지만 이듬해 봄 아버지가 죽고 존은 옥스퍼드로 돌아왔다. 아버지 목회지를 계승하지 않기로 한 것이다. 그런데 그는 몇 개월 지나지 않아 1735년 10월 SPCK(Society for the Promotion of Christian Knowledge, 기독

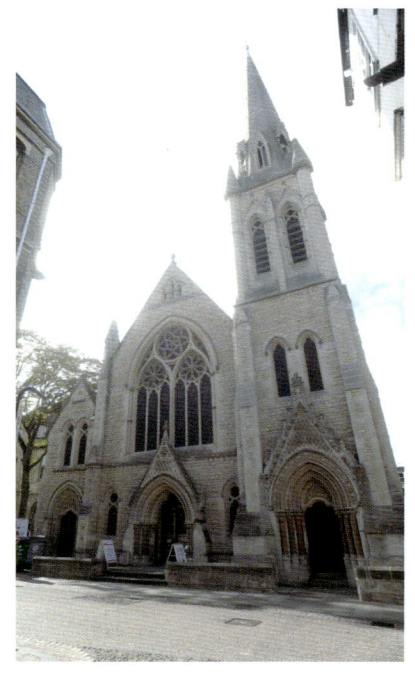

옥스퍼드 웨슬리 감리교회

옥스퍼드 레이디 채플 설교단. 존웨슬리가 설교했다는 기록이 적혀있다

교지식증진협회)가 후원하는 신대륙 조지아 정착지로 향한다. 이곳에 목회자가 필요하다는 소식을 전해 들은 존은 찰스를 설득하였고, 벤자민 잉햄도 그들과 함께 여정에 올랐다. 그를 대신해 옥스퍼드 신성클럽은 조지 휫필드가 이끌게 되었다.

왜 존은 조지아로 떠나기로 결심한 것일까? 웨슬리 자신의 표현에 따르면 그가 영국을 떠난 것은 자신의 영적 성장과 성숙에 초점이 맞춰져 있었으며, 조지아에 가서 그곳 사람들을 위해 무엇을 할 수 있을까는 이차적 관심이었다. 그래서 조지아 선교 이유는 더 불분명하다. 다만 현지 원주민에 대한 선교적 열정이 배경이 됐을 것 같다.

웨슬리는 시몬즈(Simmonds) 호를 타고 조지아로 향했고 배 위에서 특별한 경험과 만남을 하게 된다. 당시 배에는 19명의 선원과 80여 명의 영국인 그리고 26명의 모라비안 교인들이 승선했다. 폭풍을 만나 승객 모두가 두려움에 빠졌을 때 모라비안은 찬양을 불렀고 웨슬리는 죽음을 두려워하지 않는 그들 모습에 감동받았다. 1736년 2월 사바나(Savannah) 항 근처 티비(Tybee) 섬에 도착한 웨슬리는 사바나의 국교회 목사로서 영국인 이주민들을 위해 목회하였다. 그러나 이주민들은 급한 성격에 독립적 성향이 강했으며, 경건과 신앙을 앞세운 웨슬리의 목회는 정착민들에 맞지 않았다. 마치 아버지 사무엘의 고교회적이고 지적인 목회가 엡워스 주민들과 맞지 않았던 것처럼. 더욱이 웨슬리는 몇 차례 원주민 선교를 실시하려 했지만 정착민들의 반대로 그 목적을 달성할 수 없었다.

더욱이 16살 어린 소피 홉키(Sophy Hopkey)와의 관계는 골칫거리가 된다. 매력 있고 신앙심 좋아 보이는 그녀와 사랑에 빠졌지만 존은 하나님의 뜻이 아니라고 생각했고 결혼을 주저했다. 결국 그녀는 다른 남자와 결혼했고, 결혼 이후 그녀의 신앙이 나태해졌다고 생각한 존은 성찬을 베풀지 않았다. 이 문제로 인해 존은 모욕과 함께 고소당하는 등 어려움을 겪었고, 사바나를 떠나게 된다. 2년여(1736. 2~1737. 12) 조지아 선교는 실패로 끝났고 깊은 실망감과 좌절감을 가진 존은 런던을 향한 배에 몸을 실었다.

3. 야외설교자로 선 웨슬리, 브리스톨

옥스퍼드를 나서 브리스톨(Bristol)로 향했다. 기차를 타고 이동했고, 밤늦은 시간 브리스톨에 도착했다. 그곳에서 하루를 묵은 후 다음날 아침 일찍 브리스톨의 웨슬리 흔적을 둘러볼 계획이다. 영국 남서부에 위치한 브리스톨은 존 웨슬리가 최초로 야외 설교를 한 곳이며, 첫 속회와 메도디스트 예배당이 만들어진 곳이다. 또한 웨슬리가 가난한 저소득층 자녀를 위한 킹스우드 학교를 설립한 곳이기도 하다.

브리스톨은 1414년 롤라드 항쟁 때 런던으로 병사를 보낸 지역으로 롤라드 신앙이 확산된 지역 중 하나였다. 또 종교개혁 시기 개혁파 입장이 확산되어, 복음주의자 휴 라티머가 세인트 니콜라스, 세인트 토마스, 블랙 프라이어스의 지역 성직자들의 초대를 받아 브리스톨에서 설교하면서 논쟁을 불러 일으키기도 했다. 메리 여왕 시절 브리스톨의 순교자로 여섯 명이 언

브리스톨 대성당 주변

급되고 있다는 것은 브리스톨이 종교개혁의 근거지 중 하나였음을 보여준다. 브리스톨은 종교개혁 직전까지 런던과 요크에 이어 영국에서 3번째로 큰 도시였다. 전염병으로 도시 규모는 줄었지만 17세기 신대륙 개척과 18세기 노예무역으로 도시는 다시 급속도로 성장했다. 어쩌면 웨슬리가 브리스톨에서 활동한 이유는 이러한 종교적, 경제사회적 배경이 작용한 듯하다.

1) 첫 야외설교 무대, 한함 마운트

아침 일찍 일어나 존 웨슬리가 최초로 야외설교를 한 한함 마운트(Hanham Mount)에 가려고 버스에 몸을 실었다. 시내버스에서 창밖으로 시내와 한적한 교외의 모습을 느끼며 신대륙 조지아 선교에 실패한 후 런던으로 돌아온 웨슬리의 삶을 생각했다.

1738년 2월 영국으로 돌아온 웨슬리는 풀이 죽어 있었다. 1년 11개월 동안 신대륙 조지아에서 사역했지만 아무것도 이루지 못했기 때문이다. 좌절과 절망에 놓인 그는 모라비안 공동체와 긴밀한 접촉을 한다. 이미 웨슬리 형제는 미국 조지아로 가는 배 안에서 26명의 모라비안 공동체를 통해 큰 감동을 받은 바 있었다. 그들의 신앙심을 놀랍게 여긴 웨슬리는 그들의 지도자였던 아우구스트 스팡겐베르크(August Spangenberg)와 대화하기도 했다. "그들은 다른 여행객을 섬기는 일들을 기꺼이 실천하는 겸손함을 보여주었다.… 한마디 불평도 없었다.… 바닷물이 뒤덮이고 큰 돛이 조각조각 찢어졌고, 큰 바닷물이 우리를 삼켜버릴 듯이 갑판 위로 쏟아졌다. 영국인들 사이에서 비명소리가 터져 나왔다. 그러나 그들은 조용히 찬송을 불렀다.… 나는 담대하게 하나님을 두려워하는 사람과 하나님을 두려워하지 않는 사람 사이의 차이를 말할 수 있음을 발견했다. 이 날은 내가 본 가장 영광스러운 날이었다."

그런 경험이 있었기에 존 웨슬리는 런던에 있던 모라비안 공동체의 지도자 피터 뵐러(Peter Bohler)를 만나 많은 대화를 하였다. 대화를 통해 웨슬리는 하나님에 대한 절대적인 신뢰와 확신, 그리스도의 은혜로 우리의 죄가 용서받는다는 것을 받아 들였고 하나님의 은혜만으로 만족하는 삶을 배우게 되었다. 이 때 웨슬리는 설교에 대한 부담감을 느끼고 있었으나 "믿음이 없어도 믿음을 얻을 때까지, 그리고 믿음을 얻은 후에도 믿음을 전하라"는 뵐러의 권면을 듣고 사형수를 찾아 전도하기도 했다.

1738년 5월 24일, 웨슬리는 아침 5시에 일어나 성경을 읽고 오후에 세인트 폴(St. Paul) 대성당 예배에 참석한 후 밤 시간 울적한 마음과 함께 런던의 올더스게이트 거리(Aldersgate St.)의 모라비안 집회에 참석했다. 그 때 한 청년이 루터의 '로마서 서문'을 읽었다. 웨슬리는 이상하게 마음이 뜨거워지고, 자신의 죄가 씻기어 구원받았음을 확신하게 된다. 이 회심체험 사건 후 웨슬리는 담대하게 설교하였고, 새로운 자세로 복음주의 운동을 시작하게 된다. 바로 메도디스트 운동이 시작된 계기다. 그렇게 설교자로 다시 선 웨슬리는 9월 독일 헤른후트에 있는 모라비안 공동체를 방문했고, 런던에서 모라비안 공동체와 함께 페터레인 신도회(Fatter Lane Society)를 구성해 활동하기 시작했다.

버스에서 내려 주택가 길을 따라 10여분 걸었고, 한함 마운트에 도착했다. 넓은 공간에는 한함 마운트를 알리는 안내판이 있었다. 존 웨슬리 함께 조지 휫필드(George Whitfield), 존 세닉(John Cenick, 1718~1755) 초상화와 한함 마운트의 의미가 적혀 있었다.

한함 마운트 오른쪽에 안내판이 있다

"한함 마운트는 전 세계 기독교인에게 중요하다. 조지 휫필드, 존 웨슬리, 존 세닉과 1780년대 '걸어 다니는 성경'이라는 별명이 붙은 빅토리 퍼디 등 유명 복음주의자들이 설교했다. 1658년 초 브리스톨 침례교회는 킹스우드 탄광 노동자를 위한 야외 설교를 위해 에이번 강을 건넜다. 18세기 부흥운동가들은 '야외설교'를 계속했고, 가장 초기 사람 중 한명은 조지 휫필드였다. 1739년 그는 친구인 존 웨슬리에게 도움을 요청했다. 성공회 사제인 웨슬리는 처음에는 꺼려했다. 그는 1739년 3월 31일 일기에 '나는 처음에 이 이상한 설교방식에 거의 공감할 수 없었다.' 일주일 후 4월 8일 그는 '나는 킹스우드 한함 마운트의 정상에서 1500명에게 설교했다.' 존 웨슬리는 말을 타고 25만 마일을 여행했는데, 이는 달까지 가는 여행에 해당하는 거리다. 야외에서 그는 수천 번의 설교를 했다. 그는 친구에게 이렇게 썼다. 나는 온 세계를 나의 교구로 본다.(I look upon all the world as a my parish..)"

다른 설명이 필요 없을 정도다. 야외 설교 방식은 오래전부터 있었던 설교방식이다. 예배의 자유가 박탈됐을 때 프랑스 개신교인들은 산이나 들판, 야외에서 예배를 드렸다. 영국에서 비국교도 성직자들이 국교회에서 추방된 후 들판이나 산에서 예배모임을 가졌다. 또 웨일스에서 해리스(Harris)와 존스(Griffith Jones)라는 설교자가 야외에서 설교하기도 했다. 그러나 킹스우드, 탄광 노동자를 위해 한함 마운트에서 야외설교를 한 것은 조지 휫필드가 처음이다. 옥스퍼드에서 공부한 그는 웨슬리와 함께 신성클럽에서 활동했고, 1738년부터 영국과 신대륙을 오가며 설교자로 사역했다. 조지아에 고아원을 짓고자 했던 그는 후원자를 얻기 위해 영국에 왔고 돌아가기 전 이곳에서 설교를 했다. 그의 설교를 들은 광부들은 지속적인 집회를 요청했고, 휫필드는 존 웨슬리에게 그 일을 부탁한 것이다.

휫필드와 웨슬리가 설교한 장소

　이 내용은 한함 마운트의 벽면 기념패에 담겨 있었다. 2003년 존 웨슬리 탄생 300주년에 만든 기념패는 '조지 휫필드와 존 웨슬리가 1739년에 여기에서 처음 야외설교를 했다.'는 문구와 함께 두 사람의 일기 내용이 소개되어 있었다.

　"…in the afternoon I went to Kingswood…after dinner I went upon a Mount and spake…I believe I never was more acceptable to my master than when I was standing to teach those hearers in the open fields.(오후에 나는 킹스우드로 갔다. 저녁식사 후 나는 산에 올라 말했다. 나는 내가 넓은 들판에서 청중들에게 가르칠 때만큼 내 주께 더 받아들여진 적은 없다고 믿는다.-1739.2.17. 토)" / "preached at the Bowling Green, Hanham and Rose Green.(보울링 그린, 한함과 로즈 그린에서 설교했다.-4.1.일)

　"…I reached Bristol and met Mr. Whitefield there. I could scarce reconcile myself at first to this strange way of preaching in the fields, of which he set me an example on Sunday.(나는 브리스톨에 도착하여 그곳에서 휫필드를 만났다. 나는 처음에는 들판에서 설교하는, 그가 일요일에 나에게 보여준 이상한 방식에 거의 적응할 수 없었다.-1739.3.31.토)/ "킹스우드의 한함 마운트 꼭대기에서 약 1500여명에게 설교했다.(1739.4.8.일)"

국교회 성직자인 웨슬리는 자신의 표현대로 "평생 예절과 질서를 고집해 왔기에 영혼 구원이 교회 안에서 행해지지 않으면 거의 죄악이라고 생각"하고 있었다. 그런데 휫필드의 야외설교를 보았고, 그의 설득과 페터레인 신도회의 결정에 순종하여 야외설교를 하게 된다. 예수님께서 산상설교를 하셨다는 사실도 웨슬리가 이곳 한함 '마운트'에서 설교하게 된 이유이다. 첫 설교를 기점으로 그는 장소와 시간, 공간에 구애받지 않았고 광부, 노동자, 농민, 도시빈민, 중산층을 가리지 않고 하나님 말씀을 외치기 시작했다.

웨슬리가 설교한 장소에는 넓은 강단 모양의 구조가 만들어졌고, 그 곳 바닥에는 '세계는 나의 교구다'(all the world is my parish)'라는 문구가 새겨져 있었다. 또한 강단 아래쪽 잔디밭에는 돌로 십자가 모양이 만들어져 있었다. 이곳에서 휫필드는 드라마틱하면서도 웅변적인 설교를 통하여 청중들의 감정을 사로잡았고 존 웨슬리는 회심에서 우러나오는 열정과 하나님 나라를 향한 진심을 담아 설교했다. 그들의 설교는 노동에 지친 몸을 이끌고 주일 오전 교구교회에 나가기 힘들었던 산업역군들의 마음을 사로잡았다.

이들은 일 때문에, 자신이 처한 상황으로 교회에 오기 힘들었다. 이때 휫필드와 웨슬리는 이들을 방치하지 않고 직접 찾아가 말씀을 전했다. 이들의 '야외 설교'는 사람들이 찾아오게 하여 '회중'을 만드는 방식이 아니라 전도자, 목사가 사람이 있는 곳에 직접 가서 말씀을 전해 '회중'을 만들었다.

또 그들을 조직해 밴드로, 속회로, 신도회로 엮었고, 함께 모여 말씀을 공부하며 섬김과 봉사를 실천했다. 그렇게 메도디스트 운동은 영국 전역으로 퍼져 나갔고 연합신도회로 확대되었으며, 1744년에는 '연회'를 열어 전국 신도회의 문제를 풀어갈 수 있도록 했다.

한함 마운트를 내려오는 길에 감리교회를 만났다. 'Hanham Methodist Church'. 웨슬리의 정신을 계승한 교회다. 강단 정면 벽에는 예수 그리스도를 상징하는 듯한 부조가 자리했고, 성서와 성찬을 행하는 강단이 자리했다. 일반적인 강단 위치와 달리 직사각형 모양의 예배당 내부는 강단을 회중석이 반원을 그린 채 둘러싸고 있다. 설교자가 좀 불편할 수도 있지만 회중과 설교자가 보다 가까이 마주할 수 있는 방식이라는 점에서 한함 마운트의 모습과 닮아 보인다. 마침 찬양 연습을 하고 있던 성도들과 눈인사를 했고, 그곳 회중석에 앉아 잠시 기도했다.

한함 마운트 감리교회는 웨슬리의 뜻은 전하기 위해 힘쓰고 있다.

2) 감리교회 첫 예배당, 뉴 룸

　1739년 4월 존 웨슬리는 수천 명 회중 앞에서 설교했고 이후 말을 타고 다니며 잉글랜드와 스코틀랜드, 아일랜드에서 설교했다. 갈급했던 회중들의 폭발적인 반응으로 인해 웨슬리는 야외설교에 자신감을 갖게 됐고 대중설교가로 나선 것이다. 이후 웨슬리는 50여 년에 걸쳐 영국 전역을 순회하며 설교했으며, 1년에 평균 4,500마일(약 6,436km) 이상을 여행했다. 생애를 통해 약 250,000마일(약 334,672km)이 되는 거리를 돌아다니며 열정을 다해 사람들을 깨운 것이다. 웨슬리가 교구에 상관없이 활약하자 우려와 위기를 느낀 주교와 사제들은 웨슬리에게 설교 기회를 주지 않고 경계했다. 특히 브리스톨의 주교 버틀러(Butler)는 '자신의 교구를 떠나라'고 했고, 웨슬리는 '나는 온 세계를 내 교회로 생각한다.(I look upon the whole world as my parish.)'고 답변했다.

　5월 웨슬리는 브리스톨 시내 호스페어(Horsefair)에 땅을 구입, '새 회당(New Room)'이라는 건물을 지었다. 건물은 여러 가지 목적으로 사용되었는데, 가장 중요한 목적은 성도들이 함께 모여 말씀을 보고 나눌 수 있는 장소였다. 또한 존 웨슬리는 가난한 사람들에게 음식과 옷을 제공하고, 어린들을 위한 학교를 운영하며, 근처 교도소를 방문하고, 무료 의료시설을 운영하며 병자를 돕도록 격려했다. 뉴룸은 이를 위한 기지였다. 땅 구입과 건물 짓는 비용은 빚이었지만, 이 예배당으로 인해 브리스톨 사역이 안정적으로 진행되었다.

　이후 뉴 룸은 감리회 최초의 예배당이 됐다. 웨슬리는 1739년 11월에 런던 파운드리(The Foundery)에 철공장을 임대해 예배당으로 사용했고, 몇 년 후에는 영국 북부 뉴캐슬(New Castle)에 오펀 하우스(The Orphan house)를 짓고 메도디스트 운동의 거점으로 삼았다. 이처럼 웨슬리의 활동은 처음 10년간 런던, 브리스톨, 뉴캐슬에 집중되었고 점차 콘웰, 웨일즈, 아일랜드, 스코틀랜드로 확장되었다.

뉴 룸 입구에서 처음 마주한 것은 웨슬리의 동상이다. 말에 탄 웨슬리는 작은 책을 한 손에 들고 있는 모습이다. 그는 수많은 도시를 말 타고 다니며 설교했고, 그의 손에는 그 날들의 기록이 적힌 일기가 있었다. 어쩌면 손에 들린 것은 성서일 수도 있다. 웨슬리는 영적 독서를 강조했고 '한 책의 사람'(homo unius libri)이 되고 싶었기 때문이다. 뒤편에는 마구간이 만들

브리스톨 뉴 룸 입구에 있는 말 탄 웨슬리 동상. 그는 영국 전역을 다니며 장소에 상관없이 말씀을 전했다.

어져 있는데 말을 탄 웨슬리의 모습과 조화를 이루고 있었다.

예배당 내부에 들어섰다. 교회 자료에 따르면 첫 예배당은 작고 서둘러 건축되면서 부족함이 컸다고 한다. 그래서 1748년 새롭게 건축이 진행되었고 기존 보다 두 배로 커졌다. 또한 설교자들이 사용할 수 있도록 메인 룸 위에 설교자를 위한 공간을 만들었다. 그렇게 예배당은 오늘과 같은 모습이 될 수 있었다. 예배당의 가장 중요한 목적은 예배이다. 처음 예배당에는 나무로 된 벤치가 설치되었고, 많은 사람들이 함께 예배를 드릴 수 있도록 조성되었다. 남여는 당연히 따로 앉았다. 1층에 창문이 없었는데, 이는 건물 안으로 누군가가 침입하며 설교자를 공격할 수 있다는 점을 고려했기 때문이다.

웨슬리와 메도디스트 운동의 첫 근거지가 된 브리스톨 뉴 룸(오른편은 설교단)

　실제로 웨슬리는 1743년 웬즈베리에서 100여명의 폭도에게 각목으로 폭행을 당하는 위기를 경험하였고, 런던에서는 황소의 습격을 당하기도 했다. 찰스도 묵었던 집인 신도회 건물이 파괴당하는 어려움도 겪었다. 이러한 공격은 웨슬리의 경건과 도덕적인 설교에 대한 공격이었다. 하지만 웨슬리는 이런 공격에 위축되지 않았으며 열정과 헌신으로 영국 사회와 국교회를 일깨우는 사역에 앞장섰다.

　또한 설교단이 약간 높게 설치되고 2층에서 계단을 통해 내려오는 구조로 되어 있었는데, 이것도 안전조치의 일환이었다. 설교단은 중층 구조로 위쪽 설교단은 설교자가 사용했고, 아래쪽 설교단은 성서봉독과 찬송가를 부르는 사람이 사용했다고 한다. 또 설교단 아래에는 존과 찰스 웨슬리가 성만찬을 거행했다는 성찬상이 있었다. 이곳에서 웨슬리는 아침(오전 5시)과 때때로 저녁시간 설교를 했다. 가끔은 사랑의 잔치와 밤샘 예배와 같은 특별예배도 있었다.

　설교단에 올라 회중석을 내려다 봤다. 1층과 중층에 앉은 회중이 모두 내려다보인다. 그곳에서 웨슬리는 말씀을 선포했다. 처음 웨슬리와 메도디스트들은 '감리교 신도회(Methodist Society, 1739년 7월 브리스톨에서 처음 신도회가 시작되었다)'라고 자신들을 불렀다. 부흥을 유지하기 위해 뉴 룸을 만들었고 자연스럽게 신도회가 조직된 것이다. 열심을 가진 신앙운동단체로서 신자들을 교육하고 이 운동을 활성화 시키려 한 것이다. 이는 영국 국교회에서 분리되지 않으려 한 웨슬리의 의지가 반영되기도 했고 당시 신앙단체(공동체)들이 '협회(Society)'라는 이름을 즐겨 사용한 때문이기도 하다. 그래서 신자들은 오전에는 영국 국교회 예배에 참석하고 오후에 별도의 장소에서 예배를 드리거나 소모임을 진행한 것이다.

예배당 중간 회중석은 나중에 편안한 예배를 위해 등받이가 있는 장의자가 놓였지만 중층 아래 부분과 중층은 옛날 나무 벤치와 작은 소모임을 위한 강단 등 옛 모습 그대로 라고 했다. 아마도 여러 소모임을 진행하기 위한 것으로 보인다. 실제로 메도디스트 소사이어티는 'Class(속회)'와 Band(밴드) 등 작은 모임을 구성하여 효율적인 신앙훈련을 모색했다. 교회 안에 작은 교회를 만든 것이다. 아마도 중간에 있는 작은 강단은 효율적인 속회와 밴드 모임을 위한 것으로 보인다.

예배당을 나서 웨슬리와 설교자들이 머물렀던 2층 공간으로 향했다. 원래 이곳은 웨슬리와 설교자를 위한 공간으로, 2017년부터 기존 전시공간을 리모델링하여 새로운 공간(박물관)으로 재탄생했다. 기존에 있었던 존과 찰스 웨슬리, 메도디스트 설교자를 위한 전시 뿐 아니라 존 웨슬리의 초기 생애와 신성클럽 활동, 설교 사역 및 교육 활동, 18세기 브리스톨의 삶, 뉴 룸의 다채로운 활동, 킹스우드 학교 등 존 웨슬리의 교육, 반노예제 운동과 해외 복음전도, 현대적 이슈까지 다채롭게 꾸려졌다. 그 중에서 더욱 관심가는 내용은 킹스우스 학교와 노예제 관련 전시였다.

1739년 6월 웨슬리는 브리스톨 외곽 킹스우드에 학교(Kingswood School, 정식설립 1748)를 설립한다. 킹스우드 학교는 가난한 광부들의 자녀를 위한 학

소모임을 위한 뉴 룸 내부   뉴 룸 2층 박물관 전시

교로 처음 설립되었고, 얼마 후 순회 설교자 자녀들을 기숙생으로 받아들였다. 이 학교는 등록비와 기숙사비의 부담 없이 무료 교육을 실시했다. 이는 당시 영국 사회의 교육 환경에서 매우 큰 도전이었다.

　종교개혁 전후 잉글랜드 고등교육은 옥스퍼드와 케임브리지 등 유명 대학을 중심으로 실시됐고 Inns of Count 등에서 법률가를 양성했다. 대학 진학을 위해서는 문법학교나 지역학교 같은 곳에서 공부하거나, 부유한 귀족이나 학자들의 추천을 받았다. 반면 초중등교육은 성당 중심으로 이뤄지다가 종교개혁 이후 수도원 폐지로 일정한 혼란을 겪었고, 이후 왕실과 지방 자치단체, 길드, 귀족과 중산층 후원으로 다양한 학교들이 설립되었다. 17세기 부유한 귀족들은 이튼, 해로우, 웨스트민스터와 같은 이름있는 공립학교, 기숙형 학교에 자녀들을 보냈고, 대토지를 가진 지방 귀족들은 가정교사를 고용해 아이들을 가르치기도 했다. 자작농, 중산층 농부, 상인, 성공한 장인, 성직자, 약사, 서기관, 변호사의 자녀들을 위한 교육은 문법학교와 지역학교를 통해 이뤄졌다. 그러나 당시 영국은 보편적인 의무교육은 논의조차 하지 않았고, 가난한 아이들은 부모를 도와 일하거나 순회교사나 부모에 의한 가정교육에 의존해야 했다.

　청교도들은 교육이 모든 사람에게 제공되어야 한다는 신념을 가지고 있었는데, 각 교회의 리더(장로)들은 독서를 배울 수 있는 학교를 세우고, 교회 기금 일부를 가난한 어린이들의 수업료로 지불했다. 그럼에도 이 시대 글을 읽고 쓰는 사람들은 토지 귀족, 부유한 상인, 전문직 종사자에 국한되었고 노동자, 농민, 장인, 대부분의 여성들 사이에 문맹을 여전했다. 더욱이 18세기 산업혁명이 시작되면서 가난한 시골 사람들은 대도시 인근으로 몰려들었다. 가난한 부모들은 학교 수업료를 낼 수 없었을 뿐 아니라 자녀의 수입이나 노동 없이는 생계를 이어가기 어려운 경우가 많았다. 그런 이유로 킹스우드 노동자들은 자녀교육의 기회를 제공해 달라고 웨슬리에게 청원했고, 웨슬리는 킹스우드 학교를 설립하게 된 것이다.

현재 킹스우드 학교는 1850년대 브리스톨 인근 바스(Bath)로 옮겼고, 전국 상위 5% 이내의 유명 사립 중고등학교로 발전했다. 전체 학생의 3분의 1이 기숙사에서 생활하며 학기당 1만 4천 파운드 이상의 학비를 지불해야 하는 고급 학교가 됐다. 18세기 후반 국가가 공교육을 전담하게 되면서 영국에서 가난한 학생을 위한 무료학교 필요성이 없어졌지만 웨슬리에서 출발한 교육이 '초심'을 잃은 것은 아닌지 고민케 된다.

3) 브리스톨 사역 현장, 볼드윈과 니콜라이 거리

뉴 룸을 나와서 브리스톨 시내를 거닐었다. 1738년 말과 1739년 초 브리스톨에 처음 만들어진 두 개의 밴드 모임이 시작된 볼드윈 거리(Baldwin Street)와 니콜라스 거리(Nicholas Street)도 찾았다.

브리스톨 볼드윈 거리

브리스톨 니콜라스 거리

모임이 어떻게 형성, 시작됐는지는 알 수 없지만 웨슬리 초기 신앙체험과 모라비안 형제단과 협력과 관련됐을 것으로 추측된다. 존 웨슬리는 1738년 5월 올더스게이트에서 신앙체험을 했고, 여름 헤른후트를 방문했다.

당시 존 웨슬리의 멘토였던 피터 빌러는 그해 5월 페터레인 신도회(Fetterlane Society)를 만들었는데, 이 모임을 웨슬리가 이끌게 된다. 초기에 30여명이던 회원은 이듬해에는 60여명으로 늘어났다. 이 시기 웨슬리는 '밴드 모임의 규칙(Rulesof the Band Societies, 1738, 12)'를 만들었는데, '밴드'는 모라비안 교인들의 조직유형인 영성훈련과 찬양 모임 틀인 'Choir'를 일부 변형해 만든 것이다. 아마도 이런 흐름 속에 브리스톨에서 밴드 모임이 시작된 듯하다. 그 이후 조지 휫필드와 웨슬리의 킹스우드 설교가 이뤄졌고, 뉴 룸과 킹스우드 학교가 설립되었다는 점에서 밴드 모임이 일정한 역할을 했을 것으로 생각된다.

시기에 따라 조금씩 차이가 있지만 웨슬리는 대략 12명으로 이루어진 의무적 모임인 속회(Class)와 5~6명으로 구성된 자발적 소모임, 밴드(Band)를 만들었다. 이 모임은 일주일에 한 번씩 성서공부 모임을 갖고 서로의 죄를 고백하고 공동의 성화를 위한 영적교제를 나누도록 했다. '마음과 삶의 성결(Holiness of Heart and Life)'을 이루고자 일생을 경건훈련에 매진한 웨슬리는 하나님과의 관계를 바르게 하기 위한 훈련(경건 사역)과 이웃 사랑 실천 훈련(자비 사역)을 강조했다. 개인적 성화와 사회적 성화를 이루도록 한 것이다. 특히 개인적 성화를 하나님이 정해놓은 은혜의 수단(기도, 성서탐구, 성찬, 금식, 성도의 교제 등)을 통하여 진지하게 훈련을 해야 한다고 말했다. 그런 자발적 모임이 이곳에서 출발한 것이다.

　이런 다양한 생각을 하면서 볼드윈 거리와 니콜라스 거리 이곳저곳을 거닐었다. '역사 기록 한 줄'을 붙잡고 이국 땅 낯선 도시를 거니는 사람을 어리석다고 할 수도 있을 것이다. 그 때의 흔적하나 남지 않은 300여년 후 거리를 방황하는 이를 바보스럽다고 평가할 수도 있다. 그러나 역사를 호흡하고 오늘로 잇고자 하는 사람, 수도자를 꿈꾸는 자에게 이런 순례여정이 가장 아름다운 발걸음이 될 것이다.

　거리를 거닐어 항구로 나왔다. 브리스톨은 원래 노예무역을 위한 항구 중 하나였다. 신대륙 정착지들이 만들어지는 시점에 영국은 대양 해군을 통해 바닷길을 좌지우지 했다. 자국의 범죄자나 종교적 반대자를 신대륙으로 보내 정착지를 일궜고, 나중에는 노예무역을 통해

노예 거래가 이루어졌던 브리스톨 항구

아프리카 원주민을 영국으로 데려오거나 신대륙으로 직접 운송, 판매했다. 당시 잉글랜드 남서부의 항구들은 노예무역의 중심지 역할을 했고 브리스톨은 중요 항구 중 하나였다.

　이 노예무역과 관련된 한 사건이 2020년 브리스톨에서 발생했다. 바로 브리스톨 시내에 있던 에드워드 콜스턴(Edward Closton, 1636~1721) 동상이 바닷물에 처박힌 사건이다. 콜스턴은 아프리카 서해안 무역(노예 포함)을 독점하던 로열 아프리카 회사(Royal African Company) 부회장이었다. 그는 브리스톨에 10만 파운드를 기부했고, 선원 자녀를 위해 사립학교도 설립했다. 이러한 공헌을 기념해 1895년 브리스톨 시는 그의 동상을 도심에 세웠다. 그런

데 2020년 아프리카 흑인에 대한 미국 경찰의 폭력적 진압에 항의하는 시위 과정에 그의 동상이 끌어내려져 바다에 처박힌 것이다. 부끄러운 역사를 이끈 한 인물을 용납할 수 없다는 의지였다.

웨슬리와 메도디스트 운동이 브리스톨에서 시작된 시점은 그의 사후 10여년이 지난 어느 때쯤이다. 그렇다면 노예무역은 한창 진행되고 있었고 브리스톨도 노예교역, 무역을 통해 경제적 부를 획득하고 있었다. 그런 모습을 본 웨슬리는 어떤 생각을 품었을까? 물론 웨슬리는 노예제도에 대해 부정적으로 생각했고, 죽기 전 윌버포스에게 편지를 보내 '노예 해방을 위해 계속 정진할 것'을 당부하기도 했다. 그런 웨슬리의 사고는 브리스톨에서 마주한 현실이 반영된 것을 아닐까?

그런데 노예제도를 반대한 웨슬리와 달리 조지 휫필드는 노예제도를 옹호했다고 한다. 그는 노예를 학대하는 것을 비난했지만 조지아 농장에서 일할 노예가 필요하다고 확신했고, 고아원을 위해 저렴한 노동력을 유지하고 운영비용을 충당할 수 있도록 노예제도 합법화를 위한 캠페인도 벌였다. 1751년 웨슬리에게 보낸 편지에서 '노예무역은 노예들에게 참된 종교로 인도될 수 있다는 점에서 유익하다'고 말하기도 했다.

서로의 상황과 조건이 달랐던 두 사람은 예정교리를 두고도 한 차례 논쟁을 한 바 있었다. 칼빈주의 입장인 휫필드의 영향을 받았던 브리스톨 신도회 사람들은 웨슬리를 '그리스도의 진리를 왜곡하여 저항하는 자', '거짓선생', '사람을 속이는 자'라고 비방하는 글을 돌려보기도 했다. 이 때 웨슬리는 '값없는 은혜(Free Grace)'란 설교를 통하여 자신을 입장을 밝혔고, 휫필드는 '존 웨슬리 목사에게 보내는 편지(A Letter to the Reverend Mr. John Wesley)'를 보내기도 했다. 이러한 의견 차이에도 두 사람은 복음의 동역자였고 죽기까지 서로를 존중하며 사역했다.

4. 웨슬리 사역의 근거지, 런던

브리스톨은 떠나 런던으로 돌아왔고, 밤을 보내며 웨슬리의 삶의 흔적을 찾는 마지막 여정을 생각했다. 런던은 존 웨슬리가 1714년 기숙학교인 차터 하우스에서 공부를 시작해 옥스퍼드에 진학하기 전까지 6년간 머문 곳이다. 또한 신대륙 조지아 선교를 실패한 후 1739년 돌아와 5월 올더스게이트 거리에서 신앙체험을 한 곳이기도 하다. 그 이후 웨슬리는 런던을 중심으로 활동했고, 파운드리(Foundery)와 시티 로드(City Road)에 있는 예배당을 근거지로 활동했다. 그 첫 걸음을 런던의 중심교회인 세인트 폴 예배당 웨슬리 동상에서 시작하기로 했다.

1) 세인트 폴 대성당 웨슬리 동상

런던의 중심 성당인 세인트 폴은 영국국교회(성공회)의 대표적 성당으로 런던 교구의 중심교회다. 캔터베리 대주교가 머무는 람베스 궁전과 왕실예배당인 웨스트민스터 사원과 함께 세인트 폴 대성당은 런던에서 영국국교회를 상징한다. 그런데 이곳에 존 웨슬리의 동상이 있다. 동상은 대성당 왼편 공원 입구에 있고, 1988년에 세워졌으며, 19세기 그의 대리석 조각상을 모델로 청동으로 만들었다.

어떻게 그의 동상이 이곳에 있는 것일까? 당연히 웨슬리가 국교회 목사이기 때문이다. 그는 국교회 목사로 출발했고, 죽기까지 국교회 목사의 지위를 유지했다. 그의 동상이 이곳에 있는 또 다른 이유는 웨슬리가 1738년 5월 3일간 이곳 강단 예배실(Chancel)에 있었기 때문이다. 당시 그는 조지아 선교를 실패하고 돌아와 런던에서 모라비안 공동체와 교제했다. 아직 올더

세인트 폴 공원에 있는 웨슬리 동상

스게이트 체험을 하기 전이란 의미다. 올더스게이트 체험은 5월 24일로, 웨슬리가 세인트 폴 저녁 기도회에 참석한 후 올더스게이트 밤 모라비안 기도회에 참석했다가 은혜받았다고 한다. 당시 웨슬리는 모라비안 영성에 일정한 영향을 받았으며 그리스도의 믿음 확신에 대한 성서 연구를 하고 있었다. 마음의 고뇌와 거룩한 열정, 갈망의 상태에 있었던 웨슬리는 이 곳 예배 자리에 있었던 것이다.

그런데 궁금한 것은 누가, 언제 이곳에 웨슬리 동상을 세웠는가 이다. 기록을 찾았지만 알 수 없었고, 동상에도 관련 내용은 없었다. 동상 기단에는 '은혜에 의해 너희는 믿음으로 말미암아 구원을 얻었다. 존 웨슬리. 감리교회의 아버지. 1703~1792. 목사, 시인, 신앙의 교사'라는 내용뿐이었다. 웨슬리는 영국교회 목사였고, 교회 안에서 메도디스트 운동을 시작했다. 하지만 국교회 지도자들은 영국교회 안과 밖을 넘어 사역하는 그의 방식을 거북스러워했다. 교회의 전통과 질서를 무시하는 것으로 웨슬리는 사실상 설교금지(직무정지)와 같은 조치를 당한다.

신도회가 성장하면서 국교회와 마찰도 커졌다. 많은 이들이 새로운 교회를 설립할 것을 종용했지만 존 웨슬리는 영국교회가 세상에서 제일 좋은 교회이며, 떠나지 않을 것을 분명히 했다. 하지만 독립은 불가피한 것이었고 1791년 존 웨슬리가 사망한 이후, 1795년 평신도 설교자의 지위 문제와 성례전 집례 문제 등으로 메도디스트 신도회가 국교회(성공회)로부터 분리, 독립교회가 되었다.

그런 역사를 생각했음에도 웨슬리 동상은 의외다. 동상을 세우기 위해서는 개별 교회를 넘어 최소한 영국국교회의 공감이 있어야 하기 때문이다. 아마도 영국교회(성공회) 내부의 다양한 입장 중 복음주의를 강조하는 흐름이 에큐메니칼 의식의 확산과 함께 그의 동상을 이곳에 세우도록 한 것은 아닐까 추측해 본다.

2) 웨슬리의 청소년 시절, 차터하우스

세인트 폴 대성당을 나서 차터하우스(Charterhouse)로 향했다. 웨슬리는 이곳 학교에 열 한살에 입학하여 6년여 중고등학교 과정을 공부했다. 초기 차터하우스는 가난한 학생 40여명으로 운영되던 기숙학교였다. 차터하우스에서의 생활은 결코 풍족하거나 행복한 것은 아니

웨슬리의 청소년 시절의 흔적이 있는 차터하우스

었지만 어린 시절 어머니로부터 엄격하고 규칙적인 생활을 배운 웨슬리는 성실하게 생활했다. 이곳 생활을 마친 웨슬리는 1720년 옥스퍼드 크라이스트 처치에 입학한다.

현재의 차터하우스 스쿨은 1872년 고달밍으로 이전했으며 브리스톨 킹

차터하우스 시절의 웨슬리를 유추할 수 있는 당시 학생들 그림

스우드 학교처럼 엄격한 기숙학교 방식의 고급 사립학교가 됐다. 그러나 웨슬리 당시만 해도 차터하우스는 설립 취지에 따라 가난한 학생들을 위한 학교와 구빈원 등으로 운영됐다. 학교 자료에 따르면 9세에서 14세 사이의 가난한 학생 40여명에게 무료교육을 제공했다고 한다.

방문 투어는 미리 신청해야 했다. 그래서 이곳에 오면서 건물 외부만 볼 생각만 했다. 그런데 입구에서 박물관과 예배당은 무료로 볼 수 있다는 내용을 알게 됐다. 감사함으로 정문에 들어섰고 학교 박물관을 찾았다. 박물관 규모는 크지 않았고 학교 역사를 소개하는 내용이 주였다. 학교의 역사를 읽던 중 옛 학생(Old Boys) 명단에서 '존 웨슬리. 1710년대. 목사, 감리교회 설립자'라는 문구를 보게 됐다. 운동하는 학생들 모습을 그린 옛 그림과 학생 생활 내용을 보면서 웨슬리의 학교생활을 추측해 볼 수 있었다. 웨슬리는 기숙생활을 통해 비슷한 또래의 친구들과 우정을 나눴고, 성실하게 공부했다. 또 이곳 예배당에서 예배하며 영국 국교회의 신앙 안에서 성장했을 것이다.

학생들이 예배했을 예배당에 들어섰다. 내부 장식이 화려하진 않았고 현재도 사용되는 예배당이다. 차터하우스는 과거 카르투지오회 수도원이었고 종교개혁 초기 헨리 8세의 수도원 폐쇄 정책에 따라 문을 닫았고 병원으로 운영됐다. 이 건물을 한 상인이 인수했고, 이곳에 학교와 구빈원을 설립한 것이다. 예배당을 나서다 입구 벽에서 존 웨슬리의 명패를 보게 됐다. '존 웨슬리 1703~1791. 차터하우스의 학생 1714~1720. 세계는 나의 교구다.'는 짧은 문구가 적혀 있었다. 간단하지만 핵심을 담은 이 문구는 영국 감리교회에 의해 만들어진 것 같다.

웨슬리의 청소년 시절은 우리에게 잘 알려져 있지 않다. 자료도 없는 듯하다. 하지만 아버지 사무엘 웨슬리가 성공회 목사요, 작가로 활동했고, 런던에 자주 왔다. 외할아버지 또한 유명한 청교도 목사였고, 어머니는 런던에서 태어나 자랐다. 그렇기에 차터하우스는 웨슬리에게 생소한 곳은 아니었을 것이다. 가까운 친척들이 있었기 때문이다. 사람들은 웨슬리가 '버킹엄 공작의 추천으로 런던의 명문 차터하우스에 장학생으로 입학했다'고 말하지만 당시 차터하우스는 '명문'으로 보기 어렵고, 웨슬리가 '장학생'이라는 설명도 맞는 말이 아니다.(버킹엄 공작은 영국의 막강한 실력자였다. 시인으로도 알려진 그는 아마도 아버지 사무엘 웨슬리와 교류가 있었을 수 있고, 어머니 쪽의 연관성도 있었을 것 같다.) 다만 당시 차터하우스의 교육이 엄격했고, 라틴어와 문학 등의 교육이 이뤄졌다는 점에서 이곳에서 웨슬리는 지적 능력과 종교적

웨슬리를 기념하는 작은 기념패.(흉상은 웨슬리가 아니다.)

심성을 키우고 단련했을 것이다. 그런 교육이 있었기에 웨슬리는 옥스퍼드 크라이스트 처치에 장학생으로 입학해 공부하게 된다.

옥스퍼드 대학에서 공부한 존 웨슬리는 목사가 됐고, 링컨 칼리지 교수로서 신성클럽을 통해 메도디스트 운동을 시작했다. 1735년 존은 신대륙 조지아 선교를 떠났다. 2년 후 조지아 선교에 실패한 후 런던으로 돌아왔고, 모라비안 공동체를 찾아 교류했다. 이를 통해 웨슬리는 뜨거운 신앙체험('올더스게이트의 회심'으로 알려진 사건)을 하게 된다.

3) 올더스게이트 거리, 존 브레이 집과 중생체험 기념비

차터하우스를 나서 올더스게이트 거리(Oldersgate Street)로 향했다. 이곳은 찰스 웨슬리와 존 웨슬리의 신앙체험이 있었던 장소다. 존과 찰스 웨슬리 형제는 1735년 조지아 선교를 위해 신대륙으로 향했고, 이듬해 말에 찰스가 먼저 런던으로 돌아갔고, 존도 1738년 2월 영국으로 돌아왔다. 열정을 가지고 떠난 선교가 실패하면서 두 명 모두 실의에 잠겨 있었다. 특히 찰스는 병까지 얻어 시름시름 앓았다. 그런데 찰스는 존 브레이의 집에 거주할 때 5월 21일 밤 기도하다가 잠이 들었고 누군가 방으로 들어와 '나사렛 예수의 이름으로 일어나 믿으라. 그리하면 네 모든 병이 나음을 얻으리라'는 말을 듣게 된다. 이상한 마음의 떨림을 경험한 그는 '내가 믿습니다. 믿습니다'라고 고백했다. 사람들은 이를 중생의 체험으로 해석한

올더스게이트 거리 전경

다. 이튿날에는 마태복음 중풍병자 이야기를 듣고 심장의 두근거림과 하나님이 자신을 용서하시고 구원하심을 믿으며 병 고침을 확신하게 되었다. 찰스는 형 존 웨슬리의 방문을 받고 이를 형에게 말하고 같은 은혜를 체험하도록 기도해 주었다.

찰스 웨슬리가 은혜를 체험하고 병 고침을 받은 장소 존 브레이의 집(John Bray's House) 앞에 섰다. 문 위에는 작은 기념판이 있었다. "이 곳과 접하여 존 브레이의 집이 서 있었다. 1738년 5월 21일 찰스 웨슬리의 복음적 회심의 현장'이라는 문구를 읽고 또 읽었다. 찰스는 자신을 향한 터너 부인의 목소리를 하늘의 목소리로 들었고, 중풍병자에게 주신 말씀을 자신의 말씀으로 받아들였다. 그렇게 그는 회심과 함께 병 고침을 체험했다. 당시 찰스는 어떤 마음이었을까? 그런 찰스의 신앙고백을 들은 존 웨슬리는 어떤 판단을 했을까? 은혜를 사모하는 간절한 마음은 하늘에 닿고, 하늘은 우리의 부르짖음에 응답하시며 구원을 허락하신다. 찰스의 간절함이 그의 병 고침으로, 그리고 웨슬리의 간절함과 찰스의 기도가 웨슬리 형제의 회심의 밑거름이 되었음이다. 하늘은 당연히 웨슬리 형제를

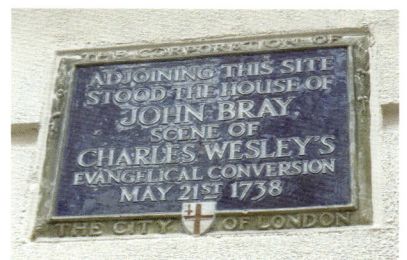

존 브레이 하우스와 기념판

사용하기 위해 오랜 계획을 가지고 계셨고, 이날의 사건을 계획(예정) 하셨음도 틀린 말은 아닐 것이다.

찰스를 만나고 난 웨슬리처럼 존 브레이 집 문 앞을 나섰다. 찰스의 회심이 5월 21일이기 때문에, 존은 22일이나 23일 찰스의 고백을 듣고 그와 함께 기도했을 것이다. 그리고 5월 24일, 웨슬리는 세인트 파울 대성당의 저녁 기도회에 참석하였다가 올더스게이트에서 열린 모라비안 공동체 모임에 참석한다. 당시 웨슬리는 마음의 고뇌와 거룩한 열망에 휩싸여 있었고, 뒷자석에 앉아 한 사람이 루터의 로마서 서문을 읽는 것을 듣게 된다. "믿음만이 우리를 의롭게 하며…그리스도께서는 그분이 오시면 죄와 의와 심판에 대하여 세상이 잘못 생각하고 있는 점을 깨우쳐 주실 것이다.…믿음은 우리를 변화시켜 하나님의 자녀로 새롭게 태어나게 하며, 우리 안에 일어나는 하나님의 역사다." 마지막 구절을 듣는 순간 웨슬리는 마음이 따뜻해지는 경험을 했다.

존 웨슬리는 그날의 일기에서 이를 언급한다. "올더스게이트 거리에 있는 한 신도회에 참석했는데 거기서 한 사람이 루터의 로마서 서문을 읽고 있었다.…그 사람이 그리스도 안에 있는 믿음을 통해 하나님께서 마음의 변화를 일으키시는 일을 설명하고 있었다. 그 때 나는 내 마음이 이상하게 따뜻해지는 것을 느꼈다. 나는 내가 그리스도를 신뢰하고 있으며, 구원을 위해 그리스도만을 믿고 있음과 내 죄를 아니 내 죄까지 다 거두어 가시고 나를 죄와 죽음의 법에서 구원하셨다는 확신을 얻었다." 웨슬리는 자신의 경험을 사람들과 나눴고, 밤 늦은 시간 찰스를 찾아 이 기쁨을 나눴다.

올더스게이트 거리는 존 브레이의 집에서 100미터 안쪽에 있다. 당시 모라비안 모임이 어느 건물에서 열렸는지는 알려져 있지 않고, 그 시기 건물도 거의 없다. 다만 후대에 사람들은 메도디스트 운동의 역사와 웨슬리의 회심을 기념하며 올더스게이트가 시작되는 세인트 보톨프 교회(St Botolph's Without Aldersgate Church) 옆 마당(공원) 출입문에 기념패(1926)를 달았고, 런던박물관 입구에 웨슬리 회심기념비(John Wesley's Conversion Place Memorial)를 세웠다. 교회 옆 명패에는 웨슬리 체험 장소로 '올더스게이트 28번지 종교협회의 미팅 룸'으로 명시되어 있었다. 그 곳을 나서 웨슬리 회심 기념비가 있는 런던박물관 정문으로 향했다.

세인트 보톨프 교회, 장로교회가 사용하고 있다.

기념비는 사람 키 보다 큰 쇠로 된 종이모양의 조형물로 1738년 5월 24일 수요일 웨슬리의 일기가 새겨져 있었다. 'I felt my Heart strangely warmed, I felt I did trust in Christ…'라는 문구에 눈길이 갔다. 그리고 그 마음이 곧 나의 마음임을 고백하게 된다. 그렇다, 우리 인생은 말씀(신앙의 글과 신앙인의 말, 행동을 모두 포함한)을 통해 '따뜻함'(감동)을 경험하고, 이를 통하여 그리스도를 믿고 더욱 신뢰해야하며 신뢰하고 있음을 체험해야 한다. 체험의 장소

런던박물관 입구에 있는 웨슬리 회심 기념비

와 방법, 처한 상황과 조건을 다르지만 이는 변하지 않는 사실이다. 그리고 그 체험은 우리의 기억과 생각 속에 각인된다. 물론 그것이 끝은 아니며, 오히려 새로운 시작에 가깝다. 웨슬리가 그랬던 것처럼.

4) 설교 현장 핀스버리와 첫 런던 파운드리 장소

회심 이후 웨슬리의 활동은 더욱 진지해졌다. 6월 중순 옥스퍼드의 성 메리교회에서 '너희가 그 은혜로 인하여 믿음으로 말미암아 구원을 얻었나니'(엡 2:8)를 본문으로 설교했고, 이후 대륙으로 건너가 독일의 마리엔 보른과 헤른후트의 모라비안 공동체를 방문했다. 큰 감명과 함께 돌아온 그의 행보는 거침이 없었다. 1738년 5월 초 모라비안과 함께 '작은 신도회'를 설립했는데 이 모임은 후에 '페터레인 신도회'(Fetter Lane Society)로 알려졌다. 이 모임은 일주일에 한번 씩 기도와 교제를 나눴고, 모임에는 웨슬리 형제를 비롯해 휫필드, 잉헴 등 신성클럽 동료들이 참여했다.

이 모임에 대해 존 웨슬리는 1739년 1월 1일 일기에 이렇게 기록한다. "…나의 형제 찰스는 약 60여명의 형제들과 함께 페터레인에서 열린 사랑의 축제(예배)에 함께 했다. 새벽 3시쯤 우리가 기도를 계속하고 있을 때, 하나님이 우리에게 강림하여 많은 사람이 심히 기뻐하여 소리 지르며, 많이 땅에 엎드러졌다. 우리가 그의 위엄 앞에 두려움과 놀라움에서 조금 벗어나자 한 목소리로 외쳤다. 우리가 찬양하리로다. 오 하나님, 우리는 당신이 주님이심을 고백합니다." 페터레인 신도회는 이처럼 웨슬리에게 뜨거운 신앙의 열정을 깨닫게 한, 경건주의 신앙에서 영적(감정적) 영역을 풍부히 한 모임이 된다.

페터레인 신도회에 참여하던 중 웨슬리는 브리스톨을 시작으로 야외설

웨슬리는 런던 핀스베리 스퀘어에서 야외설교를 통해 사람들을 일깨웠다.

교에 참여했다. 당시 영국교회는 중산층과 상류층의 필요는 충족했지만 산업발전과 확대되는 노동자들과 그들 가정의 신앙의 요구는 제대로 수용하지 못했다. 웨슬리는 브리스톨을 시작으로 자유로운 야외설교에 힘썼고, 1739년 런던 세인트 필립 플레인, 무어필드, 케닝턴 등에서 설교했다. 그 설교의 현장 중 한 곳인 무어필드의 핀스버리 스퀘어(Finsbury Square)를 찾았다. 작은 광장으로 변한 이곳은 1739년 6월말 웨슬리의 초기 야외설교가 있던 장소다. 이 설교에는 7천여 명의 사람이 모였다고 알려진다.

웨슬리는 1739년부터 말부터 모라비안 사람들과 의견 충돌을 빚었다. 모라비안 지도자들은 완전한 확신을 갖기 전까지 성찬에 참여하는 것을 삼가하고 믿음을 얻는 방법은 하나님을 기다리는 것이며 '은혜의 수단' 사용에 소극적이었다. 반면 웨슬리는 회심을 위해 기도, 성서공부, 성만찬 등과 같은 하나님이 주신 은혜의 수단을 보다 적극적으로 사용하자는 입장이다. 결국 이듬해 웨슬리는 50여명(75명이라는 자료도 있다)과 함께 페터레인 신도회에서 나왔고 1739년 11월 무어필드의 옛 주물공장(군에 납품하던 대포를 만들던 공장으로 1716년 증기폭발로 폐쇄되어 상당기간 사용되지 않던 장소다.)을 임대하고 Foundery Society(런던 신도회)를 설립했다.

웨슬리는 공장을 개조하여 1500여명을 수용할 수 있는 예배당을 만들었고, 목회자 숙소를 만들었으며, 1744년 감리교 최초의 회의를 열었다. 몇 년 후 이곳에 가난한 이를 위한 무료 진료소와 약국을 만들어 의료서비스를 제공했고, 두 명의 교사를 두어 어린이 60명을 가르치는 무료 학교도 설립했다. 또한 가난한 사람을 돕는 구호원을 만들어, 지역 주민들을 돕는 일에도 앞장섰다. 이처럼 웨슬리는 말씀사역을 위한 예배당과 함께 당시 가난한 이웃의 필요에 민감하게 반응해 구호와 봉사에 열심을 냈던 것이다. 어쩌면 이것이 초기부터 이어진 웨슬리와 메도디스트, 웨슬리안 사역의 두 축이라고 할 수 있다.

그 첫 사역 현장은 지금 작은 기념비로만 기억된다. 왜냐하면 옛 건물은 인근에 웨슬리 채플과 목회자를 위한 숙소, 웨슬리 하우스 등이 건축되면서 매각됐고 도시 개발에 따라 철거되었기 때문이다. 새로운 건물 한 곁에 있는 작은 명패에는 '이 건물 남쪽 40 야드 떨어진 곳에 파운드리, 존 웨슬리의 본부(1739~78) 및 최초의 감리교 서점이 있었다. 웨슬리의 어머니가 1742년 7월 이곳에서 사망했다. 1932년 감리교 국제 역사연합회 영국 지부'라는 글이 새겨져 있었다. 그곳에 서서 이곳을 중심으로 펼쳐졌을 웨슬리 사역을 떠올린다.

런던파운드리 건물이 있었던 장소와 기념비

웨슬리는 회심 이후 1738~42년까지 런던과 브리스톨을 오가며 말씀 선포에 힘썼고, 매주 신도회 모임을 통하여 신자들의 신앙훈련에도 관심을 기울였다. 1739년 초에는 밴드 모임의 규칙을 만들고 1740년부터 밴드모임을 운영했으며, 철야기도회, 영성훈련 모임, 자선설교 등을 시작했다. 1742년에는 브리스톨에서 속회를, 1743년에는 '런던, 브리스톨, 킹스우드, 뉴캐슬의 연합 신도회의 성격, 구조, 일반 규칙'을 만들었다. 이러한 규칙을 토대로 1744년 첫 연회가 이 파운드리 건물에서 열렸으며, 첫 평신도 설교자인 토마스 맥스필드와 존 세닉 등 50여명이 세워졌다. 사실상 메도디스트 신도회, 감리회의 첫 걸음이 이 때 부터 시작되었다고 할 수 있다.

5) 감리회의 첫 장 웨슬리 채플과 하우스

사역이 확장되면서 파운더리 건물은 더이상 목적에 부합하지 않다는 판단을 하게 된다. 자연스럽게 새로운 건물의 필요성이 제기되고 신도회는 런던 기지 건축을 위한 기금 모금에 나섰다. 그렇게 1777년 인근에 새로운 예배당을 착공하여 이듬해 완공, 입당하게 되었다. 바로 오늘날 웨슬리 채플(Wesley's Chapel)로 불리는 곳이다.

현재 웨슬리 채플은 당시 완공된 예배당과 웨슬리와 가족이 살던 웨슬리 하우스, 그리고 웨슬리의 무덤 등으로 구성되어 있다. 또한 한국의 광림 감리교회(고 김선도 목사)의 후원으로 만들진 박물관 등이 있다. 이미 몇 차례 방문한 바 있기 때문에 큰 부담 없이 예배당과 속회를 위한 소예배실, 지하 박물관, 웨슬리의 무덤 등을 둘러봤다.

교회 예배당에선 관악기 합주가 있었다. 연습인지, 연주인지 정확히 알 수는 없었지만 2층 회중석에 앉아 두 곡의 연주를 들었다. 공연 후 2층의

영국 메도디스트 운동의 본부 역할을 한 웨슬리 채플

스테인드글라스와 아래층의 세례반과 창문그림, 작은 기념물 등을 살펴나간다. 예배당에서 가장 눈길이 가는 것은 설교단이다. 나무로 만들어진 설교단은 강단 중앙에 자리했는데 처음엔 2층에서도 볼 수 있는 5미터 높이였다. 물론 지금은 다소 낮춰져 2미터 미만인 것 같다. 그곳에서 웨슬리는 죽기까지 설교했고, 말씀으로 감리회 신도들을 이끌었다.

그곳에 앉아 감리회 역사의 한 장면을 떠올린다. 1760년대 평신도 설교자들은 성직서품을 요청하기 시작했다. 웨슬리가 외국인 전도자에게 안수한 적은 있었지만 일반 성직서품에 대해서 쉽게 결정하지 못했다. 다만 국교회 내에서 성직서품이 쉽지 않다는 점은 인지하고 있었다. 당시 메도디스트 운동에 참여한 국교회 성직자는 10여명(어떤 이는 여섯 명으로 언급하지만 이름이 알려진 사람들-존과 찰스 웨슬리, 조지 휫필드, 존 플레쳐, 코크, 미국에 파송된 다른 2명의 성직자 등-을 보면 그 보다는 많다.)이었다. 신도회 운영과 모임에서 말씀을 전하는 역할은 평신도 설교자들이 할 수 있었지만 세례와 성만찬과 같은 예식은 성직자의 몫이었다.

특히 성장하는 미국 감리회에게 이 문제는 심각한 사안이었다. 에즈베리(1771년)를 비롯해 몇 명의 설교자를 파송했고 이어 2명의 성직자를 파송했지만 독립전쟁의 발발과 함께 대다수 성직자와 설교자는 귀국했다. 결국 전쟁이 끝난 후 웨슬리는 1784년 잉글랜드 국교회 목사인 토마스 코크(Thomas Coke)를 감리사(Superintendent)로, 리처드 와트코트(Richard Watcoat)와 토마스 바시(Thomas Vasey)를 목사(Elder)로 안수해 파송한다. 이들은 11월 미국에 도착했고, 12월 특별연회가 볼티모어에서 소집되었다. 이 회의에서 미국 메도디스트들은 감독제를 기초로 메도디스트 감독교회(Methodist Episcopal Church)로 미국감리교회의 이름을 정한다. 이 결정에 기초해 코크는 미국 감리교회를 위해 에즈베리를 12월 25일 준목사(Deacon), 26일 정목사(Elder), 27일 감리사로 안수했다. 에즈베리의 감리사 안수는 미국 독립이라는 상황을 고려한 웨슬리의 결정에 기초했으며 사실상 미국 감리교회를 이끄는 에즈베리의 위상은 인정한 것이다. 다만 에즈베리는 자신을 이후 감독(Bishop)으로 호칭하는데, 웨슬리는 '감리사'로 안수한 것이며, 그가 교만을 부린 것이라고 비판했다.

당시 국교회는 주교만이 안수할 수 있다고 생각했으나 웨슬리는 자신이 목사로서, 주교가 가진 성직 안수권이 있다는 결론을 얻었다고 한다. 다만 초기에는 국교회 내부의 반대를 의식하여 특수한 상황과 조건 하에서 이를 시행한 것이다. 그러나 1785년 스코틀랜드에서 일할 몇 사람, 잉글랜드에서 일할 3명을 성직자로 세웠다. 국교회는 이를 인정하지 않았지만 감리회 운동의 성장과 평신도 지도력의 확장과 맞물려 성직임명은 불가피했다. 하지만 성직 안수의 문제는 결국 메도디스트를 영국 국교회로부터 분리하여 새로운 교단, 감리교회를 태동하도록 이끌었다.

웨슬리 집(John Wesley's Haus)을 찾았다. 존 웨슬리는 생애의 마지막 11년을 감리교 설교자들과 함께 이곳에서 보냈고, 1791년 3월 2층 침실에서 숨을

웨슬리 채플은 오늘날 감리교회의 모교회이다. 이곳에서 웨슬리는 자신의 마지막 사역을 펼쳤다.

거뒀다. 그의 집은 박물관으로 꾸며져 있으며, 웨슬리가 소장했던 물품이 전시되어 있었다. 1층은 주방과 식당, 응접실로 이곳에 거주하던 이들이 식사하고 생활하던 장소다. 그곳에 책상과 의자가 놓여 있었는데, 찰스 웨슬리가 런던(메릴본 지역)에 살던 때 사용하던 것이라고 한다. 2층은 존 웨슬리의 개인 생활 공간으로 사용되었는데, 이곳 서재에서 그는 많은 편지를 썼고, 방문객들과 시간을 보냈다. 전시 된 대부분의 가구는 그가 직접 사용하던 것이다. 만질 순 없었기에 책상과 의자, 책장 등을 꼼꼼히 살폈다. 책장에는 그가 손수 작성한 주석이 달린 책들이 전시되어 있었고, 1787년에 이곳에서 그린 것으로 추정되는 초상화도 있었다.

옆 웨슬리의 침실은 웨슬리가 마지막 숨결을 내쉬던 장소다. 존은 그곳에서 '가장 좋은 것은 하나님이 우리와 함께 하심이라(the best of all is God is with us)'는 말을 했고, 이삭 와트의 노래 '나는 찬양하리 나의 창조자를 내가 숨 쉬는 동안'을 읊조리며 죽음을 맞았다. 물론 지금 방에 놓인 그의 침대는 옛 침대의 복제품이다. 그곳에서 웨슬리의 부모와 친할아버지, 그리고 존 웨슬리의 후계자로 여겨졌지만 존 보다 먼저 죽음을 맞은 존 플레쳐(John Fletcher, 1729~85)의 초상화도 있었다.

그런데 웨슬리 방 옆으로 작은 기도실 공간이 있었다. 이 집이 건축된 후

웨슬리의 방   그의 기도 공간

존 웨슬리에 의해 추가로 지어진 방이라고 한다. 그곳에서 웨슬리는 성서를 읽고 기도했다. 그의 설교의 힘은 골방기도와 말씀묵상으로부터 시작되었음을 상징하는 듯하다. 그곳에서 잠시 기도했다. "하나님. 경건의 사람 웨슬리의 삶을 본받게 하옵소서. 깊은 말씀묵상과 기도의 사람 웨슬리를 닮게 하옵소서. '한 책의 사람' 웨슬리를 닮게 하옵소서. 아멘."

사람들은 웨슬리를 말할 때 그가 결혼한 사실을 잘 언급하지 않는다. 왜냐하면 그의 결혼생활을 그다지 행복하지 않았고, 자녀 또한 없었기 때문이다. 어쩌면 이는 미국 조지아에서 한 여성과 결혼에 이르지 못했고 신대륙을 떠나야 했던 아픔 때문인지도 모른다. 여러 번 결혼의 기회가 있었고 주변에 많은 여성이 있었지만 웨슬리는 항상 미적대는 모습을 보였다. 그런데 존 웨슬리는 47세의 나이에 아이 넷을 둔 과부 메리 바제일(Mary Vazeille)라는 여성과 결혼했다. 신앙 동지들과 상의 없이 구혼한 지 15일 만에 결혼한 것이다. 다소 충동적인 것은 분명하다. 결혼한 웨슬리는 부흥집회로 인해 집을 자주 비울 수밖에 없었고, 다른 여자에겐 친절했지만 아내에겐 그렇지 못했다. 독선적인 성격의 웨슬리와 극단적인 감정을 소유했던 아내는 항상 충돌했다. 결국 두 사람은 '1년 내내 싸움, 싸움, 싸움'을 했고, 여러 번 헤어졌으며, 1776년 사실상 분리됐다. 웨슬리는 "나의 부인이 훌륭한 아내였다면 내 자신은 하나님께서 부르신 그 위대한 사역에 충성을 다하지 못했을 것"이라는 변명 아닌 변명을 하기도 했다. 그런 이유로 웨슬리의 집은 웨슬리 가족이 머문 곳이 아니라 '웨슬리와 설교자들의 집'으로 건축, 사용되었다. 경건의 수도원처럼.

채플 지하에 있는 박물관은 서울 광림교회(고 김선도 감독)의 후원으로 만들어졌다.

웨슬리 하우스를 둘러본 후 예배당 지하에 있는 박물관에 들어섰다. 웨슬리의 삶과 감리교회의 역사자료들이 그곳에 있었고, 한 곳에 영상을 볼 수 있는 시설도 있었다. 그곳에서 옛 파운더리 건물에 있었던 설교단과 웨슬리의 마지막 모습이 담긴 그림을 꼼꼼히 살핀다. 나무로 된 설교단은 작고 소박했지만 이곳에서 웨슬리는 열정적으로 말씀을 전했고 성도를 깨웠다. 오래 전 읽었던 존 웨슬리의 설교와 찰스 웨슬리의 찬양이 들리는 것 같다. 또한 후배 설교자들에게 둘러싸여 누워있는 웨슬리 그림은 그의 마지막 모습을 떠올리게 했다. 그림 속 웨슬리는 설교자로 살아온 자신의 삶을 생각하는 듯 손을 모은 채 하늘을 올려다보고 있었다. 잠시 그의 모습을 살핀 후 박물관 쪽 출구를 통해 교회 뒷마당으로 나섰다. 그곳에 웨슬리의 무덤이 있기 때문이다.

웨슬리는 1791년 미국 감리교회에게 편지를 보냈고, 설교와 편지를 썼으며, 윌버포스에게 노예해방을 위해 계속 정진할 것을 당부하는 편지를 마지막으로 보낸다. 그리고 3월 초 87세의 나이로 하늘의 부름을 맞았다. 그의 시신은 장례식 후 예배당 뒤편에 묻혔다. 마당에 세워진 기념비는 그의 삶과

채플 뒷마당 존 웨슬리의 무덤

헌신을 오늘에 전하고 있다. 비문에 새겨진 글귀를 읽다가 'by the Singular Providence of God'(하나님의 특별하신 섭리에 의해)과 'Give God the Glory'(하나님께 영광을 돌립시다.)라는 문구에 눈길을 멈췄다. 웨슬리가 행한 사역과 전하고 가르친 내용을 토대로 그가 하나님이 특별한 섭리에 의해 이 땅에 보내졌으며, 이를 통해 하나님께 영광 돌릴 것을 우리에게 권고하고 있는 것이다. 마치 웨슬리의 흔적을 밟아 온 나에게 '너는 동의할 수 있느냐?', 즉 '너도 그렇게 생각하지.'라고 묻는 것 같다. 자주 쓰는 말이 입을 뚫고 나온다. '당연합니다. 저도 그렇게 생각합니다.'

발로 쓴 잉글랜드 · 스코틀랜드 종교개혁

발 행 일 | 2025년 5월 23일

지 은 이 | 조재석
펴 낸 이 | 박희정

펴 낸 곳 | 출판기획에디아
등록번호 | 제2-2217호(1996.7.30)
등록된곳 | 04557 서울시 중구 퇴계로37길 14 기종빌딩 6층
전   화 | 02-2263-6321
팩   스 | 02-2263-6322

ISBN • 978-89-87977-71-3 93230

*책값은 표지에 있습니다.